Archipel des Passions

Charlotte Casiraghi

Robert Maggiori

마침표 없는 정념의 군도를 여행하다

그 마음의 정체

샬롯 카시라기 · 로베르 마조리 지음

허보미 옮김

조제프 마조리 †

스테파노 카시라기 †

일러두기
모든 각주는 옮긴이 주입니다.

여는 글

/

정념의 밤

강력한 에너지, 한데 통일된 강력한 에너지가

반드시 필요하다.

역치를 넘어서야만 **전과 다르게**

사고-감정이 긴요해지고,

달리 긴요해지고,

진실로 긴요해져서,

강력한 힘을 획득할 수 있기 때문이다.

더 나아가 사방으로 널리 뻗어나갈 수 있다.

앙리 미쇼,

〈힘〉,《통로》에서(1950),

갈리마르, 라 플레이아드 총서, 1959.

어떤 스승과 제자는 결코 헤어지는 법이 없다. 물론 언젠가는 이별을 고하고, 멀어지고, 각자의 길을 걸어갈 테지만 그렇다 해도 둘이 완전히 헤어지는 일만은 일어나지 않는다. 스승과 제자가 함께 나누고 물려받은 것이 이후에도 계속 원숙함을 더해가기 때문이다. 우리도 그러한 종류의 사제지간임을 확신한다. 우리의 만남은 진솔하기 그지없었고, 새로운 역사를 시작하는 단초가 되어주었다. 두터운 우정으로 발전한 우리의 관계는 학교 울타리 밖에서도 꾸준히 계승과 교류 작업을 이어나갔다. 날을 거듭하는 동안 무수한 토론과 논의, 격의 없는 대화, 유쾌한 웃음(서투른 칼질로 아브루초 소시지를 써느라 진땀을 삐질삐질 흘릴 때처럼), 곁길로 샌 수다, 책 이야기, 한담, 심각한 논쟁, 때론 언쟁에 가까운 격론으로 우정의 풍요로움을 더해갔다.

"쟝켈레비치의 인용문이라면 이제 신물이 난다고요, 선생님."

"샬롯은 틈만 나면 정신분석학이나 시를 들먹이잖아요."

"저는 그저 기분이라는 물질이 오로지 지적인 구조물만을 매개로 하는 것이 아니라, 육체나 감각을 통해서도 전달된다는 사실을 선생님께 이해시켜드리고 싶은 것뿐이에요. 예를 들어 황홀경은……."

"그래요, 충분히 알아들었습니다. 그 문제에 대해서라면 조금 더 찬찬히 살펴보죠."

어느 날 우리 머릿속에는 우리의 대화가 잉태한 이야기들을 글로 옮겨보면 어떨까 하는 생각이 번득 떠올랐다. 두서없는 얘기들이 오가기는 했어도 언제나 우리의 이야기는 감각과 감정의 문제로 귀결되곤 했으니까. 우리는 무수한 감정들 사이에 경계가 존재하는지, 각각의 감정들은 어떤 논리로 돌아가는지, 그리고 때로는 그러한 감정들이 지닌 모호함에 대해서도 이야기를 나눴다.

"대체 사랑과 우정 사이의 감정을 표현할 단어는 왜 없는 걸까요?"

"다른 언어에도 없는 것이 확실한가요?"

"그러게요. 한 번 확인해 봐야겠네요."

"둘이서 함께 책을 쓴다는 건 정말이지 고된 노역이 될 수도 있겠어요. 그렇지 않나요?"

우리는 무엇인가를 증명해 보이려 하거나, 어쭙잖은 충고를 한다거나, 혹은 처방이랍시고 무엇인가를 권유하는 일만은 없어야 한다고 생각했다. 가치 판단을 내리거나, 정념을 다스리는 법을 알려주겠다고 자처하거나, 무엇이 선이고 악인지를 판가름하거나, 어떻게 하면 '지금보다 더 나은 삶을 살 수' 있는지에 대해 이야기하는 일만은 없기를 원했다.

"하지만 '행복 레시피'를 만들어보는 것도 그리 나쁘지는 않을 것 같은데요!"

"맞는 말이에요. 하지만 나더러 그런 걸 쓰라면 차라리 요리책이나 한 권 내고 말겠어요."

우리는 철학 —우리의 만남이 철학에서 시작해 철학에 의해 유지되고 있으니, 우리가 이야기하는 것도 분명 철학이라 말할 수 있으리라— 이 단순한 관념적 활동에만 그치는 것이 아니라 감각, 감정, 정서, 느낌, 기분, 더 나아가 때로는 추억이나 몽상이라는 물질 속에도 깊이 뿌리내리고 있다고 생각했다. 다른 말로, 오로지 생각만이 아니라 *경험한 것*과도 깊이 연관을 맺고 있다고 말이다. 그러니 우리에게 중요한 것은 '무엇인지 모를 어떤 것'에 의해 건드려진 하나의 정서가 한편으로는 표류하고, 변질되고, 완전히 다른 것으로 변하는 순간과 더불어 또 다른 한편으로는 그것이 아예 정념의 체계로 한껏 기울어 뜨겁게 끓어오르고, 격정적으로 변해 미지의 것, 제어 불가능한 것을 향해 완전히 진로를 트는 순간을 포착하는 것이라고 할 수 있다.

그래서 우리는 그런 것들을 일종의 섬들로 형상화해 보았다.

그러나 만일 말과 글도 시간처럼 어떤 흐름을 지녔다면, 아마도 우리는 단순히 섬만 달랑 그리는 것으로 끝내지는 않았을 것이다. 지협과 해협, 암초와 운하, 여러 갈래로 갈라졌다 모였다 한데 뒤섞이는 파도와 해류를 지닌 온전한 군도의 모습을 그려보기를 원했을 것이다. 단순히 정념의 지도를 그리는 것이 아니라, 정념과 감정과 정서와 기분의 흐름을 보여주는 유체 동역학을 시도해 보았으리라.

"산다는 건 결국 경험한다는 것, 혹은 '느낀다는 것' 아닐까요?"

"맞는 말입니다. 하지만 여기서 '느낀다는 것'은 스페인 출신의 철학자 마리아 삼브라노가 해석한 의미대로 이해할 필요가 있어요. 다시 말해 우리가 *소유*한 능력인 사고에 견주어서, '느낀다는 것'은 그보다 훨씬 더 중요한 능력, 즉 우리의 *존재* 자체에 속하는 능력으로 간주해야 하는 셈이에요."

각자가 느끼고 경험한 감정들은 수많은 에너지의 장들 속에 표출되곤 한다. 우리 안이나 우리 앞에 열리는 이 에너지의 장들에 대해 우리는 단일한 이름을 붙일 수도 없거니와 그것들을 의지의 힘으로 통제할 수도 없다. 왜냐하면 그것들은 '이미 경험한 것'의 해안이 여전히 남아 있는 동시에 '앞으로 경험할 것'의 윤곽도 역시 서서히 잡혀가고 있는 매우 복잡한 지형 속을 흐르고 있기 때문이다. 뿐만 아니라 온갖 감각과 기분, 생각과 몽상, 상상, 감정, 정념 등이 얼기설기 뒤섞인 형태로 나타나곤 ―혹은 속절없이 흘러가곤― 하기 때문이다. 예를 들어 고통만 하더라도 완전히 '순수한' 고통이란 세상에 존재하지 않는다. 왜냐하면 고통이란 경험하는 바로 그 순간에 이미 생각에 의해서도 함께 포착되기 때문이다. 생각은 금세 육체적 고통을 정신적 고통으로 바꾸어놓는다. 예를 들어 넘어져서 팔을 다쳤다고 생각해보자. 우리는 정확한 진단이 나오기도 전에 아주 팔을 못 쓰게 된 것처럼 고통으로 울먹이며 앞으로 출근길이 얼마나 고될지 머릿속에 떠올린다. 생각의 경우도 마찬가지다. 완전히 '추상적인' 사고란 어디에도 존재하지 않는다. 우리는 슬픔과 추억, 피로, 기쁨, 병 등으로 인해 가슴이 먹먹해지고, 홀가분해지고, 답답해지고, 무거워지고, 침울해지고, 밝아질 때 그런 상태를 머리로도 함께 생각한다. 윌리엄 제임스가 한순간 모든 기분을 잊게 만든다고 말한 재채기조차도 우리에게 재채기하고 있음을 머릿속에 떠올리게 만들지 않는가. 다시 말해 정서, 기분, 정념, 느낌이라는 문장이 가지지 못한 것은 단지 마침표만이 아니다. 그것은 문법이나 문장론 역시 ―다양한 음이 한데 어우러져 화음을 이루기에 앞서 그것들이 각기 어떤 음들로 이루어졌는지를 알아볼 오선 악보조차도― 갖추고 있지 못하다.

"베르그송도 《창조적 진화》의 도입부에서 그와 비슷한 맥락의 이야기를 한 적이 있지 않나요."

"그렇죠. 그의 말도 인용해보면 좋겠네요. '우리는 그처럼 정의된 상태

그
마
음
의
정
체

12

들에 대해 그것들이 각기 별개의 요소인 것은 아니라고 말할 수 있다. 그것들은 서로가 서로를 침범하는 다양한 뉘앙스의 순간적인 흐름 속에서 연속적으로 쉼 없이 흘러가는 것'이다."

어떤 상태도 다른 상태에 '뒤이어 나타나는 것'이 아니다. 모든 상태가 한데 뒤얽히고 포개진다. 일정한 기분 내지는 의향이 다른 상태의 기분 내지는 의향으로 '변화'하는 것이 아니라, 일정한 기분이 다른 기분에 전염되는 방식으로, 하나의 기분이 다른 종류의 기분으로 은밀하고 미묘하게 변모하는 것이다. 세상에는 끌림을 동반하지 않은 혐오감이란 존재하지 않는다. 사랑이 완전히 부재하는 증오도 없다. 그런가 하면 다정함도 잔혹함에 앞서거나 뒤이어 별개로 나타나는 것이 아니다. 한 감정이 발현되고 있는 동안에는 이미 다른 감정도 그곳에 함께 존재하기 때문이다. 이러한 느낌과 기분, 표상과 의지의 연속체가 바로 인간의 정서적 삶, '감각적 삶', 짧게 말해 인간의 삶 자체를 이루고 있다. 논리적인 사고와 자유분방한 상상력조차 언제나 정서의 흐름에 의해 '변질'되기 때문이다. 우리는 생각이 없을 때가 아니라 오히려 추위에 벌벌 떨때 제대로 된 판단을 하기 어렵지 않은가.

"전통 철학은 항상 육체와 정신, 신체적인 것과 정신적인 것을 서로 구분 지어왔습니다. 정동에 속하는 것과 감각, 기분, 감정 등에 속하는 것을 언제나 경계 지으려 해왔죠."

우리가 느끼는 것들은 항시 미묘하게 닮거나 혹은 반대되는 것들이 무수하고 복잡하게 뒤얽혀 있기에 —더욱이 우리가 느끼는 것의 강도와 밀도 역시 쉴 새 없이 변하기 때문에— 그것들이 서로 비슷한 종류에서 다른 종류로 변화하는 걸 알아보기란, 그것들이 '변화'하는 순간을 정확히 포착해내기란, 일정한 기분, 감정, 욕망, 충동, 기분 상태가 그와는 정반대되거나 혹은 다소 비슷한 것으로 변질되는 경계선을 뚜렷이 구분 짓기란 매우 어려운 일이다. 또한 마치 우리의 감각적 삶이 쉽게 분간하거나 알아볼 수 있는 정서들이나 각기 분리된 개별적 '시간들'로 이뤄져 있기라도 한 듯이, 우리가 저 존재할 법하지도 않고 예측도 불가능한 공간을 마음속에 미리 마련해 감각적 삶과 '조우'할 공간으로 삼는다는 것 역시 무척이나 어려운 일일 것이다. 과연 우리는 혐오감을 느끼면서 사랑의 감정은 조금도 느끼지 않는다고 정녕 확신할 수 있는가? 그저 좋아하는 감정이 아니라 진정한 사랑이라 확언할 수 있는가? 상대에게 시기심을 느끼는 것이 아니라 단순히 질투하는 것이라고, 이기적인 마음 없이 오로지 선의에 의해 행동한다고 정말 100퍼센트 자신할 수 있는가? 그러니 동정, 황홀, 슬픔, 심술, 잔혹함, 친절, 우정, 선함, 겸손, 비방, 용기, 인내 등에 대해 각기 난공불락의 높은 성벽을 쌓아올려 각자에게 고유한 영토를 엄밀하게 지정해주려는 '기하학'을 우리가 어찌 단념하지 않을 수 있겠는가?

"앞으로 우리는 '경험한 것들'의 군도가 어떤 모습일지를 '눈으로 보여주어야' 할 텐데, 그건 절대 만만한 작업은 아니겠군요!"

"맞는 말입니다, 샬롯. 부디 이 섬 저 섬 사이에 놓인 위태롭게 흔들리는 연결 다리도 당황하지 않고 건너갈 호의적인 독자, 여기저기 휩쓸고 우회하며 이 섬 저 섬으로 휘몰아치는 '해류'도 민감하게 감지할 수 있는 감수성 높은 독자를 만나기를 기도해야 할 거예요."

그렇다면 이 말은 곧 정서적 세계를 '정의 내리기'란 불가능하다는 고백인 것일까? 정서적 세계란 비이성적이고, 자유분방하고, 기이하며, 그저 단순한 '낭만적인' 감정의 분출에 지나지 않기 때문에?

"아니요. 절대 그렇지 않아요!"

우리는 어떤 기분이나 감정을 각각의 유형이나 전체적인 성격별로 충분히 설명해볼 수 있다. 그러나 그러한 기분이나 감정이 별안간 정념에 의해 '찌릿찌릿한 전류가 흐르는 상태', 뜨겁게 달아오른 상태로 치닫게 되면 그때부터는 그것에 대해 설명하는 것이 무척이나 어려워진다. 정념은 다짜고짜 주체를 무대 위에 올려놓고는 '자신에게 무슨 일이 일어난 것인지' 알지 못하고 현기증에 사로잡힌 주체가, 고조된 감정을 가라앉히기 위해 별안간 자신을 '표현 불가능한 것'의 감옥 속에 가둬버린 온갖 이유를 막무가내로 지어내게 만든다. 그것은 '논리'를 닮았지만 육안으로 확인하거나 이해하는 것이 거의 불가능하다. 왜냐하면 그것은 각 주체의 내면에, 다시 말해 각 주체가 지닌 자기를 표현하고, 의지를 발현하고, 욕망을 분출하고, 환상의 침투를 받는 그 모든 방식 속에 내재하기 때문이다. 한마디로 각 존재의 어두운 밤 속에 에워싸여 있기 때문이다. 뿐만 아니라 어쩌면 무엇보다도 우리가 경험한 것의 '진실'이란 실상 우리가 경험한 대로가 아니라, 오로지 타인의 '눈'과 마음, 언어 속에 나타난 것으로서만 존재하기 때문일 것이다. 말하자면 내 자신이 사악하거나, 착하거나, 비열하거나, 관대하거나, 증오에 차 있거나, 사랑에 넘치는 것이 아니다. 나의 친절이 친절임을, 나의 심술이 심술임을, 나의 사랑이 사랑임을 알아보는 것은 타자다. 어쨌든 감정과 정념의 군도가 위치하는 곳이 어디인지 알고 싶다면 동쪽을, 윤리학의 태양이 떠오르는 동쪽을 바라볼 줄 알아야 한다.

"한편으로는 무척이나 걱정이 돼요. 요즘은 너도 나도 기분이나 정념에 대해 한 마디씩 떠들지 못해 안달이니까요. 고전 철학서는 물론 에세이, 심리학 연구서, 영화, 소설, 노래까지도 말이에요."

"혹시 그런 세태에 한몫하게 될 것이 두렵기라도 하다는 말인가요?"

"바로 그거예요! 하지만 그럼에도 우리가 비이성적인 모험에 뛰어들어야 할 이성적인 이유는 분명 있어요. 선생님은 오늘날 사회 자체나 시대정신의 변화와 함께 '감정적인 것'의 위상 역시 다소 변했다고 생각하지 않으시나요?"

우리는 지그문트 바우만 같은 사회학자가 '유동 사회'라는 표현을 써서 이러한 변화를 어떻게 설명했는지에 대해 잘 알고 있다. 인간의 행동 방식이 일정한 양식이나 관습으로 채 굳어지기도 전에 인간이 존재하며 살아가는 온갖 상황들이 순식간에 변해버리는 사회를 일컬어 그는 유동 사회라고 불렀다. 유동 사회는 생산자들이 중심이 된 고체 사회가 소비자들의 시대로 이행하면서 등장했는데, 소비자들의 시대는 우리의 삶 자체를 유동화함으로써 우리의 삶을 더욱 옅띠고, 모호하고, 불안정하고, '긴박하게' 만들어버렸다. 그러다 보니 이제 개인은 자신의 경험으로부터 장기적인 교훈을 얻는 일이 불가능해졌다. 개인의 경험이 이뤄지는 틀이나 조건이 쉴 새 없이 변하기 때문이다. 우리가 살아가는 사회는 더 이상 부동적이고 단단한 사회가 아니다. *고체* 근대, 국민 국가의 건설, 자유로운 이동을 가로막는 국가 간 장벽, 수직적인 주권 원칙, 항구적인 제도, 독점적인 정보, 중앙집중적인 정당과 노조 등의 특성이 지배하던 사회가 아니다. 오늘날 우리가 살아가는 사회는 물렁물렁한 표면을 가졌다. 다문화주의, 민족 융합, 사이버 공간을 통한 거리의 소멸, 인스턴트 소통, 지속적이면서도 쉴 새 없이 변모가 가능한 웹상의 상호 연결 등이 특징을 이루는 변화무쌍한 만화경 같은 사회다.

"이런 상황에서는 무엇이 *중요한지*를 판가름하는 것이 무척이나 어려운 것 같아요."

"요즘은 강력한 영향력으로 현실을 변형시키는 것들이 너무나도 중요하게 여겨지는 세상입니다. 물론 우리의 눈에는 현실이 저절로 변하거나 혹은 수많은 정보의 흐름 속으로 정신없이 사라지는 것처럼 보일 테지만요. 말하자면 우리를 '붙드는 것', 잠시 시간을 멈추게 하거나 혹은 '1분 묵념'을 하고 싶게 만드는 것, 그런 것들이 무척이나 중요해져 버렸어요."

"그렇게 우리를 붙드는 것이 바로 감정이잖아요."

오늘날 가장 '중요한' 사건이란 집단의 감수성에 더욱 강한 충격을 줄 수 있는 사건, 최대치의 감정을 자극할 수 있는 사건이 되어버렸다. 이러한 사실을 여실히 보여주는 증거가 있다. 프랑스국립시청각연구소INA가 실시한 한 연구 조사에 따르면, TV 뉴스에서 잡다한 사회 뉴스가 차지하는 비율이 불과 10년 만에 무려 73퍼센트나 증가했다! *감정에 호소하는 수법*은 종이 매체, 영상 매체, 사회 관계망 등 모든 경로를 통해 이뤄지고 있고, 정치·경제·문화·사회·스포츠·종교 등 전 분야를 총망라한다. 그런 식으로 오늘날 새로운 권력 행사 수단 ―*감정의 통치*― 과 더불어 그러한 새로운 권력 행사를 받아들이는 새로운 감정적 방식까지 생산해 내기에 이른 것이다. 사회 관계망과 보편적 '반응'이 지배하는 이 '민주주의' 시대에 중요한 것은 의견을 개진하는 것이 —어쨌든 우리는 기회만 생기면 너도 나도 의견을 개진하지 못해 안달하므로 오히려 각각의 의견이 전부 묵살되는 것과 같은 효과가 나타나고 있다— 아니다. 중요한 것은 자신의 '기분'과 감정, 혼란, 연민, 공포, 불안 따위를 표현하는 것이다. 그러나 무조건적으로 감정과 연민을 *표현*하도록 채근하는 것은 결국 각각의 감정이 지닌 미세한 차이를 사라지게 —오늘날 사랑이나 우정은 몽땅 *좋아요* 하나로 환원되는 경향이 있다— 만들고, 각각의 감정이 *새겨지고*, 생성되고, 정서적 삶의 '내장'(마리아 삼브라노) 속에 뒤섞여, 각 존재의 어두운 밤으로부터 솟아나는 방식을 너무나도 하찮을 것 없는 것으로 만들어버린다.

그런 의미에서 우리는 과거 연민, 동정, 겸손, 온유, 교만, 우정, 사랑 등이 그 자체로나 혹은 타인의 언술 속에서 어떤 의미를 지녔는지 다시 '되돌아볼' 필요성을 절감하게 되었다. 우리는 겸허한 마음으로 그러한 작업에 임했다. 다양한 문체와 접근법을 활용하려고 노력하며, 때로는 증명, 묘사, 철학, 정신 분석학, 거기에 시까지 가져와 다채로운 방식으로 글을 엮어보려고 시도했다. 그러나 어떤 경우에도 무엇을 '입증'하려 하지는 않았다. 다만 어떻게든 감정, 기분, 정념, 그 외 각종 정신의 기질을 있는 그대로 '존중'하려고 애썼다. 어떤 의미에서 그것은 각 개인이 지닌 비밀스러운 면을 있는 그대로 받아들이는 것을, 우리가 내면에 지니고 있는 가장 모순적이면서도 가장 연약하고, 가장 인간적이면서도 동시에 가장 비인간적인 면을 있는 그대로 받아들이는 것을, 한마디로 타자를 더는 미지의 영역에 따로 떼어놓지 않고 두 팔 벌려 환대하는 것을 의미하기도 할 것이다.

풍텐블로-파리-모나코, 2017년 여름

＊
＊＊

우리는 이 책을 집필하는 동안 우리 둘 모두와 무척이나 인연이 깊었던 철학자 겸 정신분석학자 안느 뒤푸르망텔이 세상을 떠났다는 비극적인 소식을 접했다. 안느 뒤푸르망텔은 결코 우리의 기억과 마음속을 영원히 떠나지 않을 것이다.

그 마음의 정체

차례

여는 글_정념의 밤

◇ ◇ ◇ ◇ ◇ ◇ ◇ ◇ ◇ ◇ ◇ ◇ ◇ ◇ ◇ ◇ ◇ ◇ ◇

1. 너그러운

◇ ◇ ◇ ◇ ◇ ◇ ◇ ◇ ◇ ◇ ◇ ◇ ◇ ◇ ◇ ◇ ◇ ◇ ◇

2. 강렬한

3. 악의적인

닫는 글_열광 혹은 도주

/

너그러운

1

~
사랑

사랑은 어디에서 오는가?

사랑의 근원과 원천은 어디에 있는가?

사랑의 조국은, 사랑이 흘러나오는 본거지는 어디쯤인가?

확실히 그곳은 불가사의하고 은밀하다.

쇠렌 키에르케고르,

《사랑의 역사》,

키에르케고르 선집, 14, 로랑트, 8.

딱한 고슴도치. 살을 에는 추위를 이겨내기 위해 고슴도치들이 어떻게 하는지 아는가? 서로에게 바짝 다가가 온기를 나누려 한다. 그러나 너무 가까이 다가가면 상대의 가시에 찔리고 멀찍이 떨어지면 추위가 엄습한다. 쇼펜하우어는 고슴도치가 겪는 딜레마가 "두 고통 사이를 오가는" 인간의 삶을 은유한다고 보았다. 중요한 문제는 '최적의 거리'를 찾아내는 것이다. 무엇보다 인간은 '사회적 욕구'에 이끌리는 존재이기 때문이다. "공허하고 단조로운 내면에서 태어난", "그와 같은 욕구"는 "인간이 서로에게 바짝 다가가도록 부추기지만, 정작 인간이 지닌 무수한 혐오스러운 성격과 견디기 힘든 결점들이 다시 서로를 멀찍이 떨어지게 한다"고 쇼펜하우어는 씁쓸하게 말했다.(《삶의 지혜에 관한 아포리즘》 [1851], 퓌프, 콰트리지 총서, 1983, 105)

인간은 아주 완벽한 수준은 아닐지라도 어느 정도 타인과 더불어 살아가는 법을 익히기 위해 '서로 간에 온기'를 나눌 몇 가지 방책을 생각해 냈다. 대표적인 예가 '예의 범절'이다. 그러나 예의 범절이 무조건 통하는 것은 아니다. 혐오감이나 시기심, 경쟁심, 증오심 같은 감정들까지 일순에 날려버리지는 못한다. 이러한 감정은 사람들 사이를 멀찍이 떨어뜨려 각자 서로에게 낯설고 무관심한 존재, 더 나아가 적이 되게끔 만든다. 그렇다면 이미 '가까운' 사이는 어떨까? 서로에게 매력과 호감을 느끼거나, 동지애나 우정, 사랑 등의 감정으로 단단히 이어진 사람들도 서로 간에 어느 정도 '거리'를 두어야만 하는 것일까? 대개 가장 친밀한 사이라고 하면 '껌딱지처럼 한시도 떨어지지 않는' 연인 사이가 제일 먼저 머릿속에 떠오른다. 흔히 연인은 '일심동체'라고도 하니까. 그러나 정말 그러한지는 사실 의문이다.

단순히 사랑을 분석 대상으로 삼고자 해도, 사랑이라는 다채로운 대상과 어느 정도 거리를 두어야 제대로 된 분석이 가능할지 알 수 없다. 어쩌면 사랑을 모르는 사람에게 맡기는 게 나을지 모른다. 하지만 사랑이 뭔지 알아내려 하면서도 그 무엇도, 그 누구도 사랑할 수 없는 사람이라면 그저 자기 주변에 차갑고 공허한 관념의 성당을 쌓게 될 뿐이다.

그렇다고 육체적으로든 정신적으로든 사랑에 빠진 사람이 사랑을 모르는 사람보다 사랑을 분석하기에 적합한 위치에 있다고도 말할 수 없다. 더욱이 사랑에 빠진 사람에 대해 우리는 흔히 눈이 멀었다고 표현하지 않는가. 뜨겁게 타오르는 심장과 혼몽한 정신을 해가지고서 자기가 느끼는 감정을 정확히 표현하기란 여간 어려운 일이 아니다. 사랑이란 분명 저 경계가 모호한 무수한 실체 중 하나일 터이다. 그러나 경험한 실체로서의 사랑은 우리의 생각을 혼란과 왜곡에 빠뜨리고, 성찰한 실체로서의 사랑은 본래 사랑이 지니고 있던 강렬하고 생생한 무엇인가를 퇴색시킨다.

어쩌면 사랑에 대해서는 아무 말도 하지 않는 게 좋겠다는 유혹이 강하게 들지도 모르겠다. 불가해한 것은 불가해한 영역에 남겨두자고 말이다. 사랑에 대해 논하는 것은 흡사 시간이나 죽음, 혹은 신에 대해 논하는 것처럼 언제나 '다른 것을 이야기'하는 것으로만 끝나버릴 테니까. 그러나 '다른 것'을 이야기하는 것이 정말 무의미할까? 설령 사랑이 무엇인지 정의할 수 없다 한들 어떠한가? 어디까지가 사랑인지 경계를 짓지 못한들 어떠한가? 그저 정처 없이 떠도는 방랑 수사처럼 발길 닿는 대로 여기저기 걸음을 옮기며 이 수도원 저 수도원을 떠도는 것도 좋지 아니한가. 때로는 어슬렁 산책을 하기도 하고, 또 때로는 빙빙 같은 자리를 맴돌며, 도중에 거짓짝을 만나거나 동의어와 유의어를 수집하기도 하면서 말이다. 그러다 우정과 사랑 사이에는 어찌하여 다른 것이 자리할 틈이 없는지 의문을 품기도 하는 것이다. 분명 우정이나 사랑을 경험해본 이라면 뜨거운 우정에서 플라토닉한 사랑에 이르기까지, 사랑과 우정 사이에는 자애·애착·애정·다정함·호의·온정·친근함·내밀함·연정·열광·심취·편애·호감 등에 이르는 무한한 농도의 감정이 다채롭게 존재한다는 사실을 이미 겪어서 잘 알 터이므로.

어쩌면 사랑을 분석하기 위해 이른바 신학자들이 '부정신학'이라고 일컫는 방법론을 적용해볼 수 있을지도 모르겠다. 요컨대 무엇인가가 — 혹은 신이— 어떤 존재인지를 설명해보려는 대신, 그것이 어떤 존재가 '아닌지'에 대해 이야기해보는 것이다. 하지만 과연 우리는 무엇이 사랑이 아닌지 분명하게 이야기할 수 있을까? 사랑이란 참으로 무한히 변주되는 무척이나 다채롭고도 이질적인 감정인데 말이다. 부사 하나만 붙이면 그 무엇에든 전부 적용되는 감정이 아니던가. 여행과 독서는 당연하고, 사찰에 진동하는 향내, 로큰롤, 초콜릿, 모네의 푸른 수련, 소중한 사람들, 심지어 우리가 애정하는 *오르키에테 파스타*에까지도 우리는 전부 사랑이란 이름을 가져다 붙일 수 있다. 게다가 사랑의 증언은 또 누구에게 부탁해야 할까? 저 수많은 작품들 속에서 대체 어떤 작품을 참고해야 할까? 대하소설에서 상징시, 교향곡, 오페라, 샹소네트, 생리학 논문, 일기, 영화, 편지, 조소, 회화, 벽화 등에 이르기까지 인간은 얼마나 오랜 세월에 걸쳐 사랑에 대해, 사랑의 기쁨과 고뇌와 광기와 번뇌 그리고 그 덫에 대해 노래해왔던가? 얼마나 많은 작품을 창조함으로써 사랑의 허망함을 폭로하고, 거짓 혹은 위선적인 사랑을 비통해하고, 사랑의 힘과 인생의 의미를 찬미해왔던가? 사실 사랑이 없다면 그 어떤 인간적인 것도 존재할 수 없다. 그러나 사랑이 끼어드는 순간 —설사 그것이 사랑의 아류에 불과할지라도— 모든 것은 별안간 불가해하고 모호한 것으로 변질된다. 모든 것이 과도하고 혼돈스러운 것으로 뒤바뀐다. 사랑이 품고 있는 역설 중 하나는 자신을 표현하는 말로 오로지 동사 하나밖에는 지니지 못했다는 점이다. 동사가 아닌 다른 말로 사랑을 옮겨보려는 모든 언어적 시도는 언제나 본뜻을 배반한다. 심지어 사랑에는 부사조차 갖다 붙일 수 없다! 어느 날 사랑하는 연인이 나를 보고 '제법' 사랑해, '많이' 사랑해, '적절히' 사랑해, '여러 모로' 사랑해라고 말한다고 생각해보라. 아마도 금세 우리의 얼굴이 흙빛으로 변하리라! 그런 의미에서 무엇이 사랑이 아닌지를 알아보기 위해 상투적 표현들 속에서 인간의 문화가 수세기에 걸쳐 사랑에 부여한 의미(혹은 무의미)를 채집하려고 시도하는 것은 정말이지 미친 생각이다. 더욱이 사랑과 언어의 관계는 종종 별 의미가 없을 때도 많다. "사랑은 곧 연애편지와 같다"던 바슐라르의 말은 온당치 않다. 철자법의 오류는 결코 미숙한 실수, 부정한 행위, 사랑의 결핍 등에 비례하지 않는다. 더욱이 오늘날 SNS상에 난무하는 저 수많은 사랑 고백(혹은 이별 통보)이 사랑이라는 감정과 그것을 옮겨놓은 언어·이미지와의 관계를 얼마나 심각하게 왜곡하고 있는지 우리는 너무나도 잘 알고 있다.

사랑한다 말해줄래.

사랑은 사회적인 행위다. 그러므로 사랑은 말이나 예술, 문학, 음악적 표현과 떼려야 뗄 수 없는 관계를 맺는다. 어떤 의미에서 사랑은 최초에 언어를 통해 표출된다. 이를테면 떨리는 목소리로 겨우 내뱉은 '사랑해'라는 첫마디로 사랑은 표현된다. 사랑이 표현되지 않는다는 건 상상조차 할 수 없다. 말이든 행동이든 마음의 표시든, 사랑은 어떤 방식으로든 —대개는 개인적으로 조용히 표현하는 것이 일반적이지만, 가끔은 사랑을 표현하기에 적합한 각종 기념일에 연인에게 꽃다발을 안겨주거나 혹은 앙증맞은 하트 무늬 초콜릿을 선물하는 것처럼, 사랑의 사회적 정표를 활용해 조금 더 강력하게 표현하기도 한다— 항상 표현된다.

그러나 '사랑해'라는 말은 참으로 기묘하다. 이 말은 언어가 가진 어떤 기능도 하지 않는다. 표현적 기능은 물론(만일 '정보' 전달이 목적이라면, 단 한 번 사랑을 표현하는 것만으로 충분할 것이다) 명령적 기능, 지시적 기능, 메타 언어적 기능, 친교적 기능도 —물론 때로는 "사랑해", "나도", "자기 나 사랑해?", "응. 사랑해. 자기는?" 따위처럼 너무 자주 반복되는 사랑 표현은 "안녕, 잘 지내?", "응, 잘 지내. 너는?", "응, 나도 물론 잘 지내지"와 같이 친밀한 사람끼리 나누는 관습적 표현으로 변해버리기도 하지만— 전혀 하지 않는다. 더욱이 상대를 사랑하지 않는 사람에게 사랑의 언어는 아무런 의미도 없다. 객관적인 위치에서 듣는 사랑의 대화는 대개 우스꽝스럽거나 닭살 돋는 말, 기껏해야 귀여운 말 정도로밖에 들리지 않을 테니까. 게다가 사랑의 언어는 종종 사랑의 관계를 왜곡하거나, 사랑이란 감정을 봇물처럼 쏟아지는 말의 홍수 속에 깊이 잠기게 한다. 누군가는 상대를 사랑하는 대신 사랑한다고 말하는 자신을 사랑하거나, 혹은 사랑한다고 말하는 것만을 낙으로 삼아 상대를 진심으로 사랑하기보다 오로지 유혹하는 데만 골몰한다. 말만 번드르르하게 하는 달변가나 천하의 바람둥이나 돈 주앙 같은 호색한들처럼 말이다.

사랑은 자신만의 고유한 언어가 없는 탓에 은유나 수사, 상징, 비유를 자주 활용 —혹은 언어를 양 극단까지 몰고 가 때로는 사랑을 노래나 절규로 표출하기도 하고, 또 때로는 침묵이나 속삭임으로 표현하기도 한다— 한다. 언어는 사랑을 말하기 위해 —세상 모든 사람이 들을 수 있기를 바라기라도 하듯, 자신의 사랑이 얼마나 대단한지 증명해보이기라도 하듯— 한껏 묵직하게 부풀어 올라 우렁찬 노랫소리로 울려 퍼진다. 때로는 —"과묵함이야말로 진정한 사랑의 언어"라고 했던 저 성 프란치스코 살레시오의 말처럼— 마치 남들은 모르는 더욱 내밀하고 특별한 사이가 되기를 바라는 연인들처럼 그저 *입에서 나오는 바람소리*, 웅얼거림, 혹은 아무도 알아듣지 못할 은밀한 속삭임이 되어 소곤거리기도 한다. 분명 언어는 사랑을 말하지 못하지만, 동시에 사랑은 언어 없이 존재할 수 없다.

나는 내가 너를 사랑함을 '안다'.

사랑은 말하기에 앞서 경험하고 '느끼는' 것이다. 그렇다면 사랑을 '안다는 것' 역시 가능할까? 의식은 종종 감정이 한없이 스스로를 되돌아보게 만듦으로써 추체험된 감정인 '르상티망ressentiment', 다시 말해 감정에 관한 지식을 생성해낸다. 그러나 감정에 관한 지식은 감정보다는 오히려 지식에 더 가까워질 공산이 크다. 사랑은 자기를 사랑의 대상으로 삼아 때로는 성 아우구스티누스가 예리하게 포착하였듯 *사랑에 대한 사랑*으로 변질되기도 한다. 다시 말해 내가 사랑하는 것은 타인이 아닌 사랑한다는 행위 그 자체가 되어버리는 것이다. 이 경우 사랑의 대상이 누구인지는 중요하지 않다. 상대가 바뀌어도 달라지는 건 아무것도 없다.

그런 의미에서 거짓 연인과 한껏 사랑 놀이를 즐길 수 있지만, 그렇더라도 내가 사랑하는 것은 오로지 나 자신, 그리고 사랑에 빠졌다는 사실 그 자체뿐이다.

'영혼의 반쪽'을 만난 것 같아.

종종 사람들은 서로를 쏙 빼닮아서, 취향이 같아서, 싫어하는 것이 똑같아서, 같은 이상을 공유해서, 선호하는 휴가지나 즐겨 듣는 음악, 감명 깊게 본 영화가 흡사해서 연인이 되었노라 말한다. 엠페도클레스가 들었다면 꽤나 좋아했을 말이리라. 비슷한 것은 비슷한 것끼리 끌린다니. 그러나 그것은 사랑의 이치에는 들어맞지 않는다. '나와 비슷해서' 사랑을 한다면 그것은 거의 생물학적이고 나르시스적인 원초적 관계에 지나지 않을 테니까. 타인을 향해 한 발짝도 더 나아가지 못하고 부메랑처럼 자꾸만 자기에게로 회귀하는 사랑에 불과할 테니까. 이 경우 내가 너를 사랑하는 것은 네가 또 다른 나이기 때문이다. 내가 거울 속의 나를 들여다보며 경탄할 수 있어서다. 내 속의 나와 네 속의 나, 이렇게 두 번씩 나를 사랑할 수 있어서다. 그런 이타성이 없는 사랑, 애타심이 없는 사랑은 그저 한낱 자기 자리만 빙빙 맴도는 헛된 사랑에 지나지 않으리라.

우리는 서로 부족함을 채워줘.

'나와 닮은 점이라고는 눈곱만큼도 없는' 사람을 사랑한다고 하면 언뜻 정신 승리의 일례처럼 간주되기도 한다. 다름과 차이에 대해 인간이 갖는 원초적 혐오감을 극복했다고 말이다. 아마도 이건 헤라클레이토스가 들으면 아주 반가워할 말이 아닐까 싶다. 상반된 것은 상반된 것끼리 끌린다니. 이도 분명 사랑의 한 형태를 대변하는 것임은 틀림없다. 이 경우 내가 상대방을 사랑하는 것은 그 사람이 '내게 결여된 것'을, 나를 온전한 존재로 채워줄 —마치 내가 과거에 잃어버린 완전성을 회복하고, 아무것도 결여된 것이 없는 완벽한 나를 복원하기를 원하기라도 하듯이— 나머지 조각을 가지고 있기 때문이다. 이 경우 '나'의 사랑을 받는 것은 바로 '나'일뿐 결코 타인이 아니다. 타인은 그저 사랑이라는 완벽한 직각을 이루는 데 필요한 한낱 '여각' 같은 존재에 불과하다.

너는 눈이 정말 예뻐.

세상에 어떤 부모가 제 자식을 예쁘지 않다고 생각할까? 그러나 부모는 자식을 사랑하기 때문에 자식이 예뻐 보이는 것이지, 자식이 예뻐 보이기 때문에 자식을 사랑하는 것은 아니다. 어떤 사람이 지닌 자질이나 재능, 소질, 능력은 결코 사랑의 감정을 품는 이유가 될 수 없다. 누군가가 기타를 잘 쳐서, 운동선수처럼 몸이 탄탄해서 그를 사랑한다고 말할 수는 없다. 만일 그렇다면 어느 날 불운의 사고로 상대의 손이 마비되거나 혹은 세월의 흐름 앞에 상대의 육신이 쇠약해지기라도 하는 날엔 사랑도 함께 종적 없이 소멸되어버릴 테니까. 그러나 우리는 사람 그 자체를 사랑하는 것이지, 그 사람이 지닌 어떤 것 때문에 상대를 사랑 —누군가가 지닌 자질은 사랑보다는 오히려 경탄이나 경애의 감정을 불러일으킨다— 하는 것은 아니다. 상대의 좋은 점과 나쁜 점을 '선별'하는 행위는 —나는 '너의 예쁜 눈과 손, 향기로운 피부, 유머 감각이 좋아'라든가, 혹은 나는 '너의 목소리, 산만한 태도, 예민한 기질, 센스 없는 성격이 싫어'라는 식으로— 연인이 가질 만한 태도는 아니다. 그것은 애호가(아마추어)에게나 어울릴 법한 태도다. 연인이란 자고로 상대의 좋은 점만

선별하려 들지 않고, 사람 전체를 '선택'하는 법이니까.

눈에서 멀어지면 마음에서도 멀어지는 법이야.

사랑이 지니는 시간적, 공간적 거리는 우정이나 지인 사이가 갖는 거리
와는 사뭇 다르다. 우정의 관계는 아무리 긴 세월이 지나더라도 멀어지
는 법이 없다. 우정의 좋은 점이 바로 그것이다. 오랜 시간이 지나도 전
혀 약해지지 않는다는 점 말이다(어쩌면 우리에게 '어린 시절을 함께 보
낸 죽마고우'가 그토록 많은 것은 모두 그 때문이리라). 친구란 자고로
오랜 시간 격조해도 다시 만나면 예전에 끊겼던 대화를 자연스럽게 다
시 이어갈 수 있다! 지인 사이에도 초점이 맞지 않아 시야가 흐릿하게
뭉개지는 현상을 원치 않는다면 적절한 '초점 거리'를 찾아내는 것이 급
선무다. 근시든 원시든, 글자를 선명하게 읽고 싶다면 적절하게 거리를
좁히거나 넓혀가며 사이를 조절해야 한다. 우정과 달리 사랑은 거리감
이나 부재를 잘 견디지 못한다. 물론 인간의 삶에 필수적이라고는 할 수
없겠지만 ―플라토닉한 사랑도 분명 존재하지 않는가― 어느 정도 우
리의 몸은 신체 접촉이나 애무, 터치, 포옹, 쾌락, 오르가즘 등을 필요로
하기 때문이다. 심장이 뛰고, 머리가 달아오르듯 우리의 육신도 뜨겁게
끓어오르길 원한다. 눈에서 멀어져도, 사랑받는 대상은 언제나처럼 똑
같이 사랑받는 대상으로 남을 수 있다. 그러나 사랑하는 주체는 자신의
사랑이 위축되고 약화된 듯한 느낌에 사로잡힌다. 타인의 육신에 절정
과 쾌락을 안겨줄 수 없어서, 상대에게 매일 더 많은 것을 선사할 수 없
어서 안타까워한다. 그렇게 사랑은 하루에도 몇 번씩 지극한 친밀감과
느닷없는 두려움("너무 멀게만 느껴져") 사이를 수없이 오간다. 그러나

그
마
음
의
정
체

사랑의 거리는 결코 '고정된' 것이 아니다. 최적의 순항속도 역시 존재하지 않는다. 사랑의 거리는 이렇듯 좁혀졌다 멀어졌다를 수없이 되풀이한다. 그럼에도 두 가지 위험성이 늘 도사리고 있다. 하나는 돌이킬 수 없을 만큼 둘 사이가 멀어지는 것이고(싸늘한 얼굴로 말 한 마디 없이 아침 식탁에 마주 앉아있는 여느 커플의 냉전 풍경을 떠올려보라), 또 다른 하나는 둘이 완전한 하나로 포개지는 것이다(흔히 연인들에게 "우리는 일심동체"라는 말을 자주 들을 수 있지 않은가). 전자의 경우 사랑은 고통이 되고, 후자의 경우 사랑하는 주체와 사랑하는 대상은 더 이상 독립적인 인격체로 존재할 수 없다는 문제가 발생한다.

너는 내 운명.

어쩌면 간절한 기도대로 어느 날 정말 '백마 탄 왕자님'이 짜잔 하고 눈앞에 나타날지도 모른다. 그러나 그 사람은 실제로는 왕자님이 아닐 뿐더러, 우리가 그토록 간절히 기도하며 꿈에 그리던 모습의 사람은 더더욱 아닐 것이다. 사랑의 만남은 우리의 기대, 구상, 계획과 완전히 맞아떨어지지 않는다. 운명의 힘이나 신의 개입으로 만남의 순간이 결정되는 것도 아니다. 오히려 사랑의 만남은 어느 한순간 기적적으로 일어나는 일에 가깝다. 흡사 텅 빈 무한의 공간 속 두 존재가 각자의 궤적을 따라 운행하다가 우연히 마주친 것처럼 말이다. 어느 누구도 다른 누군가를 위해 운명적으로 태어나지 않는다. 별안간 사랑이 피어난다 해도 나는 너를 위해, 그리고 너를 통해 나의 고유한 운명을 만들어나가는 것뿐이다.

너를 미치도록 사랑해.

사랑에는 어떤 '실리적인' 목적이 존재하지 않는다. 우리가 사랑을 하는 건 '무엇인가를 위해서'가 아니다. 젊음을 유지하기 위해, 혼자 남겨지는 것이 싫어서, 자식을 얻고 싶어서, 저녁에 퇴근하면 집에서 기다려줄 누군가가 필요해서 사랑하는 것이 아니다. 사랑에는 목적도 없지만 '이성'도 없다. 사랑은 광적이다. 세상에서 사랑하는 이유를 묻는 것만큼이나 무의미한 일이 없다. 아무리 사소한 '때문에'도 사랑에게는 모욕이다. '네가 똑똑하기 때문에, 네가 뛰어난 말재주를 타고 났기 때문에, 네가 친절하기 때문에'와 같은 이유들 말이다. 왜냐하면 그 말은 곧 성격이 나쁘거나 말재간이 없는 사람은 사랑을 할 '권리'가 없다는 뜻과 같아지기 때문이다. 사랑은 이성의 잣대로 '평가'할 수 있는 어떤 가치를 찬미하는 것이 아니다. 세상 모든 사람은 전부 사랑받을 가치가 있다. 사랑하거나 사랑받는 데는 특별한 자격이 필요하지 않다.

영원토록 사랑하리.

사랑은 극단주의자다. 정도도 중용도 사랑은 알지 못한다. 세상에 절반의 신뢰란 존재하지 않듯이, 절반의 사랑도 존재하지 않는다. 더욱이 사랑은 시한이 정해져 있지 않다. 유통기한이 따로 없다. 감히 누가 사랑하는 연인에게 어느 정해진 날까지만 사랑하겠노라고, 이듬해까지만 혹은 3~5개월 정도만 사랑하겠노라고 말할 수 있겠는가? 사랑을 하는 동안에는 언젠가 사랑이 식을 수 있다는 생각을 하지 못한다. "나는 평생토록 너만 사랑할거야. 영원히 헤어지는 일은 없어." 하지만 이내 그들은 이별을 한다. 그리고 헤어진 이유를 장장 소설 한 권 분량으로도 써낼 수 있다. 그럼에도 사랑을 '일정 시간 동안만' 하겠다는 계획 따위는 불가능하다. 사랑하는 동안에는 '언젠가' 사랑이 끝날 수 있다는 사실을 상상조차 하지 못한다.

내가 그를 사랑하듯, 그도 나를 사랑한다.

사랑에는 이유나 조건이 없다. 누군가를 사랑하기 위해 반드시 상대도 나를 사랑해야 하는 건 아니다. 순수하게 나를 헌신하는 일에 대가 따위는 필요하지 않다. 사랑은 호혜성을 보상으로 기대하지 않는다. 물론 내가 누군가를 사랑하는데 그도 나를 사랑하는 기적 같은 일이 우리 주변에서 매일같이 일어난다. 그러나 상대가 나를 사랑하기 때문에 내가 그를 사랑하는 것은 아니다. 중요한 것은 어떤 제약이나 한계, 이유, 조건을 달지 않고 능동태로 사랑하는 것이다. 사랑은 '사랑하다/사랑받다'라는 능동/피동의 호응 관계를 추구하지 않는다(우리는 우리의 존재를 모르는 사람과도 충분히 사랑에 빠질 수 있다). 사랑은 이중의 타동성을 추구한다. 네가 나를 사랑하면 나는 그보다 더 많이 너를 사랑하고, 다시 너는 내가 너를 사랑하는 것보다 더 많이 나를 사랑하는 식이다. 그러면 다시금 나는 그보다 훨씬 더 너를 사랑하려고 할 것이다. 이런 식으로 사랑은 끊임없이 경쟁적으로 상승 운동을 이어나간다. 사랑이라는 행위는 무한한 변증법을 지속한다. 바로 그러한 이유 때문에 대가를 바라지 않는 '외사랑'은 불행한 사랑인 것이다. 상대의 사랑을 얻지 못하는 비참함으로 고통받는 사랑이어서가 아니다. 사랑의 상승효과를 누리지 못하고 결국엔 힘을 잃어갈 사랑이기 때문이다. 영원토록 충족되지 않는 두 욕망 덕분에 일어나는 상승 작용이 결코 일어나지 않고, 사랑을 받음으로써 내가 품은 사랑이 더욱 풍성해지는 법이 없기 때문이다.

에로부터 사람들은 사랑이 플라톤이 이야기한 '에로스의 사다리'처럼 여러 단계로 나뉘어져 있다고 보았다. 가장 낮은 단계가 본능이다. 본능으로서의 사랑은 상대가 누구인지에 관계없이 무조건 상대의 육체를 '소유'하도록 자극하고, 생리적이고 생물적인 만족감을 얻는 일에 온 에너지를 소진하게 한다. 그보다 한 단계 높은 사랑은 상대의 육체적 아름다움이 아닌, 지적·도덕적 자질에 반하는 사랑이다. 그리고 그 다음은 어떤 사람이 아닌, 그 사람이 대변하는 덕성이나 지혜를 사모하는 모든 성적인 본능이 배제된 순수한 사랑이다. 다음으로 한 단계를 더 추가하면 신의 사랑 혹은 신비로운 차원의 사랑을 꼽을 수 있다. 그러나 현실 속 인물이 우리 마음에 사랑의 불을 댕기는 순간, 이런 구분은 한낱 망상처럼 무의미해질 뿐이다. 어쨌든 우리는 옛날 사람들이 생각한 에로스의 단계를 통해 적어도 무엇이 진정한 사랑이 아닌지에 대해서만큼은 보다 구체적으로 가늠해볼 수 있다. 예를 들어 일종의 감정 상태이자 기분, 감각, 섹슈얼리티를 동시에 의미하는 사랑이 절대 의미하지 않는 것이 있다면 그것은 바로 성적 행위라는 점을 대번에 깨달을 수 있다(굳이 영혼이 육체로 '재추락'했다는 표현까지 쓸 필요는 없을 것이다). 성적 행위는 사랑 없이도 충분히 할 수 있다. 심지어 돈을 주고 살 수도 있다. 또한 성적 행위는 사랑과 달리 자기의 향유, 자기를 위한 향유로부터 단 한걸음도 '더 높이', '더 멀리' 나아가려 하지 않는다. 그리고 이상적 가치인 *미를 향한 욕망*도 사랑이라고 볼 수 없다. 그런 종류의 '금욕'은 우리가 깊이 빠져든 물질이나 '육신'으로부터 우리를 멀어지게 한다.

또한 사랑은 사랑의 대상이 지닌 지적 자질이나 도덕적 자질이 연인에게 불러일으키는 어떤 마음의 울림으로부터 탄생하는 것도 아니다. 사랑은 육체 속에 완전히 잠기는 일도 없지만, 그렇다고 뼈와 살이 부재하는 순수한 관념에 의해 촉발되거나 이끌리는 법도 없다. 그런 의미에서 사랑은 *두 가지 사이*에 존재하는 것이 아닐까 싶다. 하나가 다른 하나와 완전히 합일되지 않고 언제까지고 양자 사이를 부지런히 오가는 그런 것 말이다.

플라톤의 《향연》에서부터 시작해, 우리는 사랑이 휴식처도 안식처도 찾지 못한 떠돌이 방랑자처럼 끊임없이 유랑을 지속한다는 사실을 잘 알고 있다. 사랑과 욕망의 특징은 절대 끝을 알지 못하고, 결코 '만족'과 평온에 이르지 못한다는 점이다. 인간이 인간을 사랑할 때, 사랑은 '신'이나 이데아, 혹은 이상을 향해 나아가지 않는다. 그렇다고 '인류 전체'를 향해 나아가는 것도 아니다. 왜냐하면 세상 모든 사람을 사랑한다는 것은 결국 아무도 사랑하지 않기 위한 최고의 방법일 터이기 때문이다. 사랑은 끊임없이 운동을 지속한다. 사랑은 타인을 향해 나아간다. 그러나 타인과 완전히 합일되지는 않고 다시 자신에게 되돌아온다. 그렇게 자신에게로 돌아온다고 해서 자기 속에 철저히 틀어박히거나 유폐된 채 혼자서만 번영을 구가하고 자기 자신만을 열렬히 숭앙하는 것은 아니다. 사실 그와 같은 자기를 향한 운동 속에 바로 —종국엔 *필라우티아* **philautia**, 즉 자기애로 귀결되는 운동일 것이다— 사랑의 *거짓짝*을 구분할 가늠자가 들어 있는지도 모르겠다. 어떤 식으로든 사랑의 감정이 나르시시즘으로 변질된다면, 타인보다 자신을 먼저 생각하는 경향이 조금이라도 나타난다면, 타인의 행복을 염려하기 전에 은밀하게라도 자신의 행복을 먼저 생각하는 일이 있다면, 이때의 감정은 진정한 사랑이라고는 볼 수 없을 테니 말이다. 하지만 우리는 어떻게 하면 나를 완전히 벗어던질 수 있을까? 어떻게 하면 사랑의 주체로 기능하는 나를 상실하지 않고도, 더는 타인에게 내어줄 것이 하나도 남아 있지 않은 텅 빈 상태에 이르지 않고도, 나를 작게 만들어 말끔히 비워낼 수 있는 것일까?

다시 한 번 말하지만 사랑은 *사랑을 받는 것*이 아니다. *사랑을 하는 것*이다. 무엇인가를 주는 것이 사랑이지, 받는 것이 사랑은 아니다. 물론 누군가 우리에게 부탁하지도 않은 호의를 베푸는 경우만큼은 예외이겠지만 말이다. 사랑의 정의가 얼마나 다양한지는 모르겠지만, 사랑이란 언제나 자신이 아닌 다른 존재를 향해 나아가는 것, 자신의 시선과 관심과 흥미와 '염려'를 차이성과 이타성, '포착 불가능한' 그 무엇인가를 향하도록 만드는 것을 의미한다. 이 운동에서 지나친 자기애는 타인을 향한 도약을 방해하는 무거운 모래주머니나 짐 보따리와 비슷하다. 거짓 연인의 비천한 이기주의는 사랑의 *헌신적인* 작동을 가로막는다. 거짓 연인은 오로지 자신만을, 자신의 쾌락과 힘만을 사랑할 뿐이다. 거짓 연인은 끝없이 고독을 축적하려 하고, 자기 것은 단 한 푼도 내어주지 않으려 하며, 그럴 바에는 차라리 자기의 무게에 짓눌려 내폭하기를 선택한다. 하지만 그렇다고 사랑하면서 나를 완전히 '사라지게' 하라는 말은 아니다. 자기에게서 탈피하여 *타인을 더 우선적으로* 생각하라는 뜻일 뿐이다(이토록 지키기 어려운 법칙을 내세우는 것이 너무 '터무니없이' 들릴 수도 있겠지만, 때로는 자식을 향한 부모의 사랑이 그것이 가능함을 입증해준다. 세상에 어떤 부모가 자식과 함께 죽을 위기에서 자신보다 자식을 먼저 구하려 하지 않겠는가). 타인을 먼저 생각하지 못하게 훼방 놓는 모든 형태의 교만과 사익 추구와 오만방자함과 냉정함과 자기도취를 내던지고 진정한 *연인*으로 거듭나라는 의미다. 그리하여 매 순간 자기 안에서 사랑하는 사람을 빛나게 해줄 '에너지'를 발산하고, 자신이 내줄 수 있는 모든 미덕으로 그를 고취시키며, 사랑하는 사람을 아름답고, 선하고, 정의로운 존재로 만들어주고, 사랑하는 사람에게 힘과 신뢰는 실어주되 두려움은 모두 거둬내어 그가 자신과 세상을 이해하는 능력을 한층 더 배가하도록 만들어주라는 뜻이다.

네가 행복하기를 바라.

사랑하는 사람의 행복을 빌어주지 않는다면 그건 진정한 사랑이 아니다. 이미 고대 그리스에서도 *에라스테스*Erastes와 *에로메노스*Eromenos 사이에 *파이데라스티아*paiderastia 관계, 즉 교육적인 성격의 애정 관계가 그러한 사랑의 모습을 대략적으로 보여주었다. 여기서 에라스테스는 '능동적인' 성격을 갖는 사랑하는 성인 연상 남성을 의미하고, 에르메노스는 '수동적인' 성격을 갖는 사랑받는 연하 남성을 의미한다. 이와 같은 파이데라스티아 관계에서 사랑은 사랑받는 자에게 덕성과 지혜를 전달하고, 사회적·정신적·정치적·지적 유산을 물려준다는 의미가 깊었다. 물론 사랑받는 자는 이에 대해 *우애*, 감사, 애정, 찬미 등으로 상대에게 보답했다. 그러나 여기서 '주는' 행위가 타자를 *지배*하거나 자아를 *폐위*시키는 행위를 의미하는 것은 아니다. 누군가를 위해 '행복을 빌어준다'는 건 창조적인 행위다. 사랑하는 주체나 사랑받는 대상 모두에게 이로운 행위다(설령 각자가 이로움을 노리고 의도적으로 하는 행위는 아닐지라도 말이다). 물론 사랑받는 대상도 사랑하는 주체를 충분히 사랑할 수 있다. 타인의 행복 ―기쁨과 즐거움, 정신의 고양과 육체의 환희, '신통한' 잠재력의 발견― 을 빌어준다는 건 상대에게 무상으로 무한한 가능성을 불어넣어주는 것을 뜻한다. 다시 말해 상대가 모든 잠재태를 현실태로 옮길 수 있도록, 자신의 능력에 믿음을 가질 수 있도록, 확실한 즐거움의 원천을 발견할 수 있도록, 뜻밖에도 굳건한 의지나 눈부신 지성을 발휘할 수 있는 소중한 기회를 붙잡을 수 있도록, 무한한 가능성을 열어주는 것을 의미한다. 말하자면 사랑은 인간 안에 깃든 신성과도 같은 셈이다. 또한 사랑이란 실망과 열정의 교차 반복이다. 사랑은 번뇌·근심·두려움(왜냐하면 사랑하는 사람이 상대에게 선사하기를 바라는 행복은 언제나 불충분하거나 혹은 번번이 제 능력을 벗어나는 일이기 때문이다)이자, 불화·신경 발작·이별 선언·돌이킴·고함·속삭임이자, 상대의 기대·욕망·의지·무의지는 물론 자유·정의에 대한 요구를 놓고 벌이는 무한한 '협상'의 연속이다.

육체의 아름다움을 사랑한다고? 영혼의 눈부심을 사랑한다고? 그러나 타인의 '행복을 갈망하는' 순간 더 이상 사랑은 그러한 구분 따위는 하지 않는다. 모든 것을 한데 뒤섞어 조르다노 브루노가 말한 '영웅적인 열정'으로 화하게 한다. 사랑하는 사람은 사랑의 대상이 짓는 미소나 몸짓, 주름살, 잘록한 허리, 치골, 얼굴에 새겨진 흉터, 무겁거나 가벼운 발걸음, 한숨 등을 영혼에 속한 것과 결코 따로 보지 않는다. 사랑의 대상이 지닌 윤리적·지적 품성이나 결점이 영혼 속의 움직임으로 나타나거나 혹은 어떤 반영이나 잠재적 가능성, 메아리 등으로 발현되는 현상을 사랑하는 대상이 지닌 외적 요소와 동떨어진 것으로 간주하지 않는다. 사랑하는 사람은 사랑하는 대상이 보여주는 덕성이나 정신적 미숙함, 용기, 끈기, 기쁨, 정숙함, 혹은 온정적이거나 이기적인 행위 등을 그의 육신과 외따로 보지 않는다. 사랑의 대상이 보이는 몸짓, 예를 들어 의자에 털썩 주저앉거나, 사과를 사각 한 입 베어 물거나, 살랑살랑 팔을 흔들거나, 고함을 지르거나, 귓가에 대고 속살거리거나, 손톱을 질겅질겅 물어뜯거나, 숨을 헐떡이며 질주하는 모습들을 그가 지닌 정신적 요소들과 동떨어진 것으로 간주하지 않는다. 누군가를 사랑한다는 것은 그의 모든 것을, 다시 말해 '영혼과 육체' 그 모두를 동시에 사랑하는 것을 뜻한다. 자신의 온 마음과 몸과 정신과 두뇌를 다해 상대의 행복을 빌어주고, 상대가 소망하는 바를 이루고, 온갖 기쁨을 누릴 수 있게 도와주는 것을 의미한다. 한마디로 모든 것을 다 *내어주는 것*이 바로 사랑인 셈이다.

신랄함으로 무장한 니체는 이타적인 사랑을 '끔찍한 부조리'라고 조롱했다. 그는 이타적인 사랑이 에고이즘의 굴욕과 자아의 위축·탈피·상실을 요구한다고 비웃었다. 그는 저서 《이 사람을 보라》에 "강건하게 자리 잡고 앉은 자신을 꼭 붙들고 있어야 한다. 그리고 용감하게 자신의 두 다리로 서야만 한다. 그렇지 않으면 결코 사랑을 할 수가 없다."라고 썼다. 물론 자기 낮춤이 때로는 견딜 수 없이 추악한 모습을 띠는 것이 사실이다. 자학, 모든 일을 자기 탓으로 돌리기, 자기를 존중하지 않는 지나친 겸손, 자기 비하에서 쾌감마저 느끼는 과도한 굴종 등이 그러한 경우에 해당한다. 그러나 오로지 자기 자신으로만 가득 찬 채 한껏 부풀어 오른 자아 역시 추하기는 마찬가지다. 최선의 경우라 해도 '강건하게 자리 잡고 앉은' 나는 조금 더 안락하고 편안한 상태만 끊임없이 갈망하며 모든 것을 손이 닿는 위치에 가져다 놓고 제자리에서 꼼짝도 하지 않은 채 점점 더 비대하게 살만 쪄갈 것이다. 그런가 하면 최악의 경우에는 두려움을 모르는 전사마냥 '용감하게 자신의 두 다리로 선', 자신의 힘만 믿는, 오만함이 하늘을 찌르는, 단호하고, 결연하기 그지없는 나는 오로지 자신의 지배력을 강화하는 데만 안하무인으로 몰두하려 할 것이다. 그리하여 어떤 희생을 치르더라도, 모든 것을 희생하는 한이 있더라도, 자신의 생각과 성향과 변덕에 따라 마구잡이로 세상을 휘두르려 할 것이다. 그러나 최선의 경우이든 최악의 경우이든, 두 경우 모두 나는 언제나 어쩔 수 없이 혼자일 수밖에 없을 것이다. 그 누구도 나는 사랑할 수 없을 것이다. 사랑이란 극단주의자인 동시에 '전체주의자'다. 사랑은 그 끝을 생각지 않고 마지막까지 남김없이 사랑하고, 사랑하는 대상의 모든 것을 사랑한다. 그러나 굴종에 이를 정도로 완전히 자기를 잃어버리지 않을 때, 오만에 이를 정도로 완전히 자기에게 도취되지 않을 때, 비로소 우리는 본연의 사랑하는 자로 남을 수 있다. 그러니 사랑하는 자에게 중요한 것은 자신이 앉을 자리를 찾는 것이 아니다.

왜냐하면 사랑하는 자에게 사랑이란 반대편을 향해 *나아가는* 것, 플라톤이 말한 에로스처럼, 풍요와 빈곤 사이를 한없이 오가는 것, 가장 소중한 것을 그러모아 상대에게 내어주고 빈손이 된 뒤에는 다시금 힘을 모아 다음에 줄 새로운 것을 찾아 나서는 것을 뜻하기 때문이다. 블라디미르 쟝켈레비치가 말한 것처럼, 외부로 향하는 이타성의 물줄기는 사랑하는 자를 사랑하는 대상에게로 이끌고 간다. 단, 둘 사이의 거리가 완전히 사라지지는 않는 한도까지 말이다. 그리고 또다시 자기애의 물줄기가 사랑하는 자를 자신 쪽으로 되돌려놓는다. 그러면 마치 장애물을 만나면 그것을 뛰어넘고 싶다는 의욕이 더 크게 요동치듯이, 언제나 타깃으로 삼지만 절대 맞닿을 수는 없는 타자에게로 또다시 나아가고 싶다는 열렬한 욕망이 다시금 맹렬하게 불타오른다. 사랑하는 자는 돌연 '내가 먼저!'라는 명령을 무력화하고, 윤리적인 의무를 앞세운다. 비로소 *부끄러움을 아는 마음*이 자기 자신에게 향했던 시선을 멀리 거두고, 세상에는 '2인칭 너'보다 더 소중한 것은 없고 그를 위해서라면 그무엇도 *충분히 좋지* 않다는 사실과 더불어 그 누구도 그 자체로 '어진' 사람은 없고, 우리는 사랑을 할 때 비로소 윤리적 규율을 체득할 능력을 지니게 된다는 사실을 온전히는 아니더라도 어렴풋하게나마 느낄 수 있게 해주기 때문이다. 모든 이를 사랑하는 것은 결국 아무도 사랑하지 않는 것과 같다. 그러나 우리가 누군가를 사랑하는 순간, 우리는 세상 모든 사람이 사랑받을 자격이 있음을, 모든 사람이 존귀한 존재임을, 누구도 자신의 존엄성에 상처를 입거나 자신을 보호할 권리를 박탈당해서는 안 된다는 사실을 곧바로 깨닫게 된다. 한마디로 사랑은 정의로 향한다.

*
**

플라톤Platon, 《향연Le Banquet》, 뤽 브리송 편저, 제에프플라마리옹, 1998, 987.

그
마음의
정체

블라디미르 장켈레비치Vladimir Jankélévitch, 《미덕론Traité des vertus》(1947), II, 〈미덕과 사랑Les Vertus et l'Amour〉, 보르다스, 1970.

사랑에 관한 기본 저서들에서 인용한 발췌 글과 참고 문헌은 에릭 브롱델Éric Blondel 이 사랑에 관한 글들을 모아 편찬한 《사랑L'Amour》(제에프플라마리옹, 코르퓌스 총 서, 1998)을 참조했다.

~

우정

자연이 인간에게 우정을 준 까닭은

악덕을 행하는 동반자가 아닌

미덕의 조력자가 되라는 뜻이다.

키케로,

《우정에 대하여》,

XXII, 83.

흔히 사랑은 눈이 멀었다고들 한다. 그렇지만 어쨌거나 사랑에게 눈이 있다면 아마도 저 높은 하늘과 창공을 올려다보려 할 것이다. 비록 그 끝이 어디쯤인지는 가늠하지 못할지라도. 자고로 사랑은 언제나 자신이 사랑하는 대상보다 더 높은 곳을 겨냥하기 마련이니까. 사랑은 사랑하는 대상에게 항상 좋은 것만을 주기를, 이를테면 선善 그 자체를 주기를 원하지만 결코 그런 드높은 이상에 도달하는 법은 없다. 사랑을 받는 대상 역시 자신을 사랑하는 연인을 항상 그보다 많이 사랑하려고 한다.

그러나 사랑은 늘 한쪽으로 균형이 기울어진다. 아니, 균형이 기운 채로 태어났다. 사랑은 사랑을 받아야만 비로소 시작되는 것이 아니고, 일단 사랑을 시작하고 나면 사랑하는 대상에게 한시도 주기를 멈추지 않을 뿐만 아니라, 끊임없이 '더 많이' 주기를 원하기 때문이다. 그런 점에서 사랑은 숭배나 경애와는 다르다. 아니 어떤 의미에서는 정반대라고도 볼 수 있다. 숭배나 경애도 사랑처럼 하늘을 우러러보기는 마찬가지지만, 숭배나 경애의 시선은 그저 '이미' 완성된 선, 그보다 훨씬 더 앞서 존재해온 어떤 귀한 존재(비너스 여신)에게 이끌릴 뿐이지, 그 자체로 누군가를 사랑한다고 해서 저절로 선을 생산하는 자율적인 운동은 아니다. 그러니 그토록 놀라운 매력과 마력으로 자신을 뒤흔들던 '신성'에 도달하는 순간, 숭배와 경애라는 거짓 사랑은 언제나 딱딱한 돌처럼 굳어 꼼짝도 않는 것이리라. 이를테면 산을 사랑하는 '애호가들'에게 애써 힘들이지 않고 곧장 헬리콥터로 정상까지 올려주겠다고 말하면 더 이상 등반이나 등정에 아무런 매력을 느끼지 못하는 것과 같은 이치다.

그렇다면 우정의 경우에도 사랑에서 발견되는 시선의 차이가 존재할까? 우정은 친구의 눈을 마주 응시하는 것이다. 우정은 '수평적'이다. 평등하고 상호적이지 않은 우정이란 존재하지 않는다. 부모가 아이에게, 삼촌이 조카에게, 누나가 동생에게 느끼는 '가족애'에서는 찾아볼 수 없는 특징이다. 아무리 친구 같은 가족 관계일지라도 말이다. 그런가 하면 우정은 가족애가 아닌 그냥 일반적인 사랑과도 많이 다르다. 사랑은 사랑을 받을 때 비로소 사랑을 시작할 수 있는 것이 아니며, 항상 더 많이 사랑하려는 욕망으로 인해 끊임없이 균형이 어그러진다. 하지만 우리는 자신에게 호감을 보이지 않는 사람을 친구라 여기지 않는다. 우정은 상호 선택에서 탄생한다. 아무리 어린 시절을 함께 보낸 죽마고우일지라도 예전부터 우정이 '이미 그곳에 항상' 존재해온 것은 아니다. 우정은 아무런 선택권 없이 나와 '맺어진' 가족과도 다르고, 의지나 이성이 끼어들 틈 없이 별안간 나타나 나를 단단히 '붙들어 매는' 사랑과도 다르다. 우정은 흔히 '키워가는 것'이라고들 말한다. 요컨대 우정은 후천적으로 얻어지는 문화적 요소에 가깝지, 결코 자연적인 본능에 속하거나, '한눈에 사랑에 빠뜨리는' 큐피트의 화살 같은 것도 아니다.

고독은 절대로 인간의 첫 조건이 아니다. 아리스토텔레스가 말한 것처럼 인간은 정치적 존재, 무리와 집단을 이루며 살아가는 사회적인 존재다. 어떤 때에도 인간은 '하나'인 채로 남지 않고, 금세 '여럿'이 모여 무리와 군중을 형성한다. 인간은 스스로의 힘으로 필요한 모든 것을 충족할 수 없기에 흔히 '자연적'이라고 부르는 관계 속에 융합되어 살아간다. 이러한 자연적 관계의 형태나 양식은 각 문화에 따라 때때로 변형을 겪기도 하지만 말이다. 자연적 관계는 인간이 걷는 법을 배우기에 앞서 자리에서 일어설 수 있게끔 '붙잡아'준다. 말하는 법을 배우기에 앞서 주변 환경과 소통하는 법을 알려준다. 훗날 그 실체를 정확히 인지하기에 앞서 다양한 감정과 감각, 기분, '생각', 환상 등을 먼저 인간의 정신과 육체에 주입해준다. 그러나 인간은 점차 이러한 자연적 관계에서 벗어나 자율적인 인간으로 성장해 나가고, 자신의 말과 정서와 생각의 주체로 거듭난다. 또한 자신이 자란 환경이나 사회 안에서 자신의 자리를 결정하게 된다. 물론 그 과정에서 일정한 제약을 감수해야 하고, 자신이 짊어진 가정·경제·사회·심리적 유산의 무게를 감당해야 함은 더 말할 나위 없을 것이다.

그러나 애당초 그냥 '주어진' 자리와 달리, 자신의 자리를 스스로 마련하는 것은 쉬운 일이 아니다. 누구도 자신의 자리를 거저 얻는 사람은 없다. 물론 어떤 이들은 타고난 환경 덕에 남보다 '유리한 패'를 먼저 손에 쥐기도 한다. 그럼에도 사회생활이라는 게임장 안에 '예약석' 따위는 존재하지 않는다. 각자가 알아서 자신의 자리를 '확보'해야 한다. 그러려면 차례로 다가오는 기회를 잘 활용해야만 한다. 그런가 하면 기존의 위계질서에도 용감하게 맞서야 한다. 뿐만 아니라 모든 도구·지배·착취·소외 관계의 벽을 뚫고 험난한 길을 헤쳐나가야 하며, 좌절과 실패를 이겨내고, 부르디외가 말한 '운명의 비참함'과 '사회적 지위의 비참함'을 극복해내야 한다. 또한 사회적 경쟁에서 유리한 성과를 거두어, 자신이 정한 목표나 이상에 맞는 자유로운 삶, 이른바 '좋은 삶'을 살아갈 수 있는 탄탄한 토양을 다져야 한다.

그러나 누구도 유년기의 본원적인 공생 관계에 대한 '노스탤지어'를 완전히 떨쳐버리지는 못한다. 소속 집단, 혹은 좁은 의미나 넓은 의미에서의 가족(생물학적 가족, 비생물학적 가족 모두)과 맺은 자연적 관계는 세상의 모든 근심과 두려움을 짊어진 우리에게 사랑과 애착, 보호, 온갖 욕구 충족의 가능성을 제공해주었다. 인간이란 본인이 원하던 원치 않던 간에 결국엔 '자연적으로' 오로지 긍정성만을 갖는 관계의 영역 —물론 그렇다고 상실과 유기, 훼손과 굴종에 대한 모든 근심과 공포가 아예 존재하지 않는다는 말은 아니다— 에서 긍정적일 수도 부정적일 수도 있는 제도적 성격을 지닌 관계의 영역으로 이행할 수밖에 없다. 그러한 점에서 볼 때, 우정이란 이 두 번째 영역의 관계에 다시금 첫 번째 영역의 관계를 재창조하려는 시도로 해석해볼 수 있다. 물론 '자연적' 관계가 보장해주는 본연의 확고부동한 관계만은 조금도 기대할 수 없겠지만 말이다. 말하자면 우정이란 인간이 천부적으로 타고난 '타자에 대한 욕망'이 타자를 친구로 선택하는 행위로 변형되었다고 이해해볼 수 있다. 물론 의미는 전혀 다르겠지만 마르크스의 연구에도 등장하는 말처럼, 우정이란 '자연의 변형'이자, 동시에 '자연의 인간화'라고도 말할 수 있을 것이다. 단 우정이 모든 지배나 소외 관계를 배제한다는 전제 하에서 말이다.

그럼에도 일부 종교 단체나 비밀 결사체의 경우를 보면, 우정은 오히려 '자연으로 돌아갈 때', 다시 말해 혈연관계의 힘을 되찾을 때 비로소 누구도 꺾을 수 없을 만큼 견고해진다는 사실을 확인해볼 수 있다. 예를 들어 입문 의식을 치르는 동안 신도들은 손목에 칼로 피를 내고 십자가 모양으로 각자의 팔을 교차하는 식으로 서로의 피를 뒤섞어 '형제'가 된다. 그러나 자연적 관계든 혹은 어떤 상징적 행위를 통해 맺어진 제도적 관계이든 간에, 피를 나눈 형제 관계가 무조건 관계의 '긍정성'을 보장해주는 것은 아니다. 비단 부친 살해, 모친 살해, 그 외 온갖 영아 살해가 난무하는 기원 설화나 신화에만 국한된 이야기가 아니다. 실제 인간의 삶을 들여다봐도 얼마나 많은 가족사가 오해와 경쟁, 질투, 증오와 같은 복잡한 감정들로 점철되어 있는가! 이에 대해서는 키케로도《우정에 대하여》(V)에서 아주 예리하게 지적했다. "자연은 가족과 우리 사이를 인척 관계로 맺어주었다. 하지만 그것이 그리 단단한 것은 아니다. 우정은 인척 관계보다 더 강하다. 인척 사이에는 선의가 결여될 수 있지만, 친구 사이에는 그것이 불가능하기 때문이다. 선의 없이는 우리가 우정이라 부를 수 있는 것은 존재하지 않을 것이다. 하지만 선의 없이도 인척 관계는 존속할 수 있다."

우정 관계는 가족 관계와 전혀 다르다. 우정에서는 '가족의 삶'에서 찾아볼 수 있는 가정·정치·위계·교육·종교·도덕규범의 피라미드를 전혀 찾아볼 수 없다. 우정은 일정한 '틀'을 가지고 있지 않다. 모든 종류의 위계를 무시한다. 우정의 힘은 자의에 의해 단단한 결속력을 갖춘 모임이나 '공동체'를 형성한다. 그러나 우정의 결속력은 가족 사이의 끈끈한 유대감이나 혹은 사회 구성원들 각자가 자신의 역할·직무·권한·자유·권리 등을 분담하기 위해 맺는 사회적 규약 같은 것에서 기인하지 않는다. 물론 우정을 이와 같이 소개할 경우 '이념적' 차원의 비판을 초래할 수도 있을지 모르겠다. 우정을 일반적인 사회적 교류 양식이나 제약을 '초월한' 경험과 정서만을 상호 공유하는 공동체라고 설명하는 경우, 결국 한 사회의 구조와 위계질서 안에 내재하는 불평등한 역할 분담이나 분쟁의 존재는 은폐되거나 무시될 가능성이 크기 때문이다. 키케로도 '좋은 사람들'끼리 맺는 우정에 대해서만 이야기했지, 노예나 여성의 우정에 대해서는 일절 언급한 적이 없다. 더욱이 고대 이후, 인간의 역사는 남자들의 우정을 기린 교훈적 이야기로만 가득할 뿐, 여성들의 우정이나 여성과 남성 간의 우정을 그린 기록은 그 어디서도 찾아볼 수 없다. 아마도 당시 성별 노동분업체계를 침해하지 않기 위해서는 그와 같이 사내들의 우정밖에는 그럴 수가 없었던 것이리라. 그러나 이유는 그뿐만이 아니다. 여성이 우정을 나눌 만한 능력이 안 되는 존재, 그저 한 남자의 아내나 혹은 가정을 지키는 안사람 역할밖에 못한다는 여성에 대한 고정 관념을 더욱 확고히 하려는 목적도 무시할 수 없다. 이러한 비판은 충분히 근거가 있다. 하지만 그럼에도 우정이 어떤 특별한 성격의 '공동체'를 형성한다는 사실만큼은 주목해서 볼 필요가 있다.

일정한 의도를 갖고 공동체를 구성하는 경우가 대부분 그러하듯, 우정의 경우에도 공동체를 형성하는 목적이 최소 하나 이상은 존재한다. 그러나 그 목적이 실리인지, 쾌락인지, 혹은 덕의 실천인지는 딱 꼬집어 말할 수가 없다. 적어도 아리스토텔레스가 《니코마코스 윤리학》에서 보여준 것과 같이 우리가 우정의 다양한 형태를 명확히 구분 짓지 않는다면 말이다. 사랑은 모양도, 형태도, 증감도 존재하지 않는다. 우리는 '조금', '많이', '어떤 면에서', '어느 수준까지', '어떤 조건 하에서' 등과 같이 사랑의 크고 작음을 표현하는 것이 불가능하다. 반면 우정은 다르다. 우정은 무한한 색채를 가지고 있으며, 동지애에서 사랑에 이르기까지 다채로운 빛깔의 무지개를 형성한다.

'가장 낮은 형태'의 우정, 우정이라 하기엔 무엇인가 조금 '아쉬운' 우정은 상대가 누구인지에 대해서는 별로 중요하게 생각하지 않는다. 어떤 종류의 활동이든, 일정한 활동을 상대와 함께한다는 사실 자체만을 고려의 대상으로 삼는다. 이를테면 학교나 직장에서 우리는 이름 순서에 따라 얼마든지 우연히 누구와도 동료나 친구가 될 수 있다. 한편 '가장 높은 형태의' 우정, 단순한 우정이라 하기에는 너무나도 고결한 우정

그 마음의 정체

은 상대와 어떤 활동을 함께하는지 따위는 전혀 신경 쓰지 않는다. 오로지 상대가 어떤 사람인지만을 중요하게 따질 뿐이다. 그러나 어쨌든 이러한 기준만으로 우리가 사랑과 우정을 구분하기란 충분치 않다. 잠시 다음의 문장을 음미해보자. "만일 누가 왜 그를 사랑하느냐고 물어온다면, 그것이 그였고, 그것이 나였기 때문이라고 밖에는 달리 대답할 길이 없다."(《수상록》, I, 28) 우리는 이 문장에서 몽테뉴가 누구를 생각하며 하는 말인지는 잘 알아도, 그가 말하는 감정이 무엇인지에 대해서는 정확히 파악할 수가 없다. 여기서 사랑한다는 표현은 사랑하는 연인과 좋아하는 친구 모두를 대상으로 삼을 수 있기 때문이다. 만인 가운데 유일한 '2인칭 너'를 선택하는 행위는 주체나 대상 모두에게 매우 중요한 의미를 지닌다. 내가 너를 사랑하는 것은(네가 나를 전혀 사랑하지 않더라도) 그것이 너이기 때문이듯, 네가 내 친구(이자 나도 너의 친구)인 것도 역시 그것이 너이기 때문이다. 이처럼 우정에는 이유가 없다. 원인이나 동기도 존재하지 않는다. '경탄'이라는 감정과 달리, 우정은 상대가 어떤 뛰어난 재능을 타고났다고 해서 혹은 아름다움과 힘, 상대를 웃게 하는 재주, 지성, 리듬 감각 따위를 지녔다고 해서 생겨나는 것은 아니기 때문이다. 누구보다 색소폰 연주를 훌륭하게 할 줄 알아서 그가 내 친구라고 말할 수 있을까? 혹은 그가 불의의 사고로 거장의 연주 능력을 잃어버렸으니 더는 내 친구가 아니라고 할 수 있을까? 우정은 존재 자체, 즉 서로에게, 그리고 서로를 통해 어떤 모습으로 존재하는지, 또 어떤 존재가 되기를 바라는지에 따라 결정되는 것이지 그들이 무엇을 가졌는지 혹은 어떤 일을 하는지에 의해 좌우되는 것은 아니다.

그 마음의 정체

물론 우정의 가장 집중적인 형태는 '나만의 너'(베스트 프렌드)를 선택하는 것이지만, 그에 앞서 훨씬 더 확산된 형태의 우정도 분명 존재한다. 여러 사회관계의 틈바구니에서 구축되는 '네트워크망' 같은 우정 말이다. 이러한 우정 관계는 사회적 협력이나 정치·노조·종교·문화·스포츠 활동을 통해 맺어진 각종 관계들과 서로 평행선을 달리거나, 접점을 이루거나, 때에 따라 한데 뒤섞인다. 이런 종류의 우정을 우리는 '방사형' 우정이라고 부른다. '방사형' 우정은 사회적 역할 분담에 따른 활동 외에, 서로 종종 얼굴을 '보거나', 자주 만나거나, 저녁 식사에 초대하거나, 함께 휴가를 떠나거나, 같이 연주회를 즐기거나, 축구 중계를 시청하는 사람들을 서로 엮어준다. 우리는 방사형 우정을 흔히 가족이 아닌 개인들 사이에 어느 정도 안정적이면서도 자유롭고, 자발적이면서 동시에 상호적인 선택을 토대로 맺는 정서적 관계의 모델이라고 규정해볼 수 있다. 이때 각 개인은 스스로 평등한 권리나 의무를 누린다고 자처하며, 물론 인위적으로 그러한 즐거움을 추구하는 것은 아니지만 어쨌든 서로와 함께하는 즐거움만을 유일한 목적으로 삼은 채, 가족 같은 친밀감과 신의, 정직, 신뢰 속에 서로 간에 조화롭게 지내고 상호 교류하기를 수용하게 된다. 방사형 우정의 경우 서로의 관계를 더욱 풍요롭고 돈독하게 만들어주는 요소는 바로 체험이다. 대화를 통해 간접적으로 경험하거나, 상대와 함께 직접적으로 경험하거나, 혹은 추억의 형식으로 한없이 소환되는 체험이 우정을 더욱 강하게 만들어준다. 그런가 하면 서로의 감정, 생각, 은밀한 비밀을 공유하고 싶다는 욕망이나, '존재 역량'을 더욱 키워주거나, 상호적이고 호혜적인 관계를 구축하려는 욕망

역시 우정을 더욱 돈독하게 해준다. 상호적이고 호혜적인 관계는 위계 관계에 대한 대안으로 간주되는 동시에, 타인을 지배하거나 굴종시키거나 상대에 대한 의무를 저버리거나 질투와 파괴적인 경쟁만 일삼는 관계로부터 우리를 해방시켜 준다. "우리는 자신의 존재감을 오롯이 느끼며 진정 살아갈 이유를 깨닫게 되는 모든 순간을 친구와 함께 경험하고 공유하기를 원한다."(IX, 7)

이러한 방사형 우정 속에 훨씬 더 강렬한 형태로 존재하는 우정이 바로 둘만의 우정, 다시 말해 너를 향한 나의 우정, 나를 향한 너의 우정이다. 늘 상대를 위해 뛰어나갈 준비가 된 태도라든지, 미리 알아서 무엇이든 세심하게 배려하는 태도라든지, 헌신적인 성향, 상부상조 정신, 진실성, 다정함, 베풀고 쏟는 마음, 공모의 감정, 신의, 비밀·눈물·웃음 등을 함께 나누는 마음 등 이러한 우정이 지닌 정서나 감정, 성향, 가치들을 쭉 살펴보면 사랑과도 거의 구분이 가지 않는다. 성적인 충동을 제외하고 사랑도 이와 똑같은 특징들을 모두 지니고 있기 때문이다.

그러나 감정적이고 감각적이며 성적인 특성을 지닐 수밖에 없는 사랑의 화신 에로스는 우정에 속할 수 없다. 특히 전적으로 에로틱한 차원만을 부각하는 경우에는 더욱 그렇다. 반대의 경우도 마찬가지다. 에로티시즘이 반드시 우정을 필요로 하지는 않는다. 에로티시즘은 자신에게 쾌락을 안겨줄 어떤 특별한 사람을 찾는 것이 아니라, 그저 쾌락 그 자체를 추구할 뿐이다. 그런 의미에서 쾌락을 가져다주는 것이 누구인지는 전혀 중요하지 않다. 에로티시즘에서는 두 존재 간에 융합이 일어난다. 그러나 그것은 '익명성을 특징으로 하는' 융합, 다시 말해 개인이 지닌 고유한 육체적, 정신적 특성이 일순간 소거되면서 일어나는 '일시적' 융합에 불과하다. 이러한 융합은 접근과 '유혹'이라는 지난한 과정을 거쳐서 일어나는데, 이때 유혹이 하는 역할이란 끊임없이 융합의 순간을 늦추는 데 있다. 왜냐하면 지연 그 자체가 쾌락을 선사하기 때문이다. 난봉꾼은 오로지 용모나 감성, 지성, 성격만 —상대의 정체성이 아니라— 을 따져 선택한 욕망의 대상에게 에로티시즘의 극과 극을 경험하게 한다. 상대에게 순진·순수·순결의 '옷을 입힘'으로써, '벌거벗은 몸'에 가닿는 과정을 천천히 늦추고, 외설·음란·추잡함이 드러나는 순간을 더디게 지연시킨다. 에로티시즘은 '거리'를 더 멀찍이 넓힐수록(어떤 특정한 의식, 은밀한 장소, 어둠, 변장, 가면 등을 활용하는 것은 모두 그 때문이리라) 한층 더 강렬해진다. 그러다 '베일이 벗겨지는 순간' 둘 사이의 거리는 순식간에 소멸한다. 그런 의미에서 에로티시즘은 전략적인 성격을 띠고, 온갖 목적과 수단을 불사하며, 목표를 정확히 규정한 뒤에는 그에 맞게 수단을 더욱 정교하게 완성해 나간다. 에로티시즘은 사랑이나 우정 없이도 작용한다. 또한 지성이나 관능 속에서는 흔적 없이 종적을 감추어 버린다. 반면 우정에는 어떤 기술이나 술수가 존재하지 않는다. 우정은 그 자체로 에로틱하다기보다는 에로틱화되는 무엇이다. 왜냐하면 우정은 의미 추구의 즐거움, 지적 교류의 즐거움으로부터 생명을 얻지만, 그렇다고 그런 즐거움을 얻기 위해 사전에 무엇인가를 미리 준비하거나 계산하거나 계획하지는 않기 때문이다. 반면 에로티시즘의 경우에는 치밀한 '계획'으로 머리를 무장하고 잔뜩 기대에 부푼 몸으로 오붓한 대사를 치르기 위해 약속 장소로 향하는 일련의 과정을 필요로 한다. 언제 어떤 식으로 욕망을 충족시킬지를 상상하는 쾌락이 존재한다. 그러나 친구 사이에는 굳이 따로 날을 잡는 일은 없다. 친구는 원할 때면 언제든 자유롭게 즉흥적으로 만날 수 있다. 매일 만날 수도 있고, 5년 만에 한 번 만날 수도 있다. 실없는 장난을 치기 위해 찾아갈 수도 있고, 혹은 인생의 가장 비극적인 순간을 나누기 위해 발걸음할 수도 있다. 그러나 우정이 육체를 초월한다고 생각한다면 그것만은 오산이다. 우정에도 와인처럼 '바디'란 게 존재한다. 우정은 몸과 몸의 부대낌을 거부하지 않는다. 서로 어깨동무를 하기도 하고, 쓰다듬기도 하고, 포옹을 하기도 하고, 짝짜꿍을 하거나, 다정하게 어루만지기도 한다. 친구는 잔디 위를 구르며 한바탕 신나게 뛰어놀기도 하고, 같이 목욕탕에 가서 정겹게 때를 밀어주기도 하며, 함께 발맞추어 뜀박질을 하기도 하고, 뭉친 근육을 부드럽게 풀어주기도 하고, 땀을 닦아주거나, 등을 토닥여주기도 한다. 그러나 친구가 친구 사이로 남기 위해서는 조건이 하나 필요하다. 서로 간에 성적인 욕망이 전혀 없음을 명백하게 확인할 수 있어야 한다. 성적인 욕망이 없다는 사실이 당연지사여야만 한다. 어떠한 경우에도 성적인 욕망이 문제가 되거나 걱정이 되거나, 혹은 어떻게든 제어하고 극복하고 부인하고 억압해야 할 충동이 되지 않아야 한다.

인간의 정념에는 산술이 적용되지 않는다. '우정=사랑-성' 같은 수식으로 증명할 수 있는 문제가 아니다. 만일 그렇다면 우정은 뭔가 '불완전'하고 결함이 있다는 의미로도 읽힐 수 있으니까. 그러나 우정에는 전혀 부족한 것이 없다! 그런가 하면 우정 '더하기' 성이 곧 사랑이라는 오해 또한 부추길 소지가 있다. 그러나 사랑은 '정신적인' 요소와 '육체적인'

요소가 한데 더해지거나 혹은 뒤섞여져서 만들어지는 것이 아니다. 사랑은 그 자체로 온전한 하나다.

어쩌면 성의 발자취를 뒤쫓아 우정과 사랑이 나뉘는 갈림길에 도착했지만, 불현듯 그 뒤로는 길이 사라져버린 듯한 기분이 들지도 모르겠다. 하지만 그렇다면 당연히 이제부터는 새로운 길을 찾아 나서야만 할 것이다. 이를테면 자유의 길이나 시간성의 길 따위를 말이다.

사랑은 첫 만남을 단초로 풀어가는 '전개 과정'이다. 더욱 성숙한 만남을 통해 새로운 역사를 만들어 나가는 변천 과정이다. 사랑이 법칙으로 삼은 것이 있다면 그것은 바로 열광 혹은 고조다. 왜냐하면 내일의 사랑이 어제보다 더 줄어드는 것은 아닐 터이기 때문이다. 사랑의 시간은 미완료 미래다. 사랑하는 사람은 상대에게 일정 시간 동안만 너를 사랑하겠노라 고백하지 않는다. 사랑은 닿을 수 없는 목표를 향해 크레셴도 리듬으로 고조된다. 사랑은 꾸준히 끝나지 않을 운동을 지속한다. 때로는 불화와 부재, 오해, 이별 등으로 인해 운행이 늦춰지기도 하고, 또 때로는 근심과 초조, 재회의 기쁨으로 속도가 빨라지기도 하면서 말이다. 그러나 우정의 시간은 사랑의 시간과는 다르다. 우정의 시간은 산발적이고, 단속적이다. 우정을 돈독하게 다져주는 수많은 회합과 돌발적인 번개 모임처럼 무엇인가 중요하거나 혹은 사소한 사건들이 중간에 불쑥불쑥 끼어들어 끊겼다 이어지기를 반복한다. 만남과 만남 사이에는 별안간 시간이 정지해버리는 것도 같다. 그 사이 아무것도 변하는 것이 없으니 말이다. 만남의 분위기도, 상대의 목소리도, 그날 경험했던 즐거움의 강도도, 함께 나누었던 고통의 무게도 모두 그대로다. 바로 그러한 이유에서 친구는 한동안 곁에 없거나 혹은 오랜 기간 격조해도, 다시 만났을 때는 마치 '어제 만난 것'과 다르지 않고, 또한 전에 했던 농담을 다시 나누며 함께 낄낄댈 수 있고, 예전에 멈췄던 곳에서부터 다시 자연스럽게 대화를 이어갈 수도 있다. 우정은 시간을 비웃는다. 우정은 시간을 중요한 '순간들'이나 시퀀스들로 잘게 분할한다. 마치 그 시간들이 '기억 속에' 일시 정지된 순간이라도 되는 듯이 말이다. 반면 사랑은 모든 시간을 열정으로 가득 채운다. 그리고 시간의 모든 틈을 일일이 메우고 가득 채우려고 한다. 어떻게든 '버려지는' 시간이 생기지 않도록 말이다. 왜냐하면 타자에게 최고의 행복을 실현시켜주기에는 늘 시간이 빠듯하기 때문이다. 말하자면 사랑은 언제나 '진행 상태'다. 미래든 과거든 사랑은 멈출 수가 없다("너를 사랑했어. 너를 사랑해. 너를 사랑할 거야"). 반면 우정은 지리학을 떠올리게 한다. "너 지금 어디니?" "네가 있는 곳으로 곧 갈게." "잠시 뒤 너희 집에 들를게." "영화관 앞에서 보자." 같은 말들처럼 말이다. 물론 친구는 애정과 관심, 비판 정신을 가지고 상대의 역사를 들여다본다. 비판 받아 마땅한 잘못이나 결점을 확인하면 준엄한 시선을 던지는 것도 잊지 않는다. 그러나 결코 친구는 상대와 동일한 역사 속의 두 주인공이 되지는 않는다. 그들은 서로가 자기 역사 속의 주인공이 될 수 있도록 각별히 주의를 기울이고, 각자가 심오하고 진실한 자기 자신으로 살아갈 수 있도록 배려한다.

여기서 잠시 블라디미르 쟝켈레비치가 던진 예리한 질문을 다시 한 번 떠올려보자. 친구를 온전한 자신이 될 수 있게 나둔다는 것은, 자기 행동의 주인이 되게 놔둔다는 것은 대체 어떤 의미일까? "사업가라면 진정한 모리배가 되어야 하는가? 냉혈한이라면 철저한 냉혈한이 되어야 하는가? 범죄자라면 열렬한 범죄자가 되어야 하는가?"(《미덕론》, III, 〈무구함과 악의〉, XIII, 5) 냉혈한이나 범죄자에게는 친구가 없다. 오직 공모자가 존재할 뿐이다. 우정은 이런 부류와는 아예 상종을 하지 않기 때문이다. 이런 종류의 일탈을 우정은 전혀 알지 못한다. 우정은 결단코 단순 협력에만 그치는 관계가 아니기 때문이다. 이를테면 강도나 마피아, 테러리스트들의 협력 같은 것들과는 전혀 거리가 멀다. 친구는 모든 것을 공유한다. 단 자신의 삶만은 예외다. 친구란 자고로 각각의 만남 사이에는 저마다 '이기주의자'가 되어도 무방하다. 물론 여기서 말하는 이기주의란 아리스토텔레스가 이른바 "비판 받아 마땅하다"고 지적한 "금전은 물론 명예나 육체적 쾌락의 문제에서도 항상 자신이 제일 큰 몫을 가져가지 못해 안달하는"(IX, 8) 저 저열한 이기주의를 뜻하는 것은 아니다. 온전한 자기 자신으로 살아가며, "정의 혹은 절제를 실천"하고, "덕행을 따르고", 그리고 무엇보다 "가장 고결한 선"을 추구하려고 노력하는 저 유덕한 이기주의를 말한다. 우리가 흔히 "자신의 가장 좋은 것을 내어준다"라는 표현이 의미하는 바도 바로 그것일 터이다. 말하자면 '내 최고의 절친'이란 나를 '최고'로 만들어주는 사람이 아니라, 내가 '최선'을 다하게끔 만드는 사람이다. 물론 나의 친구도 나와 똑같기는 마찬가지일 것이다. 키케로(XXII)도 이렇게 말했다. "먼저 자신이 선한 사람이 되고, 그런 다음 자신을 닮은 다른 사람을 구하는 것이 이치에 맞다. 그런 사람들 사이에서만 (중략) 우정의 안정성이 확보될 수 있다. 그러면 서로의 선의에 고무된 그들은 다른 이들이 예속된 정념을

그
마음의
정체

잘 다스리고, 공정과 정의 속에서 은근한 만족감을 발견하며, 서로를 위해 무엇이든 다 하게 될 것이다. 그들은 상대에게 선하고 아름다운 것이 아닌 것은 그 무엇도 요구하지 않을 것이고, 서로 사랑하고 아낄 뿐만 아니라, 서로를 존경하게 될 것이다. (중략) 자연이 인간에게 우정을 준 까닭은 악덕을 행하는 동반자가 아닌 미덕의 조력자가 되라는 뜻이다. 미덕은 혼자서는 최고의 목표에 이를 수 없고, 다른 동반자와 결합할 때 비로소 그러한 목표에 도달할 수 있기 때문이다.” 혼자 추구해도 좋지만 둘이 함께 추구하면 더없이 좋을 이러한 윤리적 비전은 와인이 시큼한 식초물로 변질되듯, 우정이 결탁 관계나 악행을 함께하는 공모 관계, 한마디로 ‘악인의 결사체’로 변질되는 것을 능히 막아내어 줄 수 있다.

흔히 ‘선한 자’로 불리는 친구는 상대에게 조언을 해주거나 상대가 악행을 하지 않게끔 미리 경고해주는 역할을 한다. 그러나 상대에게 어떤 선행을 하라고 지시하는 일은 없다. 친구는 ‘의무를 잘 이행하는지를 살피는 파수꾼’이 아니기 때문이다(쟝켈레비치). 우정은 미덕이 미덕으로 호응받지 못하고 상처를 입는 경우, 친구의 자율성을 침해하기 보다는 차라리 점차 기력이 쇠하여 홀로 자결하는 쪽을 택한다.

**

아리스토텔레스Aristote, 《니코마코스 윤리학Éthique à Nicomaque》, VIII, IX, 장 부알캥 편저, 제에프플라마리옹, 1965.
키케로Cicéron, 《우정에 대하여L'Amitié》, 로베르 콩베 번역, 프랑수아 프로스트 주석, 레 벨 레트르, 1996.
랠프 월드 에머슨Ralph Waldo Emerson, 《우정L'Amitié》(1841), 토마 콩스탕티네스코

그
마음의
정체

번역, 오 포르주 드 뷜캉, 2010.

미셸 에르망Michel Erman, 《우정의 관계. 영혼의 힘Le Lien d'amitié. Une force d'âme》, 플롱, 2016.

자크 데리다Jacques Derrida, 《우정의 정치학Politiques de l'amitié》, 갈릴레, 1994.

~
형제애

우리가 모든 (철학적이고 종교적인) 우정의 이미지들로 구현되는

형제애, 즉 가족이나 남성중심적인 민족성과 관련된

모든 요소들을 완전히 뿌리 뽑는다고 해도

여전히 민주주의에 대해 생각하고 실행하는 것이 가능할까?

과연 민주주의의 유구한 이름이 계속 존속할 수 있을까?

자크 데리다,

《우정의 정치학》,

갈릴레, 1994.

형제애라는 말도 자유라는 단어가 그러하듯 폴 발레리가 말한 "의미보다는 가치를 드러내는, 언어로 말해지기보다는 노래로 불리는, 대답보다는 질문으로 쓰이는 바로 저 고약한 단어"(《작품집》, 〈현 세계에 대한 고찰〉, II, 갈리마르, 라 플레이아드 총서, 951)에 해당한다고 봐야 하는 걸까? 아니면 법과 정치, 사회적 삶의 윤리적 근간을 이루는 토대가 되

어줄 수도 있는 걸까?

보통 같은 부모에게서 태어난 두 사람은 자연스럽게 형제나 자매지간이 된다. 그러나 그것으로 모든 것이 끝난 건 아니다. 형제나 자매 사이가 됐다고 무조건 형제애가 싹트는 것은 아니기 때문이다. 성경을 보라. 인류 최초의 형제인 카인과 아벨부터 형제 살인의 역사가 시작되지 않았는가. 에사우는 자신의 형제인 야곱을 죽이기를 원했고(〈창세기〉, 27:41~45), 라헬은 자매인 레아를 향한 질투심으로 불타올랐다. 이집트 신화에서는 세트가 형인 오시리스를 살해했고, 로마 신화에서는 레무스가 형제인 로물루스의 손에 죽었다. 그리스 신화에서도 메데이아가 자매 압시르토스의 시신을 토막 냈고, 아트레우스는 쌍둥이 형제인 티에스테스의 아들들을 살해해 팔팔 끓는 가마솥에 삶은 뒤 연회 때 제 아비가 먹게 만들었다. 후에 아트레우스는 그 정체를 모른 채 티에스테스의 딸과 결혼하는데 이미 제 아비의 씨를 품고 있던 여자가 낳은 아들의 손에 살해당하는 비극적 운명을 맞이한다.

형제의 역사는 곧 잔혹의 역사다. 유전자는 질투심, 경쟁심, 증오심을 막아주는 방파제 역할은 하지 못한다! 그럼에도 성서 속에서나 혹은 중동, 그리스 세계에서는 '형제'란 단어가 단순히 혈연으로 맺어진 형제 관계만 뜻하지는 않았다. 때로는 사랑하는 사람(자매란 호칭이 때로는 부인을 지칭하듯이)을 지칭하기도 했고, 그보다 더 통상적으로는 사촌, 동료, 친구, 같은 공동체의 일원, 동일 가문의 후손, '동포', 같은 땅에 살거나(이방인과 반대되는 사람) 동맹을 맺은 사람들 간의 관계까지도 널리 지칭했다. 별로 놀랄 일도 아니겠지만 이제는 '형제화'의 범위가 널리 확장되다 못해 '보편적 형제애'에까지 이르렀다. 말하자면 세상 모든 이가 "주 너희 하느님의 자녀"(〈신명기〉, 14:1)*로서 전부 형제지간이 된 셈이다.

형제애의 형태와 범위를 어디까지로 규정하든지 간에, 형제애란 대개 혈연관계의 특징을 '모방한' 매우 결속력 있고 항구적인 관계를 떠올리게 한다. 흔히 혈연관계를 일컬어 우리는 그 무엇으로도 끊어낼 수 없는 천륜이라고 말하지 않던가. 나의 형제는 나를 모욕하고 고문하고 죽일 수 있을지는 몰라도, 내가 그의 형제라는 사실까지 없애버리지는 못한다. 그렇기에 어떤 집단이나 씨족, 종족들은 서로 상거래나 전쟁 결의를 맺기에 너무 관계가 느슨하거나 불충분하다고 생각되는 경우, 결혼 제도 등을 통해 새로운 인척 관계를 맺거나 혹은 '피를 나눈 형제', 즉 인위적으로 서로의 피를 뒤섞는 의식을 거쳐 끊으려야 끊을 수 없는 끈끈한 관계를 다지고자 했다.

헤로도토스도 이미 자신의 저서 《역사》에서 이러한 사실에 대해 언급한 적이 있다. "스키타이족은 누군가와 어떤 종류의 협정을 맺든 항상 큼지막한 토기 잔에 포도주를 따른 뒤 협정 체결자들의 몸에 단도나 검으로 살짝 상처를 내어 얻은 피를 포도주 속에 떨어뜨리곤 했다."(IV, 〈멜포메네〉, LXX) 그 밖에 민속지학적 성격의 다른 문학작품들 속에서도 서로의 피를 뒤섞어 민족 간 관계를 제도적으로 강화하거나, 사회·경제적 관계를 돈독히 하려는 목적으로 행하던 각종 관습을 묘사한 대목을 심심치 않게 찾아볼 수 있다. 예를 들어 일부 아프리카 민족은 음경의 포피를 잘라내고 나온 피를 동일한 잔에 섞는 식으로 합동 할례를 치

* 성경 구절은 한국천주교주교회의 · 한국천주교중앙협의회 온라인 성경 (http://bible.cbck.or.kr)의 《성경》을 참조했다.

르며 가문 간 동맹을 더욱 확고히 다지고자 했다. 그들은 이러한 의식을 통해 양측이 '피를 나눈 형제'가 되어 평생토록 상호 협력과 재산 공유의 의무를 다하도록 만들었다. 《현 시대의 민족학을 향해서》(제라르 알타브, 다니엘 파브르, 제라르 랑클뤼, 메종 데 시앙스 드 롬므, 1996, 146)에서도, "20세기 말 보스니아 기독 사회에서는" 분쟁을 막고 복수라는 악순환의 고리를 끊어내기 위해 교회에서 서로 피를 나누는 형제 의식을 치렀다는 대목이 나온다. "사제는 '피를 나눈 형제'가 되기를 원하는 두 사람에게 서로의 의무를 강조하는 설교를 한 뒤 기도문을 읊고, 두 사람이 서로 포옹하게 한 뒤 자신의 선창을 따라 엄숙하게 선서를 하게 했다. 둘 중 더 어린 '형제'가 손톱으로 팔뚝을 긁어 새어나온 핏방울을 포도주에 떨어뜨리면 두 형제가 이것을 나눠 마시는 것으로 서약은 완성됐다."

그 밖에 평화, 상호적 보호, 영구적 동맹, 결속, 통합 등을 강화하기 위한 관습으로 피가 아닌 젖(두 부족의 여인이 상대의 아이에게 젖을 물렸다)을 나누어 형제 의식을 치르는 경우도 있었다. 그러나 기본적인 원칙은 다르지 않았다. 두 경우 모두 우정과 협력, 상호 조력 관계에 생물학적 관계에 버금가는 힘을 부여하려는 동일한 목적이 있었다. 다소 이질적이지만 일부 범죄 조직에서조차 유사한 입회 의식을 치르는 예가 존재한다. 이들은 손목에 상처를 내고 불을 붙인 성자나 성모의 그림에 핏방울을 떨어뜨린다.

선택적, 선별적 형제애는 천부적이고도 수동적인 생물학적 형제 관계에 대한 은유가 아니다. 오히려 '이상화된 이미지'에 더 가깝다. 형제 관계가 지닌 긍정적인 면 —애정, 자애, 우정, 공생, 평등, 상호성, 상부상조, 공모, 신의, 화합, 믿음, 영속성 등— 만 부각하고, 부정적인 면 —라이벌 의식, 열등감, 우월감, 경쟁심, 질투, 증오, 살인 충동 등— 은 은폐한 이상적인 모습으로 구현된 형제 관계에 지나지 않는다. 아마 그러한 의미에서 직업 단체, 조합 단체, 종교 단체, 민간단체(프리메이슨), 사회 운동 단체와 같이 각각의 구성원이 충성, 상호 협력, 존중이라는 '가족' 가치관에 따라 행동할 것을 요구받는 단체들에 대해 프랑스 사람들은 형제들의 집단이라는 의미를 지닌 '콩프레리confrérie'라는 표현을 가져다 썼던 것이리라.

형제애에서 '형제 살인' —여러 신화를 통해 드러나는— 이라는 저주받은 부분을 은밀히 도려낸 이러한 절제술은 문화적으로나 역사적으로나 큰 성공을 거두었다. 왜냐하면 그렇게 순화된 형제애의 개념은 정치적이라고까지는 말할 수 없을지라도, 상당히 강력한 윤리적 가치를 획득했기 때문이다. 특히 프랑스 혁명 이후로 형제애fraternité˚는 자유, 평등과 어깨를 나란히 하는 공화국의 이념적 토대가 되었다. 그러나 형제애는 다른 두 자매˚에 비해서, '말로 이야기되기'보다는 '노래로 불리는' 일이 더 많은 듯하다. 민주주의 이론에서 형제애가 차지하는 위상이나 지위, 개념은 자유나 정의에 비해 훨씬 모호하기 때문이다.

다소 냉소적으로 들릴 수도 있겠지만 현실 세계에서는 아무도 인간이나 민족 사이에 형제애가 존재한다고 믿지 않는다. 형제애란 그저 사회를 규제하는 이상적 이념에 지나지 않는다. 정치·사회적 절차를 통해 자유, 정의, 평화가 강화되면 더욱 가까이 다가갈 수 있는 한낱 이상에 불

˚ 국내에는 처음에 '박애'로 번역 소개되어서
'자유, 평등, 박애'라는 표어가 더 익숙할 것이다.
˚ 자유와 평등은 프랑스어로 여성 명사다.

과하다고 본다. 만인이 각자 실질적인 자유를 누릴 때, 모든 사람이 '좋은 삶'을 실현하는 데 필요한 동등한 기회와 수단을 누릴 수 있을 만큼 권리의 불평등이 해소될 때, 비로소 인간은 서로 간에 '형제지간'이 될 수 있는 것이다. 물론 누군가는 이 말에 이의를 제기할지도 모르겠다. 형제애 *같은* 것이 존재하지 않는 사회에서는 정의나 자유 역시 존속할 수 없다고 말이다.

형제애는 모든 법률의 영역을 빗겨가듯, 모든 정책 실행의 영역도 역시 빗겨간다. 우리는 어떤 '정책'으로도 형제애를 만들어낼 수 없고, 어떤 법률로도 형제애를 구축할 수 없다. 어떤 법령으로도 형제애를 강제할 수 없고, 어떤 규범으로도 형제애를 촉진할 수 없다. 1948년 세계 인권선언 제1조는 이렇게 선언한다. "모든 사람은 자유로운 존재로 태어났고, 똑같은 존엄과 권리를 가진다. 사람은 이성과 양심을 타고났으므로 서로를 형제애의 정신으로 대해야 한다." 우리는 여기서 마지막 구절이 어찌하여 소망이나 선언처럼 들리는지를 잘 알고 있다. 그와 같은 요구는 법률 조항으로 옮기기가 불가능하기 때문이다. 프랑스 공화국 헌법을 보면 형제애라는 단어는 딱 세 번 인용된다. 국가 공식 표어(자유, 평등, 형제애)로 한 번, '공동의 이상'(서문과 제12절 72~73조)으로 두 번 호명된다. 그러나 프랑스 헌법에서도 형제애라는 개념은 존 롤즈가 《사회 정의론》(쇠이유, 1985, 136)에서 지적한 것처럼 "어떤 구체적인 요구 형식으로 명확하게 표현"된 바가 없다. 더욱이 다른 국제 헌장들은 아예 형제애라는 개념을 깡그리 무시한 채, '연대'라는 개념을 대신 사용하기도 한다.

물론 형제애가 지닌 '정신'이나 도덕적 가치는 자유를 누리지 못하는 사람들, 불운한 사회계급을 타고나는 바람에 불안정하고 가난하고 취약한 처지에서 살아갈 수밖에 없는 약자들을 위해서, 그들을 지원하고, 보호하고, 더욱 면밀히 관심을 기울이며, 세심하게 '돌보기' 위한 목적의 법률이 발의되고 통과될 수 있도록 촉진하는 '순풍' 역할은 충분히 할 수 있다. 어떤 의미에서 보면 모든 인간이 동등한 존엄성을 누릴 권리, 타자에 대한 존중, 유급 노동을 할 수 없는 경우 최저 소득의 수혜를 누릴 권리, 외국인을 포함해 전 국민이 의료 혜택을 받을 권리, 망명의 권리 등은 '형제애 정신'에서 비롯되었다고도 볼 수 있다. 하지만 오늘날 연대, 즉 자기 자신보다 사회 통합을 더욱 중시하고, 개인의 문제에 대해 만인이 '책임'을 지며, 무엇인가(자유, 정의, 노동, 자원, 인정, 존엄성)를 상실한 사람들에게 기꺼이 도움의 손길을 내미는 연대라는 개념이 형제애라는 개념을 대체하면 무엇이 크게 달라지기라도 하는 것일까? 어찌하여 이제는 누렇게 색이 바랜 저 혈연관계에 근거한 구닥다리 개념을 이토록 고집스럽게 계속 유지하려 드는 것일까? 인간이 형제나 자매 사이가 아닐지라도 서로를 평등하게 대하고, 동등한 권리와 의무를 지니고, 인간적인 삶을 영위하는 데 필요한 모든 수단을 소유하는 사회, 그런 유토피아가 어쩌면 실현 가능할 수도 있고, 또한 그것이 형제애에 기초한 사회보다 더 매혹적일 수 있는데도, 우리는 어찌하여 저 '보편적 형제애'라는 개념에 이토록 끈질기게 집착하는 것일까?

더욱이 조금만 더 깊이 생각해보면 형제애라는 개념은 심지어 이중성을 띠기까지 한다. 원하던 원하지 않던 형제애라는 개념은 사회학에서는 물론이고 인간이 그리는 판타지 속에서도, 가족 중심적이면서도 명백히 '남성 중심적인' 문화와 사회의 이미지를 지속적으로 구현하고 있지 않은가. 말하자면 동등한 인간들(페르**pairs**)의 사회가 아니라, 아버지들(페르**pères**)의 사회(종국에는 아들과 형제에게 권력을 쥐어주기 위해 거쳐야 할 '부친 살해'의 대상들)를 대변하는 것이다. 뿐만 아니라 타자의 수용을 의미하는 형제애는 정신적인 차원에서 '친족성', 유사성, 근접성이 기초가 되어야 함을 은연중에 내포한다. 그러나 우리는 상대가 예쁘게 생겼기 때문에 사랑하는 것이 아니라, 사랑하기 때문에 상대가 예뻐 보이는 것이다. 마찬가지로 우리는 상대가 내 형제이기 때문에 타자를 마음으로 받아들이는 것이 아니라, 타자를 마음으로 받아들이기 때문에, 그리고 무엇보다 그를 최우선적으로 책임져야 할 소중한 대상으로 생각하기 때문에 그를 내 형제로 여기는 것이다.

2006년 10월 12일 페루 리마에서 열린 한 컨퍼런스에서 카트린 샬리에가 한 말도 이와 비슷한 생각을 반영한다(https://gerflint.fr/Base/Perou2/Chalier.pdf). 레비나스의 지인이자 그의 사상에 정통한 철학자 샬리에는 이날 레비나스에 대해 다음과 같이 지적했다. "레비나스의 저서에는 형제애라는 단어가 자주 등장한다. 얼핏 보면 상당히 역설적으로 느껴진다. 왜냐하면 그 말은 타자와 나 사이의 어떤 공통분모 ―형제애― 를 부각시키려는 것처럼 보이기 때문이다. 그러나 그러한 것은 레비나스 작품 전체의 어조와는 전혀 어울리지 않는다. 레비나스는 타인을 타자나 더 나아가 이방인으로 간주하곤 했으니까. 게다가 타인과의 관계를 호혜성이나 인정 여부와는 전혀 무관한 비대칭적인 관계로 이해했다. 타인을 형제나 자매로 간주한다면, 타인과 나와의 관계에서 타자성이나 이질성 같은 성질은 아예 존재할 수 없는 것 아니겠는가?" 물론 이 철학자는 이러한 역설의 극복을 시도한다. 그는 형제애란 "타인에 대한 책임감을 부여하는데, 그것은 자유의 본질이나 역할보다 훨씬 더 중대하게 간주되는 것"이라고 지적하며, 형제애는 "존재를 뛰어넘어 선이 얼마나 올바른지를 증명한다"고 주장했다. 왜냐하면 "형제애가 '드러내려는' 것은 각자의 자아 밑에 감추어진 무엇인가 공통적인 속성이 아니라, 타인, 즉 형제의 고통에 대해 가장 취약함을 보이는 어떤 지점이기 때문"이다. "이 취약점으로부터 타인을 *향한* 책임감의 필요성이 마르지 않고 샘솟는 것"이라고도 할 수 있다. 그러나 존재보다 선의 우월성을 역설한 이 같은 설명에도 불구하고, 여전히 형제애라는 개념은 '젠더' 문제 —'여성의 연대(*소노리테*sonorité)'라는 용어가 그토록 힘겹게 탄생한 것이나, 지금도 여전히 널리 사용되지 않는 현실을 대체 어떻게 설명할 수 있는가?— 나 혹은 앞서 제기한 '공동체' 문제(하느님 혹은 '같은 아버지'의 공동체)로부터 전혀 자유롭지 못하다.

인도유럽어에서 유래한 그리스어 *프라테르φράτηρ*는 넓은 의미의 형제, 즉 반드시 친족성을 지니는 것은 아니지만 동일한 관심사나 공동의 정치적, 상업적, 문화적 이상을 바탕으로 결속한 형제 같은 이들의 모임을 지칭했다. 이후 형제라는 말이 그리스어로 *아델포스αδελφός*(아델포스는 부정접두사 '아*α*'와 모태, 자궁, 엄마의 뱃속을 의미하는 단어 '델피스δελφύς'가 결합한 합성어다)라는 단어를 통해 생물학적인 의미를 획득하게 되는 것처럼, 그 외 거의 모든 다른 언어(영어 *브라더*brother,

이탈리아어 *프라텔로*fratelleo, 독일어 *브루더*Bruder, 네덜란드어 *브루르*broer, 루마니아어 *프라테*frate, 러시아어 *브라트*brat, 체코어 *브라트르*bratr, 스웨덴어 *브로르*bror 등)에서도 형제라는 단어는 생물학적인 의미, 피로 맺어진 형제라는 의미로 변천한다. 말하자면 가족, 가정, *오이코스*oikos °를 바탕으로 하는 *아델포스*라는 단어와 *폴리스*polis 속에 구현되는 그보다 훨씬 더 '정치적인' 의미를 띠는 *프라테르*라는 단어 사이에는 —다소 모호하기는 해도— 분명 차이점이 존재하는 것이다. 그러한 의미에서 플라톤의 저작《소크라테스의 변론》에 나오는 한 구절(물론 그 외에도 많지만)은 매우 의미심장하게 읽힌다. 소크라테스는 *폴리스*의 구성원들, 즉 동료 시민들을 향해 이렇게 말한다. "만일 내가 다른 사람과 같았다면 나 자신의 일은 전혀 돌보지 않고 다년간 태연히 집안일을 소홀히 하며, 모두의 일만을 돌보고, 마치 아버지나 형처럼 개인적으로 모두를 찾아다니며 일일이 덕을 닦으라고 권고하지는 못했을 것이다."(31b) 여기서 플라톤은 확실하게 *프라테르*가 아니라 *아델포스*라는 단어를 선택했다. 다시 말해 시민들을 *피를 나눈 형제*처럼 보살피고, *폴리스*를 대가족, 즉 *오이코스*처럼 돌본다는 뜻으로 이해할 수 있는 것이다. 우리는《국가》제4권에서 소크라테스가 자신이 생각하는 정치 체제가 어떤 점에서 '선하고 올바른지'를 증명하는 대목에서 남녀에게 모든 공직과 임무를 평등하게 분배해야 한다고 주장하며, '가족이라는 기본 단위'를 해체할 것을 제안했다는 사실("우리 전사의 여자들은 모두 공유되어야 한다. 어떤 여인도 특별한 누군가와만 단독으로 동거해서는 안 된다. 마찬가지로 아이들도 공유해야 한다. 부모

° 그리스어 '오이코스'는 공적 영역인 '폴리스'에 대비되는 사적 생활 영역을 뜻한다.

는 자기 자식이 누구인지 알지 못하고, 아이들 역시 누가 자신의 부모인지를 알지 못하게 해야 한다."[457d])을 너무나도 잘 알고 있다. 그는 마지막에 가서는 철인에게 권력을 주어야 한다고도 역설했다. 말하자면 소크라테스는 문자 그대로 폴리스를 통해 오이코스를 '흡수'하고, 가족 모델을 국가 차원으로까지 확대하자고 주장한 셈이다. "공동의 주거지에서 살며, 식사도 함께하고, 개인적으로 그 무엇도 따로 소유하지 못하며", "늘 같이 지내는" 남자와 여자들은 서로 단단히 결속할 것이다. 그러나 그것은 '기하학적인 필연성'이 아니라 '성적인' 필연성 때문일 것이다. 위정자들은 때에 따라서는 "거짓말과 속임수까지 사용"해 가며, 이런 '성적인' 필연성이 형성될 만한 '환경을 조성'하거나 강제하려 할 것이다("혈통이 좋은 남녀는 더욱 자주 관계를 가져야 하고, 반대로 혈통이 나쁜 남녀는 자주 관계를 갖지 말아야 한다. 그리고 혈통이 좋은 남녀가 낳은 아이만 양육하고, 혈통이 나쁜 남녀가 낳은 아이는 양육하지 말아야" 한다. 그래야만 "그 집단은 더욱 완벽한 수준에 이를 수 있기 때문"이다). 그래야만 사회의 결속력과 단결력이 훨씬 더 단단해질 수 있기 때문이다. 말하자면 도시 국가는 만인이 (선대의) 아들이자, (후대의) 아버지이며, 서로가 서로의 자매이며 형제가 되는 거대한 가족이었던 셈이다.

우생학까지 살짝 가미된 플라톤식 '공산주의'는 그동안 숱한 비판에 시달려왔다. 특히 '가족' 같기를 추구한 국가들이 우리에게 남긴 역사적 교훈은 이러한 비판을 더없이 정당화해준다. 가족 같은 국가들에서는 특혜가 권리를, 족벌주의가 공정한 자원과 직무의 배분을, 아버지나 어머니, 자식의 너그러움이 사법을 대신해오곤 하지 않았던가. 그러니 형제애에 대해 논한다는 것은, 지금도 여전히 형제애라는 '정서'를 시민이 지켜야 할 덕목으로 칭송한다는 것은, 설령 무의식적일지라도 법률과 권리와 계약 관계가 존재해야 할 곳에, 다시 말해 플라톤이 배제한 저 '기하학적인 필연성'이 자리해야 할 곳에, 다시금 '혈연', 친족성, '사랑' 등을 끌어들이는 행위가 아니라면 대체 무엇일까.

이제 형제애의 자리는 그와는 다른 개념으로 대체할 때가 왔다. 형제애 개념과 비슷하지만, 상징적인 차원의 친족성을 포함해 친족성이라는 미덕에 힘입어 편하게 얻어지는 어떤 특수한 '관계'를 내세우지 않는 개념을 사용해야 한다. 대표적인 예로 연대 의식, 관대함, 선의, 연민, 만인의 평등한 존엄성을 준수하게 만들기 위한 각종 정책, 온갖 약자를 양산하는 불평등과의 싸움 등을 꼽을 수 있을 것이다. 세상에 어떤 남자도 나의 형제가 아니고, 어떤 여자도 나의 자매가 아니다. 진짜 나의 형제와 자매를 제외하고는 말이다. 한 사회가 '형제지간 같은 사회'가 되기를 추구한다면, 형제애가 무슨 찬가처럼 불리는 상황을 그냥 두고만 본다면, 그러한 사회에서는 아마도 '형제애'가, 형제들의 집단이, 파벌이, 유유상종 간의 모임이, 같은 종교·직업·정체성을 지닌 가족 같은 단체들이, 남과는 절대 공유하기를 원치 않는 자신들만의 가치관에 매달린 매우 폐쇄적인 작은 공동체들이 무수히 생겨나게 될 것이다. 그렇다면 마치 좀이 썬 옷가지처럼, 사회 결속이라는 옷도 너덜너덜 누더기 신세가 되고 말리라.

해리 테그너스Harry Tegnaeus, 《피로 맺어진 형제애. 아프리카 등지의 피를 나누는 형제 의식에 관한 인류사회학적 연구La Fraternité de sang. Étude ethnosociologique des rites de la fraternité de sang, notamment en Afrique》, 파이요, 1954.

카트린 샬리에Catherine Chalier, 《형제애, 모호한 희망La Fraternité, un espoir en clair-obscur》, 뷔셰샤스텔, 2004.

그
마
음
의
정
체

~

동지애

별로 놀랄 일도 아니지만, 동지camarade나 동반자compagnon같은 호칭은 시시때때로 —어떤 특별한 정치적 성향을 특정하지는 않을지라도— 정치적인 의미를 띠기도 했다. 예를 들어 프랑스에서 동지는 좌파 당원, 그 가운데서도 특히 공산당원을 의미했다. 이탈리아의 *카메라티*camerati와 독일의 *카메라덴*kameraden도 각각 무솔리니 시절의 파시스트국민당 당원과 독일 나치 시대의 국가사회주의독일노동자당 **NSDAP** 당원을 지칭했다. 이탈리아의 *콤파뇨*compagno도 혁명 조직의 일원을 의미했다. 이 단어들에는 한 가지 공통점이 있다. 일시적으로든 지속적으로든 어떤 활동을 함께한다는 의미가 내포되어 있다는 점이다. 그것은 비단 정치 활동만이 아니라 그 밖에 어떤 다른 종류의 활동일 수도 있다. 길동무, 전우, 운명의 동반자, 동창생, 군대 동기 등 말이다. 동지가 함께 방을 공유하는 관계를 지칭한다면, 동반자나 동무 **copain**는 빵과 음식만이 아니라 때로는 모험, 재난, 역경, 더 나아가 인생까지 함께 나누는 사이를 의미한다.

물론 이 단어들 사이에는 분명 섬세한 뉘앙스의 차이가 존재한다. 하지만 라틴어 *콤파니오*companio는 '함께**cum** 빵**panis**을 나누어 먹는 사람'이라는 어원상 예수가 제자들과 함께 나누어 먹었던 최후의 만찬, 혹은 성찬식과 연관이 깊다. 그런 의미에서 이 단어는 매우 성스러운 이미지를 갖는다. 말하자면 함께 나눠 먹어 '동반자'가 되게 해주는 빵이 기독교 버전에서는 영성체에 쓰이는 빵, 즉 성체인 셈이다. 그러나 에밀 뱅베니스트가 쓴 《인도유럽사회의 제도 문화 어휘 연구》에 따르면, *콤파니오*는 그보다 훨씬 더 오래된, 좀 더 세속적인 유래를 갖기도 한다. 이 단어는 고트어 *'gahlaiba'*(위의 경우와 마찬가지로, '함께ga'와 '빵 **hlaiba**'이라는 단어로 나눠진다)에서 의미를 차용한 것이기도 한데, 이 단어는 군인이라는 의미를 지닌 *'gadrauhts'*와 동의어로 쓰였다. 말하자면 '빵'은 단지 "받아먹어라. 이는 내 몸이다"라고 말하며 예수가 사도들에게 나눠 준 그 빵만을 의미하는 것이 아니라 막사에서, 전쟁터에서, 참호 속에서, 병영 안에서 전우들이 함께 나눠 먹던 보잘 것 없는 빵 조각도 함께 뜻하는 것이다. 그런 의미에서 동지, 동무, 동반자는 서로 대체해도 전혀 무방한 단어처럼 보이기도 한다. 비록 동무는 가끔 떨어져 지내거나 자주 만나지 않더라도 어쨌든 상당한 기간에 걸쳐 알고 지내며 서로 격의 없이 조금은 가볍고 사적인 활동을 함께한다는 의미가 더 강하지만 말이다.

아리스토텔레스가 쓴 《니코마코스 윤리학》에는 이런 구절이 나온다. "모든 공동체는 국가 공동체의 부분들인 것 같다. 사람들은 어떤 유익함을 염두에 두고, 말하자면 더 나은 삶을 위해 필요한 것들을 마련하려고 함께하는데 국가 공동체도 원래 유익함을 위해 구성되고 존속하는 것 같으니 말이다. 사실 입법자들이 추구하는 것도 유익함이며 그래서 사람들은 공동체에 유익한 것을 정의라고 부르는 것이다. 반면 다른 공동체들은 특정한 이익을 추구한다."(VIII, 9) '뱃사람'이 서로 친구가 되려는 이유는 그들이 함께할 때 비로소 "재산을 축적하거나 그와 유사한 형태의 이익을 더 많이 얻을 수" 있기 때문이다. 그런가 하면 '전우'가 서로 친구가 되려는 까닭도 서로가 힘을 합칠 때 마침내 "전쟁에서 승리하거나 도시를 함락"시킬 수 있기 때문이다.

그들이 추구하는 이익이 때로는 쾌락일 때도 있다. 아리스토텔레스가 이어서 한 말을 한번 떠올려보자. "사람들이 제물을 바치고 그와 연계된 축제를 개최하는 것은 신들을 공경하기 위해서이기도 하지만 자신들도 즐겁게 기분 전환을 할 계기를 마련하기 위해서이기도 하다." 그렇다면 이 스타기라 사람이 그랬던 것처럼 우리도 이 경우에 대해서 '친구'라는 표현을 쓸 수 있는 것일까? 그가 말하는 공동체가 만일 범죄자들의 집단이라면, 유익함을 기준으로 규정된 그들의 '정의'란 결국엔 절도와 살인을 저지르는 일이 될 것이다. 그러니 그들이 함께한 일의 성격을 생각하면 그들은 동지나 동무는 될 수 있을지 몰라도 친구 사이만은 될 수가 없다. 왜냐하면 자고로 친구란 무엇을 함께하느냐가 아니라 서로에게 어떤 존재냐에 따라 결정되는 것이기 때문이다. 우리는 아마도 동지애가 우정의 가장 '낮은 형태'라고 말할 수 있을 것이다. 물론 동지애도 중요한 관계임에는 틀림없지만 말이다.

우정 언저리만 얼쩡댈 뿐, 결코 우정의 수준까지는 닿지 못하는 동지애는 어떤 활동을 함께하는 데서 기인하는 관계다. 이때 공동의 활동이 지닌 목적이나 속성이 무엇인지는 그다지 중요하지 않다. 그것은 마피아들끼리의 범죄일 수도 있고, 자선 사업일 수도 있으며, 학업 활동, 혹은 퐁텐블로 숲 산책일 수도 있다. 동지 관계에는 공자가 가장 기본이 되는 인간관계로 칭한 군신, 부자, 부부, 형제 관계에 존재하는 것과 같은 종류의 위계질서는 찾아볼 수 없다. 그럼에도 어쨌든 기본적인 인간관계의 범주에 이 동지애 관계가 포함된다는 점만은 분명한 사실이다. 동지애는 함께 활동하는 사람이 누구인지는 크게 고려하지 않는다. 오로지 함께하는 활동에만 주안점을 둘 뿐이다. 알파벳의 순서, 우연의 힘, 인생의 우여곡절 등으로 인해 우리는 얼마든지 지금과는 다른 학급·팀·부서·정당에서 활동하는 학생·군인·운동선수·임시 노동자·정치 운동가 등이 되었을 수 있다. 그리고 그랬더라면 지금과는 다른 동반자나 동지, 동무를 만났을 것이다. 그럼에도 우리는 분명 지금과 똑같은 '우정', 지금과 똑같은 신뢰와 선의와 호혜의 관계를 그들과도 맺었을 것이다. 그러한 협력 관계 ―문자 그대로 "함께 일하는" 관계― 는 공동의 가치관을 공유하는 공동체에 의해 더욱 공고해져서, 때로는 단체 의식, 집단의식, 계급 의식으로까지 발전하기도 한다. 이를테면 공산당원의 경우, 동지란 단순히 같은 정당에 소속된 사람만을 의미하는 것이 아니라 서로 얼굴을 알든 알지 못하든 간에 잠재적으로 동일한 투쟁과 사상과 가치관을 공유하는 모든 사람을 아우르는 말이 될 수 있듯이 말이다.

존재 자체를 중요한 관심의 대상으로 보지 않는 이런 낮은 형태의 우정은 때로는 도덕과 가장 멀어지기도 하고, 또 때로는 도덕과 가장 근접해지기도 한다. '하다'라는 행위 속에 그 행위의 주체, 즉 특별한 개성, 기분, 변덕 등을 지닌 개인의 차원이 잘 드러나도록 애를 쓰는 경우라면

—이 경우 동무 간에 약간은 순수한 관계, '조화롭게 더불어 사는' 유쾌한 관계가 형성될 것이다— 동지애는 도덕에 더욱 근접할 수 있을 것이다. 반면 주체를 유령 취급하며 오로지 권력, 영향력, 부 등을 극대화하기 위한 '도구'나 수단으로만 삼으려 하는 경우라면 —이 경우 아주 효율적인 족벌주의, 정치적 포섭, 인맥 시스템이 형성될 것이다. 이 시스템은 은밀히 작동하고, 온갖 술책과 손익 계산, 부정까지 동원해가며, 만일 우정이었다면 어떻게든 배제하려고 노력했을 상업적 거래의 논리까지 끌어다 붙이게 될 것이다— 동지애는 도덕과 한참 멀어진다.

민주주의 원칙에 따라 돌아가는 사회는 동지애가 아닌 개인의 능력과 권리를 바탕으로, 가급적 공정하게 사람들의 '위상'과 직위를 배분하려 한다. 또한 '인맥'이 있는 사람만이 아니라 모든 사람들에게 공정하게 국가의 서비스를 제공하려고 한다. 그러나 여기에 '연줄'이 끼어드는 순간 행정 시스템은 별안간 마피아에 버금가는 정실주의 시스템으로 전락하고 만다.

우정은 '최고의 절친'을 찾아가는 '오로지 하나'를 향한 운동까지는 아닐지라도, 어쨌거나 '조금 더 적게'를 향한 운동이라고 말할 수 있다. 동지애는 우정과 비슷하지만 그보다는 우연에 의존하는 조금 더 무심한 운동에 가깝다. 그렇다고 '조금 더 많이'를 향해 나아가는 것을 회피하지는 않는다. 사실 동무가 단 한 명뿐인 경우는 극히 드물다. 그렇지만 함께하는 동무가 지나치게 많아지면 오히려 진정한 동지애 관계는 줄어들 위험이 있다. 물론 동무가 스무 명이라고 해서 큰 문제가 되진 않겠지만, 어쨌거나 동무 수백 명을 거느리는 것은 분명 허세에 해당한다.

완전한 동지애가 되기 전 단계 중 가장 강력한 형태의 관계를 꼽으라
면 협력 관계, 이른바 *소키*/socii*들 간의 관계를 꼽을 수 있다. 여기에
서 다시 아리스토텔레스를 잠시 참조하면, 동맹자들의 결합은 확실히
덕성이 아니라 유익함을 추구하는 것처럼 보인다(그러니 '악인들의 결
사체'도 존재하는 것이리라). 또한 어떤 '다정한 감정'을 전제로 하는 법
없이, 오로지 둘 이상의 사회적, 직업적, 혹은 상업적 '역할'들을 연결하
는 것만을 중요한 문제로 인식한다. 우리가 사업을 위해 누군가와 협력
을 한다면 그것은 '상대가 바로 그 사람'이기 때문이 아니다. 그 사람이
훌륭한 재능과 자원, 노하우, 강력한 선전 효과를 지닌 사람이어서 나
의 능력과 그 사람의 능력이 결합할 경우 나의 이윤을 극대화할 수 있기
때문이다. 만일 정치적 '동맹'도 선거 승리만을 목적으로 삼는 전략적인
성격에 그친다면, 그것 역시 위와 동일한 범주에 속한다고 간주할 수 있
을 것이다.

반대로, 훨씬 더 느슨한 형태의 동지애, 말하자면 모호하고 유동적인 원
주를 지닌 구면체의 형상을 띤 동지애도 찾아볼 수 있다. 그것이 바로
'지인' 관계다. 지인은 타인, 즉 '남'으로 간주되는 익명의 군중과는 분명
히 구분된다. 게오르크 지멜이 말한 '이방인'의 범주에도 들어가지 않는
다. 말하자면 지인은 나와 먼 사람들 중에는 가장 가까운 사람이자, 나
와 가까운 사람들 중에는 가장 먼 사람이다. 지인은 저마다 개별적인 이
름과 얼굴을 갖고 있다. 우리가 일반적으로 '가깝다'고 여기며, 진실한
정을 느끼거나 혹은 예의를 갖춰 만나는 사람들이다. 종종 우리는 지인
에게 도움의 손길을 요청하기도 하고 내어주기도 한다. 어떤 일을 부탁

* '동맹국'을 뜻하는 라틴어다. 오늘날 프랑스에서는
'같은 일을 분담하는 동료 사원'이라는 의미로 쓰인다.

하기도 하고 조언을 구하기도 하며 잠시나마 함께 어떤 활동을 같이하기도 한다('동네잔치'를 계획하는 일 등). 그러나 우리는 그들에 대해서, 또한 그들도 우리에 대해서 그다지 내밀한 속사정까지 시시콜콜 다 알지는 못하다. 우리는 지인을 만나 함께 수다를 떨며 즐거워한다. 그러나 그들이 곁에 없다고 해서 큰 상처를 입지는 않는다. 때로는 '오랜 지인'이 수년 만에 불쑥 나타나기도 하지만, 그동안 우리는 그들이 부재했다는 사실조차 알아차리지 못하는 경우가 허다하다.

'지인'이라는 흐릿한 동그라미의 바깥에는 얼굴 없는 수많은 이들의 성좌가 주르륵 펼쳐져 있다. 대개 우리는 그들에게 모호한 연대 의식이나 동조 의식을 느끼곤 한다. 그러한 감정을 느끼는 이유는 그들이 우리와 동일한 가치관을 지닌 공동체에 속하기 때문일 수도 있고, 그들이 우리가 중요한 의미와 목적을 지녔다고 생각하는 활동에 참여하고 있기 때문일 수도 있다.

그러나 그런 그들에 대해 우리는 동지라는 말을 사용하지 않는다. 우리는 그저 시위에 참여 중인 사람, 파업에 동참 중인 사람, 똑같은 대의를 위해 싸우는 사람, 같은 도시에서 태어난 사람, 같은 팀을 응원하는 사람, 같은 운동을 즐기는 사람, 같은 종교를 가진 사람, 혹은 나와 똑같은 '좌파 시민' 혹은 '우파 시민'으로 간주되는 저들에 대해 막연하게 '함께' 혹은 '곁'에 있다는 감정만을 느낄 뿐이다. 하지만 때로는 이 집단 호감 구역에 구체적인 '캐릭터'나 얼굴을 지닌 누군가가 별안간 눈에 띄기도 한다. 바로 배우, 가수, 작가, 사상가 같은 이들이다. 그들에 대해 우리는 일종의 애정, 다시 말해 아주 흥미로운 성격(왜냐하면 상호적인 특성이 없기 때문이다)의 '우정-동지애' 감정을 느끼곤 한다. 아마도 생의 어느 기간에 그들의 작품이나 책, 노래가 우리의 '곁을 지키며' 우리의 '동반자'가 되어준 덕분에 피어난 감정일 것이다.

여담이지만, 오늘날 사회 관계망 속에서는 '친구'라는 용어가 지금까지 우리가 설명한 것과는 전혀 다른 차원의 의미로 이해되는 경향이 있다. 물론 내 게시물을 '좋아'하거나, 생일을 축하해준 '친구' 562명 중에는 틀림없이 진짜 친구도 끼어있을 것이다. 그들은 설령 내 게시물이 마음에 들지 않더라도, 인터넷이 존재하지 않았더라도, 분명 어떤 식으로든 내 생일을 축하해주었을 이들이다. 그리고 그들 중에는 분명 나와 같은 활동을 공유하거나 공유한 적이 있는 동료나 동무도 포함되어 있을 것이다. 그러나 SNS상에서 맺어지는 '프로필'과 '프로필' 사이의 '협력 관계'는 동지애를 바탕으로 한 생산적인 '공동 활동'과는 거리가 멀다. 기껏해야 다른 시간과 공간에서 펼쳐진 현실 속 활동의 결과물(일, 운동, 거래, 여행 등)을 놓고 서로에게 가상 현실에서 '찬사를 보내는'(좋아하거나, 싫어하는) 고독한 '활동'에 불과할 뿐이다. SNS상의 '공유' 목적은 무한히 증대하고 확장하는 것(TV 속 스타들처럼 수십만 명의 '친구'를 거느리기를 꿈꾸는 것이다), 다시 말해 바이러스 증식과 같은 운동을 만들어내는 것이다. 그러나 그것은 동지애나 우정과는 정반대로 향하는 운동일 뿐이다. 후자는 독점까지는 아닐지라도, 오히려 제한적이고 희소한 성격(나의 단 하나뿐인 친구, '내 최고의 절친')을 추구하는 경향이 강하니 말이다. 페이스북의 창립자인 마크 저커버그에게서 천재성을 찾자면, 개인주의가 판을 치는 세상에 '친구'와 '공유'의 개념을 도입한 것이리라. 물론 과다 증식으로 인해 본래의 가치가 점점 퇴색해가고 있고, 그저 대리 만족을 위한 수단으로 전락한 감도 없지는 않지만, 어쨌거나 모호한 존재들 사이에 관계망을 구축함으로써 항상 누군가가 내 곁을 지키고 있다는 기분이 들게 해주거나, 가상 현실 속에서나마 모든 이들이 '사회적 삶'을 누릴 수 있게 해준다는 점에서 어느 정도 그 '유용성'을 인정할 수밖에 없다.

동지애는 우정만큼 독점적인 성격을 띠는 것은 아니다. 그러나 동지애가 보편성을 추구하려 한다면, 다시 말해 우리가 '모든 이들의 동무'가 되려 한다면, 오히려 진정한 동지애는 흔적 없이 종적을 감추어버릴 수도 있다. 그럼에도 우정의 가장 낮은 형태인 동지애는 우정을 인류 전체로 확산시킬 수 있는 에너지, 아리스토텔레스가 말한 '선의', 이른바 *에우노이아*eunoïa와 비슷한 에너지를 품고 있다. 이렇게 확산된 형태의 동지애 —이러한 동지애는 확산된 형태를 띤다는 점에서 오히려 박애 **philanthropie**라고 불리는 사랑의 '왜곡'된 형태에 더욱 가깝다— 는 어떤 특별한 사람만 대상으로 삼지 않을 뿐더러, 어떤 공동의 활동을 전제로 하지도 않는다. 아리스토텔레스가 우정에 대해 말한 것처럼, 이런 형태의 동지애는 '비활성 상태'에 있다. 선의를 가지고 모든 이들이 행복하기를 바라고 모두에게 유익한 도움을 주기를 원하지만, 그것은 어디까지나 그냥 '원하거나', '갈망하는' 것에 불과하다. 좋은 동료가 흔히 그러하듯 상대를 도와주고, 보호해주고, 지원해주기를 갈망하는 것이지, 그런 바람을 행동으로까지 옮기지는 않는다. 동지애는 일종의 의향이다. '동지애'라는 따뜻한 감정이 모든 사람들 사이에 널리 퍼지기를 바라는 마음이다. 모든 혼돈에서 벗어난 자유롭고 평온한 인류, 공동의 정치·스포츠·종교적 이상을 목표로 한마음 한뜻으로 서로 단결한 좋은 동무들이 그러하듯, 모든 이들이 똑같은 정의로운 목표를 위해 평화와 화합을 추구하는 인류가 되기를 꿈꾸는 마음 말이다. 그러나 우리는 이러한 동지애는 너무 순진하고, 경솔하며, 효율적이기보다는 오히려 '아름다운' 것에 더 가깝다고 말하고 싶다. 물론 때로는 훗날 소중한 결실로 이어질 때도 있지만, 그럼에도 그로 인해 그것이 어떤 도덕의 지위를 얻는 것은 아니기 때문이다. 악을 행하려는 의도나 의향은 그 자체로 이미 악으로 간주된다. 그러나 선은 의도만 가지고는 결코 선이 될 수 없다. 악의는 곧 악행에 해당하지만, 선의는 선행이 되기 위해 중간에 실행 과정을 반드시 거쳐야 하기 때문이다.

그럼에도 '선의'의 동지애가 보여주는 '확산된 형태'의 우호적 감정은 어쨌거나 긍정적인 감정임에 틀림없다. 동지애는 상부상조 정신, 호혜성, 더불어 사는 따스한 세상, 웃음, 미소 등 동무들의 집단이 기쁘고 자랑스럽게 생각하는 가치들을 전 사회, 혹은 전 세계로 확산시키고 싶어 하지 않는가. '선의'의 동지애는 악을 행하지 않으며, 모든 사람들이 '친구' 사이가 되기를 바란다는 점에서 적어도 타인에 대해 관심을 가지고 어느 정도 이기적인 본능을 억제하는 미덕을 지니고 있다(아리스토텔레스의 말을 다시 인용하자면, 적어도 동지애는 "자기 몫으로 최대한 많은 이익을 챙기려는 목적으로 타인의 행복을 갈망"[IX, 5]하지는 않는다). 또한 타인을 이상한 존재, 이방인, 위협, 위험 등으로 간주하지 않는다는 미덕 역시 지닌다. 각각의 인간을 인류 차원에서 이해하고, 가까운 사이든 먼 사이든 모든 인간을 전부 잠재적인 형제로 인식하며, 막스 셸러가 '공감sympathy'이라고 말한 감정, 즉 정서적 이해에서 동참·동조에 이르는 이 감정으로 서로가 연결된 듯한 느낌을 가질 때, 비로소 어떤 연대 의식이 형성될 수 있다. 연대 의식은 도시 국가가 지향한 미래, 모든 정의가 권리와 의무로 구현되는 이상향을 향해 활짝 문을 열어줄 것이다.

동지애, 선의 혹은 박애 —박애가 존재하기 때문에, 키케로가 말한 것처럼 "자신도 똑같은 인간이라는 바로 그 사실을 바탕으로" 그 누구도 다른 이에게 이방인이 될 수는 없다— 라는 다양한 우정의 형태들 속에는, 진짜 우정이 지닌 특징이 한 가지 결여되어 있다. 그것은 바로 모든 사람들 속에서 유일한 '2인칭', 즉 '나만의 너'를 선택하려 하지 않는다는 점이다.

~

선의

참으로 역설적이다. 오늘날 프랑스어로 선의bienveillance는 고색창연한 빛깔을 띤 구닥다리 단어처럼 취급을 받는 반면, 그와 의미나 형태가 유사한 자원봉사자bénévole나 자원봉사bénévolat같은 단어는 오히려 일상어처럼 널리 쓰이고 있으니 말이다(아마도 그것은 국가와 공공기관이 자신들의 소임을 다하지 못하고, 시민들이 처한 온갖 비참한 현실을 개선하는 임무를 자원자, 다시 말해 자원봉사자들이 무급으로 행하는 '인도주의' 활동에 내맡기고 있기 때문이 아니겠는가). 그러나 선의라는 개념은 고결한 의미를 내포한다. 선의란 우정이나 사랑과 마찬가지로 상대의 '행복을 빌어주는' 마음이기 때문이다. 더욱이 그리스 사상은 선의(에우노이아)를 우정에 가까운 것으로, 기독교 사상은 자선이나 사랑에 이르는 길로 간주하지 않았던가.

아리스토텔레스는 저서 《니코마코스 윤리학》에서 선의는 우정과 "비슷한 면을 지닌다"고 지적하며, "누군가를 보는 즐거움이 사랑의 시작이듯" 선의가 우정의 시작일 수 있다고 주장했다. 그럼에도 그는 선의란 "우정과는 다르다"는 점을 분명히 지적했다. 왜냐하면 선의는 "잘 알지 못하는 사람에 대해서도 가질 수 있을 뿐만 아니라, 아무도 알아채지 못하는 은밀한 감정"일 수도 있기 때문이다. 또한 선의는 호혜성을 필요로 하지 않기 때문이다. 그리고 무엇보다도 선의를 지닌 사람은 타인의 행복을 기원하거나 혹은 "그저 마음으로만 갈망"할 뿐, (아직) "실질적으로 그들을 돕거나 그들을 위해 애를 쓸 준비는 미처 되지 않은" 상태이기 때문이다. 말하자면 선의란 '잠재적인', 혹은 아직 비활성화된 상태의 우정 —바로 그러한 점에서 선의는 같은 활동을 공유하는 동지애처럼 어떤 '낮은 형태'의 우정과는 거리가 멀다— 이라고 말할 수 있다. 선의의 뿌리는 이성과 감성에서 모두 자양분을 흡수한다. 타인이 겪는 어려움이나 불행, 실패, 미숙한 행동, 약점 등을 보고 우리의 영혼이 흔들릴 때 일어나는 정서적인 공감, 기분, 감정 없이는 세상에 선의란 것도 존재할 수가 없다. 스피노자는 동정심을 가지고 누군가를 도와주고 싶다는 욕망에서 선의가 생겨난다고 말했다(《에티카》, III, 27, 3, 주석). 그러나 선의란 상대의 실수나 무능력을 너그럽게 봐주거나 상대에게 너무 큰 압박감을 주지 않으면서 순수하게 도와주려는 마음이라는 점 또한 강조했다. 선의는 판단력이 전제 —우리는 '선의를 갖고' 참작하다, '선의를 갖고' 바라보다, '선의를 갖고' 판단하다 등의 표현을 자주 쓰지 않는가— 되는 감정이다. 우리는 판단력을 통해 상대를 평가하고, 상대가 그렇게 심각한 일탈이나 실수, 잘못을 저지른 것은 아니며 누구든, 심지어 선의를 베푼 사람조차 충분히 저지를 만한 실수를 범한 것에 지나지 않는다는 평가를 내릴 때 비로소 선의의 마음이 생겨난다. 선의가 가장 최소화된 형태는 관용이다. 관용이란 대개 상급자가 하급자를 상대로 느끼는 감정으로, 만일 상급자에게 공감 능력이나 넓은 아량, '이해심'이 부족하다면 하급자는 작장에서 작은 실수라도 하는 날엔 가차 없이 불호령을 맞을 각오를 해야 한다. 이런 종류의 선의는 선의를 베푸는 사람의 입장에서는 '도박'과도 같다. 상대가 지금의 불행한 사태에 계속 머무르지 않고 어떻게든 상황을 개선하고, 극복하고, 그 같은 상황에서 자유로워질 수 있는 능력을 갖추고 있는가를 나름대로 판가름하기 때문이다. 재판정의 판사도 피의자에 대해 그가 새 사람이 될 가능성이 있다고 진심으로 판단하면 호의적인 태도를 보인다. 그러나 이때 선의는 객관적인 사실에서 영향을 받는다. 다시 말해 선의는 공정한 판결에 왜곡된 영향을 미치지는 않는다. 판사는 결국 각종 증거 자료와 알리바이, 정상 참작 여부, 가중 처벌 여부 등을 근거로 유무죄 판결을 내리기 때문이다.

종종 선의는 개인만이 아니라 전 인류의 행동을 동정이나 관대함으로 바라보려는 마음가짐으로 발전하기도 한다. 이 경우 선의는 박애 내지는 가볍고 완화된 형태의 '휴머니즘'에 더 가까워진다. 이러한 감정은 인간이 서로 상부상조하며 공동의 선을 추구하는 수준까지는 아닐지라도, 적어도 서로 싸우거나 살육하며 살아가지는 않을 것이라는 믿음에 기초한다. 선의의 '의무'는 모든 사람이 나와 똑같은 사람이라고 간주하고, 나와 동등한 존엄성을 지닌 존재라고 인식하며, 최대한 그들의 행복을 빌어주기 위해 노력을 다하는 것일 터다. 그럼에도 선의는 그 자체만으로는 도덕이 될 수 없다. 악을 행하겠다는 의도 자체는 이미 악에 해당하지만, 단순히 선을 행하겠다는 의도나 마음만으로는 선을 이룰 수가 없기 때문이다.

하지만 그것이 그리 간단한 문제는 아니다. 물론 자원봉사는 선의에 그 치지 않는 일종의 선행에 해당한다. 그러나 자원봉사가 때로는 선의가 없는 선행에만 그칠 때도 있다. 이 경우 선행을 베푸는 사람과 선행을 받는 사람 사이에는 채권자 대 채무자와 비슷한 관계가 싹틀 우려가 있 다. 선행을 받는 상대가 받은 것을 되갚아야 한다는 '빚'의 논리에 갇혀 버리는 것이다. 단 예외는 있다. 선행이 선의의 영역에 머무른다면, 다 시 말해 아무런 대가를 바라지 않고 그저 공감과 온정에 이끌려 모든 이 들에게 선행을 베풀고 싶다는 마음을 가지고 선행을 베푸는 경우에 해 당한다면, 그 때만은 예외일 것이다. 선의는 선행 없이는 무의미하다. 하지만 선행도 선의를 품은 선행이 아닐 때는 그저 한낱 타산적 태도나 얄팍한 처세술에 지나지 않는다.

그
마음의
정체

~

선함

'예수님께서 길을 떠나시는데 어떤 사람이 달려와 그분 앞에 무릎을 꿇고, "선하신 스승님, 제가 영원한 생명을 받으려면 무엇을 해야 합니까?" 하고 물었다. 그러자 예수님께서 그에게 이르셨다. "어찌하여 나를 선하다고 하느냐? 하느님 한 분 외에는 아무도 선하지 않다.'(〈마르코 복음서〉, 10:17~18) 여기서 예수는 자신을 지목해 선한 존재가 아니라고 부인했다. 그러나 선한 존재라는 말이 어울리지 않기는 다른 모든 인간도 마찬가지다. 세상에 그 어떤 인간도 자신이 선한 존재라고는 자부하지 못한다. 물론 누군가 착하다고 칭찬해주면 기분이 좋아지는 것은 어쩔 수 없는 일이지만 말이다. 선함은 인간이 몸에 지니고 태어나는 성품이 아니다. 만일 인간이 선함을 '천부적'으로 타고난 것이라면 사악한 행동은 절대 저지르지 말아야 한다. 무화과나무에는 오로지 무화과 열매만 열리듯이 말이다. 만일 선함이 인간의 품성 중 하나라고 치자. 우리가 예민하거나, 다혈질적이거나, 냉철한 사람이듯 선한 사람이라고 하자. 아마도 우리의 유전자에 새겨진 선함이든, 우리의 운명을 결정하는 각종 조건과 사회적 환경에 의해 만들어진 선함이든, 선으로 우리가 행하는 모든 행동은 당연한 행위에 불과할 터이고, 그 어떤 특별한 가치도 전혀 가지지 못할 것이다.

선함 혹은 드물게 좋음이라는 뜻으로 이해되는 프랑스어 *봉떼*/**bonté**는 어떤 의미로 쓰이던지 항상 사물이나 존재의 특성을 나타낸다. 말하자면 어떤 사물이나 존재를 좋게 만들어주는 자질을 뜻한다. 그런데 명사인 *봉떼*는 쓰임새가 비교적 제한적인 것에 비하여, 이 단어에서 파생된 형용사인 *봉***bon**은 적용 영역이 끝이 없다. 예를 들어 명사 *봉떼*는 토지나 산지의 양호함을 뜻하는 경우처럼 매우 한정적인 용례로만 사용된다. 다른 단어, 그러니까 케이크나 옷감, 시계, 이성적 추론 등과 같은 낱말과는 호응을 이루지 못한다. 반면 형용사 *봉*은 좋은 술, 좋은 옷감, 좋은 시계, 좋은 추론 등 다른 많은 단어들과 자연스럽게 조응한다. 비록 각각의 경우 조금씩 그 어감의 차이가 존재하기는 하지만 말이다. 예를 들어 좋은 케이크란 맛있는 케이크를, 좋은 옷감이란 질긴 옷감을, 좋은 시계란 정밀한 시계를, 좋은 추론이란 합당한 추론을 의미하듯이 말이다.

형용사 *봉*의 남발은 이 단어가 지닌 본연의 가치를 퇴색시키고, 코에 걸면 코걸이 귀에 걸면 귀걸이 식의 만능 단어로 바꿔놓고 말았다. 그런 의미에서 어쩌면 형용사 *봉*은 세상에서 가장 많은 유의어를 가진 단어가 아닐까 싶다. 이 단어가 어떤 존재, 대상, 사물을 수식하는 경우에는 모두 기대했던 임무나 직무, 목표, 목적에 부합한다는 의미가 된다. 이를테면 책이나 식사, 차량 엔진, 과일, 계약, 임금, 교사에 대해 '좋은'이라는 형용사를 가져다 붙이는 경우, 교사가 아주 적절한 방법을 활용해 효율적으로 학생들을 잘 가르친다, 임금이 노동 시간과 과업에 매우 합당하다, 계약이 쌍방에게 매우 만족스러운 내용으로 체결됐다, 과일이 적당하게 여물어 맛이 아주 좋다 등의 의미가 되는 것이다. 요컨대 '모든 것에 좋은' 형용사 *봉*은 '아무것에도 좋지 않은', 한마디로 모든 것에 만능이면서 결국엔 아무짝에도 소용없는 무용지물에 불과한 셈이다. 왜냐하면 이 단어는 언어의 다채로운 뉘앙스를 지워버리고 언어의 빈곤화를 부추기기 때문이다.

형용사 *봉*이 마구잡이로 남발되는 것과 달리, 명사 *봉떼*는 쓰임새가 이미 희소해질 대로 희소해져버렸다. 이제는 오로지 한 인간의 태도, 친절·선의·관대함 같은 품성, 타인에게 한없이 좋은 일을 해주고 싶은 마음, 혹은 적어도 타인이 유익하고 쓸모 있고 유용하다고 여기는 일을 불순한 의도 없이 순수한 마음을 다해 해주려는 결연한 의지만을 의미하기에 이른 것이다. 그런 의미에서 선하다는 의미의 *봉떼*는 어느 한군데 나무랄 곳이 없는 듯 보이기도 한다. 오로지 자기 자신만 생각하는 이기주의적 성향을 내던지고, 타인에게 한없이 좋은 일을 해주기를 바라며, 타인에게 도움을 주고, 구원의 손길을 내밀기를 바라는 마음을 의미하니 말이다.

자크 에스프리도 《인간 미덕의 허위성》에서 '선함'은 인간이 "무척이나 고귀하고, 무척이나 관대하게" 행동하게 만든다고 말했다. 그는 선한 인간은 "자기가 하는 선행을 통해 자신이 조금이라도 이익을 보거나 혹은 자신이 바라거나 기도하는 바가 눈곱만큼도 실현되지 못하더라도 전혀 상처를 받지 않는다"고 했다. 또한 "이러한 성향을 지닌 사람은 얼마나 타인의 일에도 세심하게 관심을 쏟는지, 마치 자기 일은 깡그리 잊어버리고 자신에게는 더 이상 아무런 신경을 쓰지 않는 사람처럼 보이기까지 한다. 그들은 비단 자신의 친구만이 아니라 자신과 상관없는 사람들에게까지 온 정성을 다해 헌신하고, 그들이 필요로 하는 것, 그들이 갈망하는 것을 미리 알아서 세심하게 챙겨주며, 언제나 좋은 일을 할 수 있는 은밀한 기회를 틈틈이 엿보기 때문"이다. 그러니 "자기애와는 완전히 정반대되는 듯이 보이는" 선함을 우리가 어찌 미덕으로 여기지 않을 수 있겠는가? 인간의 영혼에 선함이 깃들지 않는다면, 인간은 결코 "가까운 이들에게는 우정을, 불행한 이들에게는 연민을, 낯선 이방인에게는 인간애를 발휘하는 일이 없을 것"이다.

그러나 프랑스 베지에 출신의 모랄리스트이자 아카데미프랑세즈 회원인 자크 에스프리는 선함이란 한낱 환상에 불과하다고 주장했다. 선함은 인간이 겉으로 가장하는 태도에 불과하기 때문이라는 것이다. 인간은 다른 누군가를 사랑하기에는 자신을 너무 사랑하며, 욕심도 많고 교만한 존재라고 말했다. 인간이 "난처한 상황에 처한 사람"에게 구원의 손길을 내미는 것은 오로지 그런 행동을 통해 명예나 사사로운 특권, "대중의 찬양"을 얻기 위함이라고. 그러나 이러한 주장은 설득력이 떨어진다. 그것은 참도 거짓도 아니다. 이러한 견해는 인간이 본질적으로 선한 존재로 태어났다는 정반대 명제만큼이나 근거가 빈약하다.

선함이 미덕의 외양과 알맹이를 지니고 있음에도 이처럼 비판받는 이유는 그것이 너무나도 모호하게 많은 것을 통칭하기 때문이다. 때로는 정중함, 친절, 배려, 상냥함을 뜻하기도 하고 때로는 관대함, 자비심, 연민, 동정, 인자함, 선의, 인덕 등을 의미하기도 한다. "박애주의와 이타심에 행동의 실천이 결합"된 바로 그 의미의 선행까지도 말이다. 형용사 봉처럼 모든 것을 의미하는 동시에 아무것도 의미하지 않는 명사 봉떼는 "모든 곳에 원의 중심을 가지고 있지만, 동시에 그 어느 곳에도 원의 원주는 가지고 있지" 않다.

~

연민

연민의 감정을 느끼기 위해 필요한 첫 번째 인지적 요건은

그것이 사소하기보다는 심각한 고통이라는 믿음 내지 평가다.

두 번째 요건은 상대가 전혀 고통받을 이유가 없는 사람이라는 믿음이다.

세 번째 요건은 연민을 느끼는 당사자도 언젠가

고통받는 사람과 똑같은 처지에 처할 수 있다는 믿음이다.

마사 누스바움,

《사고의 격동 : 감정의 지력》,

케임브리지 대학 출판부, 2001, 306.

어찌하여 왕은 자기 백성에게 동정을 느끼지 않는지 아는가?

자신은 결코 백성이 될 일이 없다고 여기기 때문이다.

어찌하여 부자들은 가난한 이들을 모질게 대하는지 아는가?

자신은 결코 가난해질 일이 없다고 여기기 때문이다.

귀족이 왜 그토록 민중을 멸시하는지 아는가?

자신은 결코 평민이 될 일이 없다고 생각하기 때문이다.

장자크 루소,

《에밀 또는 교육론》(1762), IV, 두 번째 금언,

제에프플라마리옹, 2009, 322.

'가깝다'는 의미가 무엇일까? 각각의 물체가 *일정한* 거리를 두고 위치한다고, 다시 말해 조금 더 좁히거나 조금 더 넓힐 수 있는 일정한 간격을 두고 자리한다고 잠시 생각해보자. 아마도 공간적 의미의 '가깝다'는 말이 무슨 의미인지 대번에 이해할 수 있을 것이다. 예를 들어 내 손은 내 컴퓨터 모니터나 내 발을 감싸고 있는 양말보다 마우스와 훨씬 더 가깝다고 할 수 있다. 이것은 사람의 경우에도 적용된다. 나와 동일한 지하철 차량에 탑승해 옆자리에 앉은 이 여자는 옆 칸에서 내 친구들과 한참 수다를 떨고 있는 저 남자보다 나와 더 가깝다. 그러나 다른 한편으로 생면부지인 이 여자는 나와 전혀 '가까운' 사이가 아니다. 반면 나와 멀찍이 떨어져 앉아 있기는 해도 내 조카인 저 남자는 나와 '가까운' 사이다. 물리적 거리는 정서적 거리와는 다르다. 그렇다면 우리가 주변인들과 얼마나 가까운지를 측정할 수 있는 잣대로는 과연 어떤 것들이 있을까?

첫손에 꼽는 것이 '혈연'이다. 나는 형제나 어머니와는 매우 가까운 사이다. 아무리 지리적이나 정서적으로는 멀다 할지라도 말이다. 왜냐하면 우리는 유전학적으로 쏙 빼닮은 코를 가졌기 때문이다. 다음으로는

그
마음의
정체

'애정'도 손에 꼽을 수 있다. 가까운 사람이란 자고로 내가 사랑하는 친구나 연인, 같이 일하는 동료들, 함께 연주회에 가고 운동을 즐기는 사람들을 뜻하기 때문이다. 그러나 내가 박사 논문을 쓰려고 전작을 섭렵해가며 수년을 함께한 작가, 나의 감성과 지성을 더욱 예리하게 벼려주었지만 이제는 세상에 존재하지 않는 저 죽은 작가에게 나는 대관절 어떤 의미에서 '가까움'을 느끼는 걸까? 시칠리아 섬 인근 바다에 표류한 불법 어선에서 가까스로 구조되어 멍한 눈으로 오들오들 떨고 있는 저 여자, 남자, 아이들과는 또 대체 어떤 의미에서 '가까움'을 느끼는 것일까? 그런가 하면 온몸에 총알이 박힌 시체들이 여기저기 즐비한 아수라장을 방불케 하는 카페테라스의 잔해 더미 속에서 혼비백산한 표정으로 가까스로 몸을 일으켜 세우는 저 테러 피해자들은 또 어떠한가? 쓰레기통을 뒤지며 애타게 먹을 것을 찾아 헤매는 저 노인은? 지하철에서 사람들에게 굽실거리며 구걸하는 사지가 성치 않은 저 사람은? 지진으로 붕괴된 자기 집 앞에서 망연자실 목 놓아 울고 있는 이제 가진 것이라고는 아무것도 없는, 옷도, 돈도, 추억도 전부 잃어버린 저 가족들은? 해안가에 주검으로 쓸려온 저 시리아 소년은? 갑작스러운 해고로 살 길이 막막해지자 해외 이전으로 문을 닫아버린 공장을 찾아가 체인으로 철책에 온몸을 꽁꽁 묶고 투쟁 중인 저 노동자는? 소중한 아기를 단 몇 분밖에는 품에 안아보지 못한 채 저세상으로 떠나보낸 산모는?

아마도 우리는 서로의 애착 관계가 깊을수록, 자신의 삶에서 타인이 차지하는 비중이 클수록, 자신의 생각과 기억과 정신이 누군가와 함께 나누거나 같이 경험한 것들, 즉 어떤 말이나 표현, 인상, 감각, 생각, 행동,

활동, 상황, 기획, 계획, 투쟁, 실망, 기쁨, 고통 등으로 가득 '채워져' 있을수록, 훨씬 더 가까운 사이라고 생각해볼 수 있을 것이다. 사랑하는 연인들은 최대한 이런 '충만함'에 도달하려고 노력한다. 그러나 사랑이 계속 사랑으로 남기 위해서는, 다시 말해 나날이 더 많이 사랑하며 살아가기 위해서는 연인이 완전한 '일체'를 이루어서는 안 된다. 언제나 둘 사이에 일정한 간격을, 격차를, 거리 —장켈레비치라면 아마도 *거의 무에 가까운* 거리라고 불렀으리라— 를 두어야만 한다. 왜냐하면 둘이 하나로 융합되는 순간, 사랑을 하는 주체나 사랑을 받는 대상은 더 이상 독립적인 존재로 살아갈 수가 없기 때문이다.

사랑과 우정의 경우에만 이런 근접한 거리가 가능한 것이라면, 어떤 식으로도 우리와 전혀 가깝지 않은 이들에게 일어난 일을 지켜볼 때 우리가 그토록 강렬한 감정적 동요를 느끼는 이유는 대체 무엇일까? 이쯤 되면 인간이 어떤 원초적인 감정을 지닌 존재라는 사실을 적어도 가설로라도 받아들여야만 하는 것이 아닐까? 대개 잠재된 상태로 존재하다가, 타인의 고통을 보는 순간 왈칵 쏟아져 나오는 감정, 절대 혼자서는 느낄 수 없는, '순수' 상태로는 존재하지 않는 감정, 내가 내 바깥에 존재하는 무엇인가와 '함께'할 때만 혹은 '어떤 선행 관계'가 뒷받침될 때만 생겨나는 그런 감정 말이다. 조금 다른 맥락에서 에마뉘엘 레비나스도 이를 인식에 앞서는 *강박*obsession이라는 표현을 써서 설명했다. "내가 이웃을 지목하기에 앞서 먼저 이웃이 나를 소환하는 것이다. 이것은 지식이 아닌 강박의 한 형태다. 인식과 비교할 때 그와는 전혀 속성이 다른 어떤 인간적인 것의 가벼운 떨림이라고 할 수 있다."(《존재와 다르게

혹은 본질의 저편》, III, 6, c)

이런 종류의 근접성은 단순히 "자신의 시선이 미치고, 자신의 두 손이 닿고, 서로를 붙들거나 붙잡거나 혹은 이야기를 나눌 수 있고, 서로 악수를 하거나, 쓰다듬거나, 서로 간에 싸움, 협력, 거래, 대화 등을 할 수 있는"(6, b) 그런 가까운 거리에 상대가 존재한다고 인식할 때 느껴지는 그런 종류의 근접성은 아니다. 이러한 근접성은 이른바 인류애의 서광과도 같은 무엇이다. 마치 인간이 미처 눈을 뜨기도 전에 인간의 눈에 '깊은 잔상을 남기거나', 혹은 따스한 열기로 인간의 눈꺼풀을 '억지로 열리게 만드는' 그런 종류의 강렬한 빛 말이다. 말하자면 그것이 누가 됐든, 누군가가 나를, 가까이서, '건드리며*', 나의 이웃이 될 때, 나는 비로소 내 이웃에 대해 의무를 지게 된다. 이를테면 내 이웃의 음성을 듣고, 그의 말을 경청하며, 때로는 구원의 손길을 내밀기도 하고, 마치 그 순간 그것이 세상에서 가장 중요한 말이라도 되는 것처럼 상대의 말에 주의를 기울일 의무 말이다. 아마도 이러한 가까움에 대해 우리는 연민이라는 이름을 갖다 붙일 수 있으리라.

연민의 근접성은 사랑의 근접성과는 차원이 다르다. 사랑은 언제나 2인칭 너를 상대로 한다. 반면 연민은 세상 그 누구와도 나를 가깝게 해줄 수 있다. 그가 인간이라는 사실 하나만으로, 고통을 느끼는 살아 숨 쉬는 존재라는 사실 하나만으로, 상대에게 일어난 일은 내 마음을 아프게 저며 온다. 사랑의 근접성은 거의 모든 부분에서 정서적, 지적 교류를 가능하게 한다. 반면 공감을 뜻하는 그리스어에서 유래한 연민 **compassion**은 오로지 우리가 고통을 느낄 때만 일어난다. 그러한 사실

---

* '건드리다'라는 뜻을 가진 프랑스어 'toucher'에는 '감동을 일으키다'라는 의미도 있다.

은 이 말의 어원만 봐도 잘 드러난다. 이 단어의 유래가 된 *쿰파티오르* **cum-patior,** *순파테인***sun-pathein**은 '함께 겪다', '함께 고통스러워하다'라는 의미를 지닌다. 그리고 똑같은 말에서 프랑스어로 애도를 뜻하는 *콩돌레앙스***condoléance**라는 단어도 유래했다. 물론 연민은 사랑이 아닐 뿐더러, 그렇다고 우정은 더더욱 아니다. 그럼에도 우리는 연민의 가치를 얕잡아 볼 수 없다.

고통은 목덜미, 근육, 관자놀이, 흉추 등 몇 군데 구체적 부위에 똬리를 틀고, 시시때때로 잠에서 깨어난다. 우리는 우리와 오랜 세월을 함께한 동반자인 고통에 대해 거의 모든 것 —고통의 주기, 기간, 통증의 세기, 영향 등— 을 시시콜콜 다 꿰뚫고 있다. 먼 곳에서 우리를 찾아오는 고통은 강대국이 지닌 강력한 힘으로 우리의 전 존재를 식민지화한다. 그리고 우리를 살육하고, 깨부수고, 파괴하고, 한순간 폭발시켜버린다. 한마디로 고통이란 절대 사라지게 만들 수 없는 우리 삶의 토대와도 같은 무엇이다. 물론 동물도 '아픔'을 느끼고, 신음을 하고, 고통으로 몸부림친다. 그러나 인간에게 육체적 고통은 가장 1차원적이고 기본적인 '아픔'의 경험에 불과하다. 왜냐하면 인간은 상상이나 생각을 통해 육체적 고통이 정신적 고통으로 변하는 것을 막을 수 없기 때문이다. 인간은 무엇인가에 부딪히거나 넘어지거나 병을 앓을 때 신체적으로 '아픔'을 느끼기 때문에, 사랑하는 사람을 상실하는 정신적 고통이 무엇인지, 누군가에게 버림받거나, 무시당하거나, 굴욕을 당하거나, 자존심에 상처를 입거나, 신체를 훼손당하는 두려움이 무엇인지도 잘 알아볼 수 있다. 그런가 하면 가난, 부당한 처사, 폭력, 자유의 침해, 차별, 소외, 추방 등 자신이 정한 인생의 항로를 방해하는 모든 걸림돌이 곧 정신적 고통이 될 수 있다는 사실도 이해한다.

흔히 '세상 속에 던져진 존재'로 간주되는 인간은 자신도 똑같은 정신적 고통을 피해갈 수 없다는 사실을 잘 알기에 ―최소한 인간은 누구나 다 죽는다는 점에서― 다른 사람의 '아픔'도 금세 알아볼 수 있는 능력을 가지고 있다. 말하자면 신의 은총에 의해, 이성의 힘에 의해, 혹은 윤리적 법칙을 따르는 능력에 의해 신의 형상을 닮은 나와 똑같은 사람임을 인식하기에 앞서, 우리는 타인을 무엇보다도 먼저 나의 '고통받는 형제'로 받아들이는 것이다. 따라서 타인의 고통·불행·역경, 타인이 당하는 방치·착취·비하·학대·탄압·불공정한 대우 등에 대해 누구도 그것이 자신과 무관한 일이라고는 여기지 않는다. 물론 그것을 충분히 익숙한 일로 치부하거나, 혹은 그에 대해 냉정하거나 무관심한 태도로 일관할 수는 있을지언정 말이다. 레비나스가 말한 것처럼 "사회성이란 단순히 다수의 무리를 이루는 것만 의미하는 게 아니다. 인간의 사회성을 결정하는 것은 인간의 머릿수가 아니다. 고통 속에서 시작되는 어떤 기묘한 관계다. 타인에게 도움을 호소하는 나의 고통, 나를 혼돈에 빠뜨리는 그의 고통, 내가 무심하게 지나칠 수 없는 타인의 고통 말이다. 그것이 이른바 타자에 대한 사랑 혹은 연민이란 것이다." 아마도 연민이란 '인간의 광기를 증명하는 징표'처럼, 무엇인가 납득하기 어려운 것으로 보일지도 모르겠다. 그러나 우리가 납득할 수 있는지 아닌지는 그리 중요한 문제가 아니다. 어쨌거나 "타인이 타자의 고통에 연민을 느낀다는 사실 자체만으로 이미 인간사에 길이 남을 위대한 사건, 엄청난 존재론적 사건"(〈고통의 윤리학〉, 장마르크 노레스가 정리한 에마뉘엘 레비나스와의 인터뷰, 《고통》에서, 오트르망, 뮤타시옹 총서, 142, 1994.2, 127~137)에 해당할 테니 말이다.

어쩌면 도무지 이해가 가지 않을 수도 있다. 언젠가 자신이 죽을 운명이라는 것을 잘 아는 인간이, 인생에 내재한 고통과 번민의 무게에 무겁게 짓눌린 인간이, 어찌하여 연민이라는 이름으로 자신의 고통에 더해 타인의 고통까지도 추가로 짊어지려 한단 말인가? 여기서 잠시 거리-근접성 문제로 되돌아가 보자. 세상에는 물리적 거리와는 별도로 판단이나 인식을 관장하는 이른바 인식론적인 거리란 것이 존재한다. 인식론적인 거리는 무엇인가 '흔들리거나' 흐릿한 것을 좀처럼 견디지 못한다. 언제나 완벽하게 맞춰진 초점, '선명한 시야'와 객관성, 더 나아가 공정성을 확보해줄 '최적의 거리'만을 추구하기 때문이다. 사실 직업 윤리가 감시의 시선을 겨누는 한, 인식론적 거리가 정서적 거리와 겹쳐지는 일은 일어나지 않는다. 시험 출제자는 상대가 자신의 딸이라고 해서 형편없는 답안지에 후한 점수를 주지 않는다. 마찬가지로 판사도 제 친구라는 이유로 죄인의 형벌을 감형해주는 일은 없다. 사랑의 거리란 한 점에 고정되어 있지 않다. 사랑의 거리는 제로가 되는 법이 없다. 그것은 곧 주체와 대상의 완전한 합일을 의미할 것이기 때문이다. 그런가 하면 거리가 무한대로 늘어나는 법도 없다. 눈에서 멀어지면 마음에서도 멀어지듯이, 서로의 사이가 소원해지고 무심해지다 못해 결국엔 결별에 이를 것이기 때문이다. 그렇다면 연민의 거리는 어떠할까?

연민의 거리는 인식의 거리로부터 어떠한 영향도 받지 않는다. 나에게 연민을 일으키는 사람은 반드시 내가 잘 아는 사람이어야 할 필요가 없다. 상대는 지멜이 말한 의미에서 '이방인'이다. 또한 연민은 객관적이고 공정한 추론에 의해 탄생하는 것도 아니다. 연민은 모든 인식에 앞서는 일종의 '이해'다. 연민의 거리는 사랑의 거리와는 혼동될 수가 없다. 내가 지닌 애정이 그에 대한 연민을 만들어내는 것은 아니기 때문이다. 반대로 나는 친구나 사랑하는 사람의 고통에 대해 연민을 느끼지 않는다. 친구나 사랑하는 사람이 고통을 겪을 때 나는 그들과 더 가깝다고 느낄지는 몰라도, 그것은 어디까지나 우정이나 사랑에 의해서지 연민 때문은 아니다. 우정의 거리도 사랑의 거리도 아닌, 연민의 거리는 말하자면 불연속적인 거리다. 우정이나 사랑의 거리와 달리 연속적으로 존재하는 거리가 아니다. 감정과 감각이 결합하는 순간 원거리에서 근접 거리로 순식간에 줄어든다. 다시 말해 만인이 곧 '고통받는 형제'라는 인간의 조건에서 비롯된 어떤 감정이 우리가 눈으로 보거나 귀로 듣거나 감각적으로 인지할 수 있는 어떤 개별적인 존재의 고통과 만나 일정한 반향을 일으키는 바로 그 순간, 비로소 기존의 감정이 연민으로 뒤바뀌는 것이다.

아리스토텔레스는 저서 《수사학》(II, 8, 1385b, 제에프플라마리옹, 309~313)에서 연민을 "부당하게 누군가를 파괴하거나 고통에 빠뜨리는 불행, 우리 자신이나 가족도 충분히 처할 수 있는 불행의 광경을 바로 눈앞에서 목격할 때 일어나는 고통"이라고 표현했다. 이 스타기라 사람이 말한 바에 따르면, 이러한 연민eleos은 일정한 요건(마사 누스바움도 《사고의 격동 : 감정의 지력》에서 다룬 바 있다. 케임브리지 대학 출판부, 2001)이 충족될 때 나타난다고 지적했다. 그에 따르면, 우리가 연민을 느끼는 경우는 다음과 같다. 먼저 타인을 괴롭히는 불행이 아주 '중대'하고 심각하며, '파괴적인 성격'을 지닌다고 판단할 때다. 다음으로 상대가 그 정도로까지 고통을 당할 이유가 전혀 없다고 확신할 때다(누군가 부정직하고 비열하고 역겨운 악행을 저질러 스스로 불행을 자초했을 때는 연민이 일어나지 않는다). 마지막으로 우리도 똑같이 나약한 존재이기에 타인에게 일어난 일이 충분히 우리 자신이나 우리가 소중하게 생각하는 주변인에게도 충분히 일어날 수 있다고 인식할 때다.

이쯤 되면 아리스토텔레스가 살던 시대에나 우리가 사는 지금이나 인간에게 측은지심을 불러일으키는 것이 무엇인지는 자명해 보인다. "죽음, 비인간적인 대우, 신체적 학대, 노화, 질병, 식량난", "친구나 지인과의 원치 않는 이별, 추함, 신체적 약점, 혹은 신체적 장애", 그리고 모든 기쁨을 박탈당하는 일, 끝내 행복을 누릴 기회를 얻지 못하는 일 등이 모두 그에 해당하는 것이다. 사실 우리가 끝내 행복을 누리지 못하는 경우가 이에 해당하는 것도 이해가 가는 것이, 행복이란 언제나 우리가 더 이상 그것을 누릴 수 없을 때 찾아오곤 하지 않는가. 흡사 디오피테스가 죽은 후에 대왕의 하사품이 당도했듯이 말이다. 그뿐만이 아니다. 때로는 "우리가 행복을 기대했던 일이 오히려 뜻하지 않게 불행이 되어 되돌아오는" 경우도 적지 않다.

아리스토텔레스는 두 가지를 중요하게 지적했다. 정확히 말하면 감각과 근접성의 문제다. 즉 "우리는 우리가 아는 사람에 대해서도 측은지심을 느낄 수 있지만" 그러기 위해서는 "관계가 너무 가깝지 않아야 한

그
마음의
정체

다"고 지적했다. 다시 말해, 연민의 거리에 사랑의 거리가 더해지는 순간, 연민의 거리는 소멸되어 버린다는 소리다. 이웃이 아니라 나와 가장 가까운 사람이 불행을 겪을 때, 연민은 사랑하는 대상을 잃을지도 모른다는 이루 다 표현하지 못할 끔찍한 두려움에 그만 자리를 내주고 만다. 그러니 확실한 사실 한 가지는 연민이 사랑은 아니라는 점이다. 아리스토텔레스는 시간상의 거리에 대해서도 어렴풋이 언급했다. 그는 "1만 년 전에 일어났거나 혹은 1만 년 뒤에 일어날 불행은 연민을 일으키지 못한다"고 지적했다. 기대와 추억은 감정을 묽게 희석시키거나 혹은 아예 감정이 일어나지 못하게 가로막는다는 것이다. 말하자면 감정은 사물의 '기호sèmeia' ―아리스토텔레스가 직접 사용한 용어다― 가 '현존' 하는 '현재'에만 일어날 수 있는 것이다. 여기서 기호라는 말이 너무 어렵다면 다른 말로는 아마 감각적 자극이라고도 표현할 수 있을 것이다. 감각적 자극이란 즉각적으로 연민을 불러일으키는 촉매제에 해당한다. 폭격으로 폐허가 된 어느 집 잔해 더미에서 발견된 인형 하나, 눈물범벅이 된 노파의 얼굴, 인파 속을 헤매는 어머니가 품 안에 꼭 안고 있는 실종된 자식의 얼굴이 담긴 사진 한 장, 테러 희생자들을 추도하는 콘서트에서 한 가수가 목 메인 소리로 부르는 애절한 노래, 난민의 어깨에 둘러진 비나 추위를 막기에는 턱없이 허술해 보이는 얇은 모포 한 장 등이 대표적인 예다. 아리스토텔레스는 이러한 사실을 '광경'이라는 표현까지 써가며, 노골적이라 할 만큼 명확하게 언급했다. 그는 "몸짓이나 목소리, 의상, 다시 말해 연극적 요소를 활용해 말의 효과를 극대화할 줄 아는 사람은 타인에게 더 큰 연민의 감정을 불러일으킬 수 있다"고 설명했다(그도 그럴 것이 직접 눈앞에서 보는 장면은 마치 가까운 과거나 미래에 일어날 일처럼 더욱 생생하게 느껴지곤 한다). 하지만 여기서 우리가 이 말을 하는 까닭은 아리스토텔레스의 '냉정함'을 꼬집거나, 혹은 연민을 받는 사람이 연민을 느끼는 사람에게 더 큰 연민을 자극하기 위해 사용하는 '인위적인 수법'을 비판하기 위해서가 아니다. 우리가 다소 무례하게도 아리스토텔레스의 말을 인용한 것은, 연민이 '복합적인' 성격을 띤다는 사실을 지적하고 싶어서다. 연민은 먼저 인간의 숙명적 조건에서 유래하는 감정이다. 모든 인간은 저마다 자기만의 근심과 불행을 지니고 살아가지만 연민 덕분에 최소한 사람들은 저마다 이기주의만 앞세우는 대신 함께 화합하며 살아갈 수 있는 것이다. 그런가 하면 연민은 좀 더 구체적으로는, 눈으로 본 것, 귀로 들은 것이 우리를 건드려 일깨우는 감각이기도 하다. 살려달라고 부르짖는 소리, 절망에 찬 절규, 치욕으로 치를 떠는 침묵, 비참함 앞에 스미는 한숨, 폭력의 멍 자국, 상실의 슬픔으로 흘러내리는 눈물 등을 떠올려보라.

우리는 여기서 굳이 루소나 쇼펜하우어, 키에르케고르, 막스 셸러, 마사 누스바움 등이 분석한 연민론이나 한나 아렌트, 니체("세상에 동정하는 자들보다 더 어리석은 짓을 하는 자들이 어디 있겠는가?", 《차라투스트라는 이렇게 말했다》[1883~1885], II, 3, 부캥라퐁, 349) 혹은 칸트가 제기한 연민에 대한 비판론을 자세히 살펴볼 필요는 없어 보인다. 이를테면 연민을 '무례한 선행'이자 고통을 배가하고 "세상의 불행을 키우는" 수단으로 본 칸트의 이야기까지 길게 늘어놓을 필요는 없을 것 같다("누군가 고통에 시달리면, 나는 그에게는 어떤 치료약도 가져다주지 못하면서 정작 자신은 상상의 힘으로 인해 그만 상대가 느끼는 고통의 상태에 이르고 만다. 그리하여 엄밀히 말하면 고통은 본질적으로 단한 사람의 것이었지만 종국엔 고통받는 사람이 두 명으로 늘어나는 것이다.", 《도덕 형이상학》[1795], II, 〈덕론의 형이상학적 기초〉, I, II, 34, 제에프플라마리옹, 325).

다만 연민이라는 이 기이한 감각적 감정, 내지는 감정적 감각이 지닌 어떤 사회적·도덕적인 '힘'에 대해서만큼은 잠시 짚고 넘어가지 않을 도리가 없다. 우리는 우리가 이기적으로 오로지 자기 자신만을 염려하는 대신, 나만큼이나 타인도 역시 관심과 배려와 존중을 받을 자격이 충분하다는 사실을 깨달을 때 비로소 윤리적 삶이 시작될 수 있다는 점을 잘 안다. 그럼에도 타인의 고통을 매우 중대하게 받아들이고, 상대가 겪는 고통의 짐을 '떠안고', 자신의 고통으로 삼는 연민이란 어찌하여 최소한의 도덕적 태도로 간주될 수 없는지 ―고통받는 타인을 지켜보며 그의 음성에 귀 기울이는 것이야말로 타인이 존중받을 가치가 있는 존재임을 인정하는 길로 나아가기 위한 첫걸음이 아니던가― 얼핏 이해할 수가 없다. 그러나 우리가 연민을 미덕으로 간주하기를 주저하는 데는 그럴 만한 이유가 있다. 왜냐하면 연민이란 언제나 진실하지만은 않기 때문이다. 때로는 도덕적 우월감을 누리기 위해 혹은 자신이 굉장히 '감수성이 높고', 관대한 사람임을 과시하기 위해 종종 거짓 연민을 가장하기도 한다. 연민을 가장하는 순간, 마치 사랑이 자기애로 시큰하게 변질되듯, 연민도 위선으로 뒤바뀌고 만다. 블라디미르 장켈레비치도 이렇게 말했다. "연민이란 타락한 형태를 띨 때만 너그러운 모습을 보일 뿐이다.

이를테면 자신이 자비롭다고 여기는 것에 쾌락을 느끼는 경우처럼 말이다."(《미덕론》, II, XII, IX, 961)

하지만 가장된 연민과 다른 진실 어린 연민은 도덕이 되기에 무엇이 부족한 것일까? 아마도 연민의 가장 큰 약점은 연민이 감각과 연관된 탓에 '눈에 보이지 않는 것'에 대해서는 전혀 연민을 느끼지 못한다는 점일 것이다. 더욱이 연민은 *현재*라는 시간, 혹은 일시적이고 금세 덧없이 사라질 비극적 '광경'의 *재현*(특히 TV와 영화)에만 속박되어 있다. 그러니 우리가 모든 것에 그냥 눈을 감아버린다면, 그 어떤 장면에 대해서도 관객이 되기를 거부한다면 연민은 생겨나지 않을 것이며, 심지어 잠재적인 상태로도 존재할 수 없을 것이다.

두 번째 약점은 연민이 수동적이거나 부차적인 성격만 지니는 것처럼 보인다는 점이다. 다른 말로, 연민은 항상 '사후에'만 일어난다는 점이다. 우리가 아무리 절절한 마음으로 눈물을 흘릴지라도, 타인의 불행은 이미 벌어진 이후다. "세상 모든 이들의 가슴을 저며 오는" 비극적 사건이 일어나는 경우, 막스 셸러의 표현대로 "감정의 전염"에 의해 연민은 널리 사회적 현상으로 확산될 수 있을지 모른다. 그럼에도 연민은 그러한 불행을 사전에 막지 못하고, 칸트의 표현대로 그러한 불행에 "치료약이 되어줄" 어떤 행동에도 나서지 못한다. 나는 타자의 불행과 고통을 다만 연민할 뿐, 그런 불행과 고통의 원인 앞에서는 언제나 무력하다. 연민은 이처럼 증오, 멸시, 라이벌 의식, 심술궂음, 시기심, 원한, 복수심 등과 같이 실질적으로 사회 구성원에게 상처를 입힐 수 있는 정념들 앞에서는 나약한 모습만 보일 뿐이다. 선의에서 비롯된 연민은 선행으로 귀결되지 못한다. 고통에 빠진 이에게 도움을 주고 싶은 마음이 아무리 강렬하다고 해도 말이다. 연민은 상대의 고통을 '제거'해주거나, 고통의 짐을 '덜어주지' 못하고 ─장켈레비치는 "연민이란 '네가 고통스러워 할 때 나도 고통스럽다'라는 말로, 애도란 '나는 네가 고통스러워서 나도 고통스럽다'라는 말로, 사랑이란 '나는 너의 고통을 나의 고통처럼 오롯이 느낀다'라는 말로 표현"될 수 있다고 말했다─ 그저 상대를 고립의 상태에서 꺼내주기만 할 뿐이다. 연민은 어떤 의무에도 부응하지 못한다. 그렇다고 어떤 권리를 요구하는 것도 아니다. 한마디로 '정의를 구현할 능력은 없는' 셈이다. 그렇다고 우리가 연민을 그저 단순한 '감상' 정도로만 치부해야 옳을까? 칸트의 말처럼 그저 "연민의 고통"은 오로지 "아름다운 면"만을 보여주려는 것, "온화하지만 동시에 나약한 영혼을 보여주거나 형성하는 것"에만 지나지 않는 것일까? "인간의 마음을 메마르게 하고 엄격한 의무의 법칙에 무감"해지도록 만드는 저 "고결하다고 (잘못) 간주되는 감정들"(《판단력 비판》[1790], I, II, 〈숭고의 분석학〉, 제에프플라마리옹, 2000, 256)에 불과한 것일까?

우리는 마사 누스바움처럼 연민을 일종의 '지적 감정'으로 간주해보고자 한다. 인간이 연민을 느끼지 않는 때는 과연 언제인가? 먼저 자신은 모든 우발적인 사건으로부터 자유로운 존재이며, '좋은 삶'을 방해하는 모든 요인을 스스로 제어할 능력이 된다고 여길 때다(물론 어디까지나 착각이지만). 뿐만 아니라, 다른 사람은 *에우다이모니아eudaimonia*˙ 라는 도덕적 이상을 추구하거나 혹은 자신의 성적 취향·삶의 조건·피부색·종교에 따라 스스로 행복이라고 나름대로 판단하는 가치(집단 학살

─────

˙ 아리스토텔레스가 추구한 삶의 목표로
  좋은 삶, 최선의 삶, 행복을 뜻한다.

그
마음의
정체

의 경우에는 자신의 '존재' 그 자체가 행복이 될 수 있으리라)를 향해 나아갈 능력 혹은 그럴 만한 자격이 없다고 간주하는 경우다.

연민은 인간이란 모두 나약한 존재라고 여기며, 누군가 자신의 잘못이 아닌데도 부당하게 고통을 받는 상황을 언제나 '중대한' 상황으로 받아들인다. 모든 인간의 조건이 동등하다고 인식하는 것이다. 그런 의미에서 연민의 경우 고통에 빠진 이가 누구인지는 그리 중요한 문제가 아니다. 우리는 상대의 국적, 정치적 성향, 종교를 따져가며 상대의 고통을 불쌍하게 여길지 말지를 결정하는 것이 아니다. 게다가 연민은 '항구적인 상태'가 아니다. 연민은 때에 따라, 상황에 따라 불현듯 나타났다가 사라지는 감정일 뿐이다. 이성적 판단, 상황의 분석, 모두의 합의와 합리성에 바탕을 둔 공동체의 토대를 추구하는 일 등을 지양하는 어떤 정서적 *존재 양식*이 될 우려가 거의 없다. 연민은 그 무엇도 새롭게 만들어내는 재주가 없다. 그렇다고 연민을 오로지 합리성의 잣대로만 비판하는 것은 온당치 않다. 우리는 합리성이라는 이름으로 그동안 얼마나 무수히 정당화할 수 없는 일들을 정당화해왔는가. 합리성은 그동안 얼마나 등 뒤에서 무수히 은밀한 범죄를 저질러 왔는가.

감정과 감각의 영역에 속하는 연민은 어떤 법률적 원칙이나 정의론을 정초할 능력이 없다. 정치는 더 말할 나위 없다. 그럼에도 연민이 자아의 장벽을 허물고, 모든 인간의 고통을 따스한 눈으로 지켜보며, 다정한 손으로 어루만져준다는 점에서, 연민은 분명 불의의 원인이 되는 요소들을 효과적으로 차단할 수 있는 능력을 갖추고 있다고 말할 수 있다. 그것이 '운명' 때문인지, 맹목적인 파괴 행위 때문인지, 경제 분야에서 벌어지고 있는 치열한 경쟁 때문인지, 복지 제도의 미비 때문인지, 그 어떤 요소에 의해 일어난 불의 때문인지 상관없이 말이다. 연민은 잘 못된 것을 되돌리는 행위는 분명 아니다. 그럼에도 어쨌든 연민이 사회 화되는 순간, 그것은 회복을 위한 예비 교육 또는 준비 단계로는 충분히 기능할 수 있다. 분노가 결국엔 사회적 투쟁과 결집의 불쏘시개가 되듯 이 말이다.

*
**

막스 셸러Max Scheler, 《공감의 본질과 형태들Nature et Formes de la sympathie》 (1954), M. 르페브르 번역, 파이요 앤 리바쥬, 프티트 비블리오테크 파이요 총서, 459, 2003.
폴 오디Paul Audi, 《연민의 제국L'Empire de la compassion》, 앙크르 마린, 2011.
로라 보엘라Laura Boella, 《감정의 문법. 연민, 동정, 공감Grammatica del sentire. Compassione, simpatia, empatia》, 밀라노, 쿠엠, 2004.

~
친절

때로는 아무리 친절한 사람도 친절이 너무 넘치거나 모자라서 예로부터 호구 취급을 받거나 불친절하다며 핀잔을 듣는 일이 적지 않았음을 기억해보라. 친절도 사랑만큼이나 적절한 정량을 가늠하기가 어렵다. 정도를 나타내는 부사를 함부로 가져다 붙이기가 힘들다. 조금 사랑하거나 많이 사랑하는 것은 진정으로 사랑하는 것이 아니다. 마찬가지로 친절도 과도하면 느끼하거나 끈적거리는 사람으로 비치고 만다. 그렇다고 친절이 모자라면 못된 사람 취급을 받기가 십상이다. 물론 친절은 탁월한 것이다. 황제 철학자 마르쿠스 아우렐리우스도 친절을 '인류의 즐거움'이라고 말하지 않았던가. 그러나 친절은 기묘한 마력을 지녔으니, 제 입으로 친절을 자처하는 순간 홀연히 종적을 감춰버리고, 매력적인 사람을 느닷없이 유혹자로, 친절한 사람을 오만한 사람으로 둔갑시켜버린다는 것이다.

친절은 기묘한 성질을 지녔다. 친절은 일견 미덕처럼 보이기도 한다. 일상이 사기와 음모, 경쟁과 증오, 오만과 냉소로 가득한 이 야만인들의 세계에서는 친절이 신의 은총으로까지 느껴지기도 한다. 그러나 우정, 관대함, 이타심, 용기, 정의로움 따위에 견주어 보면 친절은 그저 한낱

그
마
음
의
정
체

'작은 미덕'에 지나지 않는다. 물론 악과는 멀지만, 그렇다고 선과 아주 가까운 것은 아니다. 게다가 친절은 휘발성이 강해서, 하나의 개념으로 간주되어 체계적으로 연구되는 일이 거의 없다.

폭력의 바람이 거세게 몰아치는 시대일수록 친절이 과시적으로 몸을 드러내는 일은 드물다. 친절이라는 감정, 혹은 우리가 흔히 이상적으로 그리는 친절은 대개 배려와 비슷한 모습을 띠고 나타나곤 한다. 다시 말해 타인의 생각이나 기분, 근심, 희망 따위에 직접 감정 이입을 하고 아무런 왜곡 없이 있는 그대로 그것을 받아들이는 능력이나 힘의 모습을 띠는 것이다. 그런가 하면 경청과 환대, 다시 말해 타인이나 자신의 나약함을 자연스럽게 받아들이는 어떤 은밀한 기술의 형태를 띠기도 한다.

그러나 종종 친절은 가면을 쓰고 나타나, 세상 물정 모르는 어리숙함이나 아첨, 혹은 무엇인가를 맹목적으로 믿어버리는 고지식함, 영혼의 나약함 등으로 친절의 맨얼굴을 왜곡하기도 한다. 친절한 사람은 가면을 쓰고 분장하는 순간 별안간 철없는 어른 아이나 예스맨으로 변신한다. 어떤 때에도 타인의 악행이나 무례한 행동을 제대로 간파하지 못한 채 주변인이 악의적 의도로 행동하고 있음을 깨닫지 못하고 아무리 상대가 심술궂은 말을 내뱉고 자신에게 이중적인 태도를 보여도 무조건 고개만 끄덕이며 호의를 베풀 뿐이다.

그래서 친절한 사람은 타인의 희생양이 되기 일쑤다. 친절한 사람은 어린아이 같은 천진한 눈으로만 인생을 바라보려고 한다. 만사를 그냥 흘러가는 대로 수동적으로만 받아들이며, 유순하고 얌전하고 밝은 얼굴로 '누군가를 위해 봉사'하려고만 한다. 그러면서 타인이 그런 자신을 다정하고 선량한 사람이라고 생각해줄 거라 착각한다. 그러나 실상 쓰레기를 대신 밖에 내어주고, 우편물을 가져다주고, 이사 갈 때 필요한 작은 트럭을 빌려주는 친절에 대해 남들은 그저 잠시 감사하는 마음을 가졌다 잊어버리는 것이 전부다. 어쩌면 이토록 사소한 미덕이 역사적으로는 여성에게나 합당한 것으로 여겨져온 이유도 모두 그 때문일지 모른다. 말하자면 어디까지나 여성을 예속 상태에 가둬두기 위함이었던 것이다. 에마뉘엘 자플랭도 저서 《친절에 대한 찬사》(프랑수아 부랭, 2010)에서 친절을 '부차성의 미덕', 흔히 보조 수사, 시중드는 사람, 종복, 농노에게서 찾아볼 수 있는 연약함의 미덕 —나약함까지는 아닐지라도 적어도 권력의 부재, 하급자의 특성을 표현한다는 점에서— 이라고 보았다. 지배자와 승자, 다시 말해 더럽고 사악한 자, 흉악한 자, 냉소적인 자, 강한 자만을 찬양하는 이 자유 경쟁 사회에서 친절이 지닐 수 있는 가치와 친절이 살아남을 수 있는 방법이 대체 무엇이겠는가?

친절gentillesse의 어원을 살펴보면, 친절이란 오로지 '성깔 없는 사람'이라고 불리는 어떤 특정한 인간의 속성만 지칭하던 말은 아니었음을 깨닫게 된다. 말하자면 항상 모든 인간관계의 모난 부분을 무디게 만들어 결국엔 모든 이들의 마음에 들거나 혹은 그 누구의 기분도 거스르지 않기 위해 상냥하게 구는 사람만 뜻하던 말은 아니었다. 친절한 사람이라는 단어의 유래가 된 라틴어 *겐틸리스*gentilis, 같은 씨족의는 그리스어 *에트니코스*ethnikos, 민족의(히브리어 *고임*göyim에 상응하는 단어로, 유대인이 아닌 다른 민족을 의미한다)를 본떠 일차적으로는 '어떤 특정한 민족에 속하는'이라는 의미로 해석됐다. 조금 더 구체적으로 말하면, 일정한 씨족 혹은 가문에 소속된 존재, 동일한 신화에 등장하는 동일한 시조의 대를 잇는 같은 씨족 혹은 가문의 자손임을 의미했다. 그러나 그보다 더 오래 전으로 역사를 거슬러 올라가면 갈수록 이 단어는 '귀족'의 아우라를 강하게 뿜어낸다. 그리고 그 속에서 우리는 귀족 가문과 그렇지 못한 가문 간의 위계질서, 구분, 상호 배척의 프로세스를 확인하게 된다. 예로부터 로마의 시민은 개인의 이름인 *프라이노멘*praenomen, 씨족의 이름인 *노멘*nomen, 가문의 이름인 *코그노멘* cognomen, 이렇게 모두 세 개의 이름으로 불렸다. 예를 들어 마르쿠스 클라디우스 티투스라는 사람이 있으면 우리는 그의 노멘을 보고 대번에 그가 클라우디아 씨족 출신임을 알아볼 수 있는 식이다. 고대 로마 시대에 일족은 '극도로 가족 중심적인' 세습 귀족들의 집단이었다. 말하자면 수많은 가문을 거느린 '부족'과 같아서, 같은 씨족에 속한 가문들은 서로 돕고 보호하고 존중할 의무를 지니는 동시에, 고인에게 가까운 친척이 없는 경우 대신 재산을 상속하거나, 동일한 묘소를 사용할 권리를 누렸다. 친절이란 같은 *겐스*gens, 씨족일 때 발현되는 태도, 어느 정도 '형제애 같은' 태도, 한마디로 다른 씨족에 속한 사람이나 이방인을 대할 때보다 훨씬 더 정중하고 상냥하게 사람을 대하는 태도를 의미했던 것이다. 한편 여기서 또 다른 의미가 파생하게 되는데, 고대에는 사회 계급의 높고 낮음이 곧 정신세계의 높고 낮음과 일치한다고 보는 경향이 있었기에, 친절은 곧 영혼의 고결함, 상냥함, 공손함을 지칭하기도 했다. 이러한 속성들은 결단코 고아나 이방인, 노예의 속성은 될 수 없었다. 매우 복잡한 입양 절차를 거치지 않는다면 말이다.

그 마을의 정체

117

겐스라는 개념은 본래 고대 로마의 세습 귀족에 뿌리를 두었지만 시간이 흐르면서 차차 국가 차원으로 개념이 확장되었고, 로마인이 아닌 민족에게까지 널리 적용되게 되었다. 이때부터 귀족을 의미했던 친절이란 단어는 어느 정도 '민족'이라는 본연의 의미를 되찾는다. 로마 제국이 타락의 길로 접어들면서는 '타인', 로마의 위엄과 명성을 흐리고 위협하고 훼손하는 자들, '적'을 의미하는 말이 되었다. 이른바 *젠타일* gentile, 무시무시하고 위협적이고 잔인한 야만인을 지칭하게 된 것이다. 한편 기독교가 전파되면서부터는 '이교도'라는 의미 또한 ―오늘날 친절이 지닌 의미와는 완전히 상반됐던 것이다― 강해졌다. 유대인은 비유대인을, 기독교도는 비기독교도를 모두 이교도라는 의미에서 *젠타일*로 지칭하기 시작했다. 성 토마스 아퀴나스의 《이교 논박 대전 **Summa contra Gentiles**》에서도 잘 나타나듯이, 불신자, 이단자, 카타리교도, 마니교도, 고대 다신교도, 회교도, 유대교도가 전부 *젠타일*이었다!

친절이란 단어는 르네상스 시대에 이르러서야 '온화함'의 뉘앙스를 되찾는다. 고대인의 정신을 이상적인 모델로 삼아 과거로 회귀하자는 운동이 일어나면서, 비로소 *젠틀맨*의 온화한 이미지가 형성된 것이다. 어원적으로 젠틀맨은 자유인 신분으로 태어난 사람, 귀족 가문 출신으로 '출생 성분이 좋은' 사람, '유전자' 속에 관대함과 품격, 우아한 자태, 순수한 감성, 고결한 이상을 지니고 태어난 사람을 의미했다. 하지만 우리는 젠틀맨의 역사에 대해 이미 너무나도 잘 알고 있다. 젠틀맨이란 혁명기에 이르러 민중을 굶주리게 만든 귀족이라는 의미를 얻기 전까지, 궁정에서 일하는 신하, 왕의 잡무를 돌보는 시종, '청탁자들'(라신, 《소송광들》[1668], I, 4), 굽실거리고 알랑거리는 아부쟁이들 —여기서 우리는 다시 종복의 이미지를 만나게 된다. 요컨대 종복의 '친절함'이란 사근사근한 태도, 사치와 향락, 이해타산에서 비롯된 아첨, 싱거운 이야기, 알랑방귀 등을 의미한다— 을 의미하지 않았던가.

그렇다. 이렇듯 친절은 언제나 항상 친절하기만 한 것이 아니었다. 돌연 어디선가 심술이 나타나 무대를 몽땅 차지해버리고 사람들의 정신을 홀리고 육신과 기억에 깊이 각인되기도 했다. 그럴 때면 신중하기 그지없는 친절은 스쳐지나가는 순간적인 행동이나 관심 속에서만 언뜻언뜻 모습을 비쳤다 사라지기를 반복할 뿐이었다. 말하자면 친절은 인간의 원활한 상호 작용을 위해 —혹은 적어도 가시덤불의 뾰족한 가시처럼 공격성, 발작적인 분노, 격노, 폭력성, 혹독함 등으로 모가 난 표면을 반들반들하게 만들기 위해— 예의범절이나 혹은 윤리·시민·환경·직업 윤리의 규범들을 준수할 것을 나지막하게 요청하는 이를테면 달콤하고 *작고 부드러운*sottovoce 호소로만 모습을 드러낼 뿐이었다.

물론 친절은 계산적 태도가 되기도 하고, 종종 가장 부드러운 전략으로 간주되기도 한다. 이러한 형태의 친절은 발타자르 그라시안의 《궁정인》*에 등장하는 인물들, 간살쟁이, 아부쟁이, 아첨꾼에게서 흔히 찾아볼 수 있는 종류의 위선적인 친절에 불과하다. 위선적인 친절의 목적은 권력의 행사, 거만함, 경멸 등이 초래하는 고통 혹은 '비참함'을 경감시키거나, 혹은 외교적인 힘을 형성함으로써 근면함과 열정, 호의, 지속적인 배려, 경의, 가장된 공손함 등을 동원해 권력을 구걸하여 그것을 손

* 발타자르 그라시안이 스페인어로 출간한 원서 제목은 'Oraculo manual y arte de prudencia'다. 국내에도 여러 번 번역 소개되었지만 대부분 중역된 데다 제목이 워낙 다양해서 여기서는 저자가 표기한 프랑스어판 제목으로 옮겼다.

에 넣기 위함이다.

그러나 사익을 취하거나 이득을 볼 꿍꿍이가 아니라 오로지 순수한 의도만 가지고 친절을 베푸는 사람은 그저 타인에게 진정 어린 감사 외에는 다른 어떤 보상도 전혀 바라지 않는다. 왜냐하면 그가 친절을 베푸는 이유는 세상의 모든 이가 존중과 경청, 배려를 받을 자격이 있다고 여기기 때문이다. 그래서 그는 언제든 '행동에 나설' 채비가 되어 있는 것이고, 누군가에게 쓸모 있는 조언을 해주거나, 누군가가 먼저 어렵게 부탁해오기 전에 미리 알아서 문제를 해결해주거나, 물질적으로든 정신적으로든 상대에게 조금이라도 더 '편안함'을 제공하기 위해 언제든 두 팔을 걷어붙일 준비가 되어 있는 것이다. 그리하여 때로는 웃는 얼굴로 상대에게 '먼저 다가가' 친구가 되어 주기도 하고, 길을 잃은 외국인에게 자상하게 길을 알려주기도 하며, 뒷사람을 위해 문을 연 채로 잠시 기다려주기도 하고, 흔쾌히 자신의 자리를 양보하기도 하며, 별안간 자기 경멸과 회의에 빠진 이에게는 따뜻한 격려의 한마디를 건네기도 하는 것이다.

친절은 헌신, 일종의 자기 헌신이다. 누군가의 호의를 바라고 하는 '희생'이 아니라, 아무런 대가를 바라지 않는 순수한 배려다. 섬세하고, 가녀리고, 거의 말수도 없고, 눈에도 잘 띠지 않는 친절은 흡사 베수비오 화산에 피어난 레오파르디의 금작화처럼, 충분히 척박한 대지에서도, 독재 정권과 자유와 정의의 말살과 끝없는 전쟁, 극악한 이기주의 등으로 인해 '혹독'하게 변해버린 메마른 사회에서도 조용히 피어날 수 있다. 그러나 아무리 생명력이 질긴 강력한 친절일지라도 태생적인 약점을 지니고 있기 마련이다. 이를테면 친절은 악에 대항해서는 할 수 있는

게 아무것도 없다. 그저 때로 어린아이의 천진함이 그렇듯 악을 '무장해제'시키는 정도에만 그칠 뿐이다. 그렇다고 친절이 선을 행할 수 있는가 하면, 그것도 아니다.

그러니 이제 우리는 친절한 사람들을 향해 저리 물러서라고 소리쳐야만 하는 것일까? 하지만 상상해보라. 사람들 사이에 그 어떤 연민도, 염려도, 상부상조도, 배려도, 온화함도 존재하지 않는 그런 세상이 존재한다고 말이다. 아무도 누군가의 마음을 다독여주려 하지 않고, 타인이 마음에 상처를 입거나 모욕감을 느끼지 않도록 배려하지 않으며, 따뜻한 위로의 말 한마디조차 들을 수 없는, 오로지 슬픔의 정념만이 쉴 새 없이 커져가는, 아무도 주먹 쥔 손을 활짝 펴서 누군가를 쓰다듬어주지 않는 그런 냉혹한 세상이 온다고 말이다. 친절이 결여된 세상에서는 단순히 시민 의식만 실종되는 것이 아니다. 휴머니즘까지도 함께 종적을 감추어버린다.

~

겸손

사실 정신적인 면에 대해서 말하자면,

나는 어떤 식으로든 내 자신에게 비롯된 것에서 만족감을 느낀 적이 없다.

그리고 누가 나를 칭찬해준다고 스스로를 더 좋게 생각해본 적도 없다.

내 안목은 부드럽고도 까다롭다.

특히 내 자신에 대해서 그렇다.

나는 끊임없이 나 자신을 부인한다.

그리고 어디서나 나는 쉽게 들뜨고 나약하게 휘어짐을 느낀다.

나의 판단력을 만족시킬 수 있을 만한 것이 나에게는 아무것도 없다.

미셸 드 몽테뉴

《수상록》(1580), II, 17,

〈교만에 대하여〉.

겸손은 거의 아무것도 아니다. 왼쪽으로 한 발 떼면 홀연히 자취를 감추
고, 오른쪽으로 한 발 떼면 순식간에 거짓이나 가장으로 변해버리니 말

그
마음의
정체

이다. 겸손은 스스로 겸손하다고 말하거나 선언할 수 없다. 스스로 겸손을 자처하는 순간 이내 증발할 위험을 감수해야 하기 때문이다. 겸손은 어떤 자질을 의미하지만, 주체가 스스로 자신의 자질이라며 갖다 붙일 수는 없다. 겸손은 타인이 부여해주어야만 하는 자질이기 때문이다. 그러나 타인도 누군가의 겸손을 찬양하거나 칭송할 수 없다. 타인의 칭찬을 받는 순간 의기양양해진 겸손의 자아가 지나치게 비대해질 위험이 있기 때문이다. 겸손한 자라면 아마도 그런 일만은 절대로 바라지 않을 것이다. "나는 겸손해"가 절대 스스로 할 수 없는 말이라면, "그는 겸손해"라는 말 역시 오로지 나지막한 목소리나 속삭임으로만 할 수 있는 말이다.

물론 겸손은 어떤 자질을 뜻한다. 적어도 우리가 질적인 특징이라고 말하는 것들과 관련이 깊다. 그런 의미에서 겸손modestie, 모데스티을 그와 어원이 같은 적당한 절제modération, 모데라시용와 비교하려 한다면, 그것은 너무나도 성급한 처사일 것이다. 적당한 절제란 '양적인' 특징을 나타내는 말이고, 측정 가능한 것에만 적용된다는 점에서 겸손과는 전혀 성격이 다르기 때문이다. 그럼에도 겸손이나 적당한 절제 모두 우리를 똑같은 어려움에 빠뜨린다. 그것은 어느 정도 선에 '중용'을 두어야 할지 모른다는 점이다. 사실 우리는 "적당히 먹고 마신다"라고 하는 말의 의미를 대략적으로 짐작한다. 예를 들어 식사를 마친 직후 너무 배가 부르지도 않지만 그렇다고 계속 허기가 지거나 목이 마르지도 않은 상태를 말한다고 말이다. 반면 "적당히 좋아한다"라는 말은 때로는 우리를 적잖은 좌절감에 빠뜨린다. 물론 상대가 초콜릿이나 축구를 적당히 좋아한다고 한다면 상황은 명료하다. 상대는 초콜릿을 그다지 즐겨 먹지 않거나, 축구보다는 테니스나 페탕크 놀이를 더 좋아하는 것이다. 그러나 만일 상대가 우리에게 "적당히 좋아해"라고 말한다면, 그것은 좋아한다라는 의미는커녕, 오히려 우리를 좋아하지 않거나 혹은 다른 사람을 좋아한다는 말이 되어버린다. 다시 말해 적당한 절제란 모든 종류의 '양'이나 정도에 전부 어울리는 말은 아니다. 어떤 것들은 절제보다는 지나칠 때 더욱 빛을 발하는 경우도 있다. 올림픽 표어 '시티우스, 알티우스, 포르티우스Citus, Altius, Fortius'를 한번 떠올려보라. 우리가 운동선수에게 요구하는 재능과 자질은 '보다 빨리, 보다 높이, 보다 힘차게' 움직이는 것이지 결코 적당히 달리고 대결하는 능력은 아니다. 마찬가지로 변호사도 오로지 고객의 무고함을 의심하는 경우에 한해서만 '적당히' 고객을 변론하려 할 것이다. 말하자면 적당한 절제는 양식, 척도, 한도를 의미한다. 그런 의미에서 적당한 절제는 정서도, 감정도, 심지어 한 주체의 '존재 양식'도 아니다. 적당한 절제는 각각의 상황에 따라서 사물이나 행동, 행위 등에 적용되는 어떤 계수다. 적당한 절제란 이성적 활동, 산술 활동, 혹은 약량학이다. 상황과 형편에 따라, 과속 중이라면 속도를 줄이라고, 숨이 턱턱 막힌다면 조금 천천히 가라고, 심하게 눈이 부시다면 불빛의 세기를 낮추라고, 고주망태가 되는 대신 적당히 기분 좋을 정도로만 마시라고 충고하는 역할을 한다.

겸손은 절제와 분명 어원이 같다. 겸손도 '절제하고', 제한하고, 억제하는 걸 뜻한다. 그러나 주체의 속성이나 자질을 말할 때 겸손은 산술과 연관된 절제라는 말보다는 오히려 절도라는 말과 비교해야 더 자연스럽다. 단, 루소가 겸손을 "정신과 마음의 절제"라고 표현한 경우만은 예외 겠지만 말이다. 겸손도 절도와 마찬가지로 세계 내 존재 방식이다. 그러나 겸손은 '중용'을 추구하려고 그다지 애쓰지는 않는다.

절도tempérance —라틴어로는 *템페란티아*temperantia, 그리스어로는 *소프로쉬네*sophrosyne에 해당한다— 는 플라톤에 따르면 지혜·용기·정의, 그리고 성 암브로시우스와 성 아우구스티누스에 따르면 정의·신중·용기와 함께, 고전적인 '사추덕'에 속하는 덕목이다. 절도는 의지나 현명한 이성의 힘으로 본능을 제어하고, 욕망에 '합리적인' 한계선을 그어주며, 색욕을 억제하고, 쾌락의 부재나 결핍에서 비롯되는 고통이나 슬픔을 완화해주며, 증오·분노·탐욕·질투·시기 등 온갖 정념에 제동을 걸어준다. 그 결과 절도도 절제와 똑같이 중용이 어디인지를 알 길이 없다는 한계점을 드러내고 만다. 사랑의 경우처럼, 정념의 제어를 항상 미덕으로만 간주하기는 힘들기 때문이다. '절도 있는' 사랑은 두려움이나 심약함으로 한층 기운, 이른바 절제된 용기와 크게 다를 바가 없다.

그럼에도 아리스토텔레스는 절도를 가장 중요한 미덕으로 간주했다. 그는 절도가 다른 덕성들의 '중용'을 유지해주고 다른 덕성들을 조절하는 역할을 한다고 여겼다. 그러니 절도는 그 자체로 미덕인 것이 아니다. 다시 한 번 말하지만, 일종의 계수이자, 약량학, 척도에 해당한다. 때에 따라서는 적용하는 것이 좋을 때도 있지만 또한 그렇지 않을 때도 있다. 건강한 분노는 분출하는 것이 좋다. 기쁨은 억누르지 않는 것이 좋다. 눈물도 꾹 참는 것만이 능사는 아니다. 성적 쾌락, 미적 쾌락, 지적 쾌락, 식도락과 유희 등에서 비롯되는 쾌락도 있는 그대로 온전히 만낄 때 진정한 즐거움으로 향유될 수 있다. 또한 불의도 참지 말고 폭로해야 하는 것이자 절도나 타협 없이 무조건 우리가 맞서 싸워야 하는 대상이다.

더욱이 우리는 부정하고, 무심하고, 비열하고, 사악하고, 잔인하고, 악의에 찬 사람보다는 차라리 절도 없고 지나친 사람을 상대하는 편을 더 났다고 생각하곤 한다. 물론 과도함을 찬양하라는 말은 아니다. 우리가 욕망을 잘 제어하거나, 좋은 욕망과 나쁜 욕망을 구분 짓거나, '좋은' 쾌락과 나쁜 '쾌락'을 파악하기 위한 목적에서라면, 그저 이성의 힘만으로도 충분하다는 말을 하고 싶을 뿐이다. 어떤 저항기처럼 작동하는 절도는 그저 측정 활동과 다르지 않다. 그 자체로는 어떠한 '도덕적' 성격도 지니지 않는다. 현대에 이르러 절도라는 명사를 보기가 점점 힘들어지는 이유는 아마도 바로 그 때문일 것이다.

말하자면 절도와 절제는 '절대 흥분하지 말 것, 모든 것을 적당히 할 것'이라고 쓰인 두 개의 이정표만 꼽힌 반들반들 잘 닦인 길을 둘이서 나란히 어깨동무를 하고 나아가는 모습을 띠고 있다.

겸손, 즉 *모데스티*가 절도나 절제의 딸 혹은 누이라고 했는가? 그러나 이들 가문에서 *모데스티*만이 지닌 고유한 특징이 있으니, *모데스티*는 도덕 공간만 드나드는 건 아니라는 점이다. *모데스티*는 그 밖에 다른 장소, 바느질 작업장이나 의상 박물관 같은 곳도 번질나게 드나든다. 프랑스에서 남성용 속바지를 처음 여성복에 도입했을 때, 이 여성용 속바지를 일컫는 용어가 바로 *튀이요 드 모데스티*tuyaux de modestie, 겸손함의 관들였다. 19세기에는 가슴골을 가리기 위해 블라우스에 덧대서 목

부위에 착용하던 작은 손수건을 모데스트modeste라고 불렀고, 코르셋이나 허리를 조르는 끈 아래 드러나는 맨살을 가리던 천 조각을 파노 드 모데스티panneau de modestie, 겸손함의 조각 천라고 불렀다. 말하자면 도덕이 그리 멀지 않은 곳에 자리했던 셈이다. 우리는 여기서 조심·신중·정숙의 윤리학과 관련된 무수한 지표들을 찾아볼 수 있다. 조심·신중·정숙의 윤리학은 육체·감각·에로티시즘·섹슈얼리티를 외설과 죄악으로 간주하며 일종의 종교적 계율을 형성했다. 사도 바울도 이렇게 썼다. "여자들도 마찬가지로, 얌전하고 정숙하게 단정한 옷차림으로 단장하기를 바랍니다. 높이 땋은 머리와 금이나 진주나 값비싼 옷이 아니라, 하느님을 공경한다고 고백하는 여자답게 선행으로 치장하십시오."(〈티모테오에게 보낸 첫째 서간〉, 2:9~10)

여기서 말하는 적절한 옷차림은 단순히 값이 저렴한 옷을 의미하지 않는다. 남자와 특히 여자에게 요구되는 종교적 계율에 맞는 복장을 착용하라는 의미다. 말하자면 무한한 신의 위대함 앞에 인간이 '보잘 것 없는' 존재임을 증명해 보이는 동시에, 맨다리·팔·가슴이 드러나지 않게 가려 욕망과 욕구를 부추기거나 색욕을 일으키지 않도록 신경을 써서 옷을 입으라는 말이다. 여기서 우리는 일정 종교나 교계가 요구하는 의복 계율에 관한 사회적 논쟁에 다시금 불을 지피려는 의도 따위는 없다. 그저 한 가지 사항만 주목해주기를 바랄 뿐이다. 여성이 블라우스의 목 부위를 가리기 위해 '모데스트'라는 천 조각을 덧댄 이유는 가슴골의 맨살이 불러일으키는 에로틱한 마력과 그로 인해 여성이 지닌 우월한 특권을 여성 본인 역시 분명히 인식했기 때문이라는 사실이다. 또한 그와 더불어 겸손한 사람이란 '보잘 것 없는' 재능이나 자질을 지닌 사람, 노하우나 능력이 형편없는 사람이 아니라, 오히려 충분한 자질을 겸비하고 있기에 굳이 자신의 능력을 겉으로 과시할 필요가 없는 사람이라는 사실이다. 그런 의미에서 겸손은 —거만함, 지나친 과시, '괴물스러움'과는 철저히 정반대되는— 문자 그대로 본보기이자, 전시의 축소이자, 절제되고 제한된 '적절한' 과시인 셈이다. 그러나 어둠 속에서 이뤄지는 이러한 작업은 너무나도 섬세하고, 너무나도 미묘하고, 너무나도 '조용해서' 때로는 제대로 모습을 감지하기가 어렵다. 언어마저도 겸손의 실체를 파악하는 걸 어려워한다. 겸손을 뜻하는 프랑스어 형용사 '모데스트'는 문장에서 차지하는 위치에 따라 의미가 달라진다. 예를 들어 건축가라는 명사 앞에 붙으면 '보잘 것 없는'이라는 의미로 해석되어 독창성이나 화려함을 전혀 찾아볼 수 없는 건축가를 의미한다. 반면 명사 뒤에 붙으면 '겸손한'이라는 의미로 해석되어 누구나 인정하는 위대한 건축가이지만, 그저 자신은 건물을 짓는 사람에 불과하다며 나직한 목소리로 말하기를 좋아하는 사람을 뜻한다. 또 '겸손한' 사람은 '비천한' 사람과는 다르다. 비천함humilité이란 가난하거나 극빈한 상황에 처한 것도 아닌데 항상 자신의 존재나, 자신이 가진 것, 자신이 할 수 있는 것 따위를 최저 수준으로 —바닥, 지상, 땅humus 수준으로— 끌어내리는 태도를 의미한다. 나는 아무것도 가진 것이 없어, 나는 정말 가치 없는 일을 하고 있어, 나는 아주 비참한 인간이야라고 중얼거리며 자신을 깎아내리는 태도를 뜻한다. 반면 겸손에게는 그러한 면이 전혀 없다. 겸손은 자신이 '무엇인가를 가지고 있고'(재능), 또한 '무엇인가를 해냈다는 사실'(업적)을 너무나도 잘 안다. 단지 자신의 존재를 '비대하게 부풀리지 않고', 자신에게 너무 많은 에너지를 쏟아붓지 않는 것뿐이다. 비천한 작가가 자신의 작품이 무가치하다고 여긴다면, 교만한 사람은 몇 점의 작품만 가지고 자신을 톨스토이나 갈릴레오 갈릴레이, 반 고흐, 칸트에 견준다. 반면 겸손한 사람은 자신이 해낸 일의 가치를 잘 알면서도, 정작 자신의 업적을 앞세우거나 자신의 업적으로부터 자신이 아주 훌륭한 사람이라는 결론에 이르는 법이 없다. 그도 그럴 것이 그는 문학, 과학, 예술, 철학 분야에서 톨스토이나 갈릴레오, 반 고흐, 칸트가 어떤 존재였는지를 너무나도 잘 알기 때문이다.

개인과 개인의 성취, 자아의 전시 등을 중시하는 시대일수록 겸손은 한층 더 '시대착오적'인 것으로 간주되며, 더욱 희소해지고, 쉽사리 거짓 겸손으로 변질되고 만다. 그러나 겸손은 중요한 가치를 하나 지니고 있다. 그것은 바로 장켈레비치가 말한 저 '배불뚝이 에고'에게, 모든 공간을 전부 다 차지하고 모든 권리와 권한을 전부 다 가로챈 저 거대한 자아에게 일종의 다이어트 요법을 강제한다는 점이다. 식이제한을 가해 오만과 거만과 자만과 자아도취의 사이즈를 줄이고, 적어도 지금보다는 덜 추한 모습이 되게 해준다는 점이다. 그리하여 비로소 우리가 '우리를 찾아오는 자', 즉 타자를 위해 더 큰 자리를 마련해줄 수 있게 해준다.

~
동정

모든 존재자 속에서 자신의 모습을 알아보는 사람은

결국 모든 존재자에게서 자신의 가장 깊고 참된 자기를 인식하는 것이기에,

모든 생물들의 무한한 고통까지도 자신의 고통으로 생각하고,

전 세계의 고통을 자신의 것으로 생각할 것임에 틀림없다.

그에게는 어떠한 고통도 자기와 무관한 것이 없다.

아르투르 쇼펜하우어,

《의지와 표상으로서의 세계》(1819),

퓌프, 콰드리지 총서, 476.

오늘날 우리는 동정에 대해 약간의 동정을 느끼곤 한다. 왜냐하면 동정
은 과거에 지녔던 고유한 특성을 완전히 잃어버렸기 때문이다. 프랑스
어로 동정을 의미하는 *피티에*pitié는 한때 신에 대한 경애의 징표처럼
여겨졌지만, 지금은 경건함을 뜻하는 단어 *피에테*piété에게 그만 자리
를 내주고 말았다. 그리고 *피티에*에 속해 있던 타인의 고통과 불행에 대

한 예민한 감수성 역시 가여움, 자비, 연민 등을 의미하는 다른 단어들과 혼용되기에 이르렀다. 과거에 철학적, 도덕적, 신학적 담론에서 폭넓게 사용되던 단어가 이제 매우 협소한 의미를 지니는 일상어로밖에 사용되지 않는 것이다. 오늘날 우리는 타인에 대해 동정심을 갖는 일이 ─ 요즘은 타인의 고통을 아파하는 마음은 '연민'이라고 부른다─ 거의 없는 것만 같다. 반면 우리는 종종 어떤 상황에서 누군가를 보고 '딱한 인간'이라는 생각은 많이 한다. 다시 말해 오늘날 '동정'은 오로지 부정적인 성격의 감정이 되어버렸다. 이를테면 동정은 역겨움의 오목한 면과 정확하게 짝이 들어맞는 볼록 면에 해당하는 셈이다. 역겨움이 고약한 악취처럼 적극적으로 '공격'을 가해온다면, 동정은 일단 상대가 미흡하고 무기력하다는 사실을 확인한 이후에야 '일어나는' 속성이 있다. 그리고 이렇게 내가 너를 보고 '참 딱한 인간'이라는 생각이 들더라도, 내가 너에게 어떤 불쌍한 마음을 느끼거나 혹은 도움의 손길을 내미는 것은 아니다. 왜냐하면 너는 불행을 벗어나기 위해 아무런 일도 하지 않을 뿐만 아니라, 자신의 책임은 전혀 깨닫지 못한 채 오로지 현재의 실패에 그대로 안주하려고 하고, 지금의 불만족스러운 상태를 벗어나기 위해 열심히 노력할 생각을 전혀 하지 않기 때문이다. 그리하여 어떤 것에도 '식욕'을 느끼지 못하는 너의 모습은 나의 '식욕마저도 뚝 떨어뜨린'다. 그런 의미에서 "너 참 딱하구나"라는 말은 모욕적 언사라고 할 수 있다. 누군가가 나를 부끄럽게 할 때, 악의 때문이든 '영혼의 게으름' 때문이든 가치 있는 일을 위해 기꺼이 대가를 치르고 투쟁에 나설 만한 능력이 전혀 없는 옹졸한 사람으로 비쳐질 때, 그를 향해 보내는 욕설에 가깝다.

우리는 대개 그들은 '다시 일어설' 힘이 없다고 생각한다. 다시 말해 자신의 처지가 몰락하고 죽음, 상실, 유기 등을 불러올 수 있는 어려운 상황에 처한다고 해도, 툴툴 털고 일어나 다시 새롭게 걸음을 내딛고, 무수한 함정을 헤치고 나아가 인생에 새로운 의미를 부여하고, 자신이 갈망하고 희망하는 삶을 힘겹게나마 다시 재건해나갈 능력을 지닌 그런 종류의 사람은 아니라고 생각하는 것이다. 모든 문화권에 깊은 영향을 미친 *피티에*가 오늘날 이 얼마나 타락한 것인가!

고대 로마 시대에 동정, 즉 *피에타스*pietas는 '종교'와 거의 동의어처럼 쓰였다. 이 단어에서 파생된 형용사 *피우스*pius는 본래 신의 영향권에 속한 모든 것을 수식하는 말이었다. 봉헌이나 번제 의식 등을 올릴 때 사용되던 '성스러운 밀'(비르길리우스, 《아이네이스》, V, 745)을 일컬어 *파르 피움*far pium(호라티우스, 《송시》, III, 23, 20)이라고 부르는가 하면, 예배를 올리던 숲 속 공터도 *로쿠스 피우스*locus pius라고 불렀다.

이어 *피에타스*라는 단어는 이 모든 것을 추상화하고 내면화하여 신을 경애하고, 신의 선한 힘을 존경하며, 신에게 감사하는 마음을 표현하는 말로 변천했다. 조르주 뒤메질이 강조한 것처럼, 고대 로마인들에게는 종교를 지칭하는 특수한 어휘가 없었다. 적어도 '신에게 경배를 올리다'라는 뜻을 지닌 *콜레레 데오스*colere deos라는 표현이 종교의 전 영역을 포괄하지 못한다는 가설을 인정한다면 말이다. 그러니 만일 라틴어로 종교를 의미하는 *렐리지오*religio가 관계, 결합의 의미를 내포하는 *레리가레*re-ligare라는 단어보다는 오히려 등한시하다를 뜻하던 *네(크)레제레*ne(c)-legere라는 단어의 반대말인 *레레제레*re-legere에서 유래했다고 본다는 가설을 받아들인다면, 결국 *피에타스*란 이처럼 우리를 '정성 어린 관심으로 보살피고', 보호해주고, 도와주고, '키워주는' 대상을 우리도 역시 '정성 어린 관심을 다해 섬기도록' 만드는 어떤 특별한 감정으로 간주될 수 있을 것이다. 그런 의미에서 이 단어는 고대 세계에서 신에 대한 의무의 완수에서부터 우리의 '아버지'를 향한 의무의 완수에 이르기까지 상당히 폭넓은 의미를 함의했다. 말하자면 우리를 만들고 교육한 모든 존재에 대한 의무를 완수하는 것을 뜻했다. 키케로도 *피에타스*에는 *신을 향한 피에타스* 외에도 *부모를 향한 피에타스*와 *조국을 향한 피에타스*가 존재한다고 말했다. 그는 저서 《착상에 관하여》(2, 22)에서 이렇게 기술했다. "*피에타스*란 국가와 부모, 혈연관계에 있는 모든 사람들을 향한 우리의 의무를 상기시켜주는 감정이다."

*조국을 향한 피에타스*는 *애국심*이라는 표현과도 쉽게 대체된다. 말하자면 이러한 형태의 *피에타스*는 사랑과 자애, 그리고 경박하고 경솔한 행동이나 아무것도 괘념치 않는 태도를 삼가게 해주는 '양심', 부모·도시·조국 더 나아가 좀 더 일반적으로는 '조상들의 관습'을 향한 애착 등과도 밀접하게 연관되어 있는 셈이다. 여기서 '관습'이란 로마 문화, 즉 로마의 '문명'을 이루는 집단적 가치와 모범이 되는 모든 행동 모델들을 지칭한다. 말하자면 *비르투스*virtus(덕), *포르티투도*fortitud(용기, 두려움을 모르는 용맹), *파티엔티아*patientia(역경과 실패를 견디는 능력), *콘스탄티아*constantia(확고함과 한결같은 행동), *피데스*fides(신의), *그라비타스*gravitas(시민으로서의 존엄성) 등을 일컫는다. 따라서 *조상들의 관습*에 충실하다는 말은 곧 스스로 같은 민족의 일원이라고

느끼며, 민족의 전통과 과거에 애착을 지니고 공동의 기획을 실현하는 '역할자'가 되는 걸 뜻하는 셈이다.

뒤메질이 지적했듯이 이어 *피에타스*의 의미는 더욱 최대치로 확장된다. "*피에타스*란 이 단어가 어떤 위상과 의미로 규정되는지에 따라, 한편으로는 같은 핏줄을 타고난 사람 간에, 같은 *키비타스*civitas의 주민 간에, 이웃 간에, 동맹 간에, 계약당사자 간에 상호적인 방식으로 존재하거나, 혹은 다른 한편으로는 개인과 그보다 더 상위의 존재, 즉 조국, 신, 더 나아가 종국에는 인류와의 사이에 비상호적으로 존재하는, 어떤 표준적이고 전통적이며 이론의 여지가 없는 관계에 대해 경애심을 가지고 순응하는 것을 뜻한다."(《고대 로마 종교》, 파이요, 1974, 개정판 2000, 146)

이런 *피에타스*라면 이미 베르길리우스도 《아이네이스》에서 훌륭하게 보여준 바가 있다. 신실한 아이네아스는 이른바 *피에타스*의 현신과도 같았다. 그는 전쟁의 포화 속에 폐허가 된 트로이를 탈출할 때 가족들을 '정성을 다해 보살피는 일'만은 소홀히 하지 않았다. 그는 어깨에는 눈먼 아버지를 짊어지고, 손으로는 아들을 붙잡은 채로, 얼마 뒤 헤어지게 될 부인 크레우사와 몇몇 동반자들을 대동하고 트로이를 탈출했다. 게다가 그는 "조상들의 페나테스penates로 통하는 성스러운 물건들"(II, 717), 가정을 수호하고 번영을 담보하며 도시를 상징한다고 여겨지는 물건들도 함께 챙겨가는 것을 잊지 않았다. 그러나 *피에타스*란 실상 베르길리우스가 주인공을 통해 보여주려고 했던 것보다 더 큰 의미를 담고 있는 개념이었을 것이 분명하다. 물론 아이네아스는 신을 향한 경애심과, 가족과 친구를 향한 헌신적인 태도에도 불구하고 전쟁터에서만큼은 무자비한 모습을 보일 수밖에 없었다. 그러나 이러한 경계도 시간이 지나면서 서서히 무너져 결국 *피티에*는 철저히 종교적 의미를 지니는 단어로 변천하기에 앞서, 마지막 날개를 활짝 펼치고 드높이 비상해, 이른바 *후마니타스*humanitas의 의미에 바짝 다가간다. 다시 말해 시련과 불행, 고통을 겪는 인간이 타인의 아픔이나 고난, 연약함에도 더욱 '깊이 관심을 기울이게' 만드는 저 특별한 감수성에 말이다. 여기서 상대가 누구인지는 그다지 중요한 문제가 아니다. 중요한 것은 친구인지 적인지가 아니라 모두가 똑같은 인간이라는 점이다.

여기서 더 자세히 살펴보지는 않겠지만 *피티에*가 무방비 상태로 곤란에 처한 고통받는 형제를 향한 선의의 '관심'과 양심이라는 오늘날 서구 사회를 지배하는 의미를 지니기까지는 어쨌든 모든 인간이 하느님의 자녀이기 때문에 전부 '예수의 형상을 닮은 동족'이라는 사상이 큰 영향을 미쳤다. 그럼에도 토마스 아퀴나스가 1266년에서 1273년 사이에 저술한 《신학 대전》(Q101)에서 우리는 *피티에*가 "부모에 대한 경애", 그리고 로마의 *피에타스*에 해당하는 조국에 대한 경애라고 명명되어 있는 사실을 발견할 수 있다. 그러면서 저자는 이러한 경애심이 신에 대한 경애심을 방해하는 것은 아닌지(Q102), 그리고 그것이 단순한 존경보다 더 상위의 감정에 해당하는 것은 아닌지에 대해 자문했다. 그는 자비(30), 선행(31), 온정(32) 등을 다룬 장에서 "불행 앞에 모습을 드러내는 측은함"에 대해 이야기했다. 말하자면 고대 문화 속에서 찾아볼 수 있는 타인의 불행을 향한 관심과 '보살핌'이라는 넓은 의미를 포함해 *피티에*라는 단어를 규정할 수 있는 모든 의미가 이른바 자비나 연민의 속성처럼 간주되어버린 셈이다. 흡사 *피티에*는 그만의 고유한 특성이 하나도 없다는 듯이 말이다.

*피티에*의 운명은 이 얼마나 기구한가. *피티에*는 모든 '종교적' 의미를 자비·위로·연민 등에 내어주고 너무나도 '텅 빈' 어휘가 되고 말았다. 반면 *피티에*의 유래가 된 단어 *피우스*는 온갖 종교적 의미로 가득 차 이제는 독실한 신도와 거의 동의어처럼 간주되기에 이르렀다. 이쯤 되면 *피티에*가 그토록 칭송 —실상 *피티에*라는 이름으로 칭송받고는 있어도, 정작 그것이 칭송받는 것은 '연민'일 뿐이다— 받는 동시에 비판받는 것도 그리 놀랄 일은 아닌 셈이다. 여기서 자크 에스프리(1611~1678)가 쓴 《인간 미덕의 허위성》을 읽어보길 권한다. 사제 서품을 받은 적은 없지만 '에스프리 사제'라고 불린 그는 얀센파 교도이자 국가 고문으로 활동했고, 라 로슈푸코 공작·세귀에르 대법관·콩티 왕자 등의 후원을 받았으며, 아카데미프랑세즈 명단에도 이름을 올린 인물이다. 잠시 에스프리 사제가 쓴 다음 구절을 음미해보자. "인간의 삶은 온갖 불행과 역경과 난관에 부딪히기 마련이다. 인간은 언제나 고뇌와 비탄으로 인해 생을 소진할 수밖에 없다. 누군가 관심을 갖고 당면한 문제들을 해결해주기 위해 신경을 써주지 않는다면 말이다." 그러나 다행히 우리에게는 신이 존재한다. 신은 인간들이 서로 '관계'를 맺으며 살도록 해주었다. 인간이 서로 "마음을 아프게 하는 자들에게 관심을 쏟고 도움을 주고받으며 살아가도록" 말이다. 이러한 관계는 혈연이나 혹은 사랑에 의해 맺어진다. 그러나 에스프리 사제는 혈연이나 사랑의 관계만으로는 충

분하지 않다고 역설했다. "혈연관계는 소수의 사람들만을 긴밀히 연결해줄 뿐이다. 또한 우정도 혈연관계에 비하면 훨씬 제한적이다. 그러니 불행한 사람들은 대부분 방치된 채로 살아갈 수밖에 없다." 그리하여 신은 또 다른 기적적인 방책을 찾아냈다. 행복하든 불행하든 모든 사람에게 공통된 본성을 부여해 하나로 엮어준 것이다. 그 결과 인간은 결코 "타인의 불행을 느끼지 못하거나, 혹은 타인의 불행을 지켜보며 그들을 돕기 위해 자신이 할 수 있는 일을 다하지 않는 것"이 불가능하다. 그것이 바로 "*피티에*만이 지닌 특권"이다. 그러니 우리가 어찌 *피티에*를 칭송하지 않을 수 있겠는가? "*피티에*를 지닌 사람은 단순히 사랑하는 사람이나 소속이 같은 사람만 도우려하지 않는다. 자신과 전혀 무관한 사람에게도, 심지어 자신을 좋게 대우해주지 않거나 혹은 아주 나쁘게 대한 사람에게까지도 도움의 손길을 내민다. 따라서 오로지 *피티에*만이 모든 불행한 사람들에게 맑은 샘물이 되어줄 수 있을 것이다."(XV, 223 이하)

*피티에*가 신이 내려주신 선물이라면, "가난한 자를 돕고 약한 자를 위로하는" 사람들은 *피티에*의 정신을 실천하며 신을 위해, "신이 내린 율법을 지키기 위해" '자선'을 베풀며 살아가야 마땅할 것이다. 그러나 실제로는 그렇지가 못하다. 왜냐하면 자기애의 무게가 너무나도 무겁고 자기애의 술책이 너무나도 간교해서 동정심마저 하나의 술수, 혹은 가면이 될 정도에 이르렀기 때문이다. "가난에 빠진 사람을 위해 지갑을 여는" 사람, "고통과 질병으로 시름하는 이웃에게 호의와 도움의 손길을 내미는" 사람, "하나뿐인 자식을 잃고 비탄에 빠진 아버지와 어머니에

게 조금이나마 위로를 건네는" 사람은 "자기 자신을 측은하게 생각하는 사람, 타인의 이름을 빌려 자신에게 봉사하고 자신을 돕고 자신을 위로하는 사람, 친지와 친구의 눈을 빌려 스스로의 눈물을 훔치려는 사람"에 불과할 뿐이다.

따라서 에스프리 사제는 *피티에*란 이처럼 "은밀하게 사심이 들어간 감정, 교활한 배려에 불과한 것이다"라고 비판했다. 이어 자신의 주장을 뒷받침하기 위해 아리스토텔레스, 세네카, 키케로, 플라톤, 성 아우구스티누스를 줄줄이 소환해낸 에스프리 사제는 *피티에*를 한층 더 무자비하게 비난한다. *피티에*란 '점액이 주조를 이루는 체액'으로 인해 발생한 '과도한 자기애'에서 유래하는 것으로, '영혼의 무기력'을 오롯이 증명하며, 특히 "노인이나 여자, 아이들처럼 나약하고 쉽게 감동을 받는 성질을 지닌 모든 사람들"에게서 자주 나타나는 현상이라고 지적했다. 또한 *피티에*를 자선에 비견할 만한 미덕으로 간주한다면 혼란을 피해갈 수 없을 것이라고도 주장했다. "자선은 인간의 내면에 이성의 힘을 회복시키는 반면, *피티에*는 이성을 약화시킨다. 자선은 인간이 친구는 물론 적, 하인, 이방인, 심지어 그 자리에 없는 사람에 이르기까지, 모든 이들의 불행을 함께 느끼고 위로하게 한다. 반면 *피티에*는 현존하는 대상을 눈으로 지켜보며 감정이 일어날 때만 도움의 손길을 내밀게 한다. 자선은 이웃 안에서 신의 모습을 보고, 영혼의 요구에 민감하게 반응하는 반면, *피티에*는 순간적인 불행이나 불운에만 감응한다."

고대 로마에는 피에타스 신을 모신 신전이 최소 두 곳 있었다. 하나는 마르켈루스 극장 인근 플라미니우스 경기장에 지어진 신전이었고, 또 다른 하나는 테르모필레스 전투에서 안티오코스 3세를 상대로 거둔 승리를 기념하기 위해 아칠리우스 글라브리오가 포룸 홀리토리움에 세운 신전이었다. 피에타스는 콘스탄티누스 1세가 집권한 4세기까지 황제의 화폐나 혹은 공화정의 많은 가문들의 화폐에서 그 흔적을 찾아볼 수 있다. 종종 피에타스를 상징하며 그와 함께 등장하는 상징적 동물이 있었는데, 바로 황새다. 아마도 황새가 자식에 대한 관심과 보살핌이 극진한 동물이었기 때문일 것이다. 페트로니우스는 이 '어여쁜 철새 손님'에 대해 《사티리콘》(LV, 6)에서 *피에타를 가꾸는 자*pietatis cultrix라고 표현했다. 여기서 굳이 조각이나 그림 속에 등장하는 수많은 피에타상에 대해서까지 언급할 필요는 없을 것이다. 십자가에서 내려온 그리스도의 육신을 무릎 위에 앉히고 눈물을 흘리는 성모 마리아의 성상 말이다. 피에타상은 14세기 이후 독일에서 시작되어 서구 성상학에 반복적으로 등장한 주제 중 하나다.

그러나 개념적인 차원에서 *피티에*는 앞서 말한 바와 같이 연민, 자비 속에 완전히 녹아 없어진 것만 같다. 그럼에도 지금도 여전히 어렴풋하게나마 신과 인간의 신실하고 '경건한' 합일과 사랑, 더 나아가 신의 말씀을 지키며 살아가고자 하는 욕망으로 대변되는 신자와 신의 특별한 관계를 모호하게 지칭하고 있는지도 모른다. 더 나아가 그리스어 *유세베이아*eusebeia가 지칭하는 것처럼, 신성한 것을 향한 외경심, 어떤 사물·위대한 존재·영웅·신이 지닌 '장엄함'이 불러일으키는 두려움·숭배·놀라움·경탄 등을 모호하게 의미하고 있는지도 모른다.

어쩌면 우리는 *피티에*가 지닌 철학적 의미를 복원할 수 있을지 모른다.

첫째, 더 이상 그것을 미덕이나 연민의 몸짓으로 간주하지 않고, 대신 성스러운 것과 인간이 맺고 있는 관계를 증명하는 태초의 발자취이자 증거로 여기는 동시에, 둘째, 성스러운 것에 '신적인' 의미를 조금만 덜 부여하려고 한다면 말이다. 그것이 새로운 탐험지를 가리키는 단순한 표지판인지 아니면 구체적인 '길'인지는 알 수 없지만, 어쨌든 스페인의 철학자 마리아 삼브라노도 이 문제를 자신의 저서에서 매우 핵심적인 주제로 다루었다.

1953년 삼브라노가 저술한 《성스러운 것과 신적인 것》(2006)은 이미 제목에서부터 두 가지를 구분 짓고 있다. 먼저 *성스러운 것*이란 근본적으로 *신적인 것*에 선행하여 존재하는 것이다. 그에 따르면 '성스러운 것'은 무엇이라 정확히 규정할 수 없고, 설명할 수 없고, 이름 붙일 수 없는, 모든 사물과 존재의 원초적이면서도 은밀한 본질이자 어떤 생명도 완전히 떨쳐내지 못하는 '어두운 태반'이다. 이 '성스러운 것'은 곧 밤(삼브라노는 십자가 성요한의 〈어두운 밤〉을 환기한다)이자 무無, 즉 텅 빈 무가 아닌 절대적 충만으로서 무다. 인간은 이러한 무 상태를 자신의 일부라고 느끼는 동시에 이질적이라고도 느낀다. 무란 다른 한편으로는 분간하기 힘든 혼돈이다. 이 어렴풋한 혼돈은 질서와 빛이 안착하지 못하게 저항한다는 점에서 우리를 두려움에 떨게 한다. 마치 각자의 내면에 맹목적인 정념의 형태로, 살아 있음의 신비와 관련한, '무엇인지 모를', 제어할 수 없고, 불안감을 일으키는 어떤 성스러움이 우리를 두렵게 하는 것과 마찬가지로 말이다.

어쨌거나 '신적인 것'은 이처럼 모든 생명의 모태로 통하는 '성스러움'의 영향권을 벗어나려는 시도, '성스러움'의 '베일을 벗기려는' 시도로부터 탄생했다. '성스러운 것'의 베일을 벗기기 위해 인간은 신화나 신에 관한 시들을 창조하고, 신학의 힘을 빌려 인간이 '관계 맺을 수 있는' 신을 창조해내거나, 철학의 힘에 기대어 신을 논리학과 접목시키려고 했으며, 이성에게는 세계를 '설명'하고 해명하고 명명하고 주관할 능력을 부여하고자 했다. 그러나 '밤'을 물러가게 하려는, 개념의 힘에 기대어 대낮 같이 환하게 칠흑 같은 밤을 밝히려는, 존재와 진실에 대해 말하려는, 비록 모습은 감춰져 있지만 살아 있는 것이 분명한 '그곳에 존재하였던' 어떤 것에 대한 관념으로부터 생각의 물줄기를 틀어 현존하는 능력이 없기에 아직까지는 존재하지 않지만 어떻게든 앞으로 우리가 '찾아내야 할' 무엇에 대한 관념으로 새롭게 우리의 사고를 바꿔놓으려는 시도는, 이 모든 시도는 분명 망상까지는 아닐지라도 확실히 교만한 생각임에 틀림없다.

바로 거기에 *피티에*의 필요성이 존재한다. 삼브라노는 *피티에*를 '성스러운 것', 만물의 신비, 성장할 여유가 없던 것, 홀연히 사라진 것, 혹은 붙들만한 가치가 없다고 간주되던 것에 대한 '환대'라고 규정했다. "신이시여, 진실로 존재했던 것이 결단코 사라지는 일은 없게 하소서!" 삼브라노는 저서 《망상과 운명》(1997, 147)에서 이렇게 말했다. 다시 말해 그것은 타자성을, 우리 안에 존재하는 '타자'의 속성을 지닌 그 무엇을, 각자의 '나' 속에 기거하는 낯선 군중을, 고정된 정체성이 없이 두 존재 사이에 거하는 그 무엇을, 세계에 대해 설명하고, '미화'하고, 단순화하기를 회피하는 그 무엇을, 만물이 지닌 너무나도 연약하고 부서지기

쉽고 낯설지만 어떻게 해도 없앨 수 없는 개별성을, 우리를 초월하는 것들에 대한 존중을, 바로 그 모든 것들을 온전히 껴안는 환대인 것이다.

그러한 의미에서 *피티에*는 자선이나 박애주의의 일부라기보다는, 오히려 존재 양식, 세상을 온전히 '느끼며' 세계 내에 존재하기 위한 일종의 실존 방식인 것이다. 삼브라노는 이 '느낀다'는 것을 다른 그 어떤 심리적 기능보다 더 우월한 것으로 간주했다. 심리적 기능은 우리가 단순히 소유하는 것인 반면, '느낀다'는 것은 우리의 '존재' 자체를 대변한다고 보았기 때문이다(〈신앙심의 역사에 관하여〉). 우리는 *피티에*를 통해 비로소 '신적인 것'이 우리가 보지 못하게 감춰버리거나 혹은 환한 빛으로 우리가 차마 눈이 부셔 바라보지 못하게 만들어버린, 어떤 '성스러운 것'의 일면을 온전히 '느낄 수' 있게 된다. 다시 말해 온갖 이질성으로 가득 찬 현실, 인생의 불연속성, 여전히 어두운 그림자 속에 가려진 모든 삶과 행동과 의욕의 지대, '이것이나 저것'으로 환원되지 않고, 끊임없이 달아나는, 어떤 질서정연함도 유지하지 못하는, 자신과 동일성을 유지하지 못한 채 항상 타자로 변해버리는, 모호한 존재이기에 종국에는 모든 이성과 언어의 사각지대에 남을 수밖에 없는 그 무엇을 비로소 온전히 느낄 수가 있는 것이다.

그러한 의미에서 *피티에*는 '구원'의 감정을 뛰어넘어 교만을 치료하는 의학이 될 수 있다. 그것은 말하자면 존재와 세계를 온전히 '느끼는' 방식이자, 모든 인간을, 아니 그 인간의 그림자와 망령까지도, 다시 말해 자크 데리다가 말한 '이름 없는 것들'까지도 오롯이 환대하는 방식이라고 할 수 있을 것이다. 또한 그것은 인간이 전지전능한 힘 위에 부여한

그
마음의
정체

신성을 경애하는 것이 아니라 무력한 자, 주저하는 자, 미숙한 자, 제대로 사는 법을 모르는 자에게서 앗아낸 인간성을 경애하는 방식이다. 그것은 행동에게 있어서는 두려운 떨림이자, 언어에게 있어서는 침묵 혹은 더듬거림이다. 그런 의미에서 *피티에*는 말할 수 없는 것, 우리가 도무지 어떻게 해야 할지 모르는 것, 거의 존재하지 않는 것이나 다름없는 바로 그것을 위해 자리를 내어주기 위한 아주 '사려 깊은' 방법이라고도 할 수 있다.

*
**

플라톤Platon, 《에우튀프론Euthyphron》, 제에프플라마리옹, 1997.

아르투르 쇼펜하우어Arthur Schopenhauer, 《의지와 표상으로서의 세계Le Monde comme volonté et comme représentation》(1819), 퓌프, 콰드리지 총서, 1966, 2014 ; 《도덕의 기초Le Fondement de la morale》(1840), 리브르 드 포슈, 1991.

마리아 삼브라노María Zambrano, 〈신앙심의 역사에 관하여Per una storia della pietà〉, 《리시움》에서, V, 17, 1949, 6~13(이탈리아 번역본, 〈신앙심의 역사에 관하여Per una storia della pietà〉, 《아우트아우트》에서, 279, 1997, 5~6).

존 셰이드John Scheid, 《로마의 종교와 신앙심Religion et Piété à Rome》, 라 데쿠베르트, 1985.

~

경탄

우리는 항상 우리를 경탄하는 사람은 좋아하기 마련이지만

반대로 우리가 경탄을 느끼는 사람은

별로 좋아하지 않기 마련이다.

라 로슈푸코,

《도덕에 대한 성찰과 잠언》(1664),

잠언 294.

쇠렌 키에르케고르는 저서 《죽음에 이르는 병》(1849)에서 '불행한 자기 주장'인 질투와 달리, 경탄은 '행복한 자기 굴복'이라고 말했다. 그러나 두 가지 정념이 완전히 상반된 것은 아니다. 질투는 말하자면 하늘 높이 오르지 못하고 한순간 쾅 하고 바닥으로 추락한 좌절된 경탄과도 같다. 또한 그것은 '은밀한 경탄'이라고도 이 덴마크 철학자는 말했다. 모호하고 무의식적인 경탄이라고 말이다. 상대처럼 사회적으로 인정을 받고 싶은 나머지 질투하는 자는 상대와 '동등'해지기를, 그가 가진 것을 소유

하고, 그가 성취해낸 것을 성취하기를 열렬히 갈망한다. 그러나 그러한 감정이 활짝 날개를 펼쳐보지도 못한 채 시큼한 와인으로 상해버린 것이다. 그것은 '세상에 태어나기도 전에 알 상태로 죽어버린' 경탄이다. 자기애로 인해 쪼그라들고, 자신이 경탄하는 대상이 훨씬 더 높은 '명예'를 얻게 될 것을 두려워하다 그저 한낱 '질투'로 변해버린 것이다. 그리하여 상대를 '비뚤어진 시선으로 바라보며', 타인의 행복을 곧 자신의 불행과 동격처럼 여긴다. 그러나 질투가 사산된 경탄과 비슷하다고 하여, 경탄 역시 우리가 태어나지 못하게 저지하거나 혹은 자라나지 못하게 억누른 질투인 것은 아니다. 경탄은 그 무엇도, 그 누구도 부러워하는 법이 없다.

조금이라도 철학을 공부한 사람이라면 누구나 그리스인들이 철학의 기원을 '놀라움'에 있다고 보았던 사실을 기억할 것이다. 아리스토텔레스도 《형이상학》 A권에서 다음과 같은 유명한 구절(982b)을 남겼다. "인간이 처음이나 지금이나 마찬가지로 항상 철학을 시작하게 되는 이유는 놀라움 때문이다. 처음에 인간은 그들이 마주치게 되는 설명 불가능한 것들에 대해 놀라워했다. 그와 같은 방식으로 인간은 점차 발전을 이루어 나갔고, 달과 해와 별의 진행이나 우주의 생성 같이 더 큰 현상에 대해 물음을 던지기 시작했다. 사실 어려움에 부딪히거나 놀라움을 만난 사람은 스스로를 무지하다고 여긴다(신화를 좋아하는 사람은 어느 정도 철학자라 볼 수 있다. 신화는 온갖 놀라운 일들로 가득하므로). 결론적으로 그들이 무지에서 벗어나기 위해 철학을 했다면, 분명 그들은 어떤 유익함을 얻기 위해서가 아니라 순수한 앎을 추구하는 의미에서 학문을 닦으려 했다고 볼 수 있다." 아리스토텔레스 이전에 플라톤도《테아이테토스》(155d)에서 비슷한 맥락의 이야기를 한 적이 있다. 테아이테토스가 말했다. "소크라테스시여! 저는 너무나도 놀라 깊은 혼란에 빠졌습니다. 어떻게 그런 일이 일어날 수 있는지요. 지금도 그 생각만 하면 현기증이 날 것 같습니다." 그러자 소크라테스가 대답했다. "이보게 친구. 테오도로스가 자네 성격을 제대로 알아봤구먼. 자네가 느끼는 놀라움의 감정은 진정한 철학자임을 인증해주는 징표와도 같다네. 철학의 기원은 오로지 놀라움 말고는 없다네. 내가 보기에 이리스를 타우마스의 딸이라 규정한 자는 그리 형편없는 계보학자는 아닌 듯싶네."

일단 놀라움(*타우마제인*thaumazein)은 영혼을 잡아채 혼란에 빠뜨리고 '경악' 속에 던져 넣는다. 이어 놀라움의 감정으로부터 이해하고 싶다는 생각, 혹은 적어도 몇 가지 가설을 통해 무지를 벗어나고 싶다는 마음 혹은 '현기증'을 멈추게 하고 싶다는 마음이 일어난다. 여기 나온 대목을 우리가 굳이 더 심도 깊게 살펴볼 필요는 없어 보인다. 그럼에도 잠시 그리스어 *타우마제인*의 역어인 '놀라움'이 어떤 감정인지에 대해서만큼은 충분히 질문해볼 가치가 있어 보인다. 먼저 토마스 아퀴나스는《신학 대전》에서《형이상학》에서 발췌한 문장을 다음과 같이 소개했다. "아리스토텔레스에 따르면 놀라움은 지혜의 기본 원칙이자 진리 추구의 도정이다."(I, IIa, Q32, 8) 그런데 라틴어본을 찾아보면, 여기서 말하는 *타우마제인*이란 *경탄*admiratio으로부터 비롯되는 것으로, 이때 경탄이란 (감탄하며) 바라보는 행위, 경이로운 것들을 관찰하는 행위로부터 생성된다는 것을 알 수 있다. 더욱이 아리스토텔레스와 플라톤의 글을 옮겨놓은 모든 이탈리아어 판본들도 *타우마제인*을 *메라비글리아르시*/**meravigliarsi**라고 번역해놓았다. 이 단어는 놀라움을 뜻하는 말이지만, 동시에 '경이로운' 무엇인가를 의미하기도 한다. 마찬가지로 헨리 리델, 로버트 스콧, 헨리 존스가 펴낸《희영사전》에서도 동사 *타우마조***thaumazo**가 영어 단어 *어스타니쉬먼트***astonishment**의 명사형에 상응하는 동사라고 보는 동시에, *어드마이어***admire**나 *원더***wonder**, *마블***marvel** 등의 의미를 함께 지닌다고 설명하고 있다. 그런가 하면 여러 희랍어 사전들이 그리스어 *타우마조θαυμάζω*의 뜻을 설명하기 위해 제시해놓은 예시문들에서도, 이 단어는 단순히 자연의 위대함, 과학의 진보, 그림 같은 풍광만이 아니라 정치인, 배우, 운동선수처럼 어떤 '놀라움'의 감정을 별로 불러일으킬 것 같지 않은 대상에 대한 경탄까지도 함의한다는 사실을 깨달을 수 있다.

프랑스에서도 이 단어를 '놀라움'이라고 번역한 사실은 상당히 주목할 만하다. 놀라움이란 경악과 경이의 중간에 위치하는 것으로 양극단을 허용하지 않기 때문이다. 무엇인가 예기치 않은 특별하고 이상하고 이해할 수 없는 것을 대할 때 별안간 느껴지는 갑작스럽고도 강렬한 감정인 '경악'은 '쇼크'와 비슷한 상태를 일으킨다. 몸을 움직이거나 말을 하는 능력을 잃게 만들고, 두뇌 회전도 마비시킨다. 그리하여 경악은 정신의학적인 의미로까지 발전하게 된다. 이러한 경악은 어떤 철학적 의문을 제기하는 현상과는 별로 어울리지 않을 뿐더러, 플라톤의 도식처럼 무지한 현상을 보고 그에 대해 알고 싶다는 생각이 들게 하는 움직임을 촉발할 것 같이 느껴지지도 않는다. 한편 '경이'는 그보다 조금 더 미학적인 감정에 속한다. 경이는 인간이 무엇인가 매혹적인 것, 기적에 가까운 것, 자연이 빚어낸 마술적이고 신비로운 무엇(플라톤이 헤시오도스에 따르면 타우마스의 딸이 이리스, 즉 무지개라는 사실을 환기한 대목을 떠올려보라!), 얼핏 불가능해 보였지만 결국엔 인간이 성취해낸 것들을 대할 때 일어나는 감정이다. 경이는 아름다움과 조화, 신비를 받아들이는 순간에 경험할 수 있는 것과 똑같은 종류의 '몰입' 상태를 만들어낸다. 말하자면 마술쇼를 구경하는 어린아이가 경험하는 '황홀경'과 비슷한 상태에 도달하게 한다. 두 눈이 휘둥그레진 아이는 입을 헤벌린 채 마술사의 마법에 흠뻑 '빠져들어서', 그 순간만큼은 어떤 '속임수' 때문에 그런 마법이 가능한지에 대해서 신경도 쓰지 않게 되는 것과 비슷한 상태 말이다. 경이는 철저히 수동적인 반응이자, 너무나도 근사한 깜짝 선물을 받을 때 느끼는 것과도 비슷한 극도로 즐거운 정서적·인지적 상태, 말하자면 관조에 가까운 상태이다. 그런 만큼 경이도 어떤 질문을 제기한다거나, 혹은 무지의 상태에서 벗어나게 해줄 단초가 될 만한 회의나 당혹감을 일으키기에 경악보다 더 적합하다고 결코 말할 수 없다.

그러니 모든 생각을 얼어붙게 만드는 '경악'도, 인간의 정신을 관조나 황홀경의 상태로 붙들어놓는 '경이'도 소크라테스가 말한 의미의 '진정한 철학자의 징표'로는 간주될 수 없다. 반면 '놀라움'은 진정한 철학자의 징표가 될 자격이 충분하다. 왜냐하면 놀라움은 경악의 순간이 끝난 이후부터 경이의 순간이 찾아오기 이전까지, 그 중간 단계에 '개입하는' 감정이기 때문이다. 즉 경악이 불러온 마비 상태에서 서서히 회복되어 '코마' 상태를 벗어나 최초의 질문들에 눈을 뜨는 순간이자, 동시에 아직까지는 완전한 관조의 상태로 잠기거나 혹은 전적인 몰입의 상태로 '빠져들기'는 전이기 때문이다. 즉 놀라움은 언제나 현재 '진행 중'인 상태다. 아마도 그러한 이유에서 아리스토텔레스도 인간은 '처음이나 지금이나 마찬가지로' 놀라움으로 인해 철학을 시작하게 된다고 말한 것이리라. 놀라움은 항상 새롭게 되풀이되는 시작의 미덕을 지닌다. 철학을 한다는 것은 어느 한 순간, 딱 한 번 놀라움을 경험하고 끝나는 것이 아니다. 매 순간, 우리가 생각지 못한 현실이 눈앞에 펼쳐지는 모든 도전의 순간마다, 놀라움을 수없이 되풀이하며 경험하는 것을 뜻한다. 따라서 *타우마제인*이란 단어를 경탄이 아닌 놀라움으로 옮긴 것은 ―어원의 유사성에 따라 경악보다는 경이에 더 가까운 의미로 간주하면서― 아주 적절한 선택이라고 볼 수 있다. 놀라움은 감정적인 성격이 적고, 미학적인 성격도 없다. 그런 만큼 처음 성찰 훈련을 시작하는 단초가 되기에 아주 적합하다.

여기서 잠시 놀라움의 신인 타우마스가 눈부시게 아름다운 이리스와 괴물의 형상을 띤 하르피이아이의 아버지이자, 바다의 경이로움과 공포를 관장하는 바다의 신이었다는 점을 떠올려볼 필요가 있다. 그리스어로 *타우마*thauma는 무엇인가 위협적이고 끔찍한 것을 의미한다(호메로스도 폴리페모스를 두려움을 자아내는 *타우마*한 괴물이라고 묘사했다). 철학적 성찰이 놀라움에서 시작되는 것이라면, 만물의 변화, 무한한 시간의 흐름, 언젠가는 죽을 수밖에 없는 인생의 무상함 등에 대해 느끼는 태곳적부터 이어져 내려온 어떤 불안, 근심, 두려움 등도 철학적 성찰의 단초가 되기에 충분하다. 반면 '경탄'은 '지복의 상태'는 아닐지라도 훨씬 더 고요한 성격을 띤다. 다시 말해 '완결'의 미덕을 지닌다고 볼 수 있다. 흔히 인간은 어떤 완수된 과업에 대해서는 경탄의 감정을 느끼는 반면, 그러한 과업이 이루어지는 방식에 대해서는 놀라움의 감정을 느낀다고 하지 않는가. 하지만 정말 그러할까? 물론 플라톤과 아리스토텔레스는 ―더불어 모든 전통이 그렇게 본다. 잔 에르쉬가 쓴 《철학적 놀라움. 철학의 역사》([1981], 갈리마르, 폴리오, 1993)를 참조해보라― 철학의 기원이 놀라움에 있다고 말했다. 그러나 우리는 아리스토텔레스의 논증을 읽는 동안, 혹은 소크라테스의 산파술이 지닌 효력을 지켜보는 동안 과연 무엇을 느끼는가? 놀라움인가 아니면 경탄인가? 테아이테토스가 말한 '현기증'과 당혹감에서 비롯되는 놀라움은 온갖 의문의 단초가 되어, 명증함의 눈부신 빛 앞에 여전히 어둠에 잠긴 숨은 현실은 없는지 자문하게 하고, 이른바 앎을 향한 가파른 길로 우리를 인도한다. 반면 경탄은 이미 해답의 땅에 닿아 있다. 비록 언제나 불안정한 성격을 띠며 끊임없는 관리를 필요로 하는 땅이라고는 해도 말이다. 가스통 바슐라르도 수차례 지적했다. 알기 위해서는 보는 것만으로는 충분치 않다고. '보기' 위해서는, 다시 말해 무엇인가 볼 만한 것이 있는 곳으로 나아가기 위해서는, 그전에 먼저 알아야만 하는 것이라고. '놀라움'과 비교해볼 때 비로소 경탄은 더욱 심오한 의미를 지니게 된다. 경탄이란 말이 품고 있는 인지적인 의미까지 포함해서 말이다. 우리가 자주 도외시하곤 하지만, 본래 '이론théorie'이라는 단어에는 '관조'라는 의미가 더해져 있었다. 반면 경탄의 경우에는 그와는 정반대 작업을 필요로 한다. 즉 경탄에서 관조를 떼어 내어, 이론이나 지성적인 측면과 연관된 경탄의 본질을 드러낼 필요가 있다. 조금 더 평범하게 말하면 경탄을 지식에 가깝게 만들어야 한다.

경탄은 자신도 모르는 사이(수동적인 경탄) 경이 혹은 관조로 변해버릴 수도 있다. 오로지 아는 것을 통해 눈에 보이는 것을 '바라볼 때'만 비로소 경탄은 진정한 의미의 경탄(능동적인 경탄)이 될 수 있다. 데카르트가 《정념론》(II, 53)에서 규정한 경탄의 정의도 그와 비슷한 길을 제시하지 않는가? "우리가 어떤 대상과의 첫 만남에서 놀라움을 느낄 때, 그 대상이 우리가 이미 알고 있거나 혹은 그렇다고 추정한 것과 전혀 다른 매우 새로운 것인 양 느껴질 때, 우리는 그 대상에 대해 경탄을 하고, 놀라움을 느끼게 된다. 그것은 그 대상이 우리에게 적절한지 아닌지를 알기도 전에 일어나는 일이므로, 경탄은 모든 정념 중 맨 처음에 나타나는 정념이라고도 말할 수 있겠다. 그리고 경탄에 반대되는 정념이란 존재하지 않는다. 왜냐하면 문제의 대상이 그 자체로 무엇인가 우리를 놀라게 할 만한 면이 없다면 우리에게는 어떤 종류의 감정도 전혀 일어나지 않을 테고, 그것을 정념이 없는 상태에서 그냥 바라만 볼 것이기 때문이다."

여기서 경탄을 '최초의 정념'이라 일컫은 까닭은 "우리가 좋거나 나쁜 것을 구분할 수 있도록 도움을 주는" 모든 종류의 정념에 선행해 존재하기 때문이다. 경탄은 우리의 영혼이 "자신에게 적합하다고 여기는 대상에 자발적으로 다가가게 만드는" 사랑보다도, 혹은 우리가 자신에게 나쁜 것에 대해 갖는 정념인 증오보다도 더 앞서 존재하기 마련이다. 다시 말해, 경탄은 전혀 이해관계가 없는 것, 데카르트의 표현을 빌리자면 '더할 나위 없이 희소한' 것들에 우리의 영혼을 붙들어 맨다. 이해관계와 무관하게 우리가 잘 알지 못하거나 혹은 다르게 알고 있는 것에서부터 생겨나는 감탄은 별안간 우리를 앎의 길로 초대한다. 그것은 억지로 수락하길 강요하지 않는 무상의 초대와도 같다. '봐라! 우리가 아직 알아야 할 모든 것들을!' 오로지 경탄만이 그 초대장을 알아볼 눈을 가졌다. 데카르트는 "이러한 종류의 정념에 전혀 자연적으로 끌리지 않는 사람은 대개 무지한 자다"(II, 75)라고 말했다. 아마도 그러한 자들은 영원히 무지한 자로 남으리라. 왜냐하면 그들은 아무것에서도 경탄을 느끼지 않기에 "우리가 알고 있는 것"과 경탄이 우리에게 알고 싶다는 욕구를 불러일으키는 새로운 것들 사이에 어떠한 차이점 —우리가 흔히 매우 놀랍다고 표현하는 차이— 이 있는지를 절대 알아보지 못할 것이기 때문이다.

물론 경탄에게도 결점은 있다. 경탄은 모든 것에 대해, "거의 혹은 일절도 관심을 기울일 가치가 없는 것들"에까지 마구잡이로 남발되며, 이성을 이용하는 능력을 저해한다. 그럼에도 경탄은 데카르트가 아주 명료하게 지적한 것처럼 한 가지 매우 중요한 미덕을 지니고 있으니, 그것은 바로 "우리에게 지식을 얻고 싶은 마음을 일으킨다"(II, 76)는 점이다. 강압적이지 않고 자연스러운 방식으로 우리에게 지식을 얻고 싶다는 마음을 일으키는 것이다. 경탄은 다른 누군가가 앎의 경지에 오르는 모습을 지켜보며 머리로도 가슴으로도 모두 깊은 즐거움을 느낀다. 자기 자신은 완전히 잊은 채, 타인이 어떤 지식을 숙달하는 모습을 시기심이나 심지어 놀라움마저 느끼지 않은 채 한없이 기쁜 마음으로 바라본다. 내

그
마음의
정체

가 음악에 대한 감수성이나 지식이 전혀 없다면, 아무리 훌륭한 피아니스트의 연주를 감상하게 되더라도 최악의 경우 아무런 감흥 없이 무관심으로 일관할 것이고, 최선의 경우 단순한 재미 정도를 느끼는 데 그칠 것이다. 반면 어느 정도 어렴풋하게 지금 연주자가 연주하는 곡이 얼마나 어려운지를 알고 있다면, 아마도 나는 그 곡을 연주하는 사람, 더 정확히는 연주자가 선보이는 출중한 연주에 경탄의 감정을 느낄 수도 있을 것이다. 설령 우리가 상대의 정확한 정체, 개인사, 성격 등을 잘 알지 못하는 경우라 할지라도, 누군가가 그런 독창적이고 놀라운 방식으로 지식과 노하우와 기술을 모두 갖추고 있음을 목격하거나 깨닫는 순간, 우리는 그런 일을 해낸 것이 한 인간이라는 사실에서 큰 기쁨을 느낄 수 있다.

경탄은 이기주의와 자기중심주의를 일순에 무력화한다. 하지만 그것이 항상 무조건적으로 가능한 것은 아니다. 만일 경탄의 등 뒤에서 어떤 모방 심리가 작동한다면 말이다. 모방은 자아의 변절을 오롯이 보여주는 증거다. 자아는 자신이 '추월당했다'고 느끼는 순간 경탄의 감정을 불러일으키는 사람'처럼' 되는 법을 익히고, 상대의 행동을 반복적으로 되풀이하고, 상대의 기술을 재현하고, 상대의 존재 방식을 흉내 내며, 다시금 예전의 영향력을 회복하고 싶다는 마음에 사로잡힌다. 그럼에도 모방이 항상 비난의 대상이 되어야 마땅한 것은 아니다. 우리가 모방을 통해 무엇인가를 더 쉽게 익히고, 이어 스스로 나는 법만 터득할 수 있다면 말이다. 그러나 경탄이 항상 모방을 필요로 하는 것은 아니다. 무엇보다 경탄은 키에르케고르의 표현대로 인간의 무한한 능력을 바라볼 때 느끼는 "행복한 자기 굴복"이기 때문이다.

그러나 이처럼 경탄할 만한 경탄에도 결점은 존재하기 마련이다. 경탄은 사람 자체가 아니라 그 사람이 지닌 재능, 그 사람이 훌륭하게 다룰 줄 아는 기술만을 고려한다는 점이다. 이를테면 상대가 훌륭하게 기타를 연주하거나, 그림을 그리거나, 춤을 추거나, 달리기를 하거나, 원반을 던지거나, 수학 문제를 풀거나, 엔진을 수리하거나, 글을 쓰거나, 말을 하거나, 옷을 입는 능력 그 자체에만 관심을 가질 뿐이다. 바로 그러한 까닭에 경탄은 사랑이나 우정의 세계에는 발을 들이지 못하고 그 바깥에 위치하는 것이다. 사랑이나 우정이 중요하게 생각하는 것은 상대가 어떤 존재인가지 상대가 어떤 상을 수상했느냐, 어떤 훌륭한 일을 해냈느냐가 아니기 때문이다. 만일 사랑에 경탄이 스며들기라도 한다면, 누군가 자신의 훌륭한 능력을 잃는 경우, 이를테면 발레리나가 더는 전성기 때처럼 훌륭한 춤을 선보이지 못한다거나, 피아니스트가 손이 무뎌져 더 이상 예전 같은 연주 실력을 뽐내지 못하는 순간이 찾아온다면, 경탄이 사라짐과 동시에 그 사람에 대한 사랑도 소멸해버릴 것이다. 물론 우리는 사랑하는 사람에게서도 충분히 경탄의 감정을 느낄 수 있다. 상대를 사랑하는 동시에 경탄의 감정을 느끼는 일은 충분히 가능하다. 그러나 우리가 누군가를 사랑한다고 해서 반드시 그에게 경탄의 감정을 느끼는 것은 아니고, 우리가 누군가를 보고 경탄한다고 해서 항상 그에게 사랑의 감정을 느끼는 것도 아니다.

~

경애

우리는 흔히 정념을 온도에 비교하곤 한다. 그런 의미에서 사랑의 언어는 언제나 활활 타오르는 불길에 더욱 가까이 다가가려 한다고도 말할 수 있다. 이내 욕망은 뜨겁게 달아오르고, 사랑은 타닥타닥 불꽃을 튀기며 벌건 혀를 내밀고 뜨겁게 작열하며 숨 막히는 열기를 내뿜는 무시무시한 불길이 되어 치솟는다. 그러나 불현듯 모든 감정의 단계를 전부 열기의 강도로만 표현할 수 없다는 걱정이 스밀 때 어떤 이는 강조법이나 과장법을 동원하기도 한다. 그리하여 그들은 마치 '사랑한다'라는 짧은 동사 하나만으로는 충분치 않다는 듯, 상대를 '애지중지하고', '숭상하고', '숭배하고', '숭모하고', '우상처럼 섬기기'까지 하는 것이다. 앙리 베르그송은 《도덕과 종교의 두 원천》(1932)에서 아주 섬세한 필치로 다음과 같이 지적했다. "신비주의가 사랑의 정념처럼 표현되는 것을 비난하는 사람이 있다면 그는 사랑이 처음에는 신비주의 신학을 표절하면서 시작되었다는 사실을, 사랑이 신비주의 신학에서 열정, 격정, 황홀의 특성을 차용해왔다는 사실을 잊어버린 자일 것이다. 신비주의 신학은 정념의 언어를 이용하되, 그 속에 담긴 좋은 점만을 받아들였다. 사랑은 경애에 가까워질수록, 감정과 대상 사이의 불균형이 더욱 커진다. 그 결과 사랑에 빠진 자가 겪을 실망 또한 더욱 깊을 수밖에 없다."

정말이지 기이한 역설이 아닐 수 없다. 우리가 눈을 지그시 감고 황홀경에 빠져드는 순간, 우리는 사랑하는 대상에게 더욱 가까이 다가섰음을, 자신을 불태우는 사랑의 불길에 더욱 충실해졌음을 느낀다. 그러나 그 순간 '너를 경애해'라고 말해버린다면, 오히려 상대에게서 순식간에 멀어져 스스로를 배반하는 꼴이 되고 마니 말이다. 다시 한 번 말하지만 사랑이란 경애와는 전혀 다르기 때문이다. 왜냐하면 사랑이 자기 안에서 생겨나는 것이라면, 경애는 우리가 타인에게서 어떤 점이 완벽하다고 여길 때 일어나는 감정이기 때문이다. 만일 애당초 경애만이 존재했더라면 문제는 훨씬 더 간단했을 것이다. 누군가 혹은 무엇인가가 어떤 '가치'나 중요한 자질, 특출한 재능, 비범한 덕성을 지니기만 하면, 곧바로 우리는 그를 '경애'할 것이기 때문이다. 그러한 가치, 재능, 자질이 자석처럼 우리를 '끌어당긴다'는 의미에서 말이다. 마치 번쩍거리는 것만 보면 눈이 번쩍 뜨이는 '도둑 까치'처럼 말이다. 경애는 경탄과 닮았다. 경탄이 머릿속에서 일어나는 현상이고, 경애가 마음속에서 일어나는 현상이라는 점만 다를 뿐이다. 말하자면 경탄이 감정으로 발현되면 경애가 되는 셈이다. 경애도 경탄처럼 타인이 소유하거나 혹은 성취한 것으로부터 촉발된다. 또한 경애도 경탄처럼 타인이 지닌 훌륭한 자질, 재능, 능력이 사라지는 순간 함께 순식간에 소멸하고 만다. 그런데 단어의 형태만 보고 황당무계하게 경애adoration의 어원이 '금or'이라고 오해하는 경우가 있다. '숭상vénération'이란 단어가 '비너스vénus'와 연관되어 있듯이, 경애하다라는 단어도 '황금의 신'이나 혹은 비너스와 같은 아름다운 여신이 불러일으키는 어떤 매력, 유혹, 자력 등을 의미한다고 오해하는 것이다.

경애의 진정한 어원은 '말을 건네다', '부르짖다', '간청하다', '기도하다'라는 뜻을 가진 *오라레*orare다. 그리고 *아도라레*ad-orare의 원뜻은 나그네나 순례자가 경배를 올려야 할 대상, '경배할 만한' 높은 지위를 지닌 누군가를 만났을 때 그 앞에서 선보이는 공경한 몸짓과 연관된다. 즉 공손하게 고개를 숙이고 오른손은 상대의 몸에 대고, 왼손은 자신의 입가에 가져간 뒤 흡사 성호를 긋거나, 혹은 '손 키스를 보낼 때'처럼 경배의 대상을 향해 손을 흔드는 몸동작을 의미한다. 동양, 이집트, 고대 로마에서 흔히 찾아볼 수 있는 이런 공경의 몸짓은 아마도 '위생상'의 이유에서 비롯되었을 것으로 추정된다. 숭배의 대상에 직접 입을 맞추거나 행여 비천한 경배자의 입김이 '경배의 대상'에 가닿지 않도록 막기 위한 배려였을 것이다.

경애가 지닌 이러한 최초의 의미는 경애가 자연의 광경이나 사건에 눈길이 끌리듯, 어떤 사물이 지닌 가치나 '값어치'에 의해 '야기'된다는 생각과도 전혀 어긋나지 않는다. 오히려 어느 정도 일맥상통한다고도 볼 수 있다. 그럼에도 경애의 감정을 일으키는 가치가 단순히 누군가가 소유하거나 성취한 무엇인가가 지닌 어떤 경탄을 일으킬 만한 속성 속에만 들어 있는 건 아니다. 존재 자체가 지닌 가치도 역시 경애의 감정을 불러일으킬 수 있다. 경애는 사랑처럼 존재로부터도 촉발되는 것이다. 그 결과 경애는 소유·행위·존재의 공동 영역에서 모든 '결함'이나 결핍을 외면한 채 오로지 완벽성에만 이끌려 절대성을 향해 나아가려는 성질을 보인다. 그러한 이유에서 현실 세계에서는 오로지 신, 모든 면에서 완벽하고 어떤 흠결도 지니지 않은 지고의 존재에 대한 경애만이 존재하는 것이다. 신학 용어를 빌린다면, 경애란 영웅이나 성인 등 인간에 대한 섬김이 아니라 토마스 아퀴나스(《신학 대전》, II, 2, Q84)가 말한 신께 드리는 예배에 속한다고 볼 수 있다. 세속의 존재인 인간은 세속에 속한다는 바로 그 이유로 인해 언젠가는 죽음을 피할 수 없고, 인생을 사는 동안에도 질병, 실패, 실망, 고뇌와 같은 '어려움'을 면할 길이 없다. 그러한 세속의 존재에게 신의 완벽함과 탁월함이 '전수'되는 순간, 경애의 마음은 파괴되고, 경애 속에 담긴 한계를 모르는 사랑 —한계를 초월한 존재에 의해 촉발되므로— 도 사라지며, 경애는 별안간 우상 숭배로 변질되고 만다. 다시 말해 경애가 돌연 두려움에서 기인하는 맹목적 숭배로 뒤바뀌고 마는 것이다.

그러나 이처럼 경애가 신을 향한 것에 불과하다면, 오늘날 '경애하다'라는 뜻을 지닌 프랑스어 *아도레*가 가까운 사람들을 향한 애정의 의미를 여전히 간직하고 있는 사실을 대체 어떻게 설명해야 할까? *주 타도르* **je t'adore,** 너를 경애해라는 말은 과연 사랑을 표현하는 동사가 될 수 있을까? 물론 누군가 일반적인 사랑보다 훨씬 더 '거대한' 사랑, '슈퍼 러브'를 표현하기 위해 "너는 내 우상이야", "나는 너를 숭배해", "나는 너를 경배해"와 같은 말로 타인에게 사랑을 고백하려 하는 일은 없을 것이다(가학자와 피학자 사이에 행해지는 변태적인 역할 게임의 경우를 제외한다면 말이다). 왜냐하면 그런 식으로 사랑을 표현하는 순간 상대는 자신이 우상이나, 구루, 토템, 성상 등으로 간주되고 있다는 생각에 진저리를 치며 하루속히 그에게서 달아나려고 할 것이기 때문이다. 그럼에도 우리는 사랑하는 사람이나 혹은 친구, 동료, 어린아이처럼 가족인지 여부와 무관하게 자신이 좋아하는 사람에게 '네가 참 좋아'라는 의미로 주 타도르라는 말을 건네기도 한다.

때때로 우리는 소심한 마음, 거북한 마음으로 인해 차마 주 템므je t'aime, 너를 사랑해라고 표현하지 못한 채 그냥 주 타도르라고 말해버리는 경우도 적지 않다. 이를테면 아직까지 우리의 마음속에서 일어나는 것이 진정한 사랑인지 확신하지 못하는 탓에 선뜻 사랑을 고백하기가 부담스럽거나, 혹은 자신의 감정이 우정 이상의 감정임을 상대가 알아채는 것이 싫어서 불편함을 느낄 때 말이다. 이 경우 경애는 아무리 역사적으로 종교적 의미가 깊고, 언뜻 보기에 가장 최대치의 사랑, 최상급의 사랑을 의미하는 것처럼 보인다 해도, 결국엔 불같은 사랑으로 발전할까 두려워 일찌감치 이미 시작됐을지도 모를 애정의 '뇌관을 제거해버리는 행위'에 불과한 것이다. 애정의 뇌관을 제거하기 위해서는 무엇보다 경애를 평범한 감정으로 만들어버려야 한다. 그러나 이것이 경애의 강도를 약화시키라는 말은 아니다. 그렇다면 그것은 더 이상 경애가 아닐 것이므로. 대신 높은 '가치'를 지님으로써 우리에게 경애의 감정을 불러일으키는 대상을 무한히 많이 만들어내는 것이다. 사실 대상의 수를 늘려 경애의 효과를 반감시키는 현상은 우리의 일상 속에서도 흔히 찾아볼 수 있다(심지어는 경애가 혐오의 의미에 가닿기까지 한다). 우리는 '꿀잼' 유머에서부터, 영화, 티셔츠, 파스타, 친구의 연인, 직장 동료, 비 맞고 걷기, 마사지 등에 이르기까지 오만가지 것들을 아도레한다고 말하곤 한다. 이렇듯 오늘날 *아도레*는 애정과 다정함, 사랑에 가까운 우정, 공모와 공유의 영역에 속하는 감정으로 간주되곤 한다. *아도레*에 포함된 사랑은 더 이상 진정한 의미의 사랑을 의미하지 않는다. 그저 단순히 너와 함께 있어서 좋고, 너를 보면 웃음이 나오고, 네 이야기를 듣는 게 즐겁고, 너의 지성에 절로 감탄이 난다는 의미일 뿐이다. 네가 수영을 하거나, 피아노를 치거나, 아이스크림을 맛보거나, 너 자신을 포함해 세상 모든 것에 대해 유쾌한 농담을 던지는 모습을 지켜보는 것이 매우 기분 좋다는 의미일 뿐이다. "네가 참 좋아."

그런 의미에서 연인들도 서로를 충분히 *아도레*할 수 있다. 물론 양쪽 다 서로를 열렬히 사랑하며, "너를 사랑해"라고 밖에는 달리 표현할 길이 없는 사이일지라도, 때로는 어느 순간 상대의 미소나 바보 같은 모습에 *아도레*한 감정을 느끼기도 한다. 사랑은 조건이 존재하지 않으며, 순간의 칭찬 같은 것은 잘 알지 못한다. 우리는 누군가를 어떤 점에서, 혹은 어떤 순간에만 사랑하는 것이 아니다. 왜냐하면 사랑은 존재 전체를 대상으로 삼기 때문이다. 반면 '경애'는 어떤 순간이나 어떤 경우에 한해서만 일어난다. 사랑이 지속적일수록 경애는 그만큼 더 산발적이다. 사랑이 행복과 비슷해지는 순간, 경애는 짧고 순간적인 기쁨의 형태로 더 자주 나타난다. 경애는 사랑의 시간성 안에서 기쁨이 돌발적으로 출현하거나 분출하는 것을 의미한다. 말하자면 경애는 때때로 어떤 말이나 표현, 태도, 몸짓, 이를테면 문자를 작성하는 손놀림이나 투정을 부리는 모습을 통해 사랑에 '아기자기한 즐거움'을 더해주거나, 사랑을 '살살 녹여버리는' 무엇인가를 뜻한다. 마치 어린아이의 웃음 하나가 온 집안의 분위기를 화기애애하게 녹여버리듯이 말이다. 자기야, 자기를 사랑해.

그리고 자기가 초콜릿이나 39 같은 단어를 우스꽝스럽게 발음할 때면

나는 자기를 너무나도 *아도레*해.

/
강렬한

2

~
황홀

오! 강렬한 욕망이여! 오! 기막힌 경이로움이여!

오! 마법에 사로잡힌 아름다운 정신의 여정이여!

오! 극한의 고통이여! 오! 신의 은총이여!

오! 누구도 지난 적 없는 활짝 열린 문이여!

카트린 포지,

《지극한 사랑》에서,

갈리마르, 포에지 총서, 2002, 31.

황홀은 흔히 고통의 탈출구나 혹은 조금 더 심오한 현실에 닿기 위한 하나의 수단으로 간주되곤 한다. 우리는 황홀의 상태에 빠져드는 순간 평소 우리를 짓누르던 육신의 무게를 벗어나 문을 활짝 열고, 더 자유롭고 가벼운 상태로 나아가게 된다. 대개 황홀경은 그것이 약물로 도달한 상태이든, 정신의 힘으로 도달한 상태이든 언제나 강렬하지만 일시적인 쾌락의 감정과 연관된다. 동시에 일종의 실신 상태, '넋이 나간 황홀감'

으로 묘사되곤 한다.

황홀경extase의 어원인 *엑스타시스***Ek-stasis**는 본래 *안정된 상태*의 바깥에 존재하다, 그 상태로부터 떨어져나가거나 떨어져 나오다라는 의미를 지닌다. 그러나 우리가 '자신의 바깥에' 도달한다는 것이 정말 가능한 일일까? 영혼이 자신의 경계 내지는 한계를 뛰어넘어 '자신의 바깥에' 존재한다는 것이, 자신에게서 떨어져 나와 세계에 대해, 다시 말해 외적 세계는 물론 자신의 내적 세계에 대해서도, 평소와는 다른 방식으로 인식하는 것이 정말 가능할까? 그것은 혹 신의 계시를 받은 몇몇 이들, 혹은 위대한 신비주의자들만이 꿈꿀 수 있는 현상은 아닐까? 어쩌면 황홀경을 꿈꾸는 것은 '내면성의 신화'에 무릎을 꿇는 일과 같은지도 모른다. 내면성이란 인간의 의식을 너무나도 편협하게만 바라보는 시각이다. 사르트르의 표현대로 "위장 같이 축축한 내면"(《상황 I》, 1939. 1)으로만 인간의 의식을 간주하는 견해다. 그러나 의식은 "내부를 지니고 있지 않을" 뿐만 아니라, 또한 의식이란 "다름 아닌 자기의 외부에 불과할 뿐이고, 의식을 의식이게 해주는 실체의 거부, 절대적 도망"이라고 사르트르는 말했다.

후설에 이어 사르트르가 말한 것처럼 의식이 '지향적'인 특성을 갖는 것이라면, 황홀경에서 찾아볼 수 있는 탈아 운동이야말로 바로 의식 운동과 같다고 볼 수 있다. 의식의 주체가 자신의 외재성, 즉 "자신이 아닌 모든 것"과 관계를 맺으며, 세계를 향해, 그리고 다시 세계에서 존재를 향해 나아가는 운동이라고 하니 말이다. 사르트르가 말했듯이 의식은 끊임없이 자기에게서 의식을 떼어내어 '자기'가 '형성될 수 있는 여지'마저 일절 남겨놓지 않은 채 지속되는 일종의 "연속 폭발"에 해당한다. 그런 의미에서 사회적 담론에서 아무리 자아가 견고하고 폐쇄적인 존재이며, 개인이란 하나의 닫힌 개체라고 보는 견해를 강조한다고 할지라도, 결국 인간은 매 순간 '탈아의 상태'에 있다고도 볼 수 있다.

분명 이 표현은 훨씬 더 특별한 의미를 지닌다. 탈아란 단순히 인간 주체가 자신의 한계를 초월하거나, 지향적 의식이 되어 자신의 '깊은 내면'에서 '떨어져 나와' 자기 밖으로 나아가는 것만을 일컫지 않는다. 진정한 탈아란 무엇에 완전히 빠져드는 것, 즉 주체가 자신을 휩쓰는 무엇인가에 완전히 몰입하고, 온전히 자신을 '황홀하게 하는 것' 그 자체가 되기로 동의하는 것을 뜻하기 때문이다. 이때 주체는 유한한 삶의 고통과 번뇌로 물든 물리적 공간이나 시간으로부터 분리되어 역설적이게도 자신의 부재 속에 '현존'하는 상태에 이르게 된다. 따라서 탈아란 그냥 단순히 "자신의 바깥에 존재하는 것"만 의미하는 것이 아니라, 오로지 온전하고 충만한 현존의 상태로만 '자신의 바깥에 존재하는' 것을 의미한다. 그리하여 탈아는 희열과 지복이라는 특별한 경험의 형태로 나타나게 된다. 이러한 상태는 주체에게 수수께끼 같은 공간을 열어주어 그 속에서 주체가 설명할 수 없는 무엇, "펼쳐 보일 수 없는 무엇", 이를테면 신이나 일자, 미 따위로 정확하게 명명할 수 없는 그 무엇으로 가득 "채워지는" 경험을 하게 해준다. 그 불가해한 것은 마치 사랑이 던지는 충격처럼 주체를 시련에 빠뜨리고, 주체를 단련하며, 주체를 사로잡아, 자신의 무게가 오롯이 느껴지는 충만한 자기 현존 속에 단단히 고정시킨다. 그러니 탈아란 단순히 고통을 벗어나기 위해 유한한 삶의 경계를 깨부수고 망아의 상태에 이르려는 시도만을 의미하는 것이 아니다. 탈아란 만물, 모든 살아 있는 것과 일체에 이르는 공생 상태를 추구하는 것을 뜻한다. 이러한 상태는 확신과 착각이 겹겹이 쌓여 뭉울진 울혈을 풀어 주고 개인주의적 시각을 벗어나 비로소 지극한 지혜와 사랑을 발견할 수 있는 길을 활짝 열어준다. 신비주의자가 신과 합일을 이루며 느끼는 지복의 상태든, 아름다움을 관조할 때 시인이 빠져드는 황홀감이든, 서로 몸을 섞어 일체가 된 연인들의 뜨거운 정열이든, 도취감이 불러일으킨 환각을 동반한 희열이든 탈아란 언제나 자기의 바깥으로, 세계의 바깥으로 주체를 실어 나르는 에로스의 뜨거운 열기와 강렬한 욕망을 떠올리게 한다.

그럼에도 탈아가 신비주의적 체험과 연관되는 경우, 탈아 상태는 다양한 방식으로 정의되며 각각의 정의에 따라 탈아에 이르는 수단과 의식 또한 달라진다. 플로티노스와 수많은 신비주의 기독교도들이 생각했던 탈아란 일자 혹은 신과의 합일을 가능하게 해주는 상태를 말한다. 주체가 자신이 소유한 모든 것에서 떨어져 나와, 자신의 바깥에 존재하는 모든 것들을 포기하고, 한층 더 깊은 자기 안으로 돌아가, 자기 존재와 점차적으로 밀착하고 응집할 때 비로소 일자 혹은 신과의 합일이 가능해진다는 것이다. 탈아란 우리가 그저 수동적으로 당할 수밖에 없는 혼란한 상태를 초래하는 초자연적인 힘에서 비롯되는 강력한 충격이 아니다. 그것은 진정한 지성의 활동이 동반될 때 일어나는 지혜를 향한 전진이다.

신을 만나기 위한 길을 활짝 열어준 《고백록》도 이런 사실을 오롯이 보여주었다. 아우구스티누스는 탈아란 겸허함에서 기인한다고 보았다. 겸허함은 있는 그대로의 자신을 온전히 깨닫게 해준다는 점에서, 결핍과 틈, 약점, 삶의 유한성과 죄의식이 주는 상처 등을 깨닫게 해준다는 점에서, 어떤 예비지식으로 기능할 수 있다. 그리하여 우리가 자신의 비천함을 온전히 인정하고, 모든 확신에서 벗어나, 우리가 본래 생각한 자신의 존재를 초월해 조금 더 심오한 존재를 향해 나아갈 것을 요구한다. 겸허하게 자기를 내려놓는다는 것은 육신의 진보에서 정신의 관조로 올라서기 위한 상승 운동을 위해 반드시 거쳐야 할 첫 번째 관문이다. 우리의 영혼이 내면의 문턱을 넘기 위해서는 무엇보다 자기를 잊어야 하는 동시에, 또한 세계에 속한 것들을 '침묵'하게 해야 한다. 《고백록》에도 이런 구절이 나온다. "어떤 피조물에게 이런 일이 일어난다고 생각해보라. 육신의 소란이 잠잠해지고, 땅과 바다와 공기의 형상이 입을 다물고, 심지어 궁창까지 조용해지고, 더 나아가 영혼마저 침묵하여 더는 자기에 대해 생각하지 않는 자신을 초월하는 순간이 찾아온다고 말이다."(IX, X, 25) 이런 초월의 순간은 나의 허물을 완전히 벗어던지기에 적합한 '분위기' 속에서 찾아온다. 이를테면 다정함과 나른함이 어우러져서 ―아우구스티누스가 자신의 곁을 지키던 어머니 모니카와 함께하는 시간들 역시 그런 분위기를 떠올리게 한다― 육신의 긴장을 풀고 마음을 열기에 적합한 분위기 말이다. "당시 우리는 티베르강 어귀에 있는 오스티아에 머물고 있었다. 지루하고 고달픈 여행이 끝나고 마침내 북적거리는 인파를 피해 다음 배를 타려고 그곳에서 잠시 쉬고 있었다. 말하자면 아주 정답게 어머니와 둘이 이야기를 나누고 있었다."(23) 우리는 이와 같이 모든 것을 벌거벗은 내면의 상태에 이르렀을 때 비로소 현실 속에서 뜻하지 않게 감각적으로 매우 예민한 상태에 도달하게 된다. 아우구스티누스도 이런 상태를 일컬어 "우리는 영혼의 입을 탐욕스럽게 벌리고 있었다"(23)라고 표현했다. 그리하여 이제 정신과 육체는 진리를 접견한 듯한 감흥에 휩싸이게 된다. 그 순간 만물의 원인이자 원리인 신의 영원성을 영접하기라도 한 듯, 진리가 강렬한 섬광처럼 번득이며 육체 속에 전율한다. "우리는 이런 저런 생각을 하던 중, 별안간 번득이는 직관과 함께 모든 것 위에 거하시는 저 영원하신 지혜를 맞이했다. 이 환상이 지속되면 다른 모든 저열한 환상은 그 자리에서 그쳐버린다. 오로지 이 환상만이 그것을 관조하는 이를 매혹하고 빨아들여 내밀한 즐거움 속에 깊이 빠져들게 한다." 이 대목에서 프랑스어 번역본들은 상당히 충실한 번역들을 보여주고 있다. 먼저 루이 이냐스 모로는 이 대목을 "결국 영생이란 우리에게 한숨을 내뱉게 만드는 저 순간적인 황홀경과 비슷하다"(1864, http://www.abbaye-saint-benoit.ch/saints/augustin/confessions/confessions.htm)고 옮겼다. 그런가 하면 외젠 트레오렐과 길렘 부이수는 "영생은 우리가 한숨을 내뱉는 저 지성의 순간과 같다"(데클레 드 브루에르, 1962)라고, 파트리스 캉브론은 "영생이란 우리의 한숨에서 비롯된 순간적 산물인 저 직관의 순간과 같다"고 번역했다. 한편 아우구스티누스는 원전에서 '라피다 코지타티오**rapida cogitatio**'라는 표현을 사용해, 황홀을 '지성의 순간'으로 묘사했다. 말하자면 신의 지혜를 관조하며 그 속에 몰입하는 행위는 그 무엇에도 비견할 수 없을 만큼 밝은 섬광 속에서 이뤄진다는 뜻이다. 그러나 그 섬광이라 함은 이성적 추론이나 순수한 직관을 의미하지 않는다. 물론 그렇다고 망상을 의미하는 것은 더더욱 아니다. 그것은 직관과 지성의 접점, 말하자면 '지성적 직관'을 뜻한다. 이 지성적 직관을 통해 비로소 우리는 기존에 우리가 가지고 있던 온갖 확신, 과거, 죄와 거짓으로 점철된 우리의 삶으로부터 자유롭게 해방되어, 비로소 영혼의 침묵 속에 신의 전능함과 사랑을 '느낄 수' 있게 되는 것이다.

아우구스티누스는 여기서 '지성적'이라는 표현을 썼다. 왜냐하면 지성이 두 가지의 '결합'을 가능하게 해주기 때문이다. 다시 말해 자신의 육신 바깥에 존재하는 동시에 육신 안에도 존재하게 해주고, 온전한 지성을 갖추고 있는 동시에 사고를 할 수 없는 상태에도 이르게 해준다. 불가사의한 신의 섭리에 의해 자기 자신에게서 분리된 상태지만 동시에 온전한 자기 자신으로 현존하게 해주며, 또한 무엇이라 설명할 수 없는 '초자연적인' 것 앞에 수동적이 되게 하는가 하면, 다시 "우리의 입에서 흘러나오는 헛된 소음"에 빠져들지 않고 탈아를 향한 변화의 힘을 계속 유지하고 경주할 수 있도록 적극적으로 노력을 전개하게 만드는 서로 상반된 두 힘이 별안간 뜻하지 않게 우리를 '침범'하게 한다.

"우리는 육신의 사다리를 타고 천상의 세계로 올라간다. (중략) 그리고 우리의 생각을 타고, 우리의 말을 타고, 그대의 은사에 경탄하면서, 더 높은 곳을 향해 점점 더 전진한다. 그리하여 영혼을 지나고, 마침내 영혼 너머 저 마르지 않는 풍요로움의 지대에 다다른다."(IX, 24) 성 아우구스티누스의 체험은 탈아가 지닌 관조적이고, 수용적이며, 수동적이고, 적극적인 성격을 오롯이 보여준다. 탈아는 강도 높은 특수한 지적 활동의 산물이지만, 그렇다고 우리가 이성적인 분석을 통해 이해할 수 있는 현상은 아니다. 탈아는 '침묵'으로부터, "말씀이 시작되고 끝나는" 그 기이한 곳으로부터, 이성과 감각이 한데 뒤엉켜 서로의 모습으로 '변화'하려고 시도하는 저 충만한 빛으로부터 탄생하기 때문이다.

탈아, 즉 황홀경은 우리에게 절대적인 충만감을 느끼게 해준다. 시간을 응축시키듯 영원성에 도달한 듯한 기분과 상상도 못할 특별한 희열을 선사한다. 그러나 반대로 무시무시한 시련으로 둔갑할 때도 있다. 영혼의 납치라는 파괴적인 난폭성을 경험하게 하거나, 존재를 수동성과 부재 속에 가둬놓거나, 때로는 죽음으로까지 몰고 간다. 황홀경 상태에서 우리는 모든 토대를 잃어버리고, 자신과 자신의 정체성을 박탈당하고, 어두운 밤으로 빠져들 수도 있다. 그 순간 황홀이 선사하던 관능은 이내 몸서리로 바뀌고, 환희는 공포로, 흥분은 혼돈으로 뒤바뀌고 만다.

디오니소스는 황홀경의 신, 시적 열광의 신이지만 광기의 신, 통제 불능의 신이기도 하다. 황홀은 창조적이고 풍요로운 힘이지만 동시에 극단적이고 과도하고 폭력적인 힘이다. 우리의 정체성을 뒤흔들 수 있는 모든 것, 예를 들어 고통, 마약, 폭력, 고행 등은 광포한 황홀의 상태로 상승하는 듯한 경험을 선사한다. 인간은 때때로 도취 상태가 되어 주체를 상실하는 경험을 하고 싶어 한다. 그 순간 '감각이 사라진' 육신으로부터 순수한 생명 에너지가 솟아나 진정한 삶을 경험할 수 있기 때문이다. 니체는 이러한 디오니소스적인 황홀경을 '형이상학적 위안'이라고 해석했다. "고통의 끔찍한 가시 바늘이 우리를 관통하는 바로 그 순간 우리는 삶이 주는 무한한 근원적 쾌락과 하나가 되며, 바로 그 순간 디오니

소스적 환희에 젖어 쾌락의 영원불멸함을 꿰뚫어 본다. 그러한 쾌락 속에서 우리는 공포와 연민에도 불구하고 삶의 지복을 경험한다. 개별자가 아니라, 성적 쾌락으로 하나가 된, 생명을 수태하고 출산하는 특별한 생명체로서."(〈비극의 탄생〉[1872], 24)

황홀은 그 광적이고 불가사의한 특성 때문에 아마도 극한의 강렬한 체험으로 경험되는 것이 아닐까 싶다. 요컨대 황홀은 존재를 극단 속에 응축시킴으로써 존재의 완전한 힘을 추구하고, 동일성과 이타성의 경계를 허물어 영혼을 저 깊은 심연, 고통과 쾌락의 경계선까지 추락시킨다. 라신의 작품 《페드르》에도 이런 심연을 추구하는 행위, 사랑의 힘에 자석처럼 이끌린 한 존재의 고통이 잘 그려져 있다. 황홀경 상태로 인해 깊은 혼돈에 빠진 페드르는 강렬한 무아의 상태를 경험하게 되는데, 그 순간 어떤 초월적 힘이 출현하고, 사랑의 불길을 만들어낸 비너스의 이름을 머릿속에 떠올린다. "나는 심장이 얼어붙는 동시에 타오르는 걸 느꼈어. 나는 비너스를 알아보았지. 그의 무시무시한 불길을 말이야."(I, 3, 276). 사랑의 열기에 사로잡힌 페드르를 통해 우리는 사랑이라는 행복한 황홀경의 상태만이 아니라, 더 나아가 사랑의 박탈이 가져다주는 잔혹성과 언제나 시작과 동시에 상실을 내포하기 마련인 우울한 사랑의 진실을 조금이나마 엿보게 된다. 페드르는 질투에 사로잡혔을 때, 여전히 스스로 자신의 환상과 오만의 노리개에 불과함에도, 어쨌든 황홀의 상태에 힘입어 관능과 영감에 이르는 문을 활짝 열어젖히고, 자신을 완전히 벗어던진 무아 상태의 관조, 사랑의 광기, 도무지 벗어날 길 없는 온갖 모순 속으로 영혼을 빨아들이는 저 격정의 감정을 체험하게 된다.

페드르는 고통 속에 망아의 상태에 이르게 되고, 자기 밖의 존재와 일체가 된다. 말하자면 그는 육신을 통해 욕망에 가장 가까이 다가서고, 사랑과 하나로 융합되어 마침내 삶의 극한까지 올라가 온전한 '자기를 체험'하는 일체감을 경험한 것이다.

"황홀이란 존재의 밤으로 깊이 하강할 때 탄생한다"(《내적 체험》, 29)고 조르주 바타유는 말했다. 우리는 황홀을 단지 지극한 복락의 상태로 상승하는 체험으로만 간주할 수 없다. 왜냐하면 황홀은 동시에 위반을 의미하기 때문이다. 욕망의 절대성이라는 뜨거운 불길에 휩싸인 존재가 보여주는 긴장감과 현기증을 의미하기 때문이다. 말하자면 아름다움으로 다시 태어나기 위해서는 '다시 자기 자신에게로 돌아가지도' 못하고, 다시 자기 속에 '틀어박히지도' 못한 채, 망아의 상태, 자기 자신의 죽음 속으로 온몸을 내던져야만 하는 것이다. 황홀은 이와 같이 모든 것을 완전히 벌거벗은 상태에서 결국 인간이 비로소 해방과 순수함의 경지에 이르러 지극히 순수한 육체적 감각으로 이뤄진 진리를 맞이할 수 있게 해준다.

아빌라의 성녀 테레사가 종교적 황홀 상태에 이르기 위해 걸어간 길도 이러한 벌거벗은 상태에 대해 오롯이 보여준다. 다시 말해 가능성과 불가능성, 삶과 죽음의 경계에서 '삶을 위해 죽고 싶고', '죽음을 위해 살고 싶은' 극한의 경험을 꿈꾸는 인간의 욕망을 말이다. "고통이 얼마나 격심한지 일전에 내가 말했던 것과 똑같은 신음소리를 도무지 내지 않을 도리가 없었다. 하지만 동시에 희열도 극에 달해 좀처럼 그 상태를 멈출 생각은 들지 않았다."(XXIX, 13) 1566년 집필한 《생명의 책》(작품선집에서, 갈리마르, 라 플레이아드 총서, 2012)은 그가 겪었던 고통, 자아 소실에 가까운 망아 체험을 묘사해놓은 강렬한 구절들로 가득하다. 그러나 테레사는 그 속에 온몸을 내던지고 삶과 죽음의 팽팽한 길항을 경험함으로써 비로소 마르지 않는 생명과 사랑의 샘을 발견한다. "그 순간 영혼은 마치 도가니 속에서 더욱 정제되어 나온 순금과도 같았다. 내면에 거하신 하느님을 마침내 온전히 바라볼 수 있도록 단련된 순금 말이다."(XXX, 14) 이것은 분명 형이상학적인 차원에서 죽음의 충동을 의미한다. 그럼에도 이 상태는 비로소 자아를 해방시켜, 우리를 신의 은총으로 환히 빛나는 조금 더 높은 차원의 생명력에 도달하게 해준다. "그토록 기분 좋은 죽음 속에서 당신의 사랑이 나를 꼭 껴안아주었다. 그것은 결코 그 어떤 영혼도 벗어나기를 원치 않을 그러한 포옹이었다."(XXIX, 8)

성녀 테레사는 종종 자신을 엄습하는 극한의 온유함에 대해 언급했다. 온유함은 그가 내면의 불을 꺼뜨리고, 경이로움을 짓누르는 과도한 열정을 잠재우게 해주었다. 이 극한의 온유한 상태가 바로 그에게는 고통과 난폭함마저 수용하게 만드는 저 사랑의 격정이 최종적으로 추구하는 목표였다. "저 뜨거운 불길의 원인을 잠재우라. 쓰디쓴 눈물이 아닌 온화한 눈물로 불꽃을 꺼뜨려라."(XXIX, 9)

물론 모든 황홀경이 손에 쥘 수 없는 저 너머의 세계, 초월적 세계와 합일하거나 혹은 '접촉'하는 경험만을 의미하는 것은 아니다. 황홀은 자아를 내려놓는 경험 속에서 의지와 자유의 힘으로도 기능한다. 만일 황홀이 오로지 수동적인 성격만을 지닌다면 황홀은 불에 덴 고통만을, 강력한 약물로도 능히 도달할 수 있는 '단순한 무아의 경험'만을 의미할 것이다. 그러나 황홀은 욕망이 지닌 '능력'을 오롯이 증명하고, 뜨거운 열의와 열정을 온전히 보여주기도 한다는 점에서, 인간 영혼의 온갖 모순 속에 똬리를 틀고 자리한다. 사실상 인간은 때로는 자신이 가진 것, 자신이 도달할 수 있는 것에 만족하기도 하지만, 또 때로는 자신이 가지지 못한 것을 얻기 위해 사랑을 통해 자신을 철저히 내던질 준비가 된 모순된 존재이지 않은가. 황홀은 존재를 강탈하고, 존재를 납치해 저 먼 곳으로 데려간다. 심지어 죽음으로까지 몰고 간다. 그러나 동시에 황홀은 인간의 영혼을 자기 자신과 가장 가까운 곳으로 데려가 더욱 강렬한 현존의 순간을 선사하고, 인간의 상상력에 불을 지피며, 영감을 주고, 삶의 아름다움이 모습을 드러낼 저 문턱까지 인간의 영혼을 인도하기도 한다.

*
**

성 아우구스티누스Saint Augustin, 《고백록Les Confession》, 제에프플라마리옹, 1993.
아빌라의 테레사Thérèse d'Avila, 《생명의 책Le Livre de la vie》, 폴리오 클래식, 2015.
조르주 바타유Georges Bataille, 《내적 체험L'Expérience intérieure》(1978), 갈리마르, 텔 총서, 2001.

그
마음의
정체

~
기쁨

기쁨의 샘이여, 너는 너무나도 맹렬하게 용솟음치는구나!

너는 다시 잔을 채우고 싶어 거듭 잔을 비우는구나!

나는 네게 더욱 겸허히 다가가는 법을 배워야 한다.

나의 마음은 아직도 너무 맹렬하게 너를 향해 흘러간다.

니체,

《차라투스트라는 이렇게 말했다》(1883~1885),

리브르 드 포슈, 1972, 121.

길을 걷다보면 무표정하거나 혹은 경직된 얼굴로 지나가는 사람들을 자주 마주친다. 아마도 고된 노동에 찌들거나 무기력한 삶에 지친 이들이리라. 반면 기쁨으로 충만하여 환한 미소를 짓고 지나가는 사람은 좀처럼 찾아보기가 어렵다. 기쁨이란 자고로 단박에 눈에 띄는 법이다. 짧지만 강렬한 기쁨의 체험은 순식간에 사람들의 눈을 반짝반짝 빛나게 하기 때문이다. 한순간 흥분이 터져 나오고, 얼굴이 환해지는가 하면,

온몸에 넘쳐나는 흥을 견디다 못해 제자리에서 팔짝팔짝 뜀을 뛰고, 온몸을 바르르 떨며 전율하거나, 눈물을 흘리거나, 웃음을 터뜨리기도 한다. 한순간 타자, 더 나아가 나를 둘러싼 모든 현실 세계가 나의 내면과 하나로 연결된다. 더 나아가 기쁨은 확장 운동으로까지 확대된다. 풍요롭고 전염성이 강한 기쁨은 환한 빛으로 우리를 관통하며 생명 에너지를 생성해낸다. 그리하여 우리에게 '무조건적으로' 기쁨의 빛을 함께 나누도록 강제한다. 그러면 기쁨의 빛이 더욱 환하게 불타오르며 어떤 폐쇄된 세계도 도저히 막아낼 수 없는 강렬한 생명 에너지로 변모한다. 그러한 점에서 기쁨은 때에 따라 느닷없이 평온을 깨뜨리는 훼방꾼이 되기도 한다. 원초적이고 충동적인 웃음으로 불쑥 기습 공격을 해와, 별안간 왜 일어나는지도 어떻게 제어해야 하는지도 모를 힘으로 작용한다. 시쳇말로 '흥분 좀 가라앉혀calme ta joie, 기쁨을 진정시켜라'라는 표현은 사회적으로 기쁨이 '억제'할 필요가 있는 무엇, 더 나아가 무참하게 숨통을 끊어놓아야 마땅한, 혹은 한창 비행 중에도 멈춰 서게 해야 할 무엇이라는 인식을 고스란히 대변한다. 마치 무심함이 더 바람직한 태도라는 듯이, 인간은 태생적으로 격정적 희열이나 진로 이탈에 어울리는 존재로는 태어나지 않았다는 듯이 말이다.

기쁨은 산술 능력이나 위장술과는 공존하지 못한다. 기쁨은 욕망 속에서 자연스럽게 솟아나, 우리를 일상의 삶으로부터 멀찍이 떨어지게 해주며, 유용성을 걱정하던 마음을 한시름 '잊게' 해준다. 그러나 기쁨은 크리스털만큼이나 순수하고 깨지기도 쉽다. 우리가 자아의 통제권을 다시 쥐려는 순간, 혹은 그저 단순히 피로나 두려움, 권태, 번민의 먹구름이 드리워지려는 기색이 보이는 찰라, 기쁨의 격정은 삽시간에 사라지고 기쁨의 마법도 스르르 풀려버린다. 기쁨은 대개 한시적이고 순간적인 흥분의 감각, 일시적인 충일 상태다. 그리하여 일상이 무겁게 우리를 다시 짓누르려는 순간 기쁨은 순식간에 자취를 감추어버린다.

더욱이 우리는 이토록 격정적이고 맹렬한 체험 속에 오랜 시간 머무를 수가 없다. 어느 순간 기쁨의 의미는 사라질 테고(밤샘의 의미를 전혀 알 길이 없는 잠처럼, 오로지 기쁨 외에 다른 배경이 전혀 존재하지 않는 곳에서 기쁨은 절대로 주목을 받을 수 없다), 더 나아가 '다른 것'은 전혀 존재하지 않는 상황에서 마치 우리는 실체도 형태도 없는 모호한 도취감만이 꽉 들어찬 무균 인큐베이터 속에 갇힌 듯한 답답한 기분에 사로잡힐 것이기 때문이다. 키케로는 《투스쿨룸 대화》에서 기쁨을 격정적인 감정의 표출, 인간을 허영과 지나친 관능에 빠뜨릴 수도 있는 무절제와 불만족의 근원으로 보았다. "행복의 향유는 영혼을 두 가지 방식으로 뒤흔든다. 먼저 정신에 은근한 만족감을 주는 이성적인 운동으로 존재한다. 혹은 스토아학파가 '이성과는 양립할 수 없는 감성의 전개'라고 표현한 격정적인 희열이 될 수도 있다."(VI, 〈격정〉, VI).

우리는 대개 격정적인 희열보다는 잔잔한 만족감을 선호한다. 너울 치는 파도나 요동을 이겨내는 것보다 잔잔하고 고요한 호수를 가르며 헤엄치는 것이 훨씬 더 수월하기 때문이다. 우리는 일시적인 섬광과 함께 난데없이 찾아드는 그 무엇보다, 우리에게 확실한 즐거움을 보장해주는 그 무엇을 더 선호한다. 따라서 우리는 자신을 잘 통제할 수 있고, 이성과 양립할 수 없는 모든 것과는 거리를 유지하며, 어떤 부정적인 사고도 모두 녹여 없앨 수 있는 평정심의 상태에 도달했을 때 느껴지는 지속적이고 안정적인 만족감을 흔히 행복이라고 이해한다.

우리는 어떻게든 인생의 '무질서함'을 피해 가고 싶어 한다. 하지만 그것은 우리가 현대어로 *지배광*control-freaks이라고 부르는 사람들과 비슷해지려는 시도인 것은 아닐까? 무슨 수를 써서라도 외부의 자극과 고통의 근원을 피해 가려고 애쓰는 것을 마치 무슨 지상 과제처럼 여기는 사람들 말이다. 그러나 알고 보면 그들은 헛된 망상 속에 살아가기를 바라는 자들이리라. 지그문트 프로이트는 이 문제에 대해 《문명 속 불안》([1930], 퓌프, 콰드리지 총서, 1995)에서 다음과 같이 아주 훌륭하게 설명했다. "우리가 행복해질 가능성은 우리의 심리 구조로 인해 이미 제한되어 있다. 게다가 불행을 경험하기는 훨씬 더 쉽다. 다음의 세 방향에서 오는 고통이 우리를 위협하기 때문이다. 첫째는 우리 자신의 육체다. 육체는 결국 썩어 없어질 운명이고 그나마도 경고 신호처럼 울리는 고통과 불안 없이는 살아갈 수 없다. 둘째는 외부 세계다. 이것은 압도적이고 무자비한 파괴력으로 우리를 덮칠 수 있다. 셋째는 타인들과의 관계다."(II, 19)

이러한 고통의 가능성을 줄이기 위해 인간은 끊임없이 "행복을 향한 기대치를 낮추어"(II, 19)왔다. 심지어 자신의 욕망을 무시하거나, 오로지 제어 가능한 즐거움만을 허용하는 식으로 말이다. 프로이트는 "고통을 피하는 일은 쾌락을 얻는 일을 뒷전으로 만든다"고 썼다. 따라서 고통을 피하기 위해 인간은 쾌락 원리라는 인간 정신의 가장 주요한 힘을, 균형 상실을 동반하기 마련인 강렬한 쾌감이 아니라 가벼운 만족감 쪽

그
마
음
의
정
체

으로 향하게 하길 더 선호하는 것이다. 가벼운 만족감은 '잔잔한 행복'에는 충분히 가깝고, 지나치게 강렬하고 불안정한 희열의 경험으로 인해 발생하는 '혼란'이나 고통의 위험으로부터는 충분히 멀다.

기쁨은 '상태'가 아니라 '폭발'이다. 그러니 우리는 기쁨 속에 오래 '머무를 수'가 없다. 게다가 우리는 흔히 기쁨에서 슬픔으로, 황홀에서 불안으로, 격정에서 낙심으로, 눈부신 빛에서 어두운 암흑으로 자주 옮겨가곤 한다. 하지만 설령 우리에게 어떤 선택권이 주어진다고 한들, 우리는 일시적인 희열들을 느끼며 사는 것과 진정한 욕망의 '뇌관이 제거된' 안정적인 충족감에만 만족하며 사는 것 사이에서 정녕 무엇인가를 선택해야만 하는 것일까? 실상 기쁨이란 '고통을 잠재워주는 진통제'가 아니다. 왜냐하면 행복해야 한다는 명령은 삶의 난폭함 앞에서는 아무런 의미를 지니지 못하기 때문이다. 기쁨이 고통을 잠시 괄호 속에 가두어 세상에 고통이란 존재하지 않는 것이라고 말해줄 수는 없는 까닭이다.

고통이 불가피한 성격을 지닌다고 기쁨이나 기쁨의 생명력으로부터 무엇인가를 앗아갈 수 있는 것도 아니고, 기쁨을 한낱 허망한 망상으로 만들 수 있는 것도 아니다. 오히려 그와는 정반대다. 기쁨은 고통과 전혀 단절된 것이 아니다. 우리는 기쁨이 시시때때로 슬픔으로 도피해 에너지를 회복한다는 사실을 잘 안다. 우리는 우리를 옥죄는 불안을 통과해야 비로소 불안이 지닌 해방의 힘을 경험할 수 있다. 장애물로 가득한 험난한 여정을 거쳐야 비로소 정신과 마음과 육체를 자유롭게 해방시키고, 온전한 욕망 속에 자기완성을 이룰 수 있다. 우리는 기쁨의 힘에 대해 잘 안다. 우리가 기쁨을 자신의 욕망과 직접 대면하게 해주는 순수한 생명력, 창조의 힘으로 온전히 받아들일 때, 기쁨은 마침내 존재의 토대를 구축하는 행위로 발현될 수 있다. 그런 의미에서 기쁨은 단순히 감정을 분출하는 데 그치지 않고, 기적과도 같이 우리가 세상과 훌륭하게 조화를 이루고 있다는 느낌을 더욱 압축적으로 느끼게 해준다. 기쁨을 느끼는 존재는 있는 그대로의 자신과 자기가 바라는 모습이 서로 일치하는 사람이다. 기쁨은 지난한 자아 탐구의 완성이자, 있는 그대로의 자신과 이상으로서의 자신이 하나가 되었다는 증표다. 길고 긴 자아 탐구의 여정을 통해 마침내 있는 그대로의 자신을 온전히 이해하고, 자신의 한계와 힘을 가늠하게 되며, 자신이 원하던 모습의 자신에 도달하는 것을 뜻한다. 이에 대해 베르그송만큼 훌륭하게 설명한 사람은 아마 없을 것이다. "철학자들은 삶의 의미에 대해, 인간의 운명에 대해 성찰하면서, 정작 자연이 우리에게 그 해답을 주려 애써왔단 사실을 전혀 알아차리지 못한다. 자연은 우리가 목적지에 도달했다는 사실을 구체적인 징표로 알려주곤 했다. 그 징표가 바로 기쁨이다. 다시 말하지만 그것은 기쁨이지 쾌락이 아니다. 쾌락은 살아 있는 존재가 생명을 보존할 수 있도록 자연이 고안해낸 인위적인 수단에 불과할 뿐, 생명이 나아가야 할 방향을 알려주지는 않는다. 그러나 기쁨은 언제나 생명이 이겼음을, 생명이 영토를 정복하고, 승리를 거두었음을 선언하곤 한다. 자고로 크나큰 기쁨이란 언제나 기세등등한 말투를 띠기 마련이다."(《정신 에너지》, I, 〈의식과 생명〉[1919], 퓌프, 콰드리지 총서, 2009, 23)

그렇다면 목적지에 도착했다는 건 구체적으로 어떤 것을 의미하는가? 그것은 바로 우리가 '성숙한' 존재가 되어, 있는 그대로의 온전한 자신이 되는 것을 기쁘게 여기는 사람으로서 자기완성에 이르렀다는 것을 의미한다. 그런 의미에서 기쁨은 결코 단순한 '의식의 상태'로만 간주할 수 없다. 물론 그렇다고 수동적인 정서나 일상의 단조로움을 벗어나게 해줄 강렬한 쾌감을 의미하는 것은 더더욱 아니다. 기쁨은 존재를 구축한다. 말하자면 제2의 탄생에 해당한다. 우리는 새롭게 재탄생하는 과정을 통해 비로소 외부의 공격, 평가, 정념의 운동을 피할 수 없는 숙명으로만 받아들이지 않는 경지에 도달할 수 있다. 한편 기쁨은 일종의 사고 활동이기도 하다. 끊임없이 자신의 욕망을 탐구하고 그 실체를 밝혀내며 매 순간 욕망을 의지로 발현시키는 활동이다. 자아를 형성하고 구축하는 행위는 특별한 기민성을 필요로 한다. 언제나 적극적으로 사고와 욕망을 새롭게 재결합시킬 때 비로소 기쁨은 삶의 연속성 속에 모습을 드러낼 수 있기 때문이다. 기쁨은 오로지 누군가와 함께 나눌 때에만 존재할 수 있는 것이기도 하다. 그런 의미에서 기쁨은 나의 내면에 타자의 집이 자리할 수 있게끔 내면의 문을 활짝 열어주는 행위와도 비슷하다.

*
**

앙리 베르그송Henri Bergson, 《정신 에너지Énergie spirituelle》(1919), I, 〈의식과 생명 La Conscience et la Vie〉, 퓌프, 콰드리지 총서, 2009.
장루이 크래티앵Jean-Louis Chrétien, 《넓은 기쁨. 팽창에 대한 에세이La Joie spacieuse. Essai sur la dilatation》, 미뉘, 2007.
로베르 미스라이Robert Misrahi, 《행복. 기쁨에 대한 에세이Le Bonheur. Essai sur la joie》, 세실 드포, 2011.

그
마음의
정체

~ 신뢰

그대의 옥수수는 오늘 여물고, 내 옥수수는 내일 여물 것이다.

만일 내가 오늘 그대가 추수하는 것을 돕고 그대가 내일 나를 돕는다면

둘 모두에게 이로울 것이다.

그러나 나는 그대에게 아무런 호의도 갖고 있지 않으며,

그대 역시 나에게 아무런 호의가 없다는 것을 안다.

그러므로 나는 그대를 위해서는 아무런 노력도 하지 않을 것이다.

만일 내가 그대가 나를 도와주기를 보상으로 기대하며

내게 이익이 되기를 바라며 그대와 일한다면 나는 실망할 것이다.

내가 그대의 호의에 기대는 것은 헛된 일이 될 것이다.

따라서 나는 그대가 혼자 일하도록 내버려둘 것이고,

그대도 똑같이 나를 대할 것이다.

그리하여 계절이 지나 우리는 둘 다 상호 신뢰와 확신의 부족으로

결국엔 수확량에서 손해를 볼 수밖에 없을 것이다.

데이비드 흄,

《인성론》(1738),

III, II, 5.

우리는 신뢰라는 뜻을 가진 프랑스어 콩피앙스confiance 속에서 *피앙세/fiancé*, 약혼자라는 낱말을, 피앙세라는 단어 속에서는 *피데스fides*, 신앙라는 낱말을 어렵지 않게 찾아볼 수 있다. 피데스는 프랑스어로 '충성fidélité, 피델리테', '비밀confidence, 콩피당스'이라는 단어를 낳는 데만 그치지 않고, '배신perfidie, 페르피디'이란 단어가 탄생하는 데도 단초가 됐다. 신앙은 대개 신에 대한 믿음을 뜻한다. 그러나 우리가 믿음을 갖기 위해 반드시 신의 존재 여부를 증명해야 하는 건 아니다. 신이 존재하는지 아닌지가 증명할 수 있는 문제가 되는 순간, 인간은 그냥 신의 존재를 '아는 것'에 불과할 테니까. 마치 지구가 돈다는 것을 하나의 사실로 알듯이 말이다. 이 경우 신앙을 가지고 있는지 여부는 중요한 문제가 아니다. 신앙을 가진 사람은 증거나 이유 없이 무조건 신을 '믿고', 신을 사랑한다. 믿음을 가진 사람은 신만이 아니라 사람도 역시 '믿는'다. 이를테면 높은 가구나 바위 위에 걸터앉은 아이에게 두 팔을 활짝 벌려 "자, 어서 뛰어내려!"라고 하면 아이가 훌쩍 뛰어내리는 순간 ―아이는 무서워 몸을 벌벌 떨면서도 두 눈을 질끈 감고 뛰어내린다. 사랑하고 사랑받는, 신뢰하는 관계이기 때문이다― 사람과 사람 사이에 생겨나는 무엇인지 모를 끈끈한 '인류애' 같은 것이라고나 할까. 사랑을 하면 우리는 '믿음을 가지고' 타인에게 온전히 나를 내던진다. 아무런 조건 없이. 심지어 상대도 나를 똑같이 사랑해야 한다는 단서도 없이. 누군가를 향한 사랑은 증거나 이유를 필요로 하지 않는다. 누군가가 지닌 자질이나 재능은 우리에게 경탄의 감정을 불러일으킬 수 있을지 몰라도 결코 사랑의 '원인'이 될 수는 없다. 행여 상대가 불운한 사고를 당해 어느 날 별안간 예전의 재능이나 자질을 잃어버릴지라도 사랑이란 변하지 않는 법이다! 우리는 상대가 아름답다고, 수줍음을 탄다고, 눈웃음을 짓는다고 상대를 더욱 사랑하게 되는 것은 아니다. 사랑하기 때문에 우리의 눈에 상대가 아름다워 보이는 것이고, 그가 짓는 눈웃음과 수줍음에 마음이 살살 녹는 것이다.

신뢰는 사랑과 매우 흡사하다. 신뢰도 상대가 나를 신뢰해주기를 요구하지 않고 무조건적으로 상대에게 나를 온전히 내던진다. 신뢰는 아무것도 필요로 하는 것이 없다. 확약, 선서, 담보, 서명, 그 무엇도 요구하지 않는다. 사랑이 그러하듯, 신뢰는 또한 '무분별'하다. 그것은 순수한 무상 증여라고 할 수 있다. 타산적 태도, 경계심 혹은 '담보'나 보증을 기대하는 마음이 조금이라도 싹트는 순간, 신뢰는 그 자리에서 무참하게 부서지고 만다. 블라디미르 쟝켈레비치는 이렇게 말했다. "그럴싸한 것이든 혹은 의심스러운 것이든, 일단 충직한 자가 보내는 신뢰는 불충한 자에게는 충성심을, 믿음이 없는 자에게는 믿음을 강제한다. 그리하여 믿음을 지닌 자들과 충직한 자들 사이에는 작은 눈송이가 어마어마한 눈덩이처럼 불어나듯 상대보다 훨씬 더 서로를 사랑하려는 진정한 선의의 경쟁이 전개된다."(《미덕론》, II, 415) 신뢰도 사랑처럼 절반만 주어지는 법은 없다. 어느 정도까지만, 어느 조건 하에서만 주어지는 일도 없다. 신뢰는 언제나 온전한 하나로만 존재하며, 어떤 조건도 어떤 전제도 필요하지 않다. 절반의 신뢰는 곧 의심이나 불신을 의미하므로 더 이상 그 누구의 '피앙세'도 될 수 없다.

그럼에도 신뢰가 언제나 그렇게 고차원적인 의미만 지니는 건 아니다.

가장 '저급한' 의미로는 경계심과 비슷한 뜻으로도 쓰인다. 이 경우에는 생명이 없는 사물을 대상으로 한다. 예를 들어 우리는 번번이 고장을 일으키는 자동차를 '신뢰하지' 못한다. 벌레 먹은 지하 창고 계단도 신뢰감을 주지 못한다. 증여의 윤리학이라는 숙명을 벗어던질 때 비로소 신뢰는 조금 더 '사회적인' 의미를 획득함으로써 집단의 경험 속에 자리할 수 있다.

이번에도 쟝켈레비치(414)의 말을 잠시 인용해보자. 그에 따르면 사회는 "질서와 안정을 필요로 한다. 또한 본질적으로 확고한 확신까지는 아니더라도 최소한 지속적인 노력을 요구"한다. 따라서 집단의 입장에서는 "사람들이 이미 한 말을 번복하거나, 이미 준 것을 도로 가져가거나, 이미 완성된 것을 파괴하지 않는 것"을, 계약을 위반하거나 약속을 어기지 않고, "최소한의 사회적 믿음"이 싹트도록 하는 것을 유익한 일로 여긴다. 그러나 사회는 오로지 신뢰만으로 "사람들이 했던 말을 취소하거나 번복하지 못하게 금지"할 수는 없다고 생각한 것이 분명하다. 그러니 약속을 지키지 않는 자들을 벌주기 위해 그토록 많은 법률 계약과 절차를 만들어 '신뢰'를 다지려고 했던 것이 아니겠는가. 그러나 "그렇게 연유한 계약, 선서, 서명"은 신뢰의 징표라기보다는 오히려 불신의 증거에 더 가깝다. 나는 너를 믿어. 그래도 이 문서에 서명 좀 해줄래. 사람 일은 모르는 거잖아. 그러나 실상 이것은 아무도 신용하지 않는 '믿음 없는 사람'의 입에서나 나올 법한 말일 뿐이다.

그럼에도 사회가 존재하는 순간부터 신뢰, '언어화되지 않은' 신뢰, 우리가 매일 의식하지 않고 마시는 공기처럼 육안으로는 보이지 않는 최소한의 신뢰가 사회 안에서는 통용되고 있는 듯하다. 그러니 굳이 어떤 담보나 서명, 공증 문서 없이도 누군가가 말하거나 보여준 대로 모든 일들이 차질 없이 계획되고 실행되는 것이리라. 우리는 행인에게 길을 물을 때 그가 일부러 거짓말을 하거나 잘못된 길을 알려줄 것이라고 생각하지 않는다. 은행에 수표를 맡길 때도 수표가 내 계좌에 입금되지 않을지 모른다는 걱정 따위는 하지 않는다. 또한 우체통에 편지를 넣을 때도 이성적으로 자신의 편지가 수신자에게 잘 전달될 것이라고 생각한다.

우리는 자연스럽게 도로 표지판이나 기차 운행 알림판을 설치하는 사람, 우리에게 상품이나 식품을 판매하는 상인, 병원의 의사, 보일러를 고치러 온 수리 기사, 확인 문서를 발급해주는 시청 직원, 어린이집 보조 교사, 초등학교 교사 등을 '신뢰'한다. 이 경우, 우리가 이들 각각의 사회 구성원들을 신뢰하는 것은 그 사람이 *어떤 사람인가*보다는 그 사람이 *어떤 일을 하는가*에 의해 좌우되는 법이다. 다시 말하자면 그들이 하는 일이나 관습이 전문성에도 부합하고, 사회적으로 공인된 서비스이며, 종교적·정치적 책무와 더 나아가 인정·아량·정직 같은 도덕적 가치관에도 잘 부합할 것이라는 점에 조금도 의심할 여지가 없을 때 우리는 상대에게 무한한 신뢰를 보내게 되는 것이다.

우리는 이러한 종류의 신뢰를 아직 계약 형태로 체결되지는 않은 매우 기초적인 사회생활의 요소, 시민이 가져야 할 기본적인 연대 의식, 데이비드 흄이 말한 사회를 "함께 지탱해주며" 사회의 "시멘트" 역할을 하는 도덕적이고 인지적인 성격의 어떤 암묵적인 협력협약으로 정의해볼 수 있다. 반면 사회학자들은 이러한 종류의 신뢰를 기대라는 키워드를

그
마
음
의
정
체

가지고 풀이하려고 한다. 다시 말해 '신뢰한다'라는 말은 내가 상대하는 개인이나 공인이 내 기대에 제대로 '부응'해줄 것임을 '믿는다'는 의미라고 해석하는 것이다. 그런데 우리가 지식, 기술 숙련도 등 어떤 직무나 기관의 기능을 신뢰하는 경우, 우리의 기대는 그다지 크거나 강하지 않을 수 있다. 반면 상대와 조금 더 친밀한 관계라면, 이를테면 상대를 존중하거나 서로 간에 협력 관계를 맺고 있거나 혹은 우호적인 친구 사이인 경우에는, 상대에 대한 기대가 그보다 훨씬 더 우리의 삶에 중대한 영향을 미칠 수 있다. 요컨대 더욱 단단한 관계를 맺고 있을수록, 기대나 희망이 좌절되었을 때 밀려드는 '실망감' 역시 훨씬 클 수밖에 없다는 뜻이다.

전자의 경우, 우리가 기대하고 '신뢰'하는 것은 사회적 상호 작용의 기본이 되는 규칙들이 나를 포함해 우리가 배분받은 사회적 역할과 임무에 따라 지속적으로 잘 지켜지리라는 사실이다. 반면 후자의 경우에는 상대방을 믿고 기대하는 마음이 오히려 어떤 이익(반드시 이기적 성격을 지니는 이익만 의미하는 것은 아니다)의 개념에 기초한다. 이를테면 여기서 내가 상대를 믿는다는 것은 상대가 상호성이나 호혜성을 깨뜨리거나, 권력 관계를 악용하거나, 자기가 한 말과 약속을 번복하며, 나를 훼방 놓거나 혹은 나의 이익을 침해하는 행동이나 태도를 취하지는 않을 것이라고 기대한다는 뜻이다.

이런 종류의 신뢰가 100퍼센트 지속적으로 발휘될 수만 있다면, 아마도 우리는 갈등 없는 사회를 이룩할 수도 있을 것이다. 그러나 이러한 종류의 사회적 신뢰를 '희망'과 혼동해서는 안 된다. 나는 사회라는 게임이 모두가 '윈윈'하는 규칙에 따라 돌아가기를, 각자가 솔선수범해서 규칙을 잘 지키기를 '희망'한다. 동료나 이웃, 길동무가 우리 모두에게 이익이 되는 이 협력 관계(도움을 주거나, 곤경에서 구해주거나, 필요한 정보를 제공하는 등)를 제발 깨뜨리지 않고 최소한만이라도 유지해주기를 '희망'하는 것과 마찬가지로 말이다. 그러나 이런 식의 '희망'은 인지적이거나 또는 감정적인 토대에 기초하지 않는다. 이를테면 나는 거의 알지 못하는 이웃에 대해서도 그가 나를 잘 도와주리라는 '희망을 충분히' 가져볼 수 있다. 그러나 신뢰는 '소망'과는 다르다. 신뢰는 맹목적이거나 비합리적인 성격을 지니지 않는다. 신뢰가 기대로 기운다면, 그것은 분명 어느 정도 기대 속에 '앎'이 담겨 있기 때문일 것이다. 우리는 종종 친구들에게 좋은 치과의사나 변호사를 알면 소개해 달라고 청하곤 한다. 그리고는 친구가 해주는 조언을 성실히 따른다(신뢰한다). 친구의 조언이 치과술에 관한 조사가 아니라 소문이나 경험을 근거로 한다는 걸 잘 알면서도 말이다. 몇 가지 의견을 종합해보면 완전한 무지 상태를 벗어나는 데 어느 정도 도움이 된다. 그러나 그것만으로 완전한 앎의 영역에 발을 들이기는 충분하지 않다. 신뢰는 무지와 앎의 중간 지대에서 탄생한다. 신뢰는 일종의 지식이지만, 명확함과 불분명함이 동시에 존재하는 '중간 단계'의 지식이다. 게오르크 지멜도 이렇게 기술했다. "모든 것을 아는 사람은 누군가를 신뢰할 필요가 없다. 반면 아무것도 아는 것이 없는 사람은 이성적으로 누군가를 신뢰할 수조차 없다." (《사회학. 사회화의 형태에 관한 연구》[1908], 퓌프, 2013, 356)

우리가 상대와 잘 아는 사이라면(아이를 자기 부모에게 맡기는 경우처럼) 굳이 상대를 신뢰하고 말고 할 필요도 없다. 이 경우 신뢰는 '자명'한 사실일 테니까. 반면 전혀 모르는 사람을 상대하는 경우라면 일단 신뢰보다는 경계심이 앞서기 마련이다. 낯선 사람, 이상한 사람, 이방인 등을 대할 때 우리는 이상한 위기감을 느끼며 경계심을 곤추세우지 않는가. 신뢰는 불확실성으로부터 솟아난다. 이를테면 어느 정도 상대를 경계해야 할 합리적인 이유(아기에게 무슨 일이 생기면 베이비시터가 잘 대처할 수 있을까? 스마트폰으로 게임을 하느라 아기의 문제를 제때 파악하지 못하는 것은 아닐까?)가 상대를 믿어도 좋을 것만 같은 비합리적인 심정적 이유, 다시 말해 '도덕적 확실성'에 '추월'당할 때 비로소 신뢰가 싹트기 시작한다. '도덕적 확실성'은 우리가 망설임과 두려움을 털어내고 마침내 상대의 결점보다 장점을 더 두드러지게 고려하며 상대에게 '신뢰'를 보내게 해준다.

사회화의 한 형태인 신뢰는 사회 구조가 단순한 전통 사회(물론 지멜이 연구한 '비밀 결사 조직'에서는 그보다 훨씬 더 쉽게 신뢰가 확산된다. 공동의 가치관과 도덕적 연대 의식이 지배하는 사회이기 때문이다.)에서 더욱 쉽게 확산된다. 이러한 사회에서는 이웃의 반경이 좁아 사회 구성원들이 서로를 잘 알기 때문에 활동적 삶의 영역을 '통제'하거나 관리하기가 더 편리하다. 반면 복잡다단하게 분화된 사회에서는 사회 집단의 수도 많고, 크기도 크고, 종류도 다양하기 때문에 각자의 사회적 역할이 복잡다단하게 뒤얽혀 있다. 따라서 모든 사람들에 대해 서로 잘 알기도 힘들 뿐더러, '가까이' 알고 지내는 사람도 많지 않다. 따라서 누군가에게 신뢰 투자를 하기로 결심하기까지는 더 많은 장애물을 극복해야 하고, "지식과 비지식의 상대적 정량"에 비례하여 신뢰 투자가 이뤄진다. 지멜에 따르면 일반적으로 "개인은 지식과 비지식의 결합을 바탕으로 신뢰를 기초로 한 결정을 내리곤" 한다.

그러나 때때로 지식과 비지식의 '결합'이 일어나지 않거나 아무런 의미를 지니지 못하는 경우도 있다. 비극적 사건이 발생해 순간적으로 미디어를 통해 강렬한 불신이 쏟아지는 경우다. 학교에서 벌어진 인질극, 테러 사건, 집단 식중독 사태, 정치인의 직권 남용, 의료 연구비나 구호 비용에 대한 불법 전용 등이 대표적인 예다. 그러나 신뢰란 절대 완전히 소멸되지는 않는다. 아무리 신뢰가 '사회적' 기능으로만 축소될지라도, 결국에 신뢰는 그 어원에서 찾아볼 수 있듯이 언제나 순수한 *피데스*(신앙)로부터 비롯된 철저히 '도덕적인' 기반에 뿌리를 내리고 있기 때문이다. 이 점에 대해서는 지멜도 다음과 같이 예리하게 지적했다. "이러한 사회적 형태의 신뢰는 겉으로는 정확성과 지성에 근거하고 있는 것처럼 보여도, 언제나 약간씩은 인간의 내면에 내재한 인간을 향한 감성적인 믿음, 더 나아가 신비주의적인 믿음을 가지기 마련이다. 심지어 이러한 신뢰는 가장 기본적인 인간 행동의 한 유형으로, 인간관계의 형이상학적 차원에 속하는 것일 수 있다. 또한 이러한 신뢰는 의식적이고도 개별적인 요인들을 통해 경험적, 우연적, 단편적으로만 형성될 뿐이다."

아마도 이러한 도덕적 '기반'이 잉걸불이 되어 사회적 신뢰가 영원히 꺼지지 않게 해주고, 사회적 협력의 '접착제'로 역할(사적 혹은 정치적 상황에 따라 때로는 더 단단하게, 또 때로는 더 느슨하게)하며, 일종의 미덕으로 기능할 수 있게 해주는 것이리라. 사회 구성원들이 서로에게 갖

그
마음의
정체

고 있는 믿음이 결국엔 공동체 전체를 '개량'하고, 선·연대·정의를 향해 나아가는 원동력이 된다는 의미에서 말이다. 철학자 알랭도 비록 표현은 달라도 그와 비슷한 지적을 한 적이 있다. "만일 내가 가르치는 학생이 열등생이라고 생각한다면, 그러한 신념이 고스란히 나의 말과 눈빛 속에 담겨 학생에게 전달되어 결국 그 학생은 정말로 열등생이 되고 말 것이다. 반면 내가 학생에 대해 신뢰와 기대를 품는다면, 그것은 따사로운 한 줄기 햇살과도 같이 아이가 아름다운 꽃을 피우고 소중한 열매를 영글게 만들 수 있다. 사랑하는 이에게 그가 가지지도 않은 미덕들을 찬양해보라. 내가 정말로 그렇게 믿는다고 느끼는 순간 그는 정말로 그러한 미덕을 지니게 될 것이다. 쉽지는 않겠지만 한번 시도해보라. 정말로 믿어보라. 경멸을 받는 민중은 금세 경멸할 만한 민중이 된다. 반면 민중을 존중해보라. 그러면 민중은 정말 고결한 존재가 될 것이다. 그동안 불신은 얼마나 많은 도둑들을 잉태해왔는가. 절반의 신뢰는 모욕과 다르지 않다. 내가 온전히 누군가를 신뢰한다면 감히 그 누가 나를 배신하려 하겠는가? 일단 내가 먼저 신뢰해야 한다."(《노르망디인의 어록》, 갈리마르, 1952, I, CXX, 226)

그렇다면 나 자신에 대한 믿음을 의미하는 자신감의 경우는 어떠할까? 모욕, 실패, 환상 혹은 억압을 힘겹게 이겨낸 자신감이란 말하자면 '온전한 내가 되는' 능력으로 규정해볼 수 있다. 예를 들어 타인에게 신뢰감을 주어 내가 형성하거나 혹은 가지기를 원하는 나의 정체성을 있는 그대로 왜곡 없이 상대에게 인정받을 수 있는 능력, 자신의 잠재력을 오롯이 인식할 수 있는 능력, 환상을 버리고 실현 가능한 현실적 목표를 세우고 목표를 실현할 적절한 수단을 찾아내는 능력, 우리가 선택하거나 혹은 선택하기를 원하는 삶에 방해가 되는 태도나 생각을 지양하는 능력이라고 말할 수 있다. 그런 의미에서 자신감은 도덕보다는 오히려 심리학의 영역에 속하는 것처럼 보이기도 한다. 그러나 그런 사실은 별로 중요하지 않다. 나에 대한 신뢰든, 너에 대한 신뢰든, 타인에 대한 신뢰든 정말 중요한 본질은 신뢰가 결국엔 매우 중요한 미덕이라는 사실을 이해하는 것이기 때문이다. 그러나 우리가 신뢰로부터 얻을 수 있는 이점이 무엇인지를 전부 일일이 열거하는 것이 어려운 만큼이나, 신뢰가 어떤 '참변'으로 변할 수 있는지를 예견하는 일 역시 어렵기는 마찬가지다. 왜냐하면 신뢰란 장켈레비치(II, 414)가 말한 것처럼 "모두가 선의를 지녔다는 믿음을 전제"로 바탕에 깔고 있으며, "내가 등을 돌리고 있을 때에도"(415) 내가 보여준 우정의 역량에 대해, 내가 보여준 '피앙세로서의 헌신'에 대해 결코 배신이나 거짓말, 배은망덕, 불충, 혹은 악의로 상대가 대답해오지는 않을 것이라는 확신에 기초하기 때문이다. 그럼에도 우리가 어렵지 않게 확신할 수 있는 한 가지 사실이 있다. 바로 신뢰가 사라졌을 때 벌어질 일이다. 모두가 잘 알다시피 만일 세상에서 신뢰가 사라진다면, 사람들은 저마다 삶의 '공포와 두려움'으로 얼어붙어 어떤 행동도 하려 하지 않을 것이고, 우정이나 사랑으로 맺어진 관계는 의심과 배반으로 얼룩질 것이며, 사회구성원 간의 협력은 횡령, 배임, 사기, 독직 등 온갖 비열한 행태에 오염되고 말 것이다.

*

게오르크 지멜Georg Simmel, 《사회학. 사회화 형태에 관한 연구Sociologie. Études sur les formes de socialisation》(1908), 〈비밀과 비밀 결사Le secret et la société secrète〉, 퓌프, 2010, VIII ; 《돈의 철학Philosophie de l'argent》(1900), 퓌프, 2009.

블라디미르 장켈레비치Vladimir Jankélévitch, 《미덕론Traité des vertus》, II, 〈덕과 사랑Les Vertus et l'Amour〉, VIII, 보르다스, 1970.

미셸라 마르자노Michela Marzano, 《불신의 계약Le Contrat de défiance》, 그라세, 2010 ; 2012년 《신뢰에 대한 찬양Éloge de la confiance》이란 제목으로 플뤼리엘 총서로도 출간됐다.

~

용기

앞을 향해 전진하는 용기의 운동은 사랑의 정수를 그대로 보여준다.

그러나 이것은 서막에 불과하다.

무릇 모든 사랑이 이기적인 본능에 잠긴 내면의 적과 맞서 싸우듯,

모든 진정한 용기도 사랑의 언약, 모든 적대를 넘어선

우정의 전조로 기능한다.

바로 그러한 이유에서 종종 증오는 겁쟁이가 되고 마는 것이다.

블라디미르 쟝켈레비치,

《미덕론》, II, 1.

용기는 의연함, 담대함, 열렬함, 용맹을 떠올리게 한다. 말하자면 그것은 인간이 위험이나 불행, 혹은 고통에 직면할 때 발생하는 어떤 신체적, 정신적 에너지를 뜻한다. 그러나 그런 용렬함은 때로는 맹목적이거나 본능적인 무모함과 지나치게 닮기도 한다. 굶주린 맹수 또는 자존심에 상처를 입거나 분노나 복수심에 불타올라 물불 안 가리고 불도저처

럼 돌진하는 인간의 무모함 같은 것 말이다. 분노의 충동을 동반한 격분은 가공할 힘을 발휘한다. 미친 듯이 날뛰며 모든 장애물을 쓸어버리고 모든 것을 박살낸다. 그러나 그런 것은 용기가 아니다. 위험을 위험으로 인식하지 못하고 분별없이 위험을 향해 돌진하는 무모한 사람, 충분히 자기 손으로 제어가 가능한 상황임을 인식하고도 그저 누군가에게 자신의 용맹함을 과시하기 위해 위험을 시연하는 허풍쟁이. 그런 이들은 모두 엄밀한 의미에서는 '용기' 있는 자들이 아니다. 용기는 찢겨진 의식, 두려움(그러나 결국엔 극복되는 두려움)이라는 '족쇄'를 전제로 한다. 두려움이 크면 용기도 커진다. 물에 빠진 사람을 구하기 위해 물 속에 뛰어든 수영 강사는 분명 찬사받아 마땅하다. 그러나 수영을 할 줄도 모르면서 무작정 아이를 구하기 위해 물속에 몸을 내던진 사람의 용기에는 비할 바가 아니다. 용기는 생물학적인 본능이나 욕구, '화학 물질' 같은 것으로 '북돋울 수 있는' 것이 아니다. 물론 우리는 흔히 술이나 도취 상태가 '용기를 불러일으킨다'고 말하기도 한다. 그러나 그것은 그냥 말에 불과하다. 혹은 착각이다. 술이나 도취 상태는 단지 우리의 두려움이나 의심을 마비시켜, 인위적으로 용맹함을 갖추도록 만들 뿐이다. 마찬가지로 관중을 감동시키기 위해 의식적으로 하는 '용맹스러운 행동'도 실은 용기가 아니다. 허세다. 계산된 행동이자 가식적인 몸짓이다.

용기란 우리가 무기력이나 행동 불능 상태가 되게 옭아매는 것에서 벗어나기 위해 거치는 심리적 도정을 통해 저항감을 극복할 때 비로소 나타난다. 때때로 행동 불능은 신경증적인 공포에서 비롯되기도 한다. 그러나 자동차를 몰고 어두운 터널로 진입하거나, 비둘기에게 다가가기 위해서는 그다지 큰 용기가 필요하지 않다. 우리가 밀실공포증이나 조류공포증 환자가 아니라면 말이다. 그럼에도 용기란 어쨌든 언제나 내적 시련이며, 역설적이게도 고통에 몸부림치는 의식과 명징한 의식을 동시에 필요로 한다. 마비 혹은 경련에 이어 처음으로 보이는 의식의 운동은 도주, 후퇴, 혐오다. 두려움이라는 감정은 눈앞에 닥친 위험이 얼마나 긴박하고 실질적인 위험인지를 잘 알기에 그런 위험에는 절대 맞서지 말라고 의식을 설득한다. 그러나 이와 같은 '단념'이 결국엔 용기를 제련하는 '도가니'로 기능한다. 결국엔 의식이 '미래를 생각하지 않고', 당면한 '사건'에만 집중하며 무력함을 이겨낼 수 있도록 강렬한 힘을 부여해주기 때문이다.

다시 말해 우리는 용기가 없는 자신을 자책하고 좌절감에 빠질 때 비로소 용기 있는 사람이 된다. 비로소 돌파구가 열리고, 그 틈으로 무엇인가를 하겠다는 의지가 새어 나온다. '나는 할 수 없어'라는 뼈아픈 사실에 우리의 의식을 단단히 매어놓았던 줄들을 하나 둘 끊어내고, 비록 아직까지 완전히 두려움을 떨쳐버린 것은 아니지만, 어쨌든 미지의 세계로 한번 뛰어들어보자는 결연한 용기가 균열된 틈으로 스며 나온다.

용기 있는 사람이란 자신이 가진 '자질들'을 용맹하게 사용하는 사람이 아니다. 용기가 있다는 건, 오랜 고민을 한 것도 아니고 어떤 보상을 기대한 것도 아니지만 갑자기 자신이 가지고 있는 줄도 몰랐던 자질들이 난데없이 솟구쳐 오르는 것을 뜻한다. 어쩌면 용기란 번민과 환멸, 실패, 억압, 두려움이라는 액체 물질 속으로 숨을 참고 헤엄쳐 들어가, 마침내 바닥을 차고 일어나 '자기 자신보다 더 높은 곳을 향해' 훌쩍 뛰어오르는 것을 의미하는지도 모른다. 바로 그 순간 주저하는 마음이라는 강력한 독에 마비되었던 의지력이 돌연 긴급함이 다급하게 흔들어 깨우는 소리를 듣고 의식불명 상태에서 깨어난다. 블라디미르 쟝켈레비치는 그러한 긴급함을 다음의 끔찍한 문장으로 표현했다. "내가 나서야만 할 차례야. 지금이 아니면 영원히 기회는 없어." 배고픔이나 피로를 경험해본 적 없는 사람은 포만감이나 휴식을 알아보지 못한다. 마찬가지로 낙담이라는 저 깊은 모태로부터 용기 있는 결심이 분리되어 나오지 못한다면 우리는 결코 용기 있는 태도를 보여주지 못할 것이다. 용기 속에는 마치 높이뛰기 선수가 마지막 순간에 몸을 솟구쳐 올리는 동작과 비슷한 무엇인가가 존재한다. 높이뛰기 선수는 가로대 근처까지 몸을 던졌다 몸이 추락하려는 순간 '다시 몸을 솟구쳐 올려' 공중에서 버티며 모든 근육을 집중해 불과 가로대 몇 밀리미터 위로 다리를 끌어올려 장애물을 뛰어넘는다. 용기란 미리 예상되었던 추락을 뜻밖에도 피해가는 것을, 더 큰 도약을 위해 일보 후퇴하는 것을 의미한다. 말하자면 우리의 의지력이 일순간 무기력, 주저하는 마음, 비겁함, 무관심, 안일함, 공포로 인한 마비 현상 때문에 주춤 뒤로 물러났다 다시 용맹하게 튀어오르도록 만드는 것이다. 따라서 용기란 아주 연약하며 오로지 공포에서 극복된 공포가, 실행력을 갖춘 공포가 분리되어 나오는 잠시 동안만 지속될 뿐 —다른 모든 종류의 도덕적 행위들처럼— 재산이나 자본을 쌓듯 축적할 수가 없다. 그런 의미에서 '용기를 잃다'라는 표현은 상당히 무의미하다. 용기란 우리가 '소유한' 무엇이 아니기 때문이다. 힘을 소유한 사람이 무거운 역기를 들어 올리듯, 우리가 용기를 소유해야만 용기 있는 행동을 할 수 있는 것은 아니다. 엄밀한 의미에서 '용기를 잃다'라는 표현은 그저 '아직은 그럴 마음이 없다', '아직 실행 단계로 옮기지 않은 잠재적인 상태다', '아직은 자신에 대해서나 세계에 대해서 행동에 나설 때가 아니라고 생각한다'는 걸 의미할 뿐이다. 다시 말해 용기에게는 '후방'이 없다. 용기는 무엇인가의 앞에 서지 않고, 무엇인가에 떠밀려 미리 각오를 다지는 일도 없으며, 앞서 존재한 무엇인가를 물려받는 일도 없다. 용기는 무엇을 하려고 준비하지 않고, 무엇을 하도록 자극하지 않는다. 다만 우리가 무엇을 하는 바로 그 순간, 우리가 번민을 이겨내고 결연히 나서는 바로 그 순간, 비로소 용기도 함께 불끈 솟아오른다. 우리는 용감하기 때문에 물에 빠진 아이를 구하러 물속에 뛰어드는 것이 아니다. 물속에 뛰어들었기 때문에 용감한 것이다. 말하자면 한순간 깊은 상념과 무기력에 사로잡혔던 밤에는 전혀 생각조차 할 수 없었던 새로운 사람으로 변신하는 것이다. 그러나 용기 뒤에는 용기를 싹 틔울 토양이 존재하지 않듯, 용기 앞에도 영원토록 용기를 보장해줄 미래가 없다. 과거에 용감했다고 해서 우리가 다시 용감하지 않아도 되는 것은 아니다. 한 번 선행을 했다고 그것으로 영원히 선행의 의무를 '면제'받는 것은 아니듯이 말이다. 선행이란 계속 반복해야 하는 일이 아니던가.

용기courage의 어원인 *코르아제르*cor-agere는 '심장으로부터 행동하다'라는 의미를 가졌다. 우리가 달아나기 —위험을 피하고 자기를 보존하려는 본능— 보다는 행동하도록 만드는 이 심장의 에너지에게는 이를테면 '역사'란 것이 존재하지 않는다. '지금, 바로 여기'의 긴박함 속에

그
마음의
정체

서, 나를 대신해줄 다른 누군가가 없는 상황에서, 의지(대개 이성에 대립한다. 이성이란 흔히 위험의 정도를 계산하여 너무 큰 위험에는 맞서지 말기를 명령한다)의 현현을 통해 용기 있는 행동이 불쑥 솟아오르는 것이다. 마치 지금과는 전혀 다른 새로운 주체가 출현하기라도 하는 것처럼 말이다. 긴박한 상황이 되면 자기 속에 단단히 압축된 존재 전체 —자신의 신념, 가치관, 이상 등을 가진— 가 별안간 밖으로 불려나와 행동에 나설 것을 요구받는다. 다시 말해 그를 '과거의 자신' 속에 가두어 두었던 후퇴 본능을 치료하고, 자포자기 상태를 '중단'하고, 이제 미래의 자신, 즉 타인의 생명, 물에 빠진 아이의 생명을 자신의 목숨보다 더 중요하게 생각할 미래의 자신을 향해 모험을 걸어보라고 요구받는 것이다. 그러나 예로부터 신화, 철학, 문학은 이런 식으로는 용기의 개념을 설명하지 않았다. 그저 용기를 전투적이고, 남성적이고, 의협적인 개념으로만 소개해왔다. 신화 속 영웅은 두려움을 모르는 나무랄 데 없이 완벽한 존재, 초인적인 능력과 자질을 지녔기에 극한의 상황에서도 무조건 용맹하게 적과 맞서는 존재로만 등장한다. 전력이 동등하지 않은 전투, 훨씬 더 월등한 힘을 가진 적을 상대해야 하는 전쟁에서도 우리의 영웅들은 두려움을 모르는 사람처럼 용맹하게 싸우며 수세기에 걸쳐 길이 남을 명예를 위해 죽음도 불사하곤 했다. 비록 영웅의 칭호를 얻지는 못했지만 저 유명한 스토아학파 철학자도 '죽음을 길들일' 줄 아는 자로 통했다. 질병, 상실 등 자신의 힘으로 통제할 수 없는 것에 모두 초탈했으며, 깨달음과 명상을 통해 영혼의 두려움과 정신의 혼란을 잠재우고, 아파테이아와 아타락시아의 경지에 도달한 인물이었다. 그리하여 자신의 영혼이 육신을 떠나 죽음을 맞이하는 순간에도 그는 자신의 운명을 아주 용감하고도 담담하게 받아들였다. 현인 소크라테스. 그는 스스로 죽음의 독배인 독당근즙을 마신 뒤 지인에게 아주 차분한 목소리로 심지어 당부의 말까지 남겼다. "아스클레피오스에게 수탉 한 마리를 바치는 것을 잊지 말게."

가련한 자들이 모든 것을 두려워하는 것과 달리, 그들은 전부 특별하고 행복한 사람, 두려움을 모르는 행복한 초인들이었다. 그러나 무릇 용기란 가련한 자들에게서 나오는 법이다. 죽음의 위험을 불사할 만한 힘이나 권력이 없는 사람들, 모든 감정을 억누르고 두려움을 잊을 정도로 냉철한 이성의 능력을 갖춘 것은 아닌 사람들에게서 말이다. 조금만 더 솔직해지자. 최초의 용기는 말하자면 두려움을 아는 용기이다. 인간의 유약함과 유한성, 인간의 삶을 망가뜨리거나 고통스럽게 하는 온갖 위험들을 있는 그대로 받아들일 줄 아는 용기 말이다. 용기는 '강한' 존재가 되는 것이라고 했는가? 권력욕에 사로잡힌 채, 이성적 행동과 의사 결정, 권한, 통제력, '결단력'을 지향하는 강한 사람이 되는 것이라고 했는가? 더 많은 것을 원하고, 더 많은 것을 알고, 더 많은 것을 이해하고, 더 많은 것을 통제하고, 더 신속하게 결정을 내리는 그런 사람이 되는 것이라고? 어쩌면 그럴지도 모른다. 그러나 용기는 인간이 지닌 특성으로 인해 언제든 유약해질 수 있는 존재에게서도 충분히 생겨날 수 있다. 분명 이성을 지니기는 했지만 언제든 정념으로 인해 방향을 잃고 헤매거나, 두려움으로 인해, 온갖 확신과 분노로 인해 명철한 통찰력을 잃어버릴 수도 있는 존재, 고통으로 뒤틀린 존재, 용단을 내리지 못한 채 자신이 했던 말을 금세 번복해버리는 존재, 이것을 원하면서 마지막 순간에는 저것을 택하는 존재, 매번 제자리만 빙빙 맴도는 존재, 무엇을 해야 하는지 잘 알면서도 정작 실행에는 옮기지 못하는 존재, 무엇이 악행인지 잘 알면서 악행을 저지르는 존재, 권력 의지가 생겨났다가도 금세 소심함·조심성·곤란함·미숙함·심약함이라는 별 통증도 없는 가벼운 공격에 쉽사리 쓰러져버리는 존재, 그런 존재에게서도 분명 용기는 솟아날 수 있다.

그런 사람의 용기는 더할 나위 없이 진실하다. 그것은 검투사나 전설의 영웅처럼 박수를 받기 위해, 명예욕이나 인정욕에 이끌려 근육 자랑을 하거나 위업을 과시하려는 그런 '강한 인간'들이 보여주는 용기가 아니다. 그렇다고 해서 허세를 부리는 사람이나 허풍을 떠는 사람들이 보여주는 그런 종류의 용기도 아니다. 그 용기는 한순간 자기를 상대로 거둔 승리, 더 나아가 심장의 '힘'이다. 심장의 힘은 '제 목숨 하나 부지하겠다며' 그동안 멀리 달아나거나 혹은 두려움에 벌벌 떨며 '자기 안으로' 숨어들던 그런 본능적 움직임을 멈추고, 비로소 타자성을 향한 '모험'에 나서라며, 미래를 향하라며 우리를 격려해준다. 여기서 타자성이란 다시 말해 자아의 변천, 타자가 되어가는 과정, 그동안 잘 알지 못했던 자아의 발견을 의미하는 동시에, 타자(용기 있는 행동을 통해 그가 '구원'하고자 하는 대상)를 향해 나아가는 운동을 함께 의미한다. 쟝켈레비치도 수없이 지적했다. 용기는 시작의 미덕이라고. 용기는 '의지의 발현'이다. 즉 이성과 '경계심'이 들려주던 이성적인 충고를 뒤로 한 채 마침내 의지가 문자 그대로 '이기적인' 본능을 벗어던지고 ―누구도 나를 대신해 굶주림이나 목마름으로 고통받아서는 안 된다— 삶을 말살하는 모든 것, 타자의 삶을 가로막고 방해하고 전락시키고 굴종시키고 목숨까지 위협하는 그 모든 상황들을 비록 잠시뿐일지라도 끝장내기 위해 결연히 행동에 나서기로 마음먹는 바로 그 결단에 시초가 되는 순간이다. 그러나 그 다음 펼쳐지게 될 '능력의 발현'과 달리, '의지의 발현'은 느닷없이 모습을 드러냈다가 다음 순간 홀연히 종적을 감추어버리기도 한다. 그러나 기회가 되면 언제든 다시 나타나 똑같은 용기를 보여줄 수 있을 것이다. 왜냐하면 용기 있는 행동이란 언제든 다시 반복되어야만 하는 것이지 단 한 번의 행동으로 영원히 손에 쥘 수 있는 연금 같은 것은 아니기 때문이다. 그러한 점에서 용기 있는 행위는 비겁한 행위와는 다르다. 자고로 비겁한 행위란 단 한 번 악행을 저지르는 순간 영원토록 그 악행이 자신의 영혼에 깊이 새겨지는 법이므로.

*
**

블라디미르 장켈레비치Vladimir Jankélévitch, 《미덕론Traité des vertus》(1947), II, 〈사랑의 미덕Les Vertus de l'amour〉, 샹 에세 총서, 1986.
플라톤Platon, 《라케스Lachès》, 루이앙드레 도리웅 편역, 제에프플라마리옹(《에우튀프론Euthyphron》도 포함), 1997.
토마 베른Thomas Berns, 로랑스 블래쟁Laurence Blésin, 가엘 장마르Gaëlle Jeanmart, 《용기. 철학적 역사Du courage. Une histoire philosophique》, 앙크르 마린, 2010.
신티아 플뢰리Cynthia Fleury, 《용기의 목적La Fin du courage》, 리브르 드 포슈, 2011.

그
마음의
정체

~

인내

인내는 황금의 길과 같다.

속담.

인내심을 가져. 꼭 이룰 수 있을 거야. 희망을 잃지 마. 모든 일에는 시간이 필요한 법이잖아……. 우리는 누군가에게 용기를 북돋아줄 때 이런 말들을 하곤 한다. 기다릴 줄 안다는 건 무엇이든 끈기 있게 참고, 어떤 장애물이나 난관을 만나더라도 평정심을 잃지 않으며, 자기의 마음과 충동을 잘 다스릴 줄 아는 능력을 갖췄다는 의미다. "기다릴 줄 아는 자에게는 모든 일이 제때 일어나기 마련이다." 이것은 라블레(《제4서》, 48)의 작품 속에 등장하는 격언인데, 17세기 신학자 보쉬에도 《설교집》에서 비슷한 맥락의 이야기를 했다. "기회와 시간의 기술은 모든 일의 핵심을 이룬다. 일을 서두르는 것은 나약함이 지닌 고유의 특징이다. 나약함은 기회에 의존하기 때문에 무조건 서둘러 계획을 실행에 옮기려고 한다."(〈신의 섭리〉, 1) 라퐁텐도 우화 《사자와 생쥐》에서 아주 적절한 지적을 했다. "인내심과 시간은 완력이나 분노보다 더 많은 것을 만들어낼 수 있다." 인내심은 어떤 일을 제대로 하려는 사람에게 매우 유익하다. 인내심은 전략적인 성격을 띠는 미덕으로 제때 슬기롭게 행동하고, 걸림돌을 만나더라도 단호하고 결연하게 행동하며, 조금씩 전진해서 복잡하게 얽힌 그물을 끊게 해준다. 나무나 밧줄을 서서히 갉아먹는 생쥐처럼 말이다. 그와 달리 화만 내는 사자는 이성을 상실한 채 불같은 광기 속에 갇히고 만다.

어린아이는 대개 조급한 태도를 보인다. 원하는 것을 얻지 못하면 그새를 참지 못하고 발을 동동 구른다. 어린아이는 욕망의 충족을 지연하는 법을 모른다. 현실이 쾌락을 충족하는 데 장애가 될 수 있다는 사실을 잘 받아들이지 못하고 자신의 충동을 즉각 만족시키기를 바란다. 반면 어른은 만족감을 주는 일이 일어나기까지 긴 시간이 필요할 수도 있다는 사실을 이해할 만큼 성숙하다(혹은 성숙해야 한다). 어린아이가 좌절감을 견디는 법을, 목표를 달성하기까지는 시간이 필요할 수 있다는 사실을, 현실 원리가 때로는 자신의 욕구나 욕망에 제동을 걸라고 요구할 수도 있다는 사실을 깨닫기까지는 오랜 배움의 시간이 필요하다. 아이는 성장을 통해 점차 한계를 인식하는 법을 배워나간다.

조급함의 특징은 경솔하고 충동적이고 이기적인 태도를 보인다는 것이다. 이러한 태도는 반론과 지체, 미적거림, 반성, 무력감 따위를 좀처럼 참아내지 못한다. 반면 인내심은 더 많은 절제와 주의와 단호함과 숙고를 이끄는 영혼의 자질이다. 라틴어 *파티오르patior*를 품고 있는 단어 인내**patience**는 시련을 겪어내는 능력뿐 아니라, 시련을 *견뎌내는* 능력에도 함께 기대고 있다. 여기서 시련이란 우리가 감내하거나 선택하거나 동의한 기다림을 뜻한다. 인내하는 의식은 만물의 시간과 리듬이 자기 방식대로 자유롭게 펼쳐질 순간을 기다리거나 그 순간을 평온한 마음으로 맞이하기 위해 자기 고유의 시간을 늦추거나 멈추게 한다. 인내는 영혼의 상태를 넘어 영혼의 능력처럼 보이기도 한다. 열린 마음으로 서두르지 않고, 촘촘하거나 빽빽하게 굴지 않고, 만물이 자유롭게 펼쳐지도록 해주는 능력. 어떤 기다림은 요란스럽다. 발을 동동 구르며, 미친 듯이 좌우를 살피고, 초 단위로 시곗바늘을 내려다보며 버스가 왜 오지 않는지 초조해한다. 반면 인내는 버스가 제 속도로 제 사정대로 조금 늦게 도착하더라도 상관하지 않고 천천히 기다린다. 물리적 시간을 '제 것'으로 삼기 위해 자신을 길게 늘이고, 만사가 고유의 리듬대로 일어나도록 '자신을 제어'한다. 인내는 비단 '정념'만이 아니라 행동으로도 경험된다. 노는 것이든('오래 참기 게임'처럼), 일을 하는 것이든, 인내 중인 사람은 누구나 자신의 일에 열의를 갖고 차분하고 꾸준하게 그리고 세밀하게 집중하며, 그 과정에서 만물의 본질을 존중하고, 만물이 성숙하고 발전하고 변신하는 데 필요한 시간을 지켜주며, 어려운 난관을 하나씩 차근차근 해결해나간다.

인내는 일종의 성격이지만 의지, 다시 말해 '셀프 컨트롤'이 발현된 결과이기도 하다. 다시 말해 뜻밖의 사고를 당했을 때 거칠거나 신경질적으로 반응하지 않고, 분노와 짜증을 가라앉히고, 불안·혼란·불편함·실망·고통·각종 인생의 우여곡절을 차분하게 견딜 수 있게 —혹은 체념할 수 있게— 해주는 자기 제어의 결과일 때도 있다.

그렇다면 인내란 자기 극복의 순간을 기다리거나 기약하며 기꺼이 고통을 감내하는 것을 의미하는 것일까? 아마도 중요한 것은 우리가 노력을 아끼지 않는 정당한 이유를 먼저 이해해야 하며, 고통보다 더 중대한 무엇이 우리를 이끌어야 한다는 점일 것이다. 그렇지 않다면 고통은 결국 헛되거나 부질없는 것이 되고 만다. 예를 들어 여성은 끔찍한 출산의 고통을 견뎌낼 능력이 있지만, 둘째를 세상에 낳을 때 느낄 희열이나 사랑이 없다면 두 번 다시 똑같은 고통을 경험하려 들지 않을 것이다.

사실 우리가 인내라는 미덕을 위선적으로 찬양하는 때도 적지 않다. 특히 부당하고 비참하고 불안정한 삶을 사는 이들에게 우리는 자주 인내를 요구한다. 열악한 삶의 조건을 견뎌내며 살아가는 사람들에게 인내를 요구하며 결국엔 그들이 현실을 체념하게 만들기 위해서 말이다. 베르나르 르부이예 드 퐁트넬도 계몽시대의 비판 정신을 계승한 저서《행복, 인내, 자유에 관하여》에서 인내가 지닌 도착적인 성격을 꼬집고 그에 대한 편견을 깨부수고자 했다. 그는 특히 기독교가 '인내의 의미'를 왜곡해 악용하는 세태를 비판했다. "사슬에 묶여 무자비한 주인의 변덕을 감내해야 하는 노예의 인내심, 저항은 무용하다고 생각하는 인내심은 영혼의 운동을 혹독하게 가로막는다. 영혼을 위로하는 대신 영혼 속에 음울하고 깊은 슬픔을 남긴다. 한마디로 그것은 진정한 인내라기보다는 다소 이성적 판단이 가미된 절망에 가깝다."(리바주 포슈, 2015, 71) 퐁트넬은 인간에게는 피와 살로 느낄 수 있는 현실적 행복을 누릴 권리가 있다고 지적했다. 그는 인내란 인간을 슬픔과 좌절로부터 보호해주는 힘으로, 온갖 난관을 견디도록 도와준다는 점에서 그 필요성을 찾아볼 수 있다고 했다. 그러나 만일 인내가 우리를 굴복시키려고만 한다면 인내는 더 이상 미덕이기를 멈추고, 이내 '포기'로, 굴욕과 굴종에 대한 무력한 수용으로 전락해버릴 것이라고도 지적했다. 그리하여 부당함에게, 그리고 악으로 선에 이르는 길을 강요하려는 자들에게 승리를 가져다줄 것이라고.

인내와 조급함을 철저히 구분 지어 무조건 하나는 미덕이고 나머지는 악습이라고 간주하기란 어려운 일이다. 인내도 끊임없이 행동을 미룬다는 점에서는 무기력과 조응하기 때문이다. 때로는 조급함이 필요한 상황, 조금이라도 시간을 지체해서는 안 될 상황, 그 자리에서 당장 용감하게 행동에 나서야 할 상황들이 분명 존재한다.

무엇이든 세월아 네월아 기다리기만 하는 수동적인 인내. 그리고 무엇이든 먼저 뛰어들고 보는 조급함. 이 두 가지 대립 구도에서 벗어나려면 대체 어떻게 해야 하는 걸까? 인내나 조급함은 두 가지 모두 우리를 약한 존재로 만들 수 있다. 인내는 무기력에 허우적거리며 수없이 시간을 연장하려 한다. 한없이 미적거리고 속절없이 기다리다 결국엔 번민의 틈을 초탈로 메울 수 있다는 환상이나 착각 속에 갇히고 만다. 그런가 하면 조급함은 광란에 사로잡힌다. 너무 이르거나 너무 늦은, 계제에 맞지 않는 돌발적이고 단속적인, 다시 말해 무용한 '작은 행위들'을 한도 끝도 없이 산만하게 이어간다.

너무 기다리지 못하고 조급해하든 속절없이 기다리기만 하든, 어쨌거나 우리가 만일 내면의 '음악'을 만물의 템포에 제대로 맞추지 못한다면 눈앞에 펼쳐지는 일들에 기민하게 대처하는 능력을 잃어버리고 말 것이다. 우리는 인내를 수동적인 체념과는 다른 것으로 바라볼 필요가 있다. 이를테면 인내를 시련을 통해 얻을 수 있는 힘, 악을 악으로 되갚고 싶은 유혹을 이겨내고 신뢰와 깊이 결합하는 힘으로 이해하는 것이다. 시간을 신뢰한다는 건 의지를 수동적으로 만드는 것을 의미하지 않는다. 인간의 삶에 영향을 미치고, 인간의 삶에 변화를 가져오며, 단순한 바람을 초월하는 모든 것, 즉 이타성을 중요한 가치로 간주하는 걸 뜻한다. 모든 '잠재태'는 잠재적인 발전 과정을 속에 품고 있다. 그러다 일정한 시간과 과정을 거칠 때 비로소 성장하고 발현된다. 다시 말해 일련의 변화와 성숙을 거쳐야만 한다. 이러한 과정은 모든 배움이나 창조에 반드시 필요한 요소다. 예를 들어 병도 우리에게 모든 과정에는 인내가 필요하다는 사실을 가르쳐준다. 우리는 몸이 아프면 의사에게 자신을 의탁하고, 우리를 밤낮으로 지켜보는 의사를 위해 기꺼이 그의 '환자'가 되어 인내하기를 선택한다. 그런 식으로 때로는 끔찍한 고통까지 수반하는 길고 긴 치료 과정을 참아내는 것이다. 아이의 경우도 마찬가지다. 아이는 자신의 능력을 벗어나는 어려운 상황에서 사랑과 신뢰로 가득 찬 부모의 시선을 인식하는 순간 모든 좌절과 실망을 이겨내고 무엇이든 '기다릴 줄 아는' 힘을 발견하게 된다. 우리는 누군가 참을성을 가지고 주의 깊게 우리를 지켜본다고 느낄 때 고통의 시련 속에서 성장하고, 경험을 통해 배우며, 가던 길을 중도에 포기하지 않고 끝까지 마칠 수 있다. 진정한 인내는 무릇 사랑이나 신뢰를 통해 얻어지는 법이다. 알랭도 지적한 것처럼, 진정한 인내는 증거 따위를 필요로 하지 않는다. 인내와 조급함. 욕망의 불과 싸울 때 우리는 이 두 가지를 잘 조절해야 한다. 타자에게 열린 모든 삶은 인내심과 적응력을 연습하는 훈련 과정이다. 인내심은 불가사의와 불완전성, 회의감, 무력감을 향해 마음을 연채로 우리의 신뢰에 호소한다. 수동성과 체념이 아닌 신뢰에 말이다.

*
**

알랭Alain, 《교육에 관한 어록Propos sur l'éducation》, 퓌프, 2015.
모리스 블랑쇼Maurice Blanchot, 《기다림, 망각L'Attente l'oubli》, 갈리마르, 리마지네르 총서, 2000.
에마뉘엘 레비나스Emmanuel Levinas, 《난감한 자유Difficile Liberté》, 리브르 드 포슈, 2003.
세네카Sénèque, 《행복한 삶De la vie heureuse》, 제에프플라마리옹, 2005.

그 마음의 정체

~
포근함

네 눈동자의 곡선이 나의 심장을 빙 두르고,

동그란 춤과 동그란 감미로움,

시간의 후광, 안전한 밤의 요람,

모든 경험한 것들을 내 기억하지 못하는 일이 있다면

그것은 네 눈이 언제나 나를 바라보지는 않았기 때문이리.

폴 엘뤼아르,

《고통의 수도》(1926),

갈리마르, 포에지 총서, 2009.

포근함을 뜻하는 프랑스어 두쇠르douceur는 하늘, 생각, 색채, 시선, 말, 애무, 몸짓 따위를 묘사할 때 쓴다. 이에 상응하는 라틴어 둘치스 dulcis도 '감미로운 맛'을 의미한다. 그러나 우리는 때로 소중한 사람들에게도 이 단어를 사용한다. 이때 포근함이란 일정한 사물, 혹은 존재를 향한 육체적이고 관능적인 '애정', 감각적 관계를 의미한다. 포근함은 기분이 아니라 감각이다. 이 가볍고도 부드러운 느낌은 다정함, 연민, 신뢰, 선의, 인내 등과 결부된 오만 가지 감정들 혹은 기분들로 주위가 빙 둘러싸여 있다.

포근함은 우리를 무장 해제시키는 순수함을 떠올리게 한다. 이를테면 곤히 잠든 아이의 새근거리는 숨결을 닮은 무엇이다. 우리는 곤히 잠든 아이를 사랑스러운 눈길로 굽어보며 저도 모르게 언제까지나 곁을 지키며 보호해주고 싶다는 생각에 잠긴다. 포근함은 관계를 형성한다. 포근함은 느릿함과 감각, 섬세함에 호소하고 돌발적인 몸짓은 멀리한다. 그러나 포근함은 단순히 보살핌에만 국한되지 않는다. 포근함은 단순한 보살핌을 뛰어넘어, 타자의 연약함을 감지하고, 슬픔이나 고통, 회피, 두려움, 혹은 지배에 무릎 꿇지 않으며 타자의 마음을 어루만지고 타자의 말에 귀를 기울이려는 어떤 선행을 행하려는 의도를 뜻하기 때문이다. 그리하여 자기 자신을 초월한 것을, 우리를 생명과 연결시켜주는 것을 지켜내려고 하는 마음이기 때문이다. 안느 뒤푸르망텔은 "포근함이란 생명을 품고, 생명을 구하고, 생명을 키워가는 지적 능력"이라고 말했다(《포근함의 힘》).

우리를 '건드리거나' 스쳐지나가는 저 포근함 속에 담긴 무엇인가는 불가사의한 방식으로 사방으로 퍼져나간다. 마치 생명의 움직임처럼 말이다. 그것의 느릿느릿하고 규칙적인 숨결은 우리의 기억을 파고들어 어린 시절의 흥취, 다시 말해 우리가 지금도 여전히 은밀한 흔적을 간직하고 있는 저 인생 초기의 유약함과 경이로움을 되살려낸다. 포근함은 관능적인 현존에 의해 우리가 마침내 시간과 화해하게 해준다.

포근하다는 건 무엇보다 불가사의하고 모호한 것들과 공존하며, 인간의 연약함을 인식할 줄 아는 걸 의미한다. 삶을 지배하려는 유혹에 제동을 걸 줄 아는 걸 뜻한다. 그러나 그것은 결코 우리가 세계 밖에 존재하기 위해서가 아니다. 우리가 살아내고 보존해야 할 것들 한가운데 보금자리를 틀기 위함이다. 포근함은 무단 침입의 반대말이다. 포근함은 억지로 장악하는 법이 없다. 왜냐하면 포근함은 절대 막무가내로 거칠게 상대를 건드리지 않으며, 상대 역시도 믿음을 가지고 포근함에 몸을 내맡기기 때문이다.

우리는 항시 포근함을 명확히 규정하거나, 포착하거나, 통제하거나, 유발하기를 원한다. 그러나 포근함은 야수마냥 우리의 손을 하염없이 벗어난다. 시선이나 얼굴 속에 담긴 포근함은 절대 길들여지지 않고, 언제나 감각의 심연 속에 깊이 자리를 잡은 채 은밀하게 숨어 있다. 아마도 포근함이 두려움을 유발하는 것은 모두 그 때문이리라. 포근함의 소멸은 비극처럼 체험된다. 동시에 포근함의 결핍은 치명적인 상처로 경험된다. "우리가 시각과 촉각과 청각과 미각을 통해 무엇인가를 미세하게나마 인지하며 더 이상 인생을 어쩔 수 없는 숙명이라고 여기는 감정을 벗어날 때 비로소 포근함도 생겨난다. 포근함은 내면의 두려움을 능히 무너뜨린다."(《포근함의 힘》, 92)

우리의 편견과 달리 포근함은 나약함이나 애교와는 일절 관계가 없다. 포근함은 말하자면 '능동적인 수동성'으로 간주된다. 먼저 존재나 사물에 영향을 미치는 변화의 힘으로 작용한다는 점에서 능동적이다. 그러나 변신의 과정이 항상 타자에 대한 신뢰와 일정한 시간을 요한다는 점에서는 수동적이다. 포근함의 힘은 폭력의 침입을 되돌려 보내지만, 그럼에도 그것을 완전히 소멸시키지는 않는다는 데 있다. 포근함이 나타나 모든 지배력을 무너뜨릴 때, 포근함은 화해나 저항의 힘이 되어 끈질기게 지속된다. 포근함은 무엇을 굽히거나 그치게 하는 대신, 그저 나약함과 대면하는 것만으로 자신을 장악한 힘을 무너뜨린다. "사물이나 존재에 대해 포근하다는 것은 그것의 불충분함, 불안정성, 내재성, 어리석음 등을 있는 그대로 이해한다는 것이다. 포근하다는 건 고통과 배제, 잔혹함 위에 더 더해지기를 바라는 것이 아니다. 상대의 약점을 있는 그대로 받아들이는 타자와의 관계, 감도 높은 인간애의 장을 새롭게 만들어내려는 것을 뜻한다."(《포근함의 힘》, 29)

포근한 존재에게서 자주 찾아볼 수 있는 특징인 평정심은 고통과 연약함, 고독 등을 마주할 때 우리 속에 임하는 신의 은총과 비슷하다. 평정심은 선을 알아보는 지성의 능력을 영속시켜주며, 우리가 언제나 타인을 보호하고 타인의 고통을 멈추도록 노력하게 해준다. 포근함은 겉으로는 유약하고 우유부단한 듯이 보이지만, 우리가 올바르게 살아가도록 만드는 강력한 영혼의 힘으로 나타난다. 마르쿠스 아우렐리우스는 《명상록》에서 명징한 평온 상태, 영혼의 균형 상태인 *아이콰니미타스* **aequanimitas**를 갖추라고 주장했다. 그러나 평정심이란 목석처럼 냉정해지라는 말이 아니다. *진지함*(그라비타스 gravitas)과 *포근함*(수아비타스 suavitas)을 적절히 조화시키라는 의미다. 특히 아우렐리우스는 이러한 평정심을 남성의 자질로 간주했는데, 평정심 속에는 용기와 힘이 깊이 자리하고 있다고 여겼기 때문이다.

포근함의 정반대는 난폭함이나 과격성이 아니다. 무력한 부드러움이다. 육체적인 것, 혹은 육체적인 것이 지닌 과격성과 단절된 무력한 부드러움이란 그저 포근함의 변질에 지나지 않는다. 변질된 포근함은 마치 우리에게 아름답기 그지없는 영원한 행복과 평온을 가져다줄 것처럼 자처한다. 그러나 실상 포근함이 분쟁을 회피하기 위한 자기희생 혹은 단념에만 그칠 때, 포근함은 본질을 잃어버릴 수 있다. 왜냐하면 공격성과 분노도 때로는 살아 있는 생명을 보호하는 데 도움을 주기 때문이다. 또 포근함은 가물가물한 불빛 아래서 눈에 보이지 않는 실로 부지런히 포근함의 옷을 직조하다, 외설성의 환한 빛이 비춰지는 순간 홀연히 자취를 감추어버린다. 포근함은 어떤 수단이나 도덕적 태도가 아니라, 일종의 감각을 의미하기 때문이다. 역설적이게도 포근함이라는 감각은 우리가 돌연 제멋대로 고동치는 심장 박동과 아득한 현기증을 느끼며 잠시 '머뭇거리는' 모습을 보일 때 나타난다. 더는 우리를 '지탱해줄' 무엇인가가 아무것도 없을 때 비로소 포근함이 우리를 재앙으로부터 구원해준다.

**

마르쿠스 아우렐리우스Marc-Aurèle, 《명상록Pensées pour moi-même》, 마리오 뫼니에 편저, 제에프플라마리옹, 1964.
안느 뒤푸르망텔Anne Dufourmantelle, 《포근함의 힘Puissance de la douceur》, 파이요, 2013.

그
마
음
의
정
체

~

권태

나는 그곳에서 하얀 커튼 사이로

스며드는 따스하고 깨끗하고 정확한 빛을 발견했다.

내가 너무나 잘 아는 빛이었다.

그 빛 속에서 권태, 다시 말해 나와 사물 사이에 관계의 부재는

지나칠 정도로 정상적인 모습으로 비쳐졌다.

그러나 그렇다고 해서 덜 고통스러운 것은 아니었다.

아니 어쩌면 그 때문에 여느 때보다 더 고통스러웠는지도 모른다.

알베르토 모라비아,

《권태》(1960),

제에프플라마리옹, 1998.

가끔은 우리가 그것을 속일 때도 있지만 대개는 우리가 감쪽같이 속아 넘어간다. 우리는 그것을 한눈에 잘 알아보지 못한다. 그것은 아주 섬세하면서도 이중적인 얼굴을 하고 나타나기 때문이다. 때로는 울적함,

피로, 나른함의 얼굴을 하고 나타나기도 하고 때로는 *아케디아*acedia, 영적 권태, *사우다지*saudade, 그리움, 신경쇠약의 모습을 띠고 나타나기도 한다. 죽음, 태양, 혹은 밤처럼 그것도 역시 우리가 '자신을 정면으로 바라보도록' 가만히 내버려두지 않는다. 왜냐하면 그것은 어디에나 존재하고, 어디서 튀어나올지 종잡을 수 없기 때문이다. 그것은 이유나 원인이 없으며, 쉽게 감지되지도 않을 뿐더러, 순식간에 종적을 감춰버린다. 그것은 무위의 형태를 띨 때는 거의 아무것도 아닌, 어느 누구나 살면서 느끼는 아주 사소한 고통에 불과하지만 귀찮고 성가신 골칫거리로 변하는 순간, 견딜 수 없는 무거운 고통이 되어 우리를 짓누른다. 권태의 풍경은 부연 안개 같은 기이한 슬픔으로 뒤덮여 있다. 권태의 풍경 속에서는 현실의 질감이나 윤곽이 전부 흐릿하게 지워져버린다. 모든 것이 평범하고 밋밋하고, 어떤 특별한 색채나 맛, 형태도 존재하지 않는 양 느껴진다. 권태에 빠진 사람은 허공에 잠긴 감정과 감각들로부터 속속 본질을 떼어내어, 사방에 무기력하고 무심한 시선을 던진다. 권태가 견디기 힘든 건 손으로 만져지지 않기 때문이다. 마치 비현실적인 감각 속을 둥둥 떠다니는 듯한 느낌을 준다. 권태에 빠지는 순간 우리는 현실에서 분리된 듯, 자신이 기계적으로 느릿하게 작동하고 있다는 느낌에 사로잡힌다.

권태는 무척이나 까다로운 데이트 상대다. 아무리 기다려도 제때 나타나는 법이 없고, 오더라도 아무 말 없이 가만히 있기만 해서 그러다 우리를 말려 '죽일 것'만 같다. 권태를 손에 쥐고자 한다면 간교함이나 번드르르한 말은 삼가야 한다. 그렇지 않으면 권태는 흔적도 없이 사라져버릴 것이다. 진심으로 권태를 '새로운 언어로 옮기기'를 원한다면 분석 자체가 이미 끈적거리고 진득거려야 한다. 모호하고 완곡한 표현, 삽입절과 반복 어구, 무수한 부사의 나열로 가득 채워야 하는 것은 물론이고 느릿느릿 구불구불한 길을 돌고 돌아 몽롱한 시간들이 한도 끝도 없이 이어질 수 있도록 만들어야 한다. 이 경우, 저자와 독자들은 한 번 하품을 하고 다음 하품을 하기 전에 어쩌면 권태에 빠지는 게 아니라 단잠에 먼저 빠져들 수도 있다.

그럼에도 어쨌든 모든 사람은 나름대로 권태를 경험한다. 근심이 우리를 수다스럽게 만든다면, 권태는 근육 경직을 일으키고 신경 전달을 방해하듯이 모든 말을 마비시켜버린다. 우리가 니체나 쇼펜하우어, 레오파르디가 되려는 게 아니라면, 권태에 대해 이야기하기 위해서는 아직 권태에 이르지 않았거나 혹은 이미 권태의 순간이 지나간 이후, 다시 말해 약간 심심한 상태로 머무를 필요가 있다. 어떤 식으로든 권태를 다루고자 한다면 먼저 권태를 '객관화'해서 바라볼 수 있어야만 한다. 그러면 비로소 토마스 아퀴나스가 말한 영적 권태인 *아케디아*나 시오랑이 말한 권태지상주의, 우울과 우수, 더 나아가 먼 것의 가까움이 제기하는 고통을 의미하며 하이데거식 향수의 정의에도 부합하는, 이주자나 망명자의 가슴을 옥죄던 *사우다지* 등에 대해서도 효과적으로 분석해볼 수 있을 것이다. 한편 언어학적 접근법을 통해 우리는 권태롭다는 표현이 아랍어로는 "유일한 걱정거리가 젤라바의 두건뿐이다"임을, 라디노어로는 "뇌의 부스러기를 먹다"임을, 동아르메니아어로는 "심장이 마모되다"임을, 로마니어로는 "자기 몸에 사는 이들과 이야기를 나눈다"임을 깨닫게 될 것이다.

그러나 권태에 아무리 숱한 이름을 가져다 붙일지라도 결국 그것이 지칭하는 내용에는 아무런 변함이 없다. 장소가 바뀐다고 권태의 의미가 달라지겠는가? 군이 주둔 중인 도시, 물의 도시, 시골의 작은 읍내에서도 분명 우울한 권태, '영혼의 감미로운 음악', 생의 의지를 사라지게 만드는 *타에디움 비타에*taedium vitae가 일어날 것은 분명하다. 권태를 지리학적으로 논한다는 것이 정말 가능한 일일까? 어쨌거나 우리가 어디를 가든 권태를 피할 수 없는 것은 권태가 시간 속에 자리 잡고 있기 때문인데 말이다.

매순간 의식은 외부의 세계나 내면의 세계에서 '일어나는' 것으로부터 자극을 받는다. 경험으로서의 시간은 의식이 각각의 사건들을 '흘려보내는' 속도나 강렬함에 좌우된다. 각각의 사건은 우리가 보통 시계, 혹은 생체 시계, 사회적 시간, 역사적 시간 등으로 측정할 수 있는 일정한 객관적인 시간의 길이를 갖는다. 그러나 이 시간들이 항상 조화를 이루는 것은 아니다. 주의를 집중할 때 의식의 시간은 다른 모든 시간을 '무화'시킨다. 말하자면 우리가 흔히 표현하듯 "시간이 흐르는 것도 알아채지 못하는" 상태에 이르고 만다. 반대로 무엇인가를 기다릴 때 의식은 무력감을 경험한다. 오지 않는 버스를 오게 만들 수 없는 우리는 경험으로서의 시간을 마치 텅 빈 공간에 가구를 채워 넣듯 어떤 식으로든 채워 넣으려고 한다. 땅바닥에 떨어진 담배꽁초를 바라보거나, 손톱을 질경질경 물어뜯거나, 수십 번도 넘게 노트북에 고개를 처박았다가 일어나기를 반복하거나, 정류장에 붙어 있는 게시물을 질리도록 읽고 또 읽는

그
마
음
의
정
체

식으로 말이다. 권태 속에서는 '사물의 시간'이 온갖 요청(읽어야 할 책, 손봐야 할 수도꼭지, 끝마쳐야 할 장보기 등)을 보내오지만 정작 의식은 단 하나의 요청에도 제대로 응하지 못한다. 장보기는 계속 미뤄지고, 책은 손에서 떨어진다. 쟝켈레비치가 지적한 것처럼 무료함에 빠진 의식은 더 이상 시간의 풍요로움을 자본처럼 축적하지 못한다. 그리하여 자기 자신이 연출하는 허무극을 무력하게 관람할 뿐이다. 무료한 의식은 어떤 '초대'에도 응한 적이 없기에 자신을 만나려 잠시 '지나가는' 존재도 없다. 그렇기에 그의 눈에는 마치 '시간이 지나가지 않는 것'처럼 느껴지는 것이다.

알랭이 말한 것처럼 권태는 "너무나도 흔한 무형의 고통, 어쩌면 모든 정념의 은밀한 기원"이라고 할 수 있다(《행복과 권태에 대하여 외》, I). 어쩌면 권태는 완전한 무無 상태라고는 할 수 없지만 어쨌거나 우리의 정신이 길을 잃고 헤매게 만들고, 우리의 의지가 불안에 마비되어 꼼짝도 하지 못하게 만드는 저 헤아릴 길 없는 깊은 어둠과 대면하는 일인지도 모른다. 그런 의미에서 권태는 모든 "위희*"를 가로막는 동시에, "자세히 들여다보면 너무나도 비참해서 그 무엇으로도 절대 위로가 되지 않는", "언젠가는 죽을 수밖에 없는 나약한 존재라는 인간의 숙명에서 비롯된 자연적인 불행"에 가깝다고 파스칼(《수상록》, 139)도 말한 것이리라.

그러나 알베르토 모라비아는 소설 《권태》(1960)에서 그와는 조금 다른 시각을 제시한다. 이 이탈리아 작가는 권태란 위희의 반대가 아니라 오히려 "위희와 아주 비슷하다"고 지적한다. 권태란 "매우 특별한 종류의

---

* 원어는 'divertissement'다. 모든 본질적인 문제를 외면하게 만드는 유흥 활동, 유희적 활동을 뜻한다. 발음대로 '디베르티스망'으로 옮기기도 한다.

기분 전환과 망각을 가져다주기" 때문이란다. 소설 속 주인공 디노의 눈에 현실은 그저 한낱 물질들의 집합체, 낡아빠진 기계의 세계로밖에는 보이지 않는다. 현실은 그의 내면에 '부조리한 감정'만 불러일으키며 '현실의 삶을 좀처럼 긍정하지 못하게' 만든다. 주인공은 그처럼 투명한 무균 인큐베이터 속에 갇힌 채 감정이나 욕망이 일어나려고 할 때면 언제나 알맹이 없는 공허한 지적 성찰만을 반복한다. '대체 그것이 다 무슨 소용이란 말인가?' 그럼에도 그의 권태는 정신의 무기력증이나 혹은 활력의 결핍에서 비롯되는 것이 아니다. 진정한 존재의 균열로부터 비롯되는 듯이 보인다. 한마디로 모든 감정이, 욕망을 현실로 이어줄 수 있는 모든 가능성이 해체되고 소멸되었기 때문이다. 그런 의미에서 그에게 현실은 그저 사랑으로부터 버림받은 결함투성이에 무분별한 세상일 뿐이다.

그는 체칠리아라는 여자를 만나고 별안간 욕망이 되살아나는 것을 느낀다. 그러나 욕망에 사로잡힌 그는 정작 체칠리아와 합일을 이루며 권태에서 벗어나게 해줄 관능적인 감정들을 고양하기를 거부한다. 마치 그가 집착하는 것은 고통 그 자체이기라도 한 것처럼 말이다. 그는 권태롭기를 자청한다. 왜냐하면 권태는 오히려 그가 현실의 욕망과 직접 대면했을 때 사로잡힐 수 있는 온갖 불안으로부터 자신을 지켜주기 때문이다. 그런 의미에서 권태는 일종의 위희이자, 온갖 정념의 냉탕과 온탕을 오가며 겪게 될 고통을 피하기 위해 현실과 모든 접촉을 거부하고 현실을 '정지'시키는 수단인 것이다.

그것은 어떤 비극적인 색채를 띠는 '형이상학적' 형태의 권태이기도 하다. 단순한 패배의 시인을 넘어, 비단 자기 자신만이 아닌 자신의 가능성에 대한 '신앙'과 믿음에도 금이 갔다는 의미를 지닌다는 점에서 말이다. 어쨌거나 권태에 빠진 자는 곧 체념한 자와도 같다. 그는 더 이상 자신의 이성이 세계를 포착하고, 자신의 모호한 마음이 진정한 의지로 바뀌고, 자신의 욕망이 욕망을 충족해줄 대상을 찾아내고, 자신의 육체가 안락의자에서 몸을 일으키거나 책을 집어 들기 위해 손을 뻗을 수 있을 만큼의 기력이 남아 있다고는 전혀 생각하지 못한다. 그러나 이런 의지 상실과 무기력증이 "우리의 뇌를 불사르는 불길"을 더욱 부채질하며, "우리의 심장을 갉아먹는 어두운 적"으로 변하지 않게 막기 위해서(《악의 꽃》에서 보여준 보들레르의 화법을 따른다면), 권태에 빠진 자는 결국 마지막 남은 힘을 쥐어짜 자신이 느끼는 동기의 부재와 나약함의 원인을 전부 세계 탓으로 돌려버린다. 실은 내가 '권태에 빠진 것'도, 귀가 먹은 것도 아니다. 바로 저 세계가 지루한 것이다. 저 세계가 말을 잃은 것이다. 세계가 초라하고 우중충하고 단조롭고 밋밋하며 매력적이지 못한 것이다.

두 경우 모두 고통이 존재하지만 고통의 종류는 각기 다르다. 하나는 옹색함에 따른 고통이고, 다른 하나는 오만함에 따른 고통이다. 먼저 여기서 옹색함은 존재의 초라함을 의미한다. 초라한 존재는 의식의 불이 꺼져, 어떤 색채나 입체감도 세계에 투사할 수 없는 채로, 오로지 자기 속에만 고립된 채, 가슴 속에 공허함만 지니고 있다고 스스로 느낀다. 이런 자에게 시간은 그저 찔끔찔끔 흘러갈 뿐이다. 이 경우 모든 창조적인 생명력은 '정지'해 버린다. 그리하여 권태가 가져다주는 것은 오로지 진정한 '비탄' 내지는 황폐함뿐이다. 세계가 너무나도 풍요롭다 보니, 그에 견주어 내 자신은 너무나도 옹색하고 쓸모없는 존재로만 느껴지는 것이다. 반면 오만함으로 인한 권태가 보여주는 운동은 그와는 정반대로 작동한다. 세계는 너무나도 보잘 것 없는 자극으로 내게 호소하는 반면, 내 자신은 너무나도 풍요롭고, 세계에 대해 넘치는 욕망과 의욕, 지성, 갈망을 보인다. 이런 종류의 권태에서는 경이로운 감정이 커질수록 그에 비례해 권태로운 감정이 사라진다. 가령 온갖 놀이기구와 구경거리가 만발한 마을축제가 열리는 날이면 아이는 모든 것에서 경이로움을 느낀다. 어느 빛 하나, 진열대 하나, 구경거리 하나 아이의 시선을 사로잡지 않는 것이 없다. 모든 것이 아이의 눈을 반짝반짝 빛나게 하다. 반면 여느 저녁 파티의 경우에는 권태로운 자의 마음을 울리고, 그의 '흥미를 끌고', 그를 '사물 한가운데 존재'하도록 끌어당길 수 있을 만큼 충분히 빛나고 눈길을 끄는 것이란 존재하지 않는다. 무한한 욕망, 심지어 숭고하고 고독한 저 고통의 눈으로 바라볼 때 모든 것은 그저 보잘 것 없고 미천하게만 느껴질 뿐이다.

결국 권태롭다는 것은 무엇을 줄 줄도 모르지만 받을 줄도 모른다는 것을, 두 가지 사이에 머무른다는 것을 의미한다. 때로는 부드럽고 모호하며 또 때로는 가혹하고 고통스럽기 그지없는 이 '중간 상태'에서 의식은 좀처럼 세계를 향해 돌진하지 못하고, 세계가 의식 속에 들어갈 길을 찾아내지도 않는다. 그러나 그렇다고 이것이 권태가 고독이고, 고독이 권태라는 의미는 아니다. 권태로운 의식은 욕망이 없다는 뜻이다. 타자성을 향해 '나아가거나', 타자성을 욕망하거나, 타자를 사랑할 힘이 없다는 의미다. 우리도 이미 잘 알고 있지 않은가. 인간은 권태로울 때 아무리 시간을 벌어도 시간을 허비하는 것 같고, 사랑하는 사람과 시간을 '허비' 할 때는 시간을 버는 것과 다르지 않다는 사실을 말이다. 사물 혹은 타 자와의 관계에서 중요한 것은 '관능적인' 방식으로 현실과 직접 대면하 기 위해 앞으로 전진하는 것이다. 그리하여 현실과의 만남을 통해 비로 소 우리는 자기 자신에게서 벗어나 경이로움과 아름다움에 도달할 수 있으리라.

*
**

블라디미르 쟝켈레비치Vladimir Jankélévitch, 《모험, 권태, 진지L'Aventure, l'Ennui, le Sérieux》, 오비에몽테뉴, 1963 ; 플라마리옹, 샹 총서, 2017.

알랭Alain, 《행복과 권태에 대하여 외Du bonheur et de l'ennui et autres textes》, 갈리 마르, 폴리오 사제스 총서, 2016.

벤냐민 퐁단Benjamin Fondane, 《보들레르와 심연의 체험Baudelaire et l'Expérience du gouffre》, 세게스, 1948.

샤를 보들레르Charles Baudelaire, 《악의 꽃Les Fleurs du mal》(1857), 클로드 피슈 아 엮음, 갈리마르, 포에지 총서, 85, 2005.

라스 스벤젠Lars F.H. Svendsen, 《권태의 철학Petite Philosophie de l'ennui》, 파야르, 2003.

아르투르 쇼펜하우어Arthur Schopenhauer, 《의지와 표상으로서의 세계Le Monde comme volonté et comme représentation》(1819), 오귀스트 뷔르도 번역, 퓌프, 1966 ; 퓌 프, 콰드리지 총서, 2014.

디디에 노르동Didier Nordon, 《권태. 풍요로운 우울L'ennui. Féconde mélancolie》, 뮤타 시옹 총서 특별호, 오트르망, 175, 1998. 1.

~

피로

한 걸음에서는 피로가 느껴지지 않는다.

천 걸음에서도 마찬가지다.

그러다 별안간 천 한 걸음 째부터 피로가 느껴지기 시작한다.

사실 단 한 걸음이 더해졌다고 피로가 만들어진다는 건

곧 피로가 이미 그 전부터 존재해왔음을,

우리가 비록 눈치 채지는 못했지만

언제나 우리가 느끼는 피로에 선행해 존재해왔음을

의미한다고 보는 것이 이치에 맞지 않을까?

하지만 우리가 느낄 수 없는 피로란,

지각할 수 없는 피로란 대체 어떤 것일까?

장루이 크래티앵,

《피로에 대하여》,

미뉘, 1996, 23~24.

육체는 떨어져 나가는 것 같고, 근육은 둔해지고, 호흡과 몸짓은 더뎌진다. 더는 읽고 있던 책에도 주의를 집중할 수 없고, 곁에서 종알거리는 말소리도 들려오지 않는다. 사실 우리가 자유롭게 선택한 활동이나 한바탕 신나게 놀고 난 후에 찾아드는 피로라면 꼭 불쾌한 것만은 아닐 테다. 때로는 이처럼 노곤하고 나른한 종류의 피로도 분명 존재한다.

외부의 자극이나 소란과 철저히 차단되어 포근한 공간에 몸을 웅크리고 싶을 때 우리는 피로에 한껏 몸을 내맡기기도 한다. 이때 피로는 '가름막' 역할을 한다. 왜냐하면 피로는 우리에게 잠시 조용히 뒤로 물러날 것을 호소하고, 모든 응답과 행동과 시련을 요하는 것들과 멀찍이 거리를 둘 것을 은밀히 요구하기 때문이다. 마치 그래야만 온갖 자극과 요구가 없는 곳에서 충분한 에너지를 재충전할 수 있기라도 하듯이 말이다. 말하자면 피로는 우리를 위해 '일정한 공간을 만들어'준다. 그리하여 우리가 잠시 자기 자신으로 돌아가, 무엇과도 '연결되지 않은 상태'가 되도록 해준다. 그러면 절대적인 감미로운 수동 상태에서 우리는 아마도 '활동 중'이었다면 결코 붙들 수 없었을 온갖 감각과 생각, 그리고 몽상들을 온몸으로 받아들일 수 있게 된다. 지긋지긋하고 고달픈 피로와는 거리가 먼 이런 종류의 나른한 피로는 존재와 사물의 틈을 벌려 우리를 세계로부터 격리시키고, 비로소 '소통 단절 상태', 평화롭고 고요한 상태, 오로지 고독과 행복감으로만 충만한 상태가 되도록 해준다. 마치 빡빡한 일정을 소화해낸 바쁜 하루가 남긴 흔적처럼 말이다. 페터 한트케도 이러한 상태가 주는 효능, "명징한 의식", 기이한 깨달음에 대해 말한 적이 있다. 이런 종류의 피로는 통찰력의 근원이 되어 우리와 세계 사이에 새로운 관계의 가능성을 열어줄 수 있다. 우리를 사회적 역할에서 벗어나, 모든 것을 '내려놓고', "영원한 문제아인 자기 자신을 기적적으로" 소멸시킴으로써, 무엇인가 새로운 차원의 상태를 둥둥 떠다니는 듯한 느낌에 사로잡히도록 해준다. 이 새로운 차원에 도달하면 마치 "경계선상에 서 있는" 듯한 느낌이 찾아든다. 주위의 현실 세계에 존재하는 동시에 그곳에서 완전히 초탈한 듯한 이중적 느낌에 휩싸이는 것이다. 이런 종류의 피로는 우리에게 무엇인가를 "보여주는" 놀라운 재능을 갖고 있다. 우리가 종종 지나치게 의식을 집중하고 있는 상태를 벗어나, 세계 전체를 한눈에 볼 수 있는 관조의 기쁨을 한껏 만끽하게 해준다. 이처럼 "밝은 눈을 지닌 피로" 상태에서는 별안간 "세계가 아무런 말이 없는 침묵으로 내게 자기 이야기를 들려주는 것"이다.(페터 한트케, 《피로에 관한 에세이》)

그러나 억지로 힘을 쓴 뒤 찾아드는 피로는 이런 종류의 피로와는 전혀 다르다. 바이스를 꽉 조이듯 우리의 정신과 육체를 마구 쥐어짜 무겁게 짓누르고 압박하고 상처를 입힌 뒤, 모든 행동, 모든 운동, 모든 말, 모든 생각을 마비시켜버린다. 프랑스인들이 일상적으로 '피로한 상태'를 '파열된 상태'에 비유하는 것은 나름 일리가 있다. 피로가 찾아드는 순간, 우리는 우리의 존재가 '밖으로 새어나가서', 공허하고 무기력하고 추한 모양세를 취하고, 훨씬 더 '말랑말랑한' 상태로 변해버리는 듯한 기분에 휩싸이곤 하지 않는가(물론 이런 말랑말랑한 상태가 됐다고 우리를 둘러싼 물리적, 사회적 환경에 적합한 모양으로 '모습을 변화'시킬 수 있는 것은 아니지만 말이다).

물론 피로는 일정한 욕구를 표현한다. 푹 쉬고 싶다는, 곧히 단잠을 자고 싶다는 욕구를 대변한다. 잠은 일부 신체 기능의 속도를 늦추어 우리 몸이 외부 세계를 향한 행위와 그에 수반되는 변화를 위해 아무런 반응을 하지 않아도 되게 해주는 것은 물론, 외적 세계가 가하는 모든 압박에서도 자유롭게 해준다. 반면 피로는 '각성된 수면 상태'와 비슷하다. 본래 가능했던 세계를 향한 행위가 피로한 상태에서는 마치 '족쇄에 묶인 것처럼' 불가능하다고 느껴지고, 세계가 자신을 향해 가하는 행동 역시 너무나 무겁고 가혹해 자신은 그에 대해 어떤 '반응'도 보일 수 없다고 느끼게 만든다. 그러나 '파열된 상태'란 단순히 무엇인가가 '새어나가는 것'만을 의미하지는 않는다. 그것은 동시에 죽음을 표현하는 방식이기도 하다. 피로란 '싸움'(*아곤*agon)의 한시적 중단, 즉 '죽음'(*아고니* agonie)과 비슷한 무엇을 의미한다. 왜냐하면 피로는 육체의 약화를 표현하는 징후로서 나타나기 때문이다. 다시 말해 육체는 더 이상 육체를 훼손하고, 마모시키고, 부식시키고, 빈껍데기로 만들어버리는 내·외부의 자극에 대해 아무런 반응도 보이지 못한 채 벌거숭이 상태로 노출되어 결국엔 경직되고, 굽고, 주저앉고, 생명력을 잃어버렸기 때문이다. '생명력을 잃은 듯한' 느낌은 실제로 생명 유지 기능에 문제를 일으키는 각종 질병들이 보이는 병리적 징후이기도 하다. 때로는 육체적 질병뿐 아니라 심리적 질병 역시 생명 유지 기능에 문제를 일으킨다. 불안증이나 우울증의 경우 심리적인 긴장감이 육체의 에너지를 소진시키기도 하지 않는가.

마라톤 선수가 비틀대며 주저앉는다. 벽돌공은 가지고 있던 흙손을 손에서 떨어뜨리고, 트럭 운전사는 길을 제대로 분간하지 못하며, 노인은 도저히 입까지 숟가락을 가져갈 기력을 내지 못한다. 때로는 노동을 하기도 전에 미리 피로가 찾아오기도 한다. 자전거 선수는 언덕을 오르기도 전에 페달에서 내려오고, 치과 의사는 오전에 진료할 환자의 이름이 빼곡히 적힌 대기 목록만 보고도 이미 죽고 싶은 심정이 된다. 노동자는 아침에 눈을 뜨자마자 내일도, 모레도, 글피도, 또 변함없이 뼈 빠지게 일할 생각에 진저리를 친다. 놀다 지쳐 잠든 아이, 적당한 외국어가 떠오르지 않아 애태우는 이방인, 같은 자리만 하릴없이 오가는 한량, 종일 바짝 긴장한 자세로 지낸 탓에 허리 통증을 호소하는 '나소심' 씨, 산더미처럼 쌓인 일거리에 거의 정신줄을 놓아버리기 일보 직전인 '나바빠' 씨, 직장에서 얼른 자리를 잡기 위해 온종일 의욕적으로 일한 나머지 이내 녹초가 되어버린 신입 사원, 저녁이면 파김치가 된 얼굴로 퇴근하는 직장인……. 이처럼 피로의 형태는 오만가지도 넘는다. 장루이 크레티앵이 이른바 '피로의 다색화법'이라고 표현한 이러한 현상에 대해, 근의학도 심리학도 생리학도 노동사회학도 저마다 한 마디씩 거들고 싶어 입이 근질근질할 것이다. 그러나 만일 삶을 영위하는 데 필요한 모든 활동이 저마다 나름의 피로를 낳는 것이라면, 우리가 무엇을 하든, 이를테면 뭘 너무 많이 하거나 또는 전혀 하지 않아도, 어떤 식으로든 우리가 결국엔 피로를 느낄 수밖에 없는 운명이라면, 대체 어떻게 그런 모든 피로를 단 한 마디로 함축해 표현할 수 있겠는가? 피로를 단 한 마디로 표현한다는 것은 매우 어려운 일이다. 더욱이 우리가 피로의 무한한 형태(오늘, 내일, 모레 해야 할 일들을 머릿속에 떠올리는 것만으로도 벌써부터 몰려드는 압박감에서부터 시작해 강도 높은 육체적, 지적 노동 후에 찾아드는 피로감 혹은 인생살이 자체가 피곤한 무기력한 권태감에 이르기까지)들에는 어떤 것이 있는지 일일이 다 꿰뚫을 수도 없는 상황에서 피로가 무엇인지 말할 수 있는 능력을 갖추기를 원한다고 하니 말이다. 사실 피로 그 자체는 어떠한 의미나 본질도 지니지 않는다. 중요한 것은 우리가 '무엇인가'로 인해 지친다는 데 있다. 우리는 걷느라 지치고, 뛰느라 지치고, 너무 많이 자서 지치고, 너무 못 자서 지치고, 사랑을 받아서 지치고, 사랑을 해서 지치고, 사랑을 하지 않아서 지치고, 일을 하느라 지치고, 기다리느라 지친다. 친절한 사람, 주의 깊은 사람, 남을 잘 도와주는 사람 노릇을 하느라 지치고, 여행을 가서 치치고, 여행을 못 가서 지치고, 주기만 해서 지치고, 받기만 해서 지치며, 복종하는 것에도 지치고, 명령하는 것에도 지친다. 혼자여서 지치고, 혼자일 수 없어서 지치며, 집 안을 서성대기만 해서 지치고, 서성댈 공간이 없어 결국엔 다시 주저앉는 신세여서 지친다. 그리하여 우리는 '언제나 이미' 지친 상태로 살아간다. 세상에는 인간의 행동이나 생각, 혹은 인간의 존재 그 자체와 전혀 무관한 피로란 존재하지 않는다. 피로에는 시작(피로는 힘을 쓴 결과로만 존재한다)도 없듯, 끝(인간이 아무것도 하지 않는 상태로는 만들 수 없다)도 존재하지 않는다. 피로는 '그 자체로' 혼자 존재하는 것이 아니다. 피로란 인간 조건이 지닌 일면이다. 한마디로 우리가 시간, 공간, 육체, 일, 타자, 세계, 존재, 더 나아가 신과 맺고 있는 관계에서 비롯된다. 말이 나와서 얘기지만 신마저도 "인간이 되느라, 인간의 몸으로 육화하느라 지치거나, 지칠 가능성을 자초하고" 말았다지 않던가(장루이 크레티앵, 《피로에 대하여》, 71).

어찌하여 (높은 언덕을 오르기로 결심한 사이클 선수와 달리) 인간은 자신이 곧 지치리라는 사실을 분명히 인식하지 못한 채 지쳐가는 것일까? 어찌하여 인간은 지치지 않는 것이 불가능한 걸까? 그것은 인간의 가능성은 한정되어 있는 반면, 인간의 노력과 '적응'을 요하는 인간이 직면하는 현실 상황은 거의 무한대에 이르기 때문이다. 둘 사이의 간극은 거의 '한 세계'만큼이나 거대하다. 아기는 요람 위에 너무 높이 매달린 장난감을 손에 쥐기 위해 버둥거리다 지친다. 집으로 향하는 길에 만난 모퉁이 너머 언덕은 나의 눈에 너무나도 가파르게 느껴진다. 도끼질을 해야 할 나무는 너무나도 굵고, 계단은 너무나도 길며, 화면은 너무나도 밝아 눈이 아프다. 페인트 붓은 힘주어 바르지 않으면 좀처럼 외벽에 골고루 발라지지 않는다. 이처럼 세상에는 편하게 주어지는 것이 아무것도 없다. 무엇인가를 손에 넣기 위해서는 언제나 피로를 동반한 노력을 기울여야 한다. 물론 우리는 지치기 위해 사는 것이 아니다. 그러나 산다는 것은 분명 지치는 일이다. 왜냐하면 '지금의 나'가 하나의 존재로 영속하기 위해서는 끊임없이 현실의 대상을 나의 욕구와 욕망, 의지, 꿈 등에 '맞추기' 위해 부단히 노력하고 행동해야 하기 때문이다. 아리스토텔레스도 이미 오래 전에 그러한 사실을 깨달았다(《형이상학》, 〈세타〉, VIII, 1050b, 22~28, 혹은 〈람다〉, IX, 1074b, 27~28을 참조). 그에 따르면, 신(그리스 문화에 등장하는 신)이 지치지 않는 건 신이라는 존재 자체가 이미 생각과 완전한 합일을 이루고 있기 때문이다. 신은 그 자체로 '순수 현실태'이기 때문이다. 반면 인간은 언제나 지칠 수밖에 없는 존재다. 인간은 '잠재태'이며, 잠재태(조각에 필요한 재료인 대리석)에서 현실태(완성된 조각상)로 이행해야 하고, 따라서 육체·힘·질료·저항 등을 고려하지 않을 수 없기 때문이다. 장루이 크레티앵이 자세히 설명한 것처럼, 아리스토텔레스가 제기한 피로의 가능성은 "보통의 가능성이 아니다. 여기서 피로의 가능성이란 현실태로 이행해야 할 잠재태를 의미한다. 따라서 피로의 가능성은 단순히 경험적인 정보만 형성하는 것이 아니라, 모든 인간 존재의 존재론적인 조건 속에 깊이 자리하는 것이다."(《피로에 대하여》, 43)

피로는 모든 살아 있는 생물이 보여주는 어떤 생리학적 상태라기보다는 인간의 탁월함, 신의 능력과 가장 가깝게 해주는(혹은 영원토록 멀어지게 하는) 인간의 탁월함 속에 자리하고 있는, 이른바 인간 고유의 집인 셈이다. 다시 말해 어떤 종류의 육체적 힘을 사용하던 간에, 잠재태가 현실태로 이행되는 과정을 '진두지휘하는' 일종의 사유 활동이다. 한편 아리스토텔레스는 활동 그 자체로 인해 인간이 피로를 느끼는 것은 아니라고 지적했다. 말하자면 플룻 연주자를 피로하게 만드는 것은 플룻을 연주하는 행위 그 자체가 아니다. 매 순간마다 플룻 연주자로서 지녀야 할 능력을 총동원하여, 능력의 상태에서 실행의 상태로 이행해 나아가는 것이 플룻 연주자를 지치게 하는 것이다. 사실 플룻 연주 능력은 피로를 동반하지 않고는 얻을 수가 없다. 플룻 연주 능력을 얻기 위해서는 연주자 자신을 포함해 모든 인간이 천부적으로 타고난 배움의 능력을 더욱 성숙시킬 시간이 필요하기 때문이다. 다시 말해 선천적인 능력의 상태에서 후천적인 능력과 재능의 상태로 나아가야 하기 때문이다.

그 마음의 정체

233

따라서 우리는 무슨 일을 하든지 항상 피로를 느낄 수밖에 없다. 매번 가능성을 실제 현실로, 다시 말해 잠재태를 현실태로 바꾸어 나가야만 하기 때문이다. 그것은 모든 인간이 다 마찬가지다. 심지어 우리 주변의 존재들, 동식물들의 경우도 전부 똑같다. 모든 살아 있는 존재는 능력을 재능으로 바꾸어야 하고, 재능을 실제 활동으로 바꾸어야 한다. 그러니 항상 기진맥진한 상태가 될 정도로 무지막지한 노력을 기울일 수밖에 없는 것이다. 피로는 노력의 결과에서 비롯되는 것이기에 얼핏 부차적인 현상으로 비칠 수도 있다. 그러나 사실은 그렇지 않다. 피로는 언제나 '불완전'할 수밖에 없는 우리 존재가 지닌 어떤 본질적인 측면에 가깝다. 그러나 이런 실존적인 피로의 존재를 몸으로 직접 체감할 수 있는 것은 오로지 인간뿐이다.

인간이 신이라 부르는 완벽한 존재, 그 무엇도 결여된 것이 없고 그 자체로 온전한 '순수 현실태'가 되기를 바란다면, 스스로 영원불멸한 절대 부동 상태, 피로의 가능성 자체를 허용하지 않는 완전한 휴식 상태를 구현할 수 있어야 한다(세상을 창조하느라 너무나도 피곤한 나머지 일곱 번째 되는 날에는 휴식을 취해야 했던 성경 속 신과는 참으로 다른 셈이다). 그러나 인간은 영원히 '운동을 하도록' 운명 지어진 존재이기 때문에 피로로부터 자유로울 수 없다. 여기서 말하는 '운동'의 의미를 생성과 부패, 증가와 감소, 형태·중량·색채의 변화로까지 널리 확장할 수 있다면 말이다. 예를 들어 한 장소에서 다른 장소까지 걸어가는 행위와 같이, 인간이 보여주는 모든 운동 속에는 시작과 끝이 존재한다. 보행자는 자신이 가고자 하는 목적지에서 볼 때 아직은 잠재태로만 존재할 뿐이다. 그리고 그곳에 현실태로 존재하는 순간 비로소 걸음을 멈출 것이다. 일반적으로 운동이라고 함은 두 상태 사이에서 일어나는 현상이다. 말하자면 최종 목적지가 계속 목적지로 남아 있는 동안만, 어느 정도 잠재태의 상태가 지속되는 동안만, 보행자가 목적지에 도달할 수 있는 능력이 여전히 현재의 능력으로 남아 있는 동안에만 운동이 지속되는 것이다.

그러한 의미에서 극한의 피로는 "더 이상은 못 하겠어"라는 저 훌륭한 문장으로 표현되는 것이리라. 이 말은 곧 우리가 밤의 끝에 도달했다는 의미이자, 모든 능력의 극한점에 도달했다는 의미다. 만일 휴식이라는 순간적인 작은 죽음이 우리를 '편안히 쉬게' 해주는 대신 또다시 수많은 가능성에 불을 지피고 언제나 그렇듯 다시금 새로운 피로를 향해 돌진하도록 만든다면, 결국 그것은 죽음과 완전히 동일한 것이 되어버리고 말 것이다.

앞서 말한 것처럼 때때로 피로는 그저 단순히 노곤하고 몽롱한 상태의 가벼운 피로가 될 수도 있다. 하지만 이러한 피로도 강압, 굴종, 노동의 소외 등과 결부되는 순간 마치 가슴 언저리에 무거운 바윗덩어리가 놓인 것처럼 우리를 무겁게 짓누르고 파괴할 수 있다. 때때로 피로는 옛 은둔 수도사들에게서 나타나던 영적 권태, 즉 모든 시도를 돌연 무가치하게 바라보게 만드는 저 *아케디아*와 결합하기도 한다. 또 그런가 하면 블라디미르 장켈레비치가 만사 중간 상태로 멈춰선 채 좀처럼 시간의 풍요로움을 자본처럼 축적하지 못한다고 지적한 저 권태와 뒤섞이기도 한다.

권태는 시간성의 변형과 연관이 깊다. 다시 말해 권태는 더 이상 시간이 '흐르지 않게'할 만큼 시간의 '원활한 흐름'을 가로막는다. 그러나 피로는 권태의 쌍둥이 형제가 아니다. 그저 상황이 맞아 서로 손을 맞잡는 동맹에 불과하다. 이를테면 권태가 더는 세상의 요청에 응답하지 못할 때 피로가 구원 투수로 등장해 권태를 도와준다. 피로는 육신을 더욱 무겁게 짓누르고, 무기력과 몽롱함으로 육신을 감싸 안은 채 옴짝달싹 못하게 만들고, 깊은 무기력의 골을 파 모든 욕망과 자극이 바닥나도록 만든다. 그리하여 권태가 계속 '지속'될 수 있도록, 끊임없이 지금의 상태를 유지할 수 있도록 돕는다. 피로의 '지원'에 힘입어 권태가 하는 일이란 상대를 하염없이 기다리게 하는 것이지 완전히 숨통을 끊어놓는 것은 아니다. 사실 피로가 권태하고만 동맹을 맺는 건 아니다. 피로는 때에 따라 의기소침, 무력증, 우울증 등과도 가까운 사이가 되곤 한다. 뿐만 아니라 종종 눈에 띠지 않게 은밀히 우리를 낙담이나 번뇌, 의욕 상실, 슬픔, 게으름으로 이끌거나 혹은 인간의 정신을 마비시키는 '다 소용 없어', '다 의미 없어' 병으로 인도하는 온갖 부정적인 힘들과도 전부 가까워질 수 있다. 그러나 실제 피로는 그런 종류의 감정들과는 성격이 다르다. 그것은 심리학이나 생리학의 영역을 뛰어넘는다. 요컨대 현실 속 피로는 일종의 존재론에 근거한다.

우리는 인간이 천성적인 본질을 타고나는 것인지, 혹은 천성적인 본질이 없는 것이 바로 인간의 본질인 것인지 잘 알지 못한다. 그러나 확실한 사실 한 가지는 인간이란 우리가 인간적이라고 부를 수 있는 어떤 조건들을 감내하며 살아가야 한다는 사실이다. 여기서 잠시 절대적 고독,

그
마음의
정체

죽음, 노동, 타자라는 네 개의 각을 가진 사각형을 머릿속에 떠올려보라. 인간은 바로 이러한 사각형 안에 존재한다. 세상에 태어나는 순간 인간은 스스로 세상 속에 '던져진' 존재임을 깨닫는다. 앞으로 나아가야 할 '방향'도, 사전에 미리 결정된 목표도 없이, 자신의 의지와 무관하게, 그저 세상 속에 던져진 존재라는 사실을 말이다. 또한 인간은 자신이 언젠가는 죽음의 운명을 피해갈 수 없을 것이고, 세상에는 자기 외에도 서로 타협하며 살아야 할 사람들이 무수히 존재하며, 만물은 그냥 주어지는 것이 아니라 언제나 노동을 통해서만 얻을 수 있다는 사실도 깨달을 것이다.

따라서 모든 인간의 삶에는 언제나 온갖 피로가 똬리를 틀기 마련이다. 인간은 존재해야 하고, 일정한 존재가 되어야 하고, 무엇인가를 해야 하고, 무엇인가를 원하거나 알거나 할 수 있어야 하며, 열심히 자신의 삶에 의미를 부여해야 하고, 유한성을 인식한 상태로 생을 살아내야 하고, 자연이나 만물로부터 자신의 욕구를 충족해줄 무엇인가를 힘겹게 얻어내야 하고, 마지막으로 타인과는 최대한 경쟁심·시기심·증오심에서 벗어나 우정·관대함·연대의식·사랑 등을 토대로 단단한 관계를 맺어나가야 한다. 그러니 결국 이 모든 일에 인간은 피로를 느낄 수밖에 없다. 말하자면 존재는 마침내 자신을 완성하기도 전에 이미 자신을 완성해가는 과정이 주는 피로에 짓눌려버리는 것이다. 에마뉘엘 레비나스가 기술한 것처럼, '인생이라는 여행'은 "항상 자기 짐을 잘 챙겨야 하는 여행"이다(《존재에서 존재자로》).

육신이 과중한 업무로 인해 과로사에 처하듯, 실존적 차원의 피로도 충분히 존재를 죽음이나 절망으로 몰아넣을 수 있다. 적어도 우리가 자신을 내려놓지 못한다면, 타자 앞에 자신을 내려놓는 존재, 자기보다 타자를 우선시하는 존재가 되지 못한다면 말이다. 다시 말해 타자가 우리에게 짐을 들어달라고 먼저 청해오거나 혹은 오히려 타자가 우리의 짐을 들어주겠다고 자청하기 전에, 우리가 먼저 나서서 언제나 흔쾌히 타자의 짐을 들어주겠다고 나서기를 게을리하지 말아야 한다.

*
**

장폴 사르트르Jean-Paul Sartre, 《존재와 무L'Être et le Néant》[1943], 갈리마르, 텔 총서, 1976, IV, I, 1.

에마뉘엘 레비나스Emmanuel Levinas, 《존재에서 존재자로De l'existence à l'existant》[1947], 퐁텐, 39 ; 브랭에서 재출간, 1986.

장루이 크레티앵Jean-Louis Chrétien, 《피로에 대하여De la fatigue》, 미뉘, 1996.

그
마
음
의
정
체

~

노스탤지어

환호는 지식, 노스탤지어는 고백,

오직 탄식만이 아직도 배운다, 소녀의 손길로

밤새도록 해묵은 불행을 헤아리면서.

라이너 마리아 릴케,

〈오르페우스에게 바치는 소네트〉, 1, VIII,

《두이노의 비가. 오르페우스에게 바치는 소네트 외》 중에서.

노스탤지어의 달콤하면서도 씁쓸한 슬픔은 이제는 과거로 돌아갈 수 없음을 은연 중에 환기한다. 하지만 과거란 얼마나 가깝게 느껴지는지. 굳이 우리 삶의 아주 구체적이고 세세한 사실들에 의해서가 아닐지라도, 그저 어떤 장소, 사람, 음악, 냄새를 접하는 것만으로도 우리는 쉽사리 과거를 떠올릴 수 있다. 우리가 경험한 순간에 느꼈던 감각들이 생생하게 되살아난다. 상상은 우리를 과거로 되돌려준다. 우리를 저 아득한 시간, 그러나 현실처럼 너무나도 생생한 시간 속으로 데려가준다. 그러

그
마음의
정체

나 그것은 그저 헛된 위안에 불과한 것일까? 잃어버린 청춘 혹은 두 번 다시 예전 모습으로 만나볼 수 없는 고향을 회고하는 것은?

노스탤지어는 우리에게 어린 시절의 감미로운 감각들을 떠올려주는 동시에, 이미 지나간 시절을 향한 무상한 회환 속에 우리를 가두기도 한다. 바로 그러한 이유에서 노스탤지어는 시간과 현실을 초월한 영원한 사랑에 대한 갈망을 표현한 모든 문학과 시, 서양 음악에서 중요한 테마로 다뤄져온 것이리라. 샤를 보들레르(《악의 꽃》)의 〈여행에의 초대〉에서도 비슷한 주제를 엿볼 수 있다. "꿈꾸어보렴. 거기 가 같이 사는 다사로움을! 한가로이 사랑하고, 사랑하다 죽으리. 너를 닮기도 한 그 나라에서!"

이 시에는 노스탤지어의 몇 가지 기본적인 특징이 함축되어 있다. 부드럽고 몽환적인 분위기, 가정의 친밀함과 다사로움이 베인 흐릿하고 뿌연 가깝고도 먼 풍경. 몽환과 상상으로 버무려진 노스탤지어는 낙원 같았던 어린 시절의 저 감미로운 감각들이 요청하는 여행에로의 초대다. 노스탤지어가 선사하는 여행은 시간과 공간을 크게 부풀려 우리를 시적 명상 속에 잠기게 한다. 또한 그것은 사랑이다. 사랑의 운동은 언제나 자기 앞을 향해 나아가지만, 결코 과거에 경험했던 추억들과도 떨어지지 않는다.

노스탤지어는 기억 없이는 존재할 수 없다. 여기저기 흩어진 기억의 편린들 속에 새겨진 온갖 감각들을 생생하게 현실로 되살려내어 그것들을 의지와 무관하게 새로이 조합하고 '조응'하도록 만드는 것이 바로 기억의 역할이다. "기억의 기호는 까마득히 잊고 있다 별안간 기억 속에 떠오른 저 지나간 세계를 이제 곧 다시 완전히 복원할 수 있을 것 같이 느끼면서도 동시에 그것이 불가능함을 아주 즐겁고도 고통스럽게 경험하도록 만드는 정신의 현존이다."(장 스타로뱅스키, 《우울의 잉크》, 쇠이유, 2012, 278)

노스탤지어는 기이한 즐거움을 선사한다. 멀리 있는 것이 돌연 가슴과 머리 모두에서 너무나도 가까이 느껴지게 해준다. 마치 이 세상에 더는 존재하지 않는 별이 오래도록 지난 빛을 발산하듯이 말이다. 그것은 고통(알고스algos)이 아로새겨진 즐거움이다. 돌아옴(노스토스nostos)에 대한 고통, 혹은 돌아올 수 없음에 대한 고통 말이다. 이제는 낯선(운하임리히unheimlich) 것이 되어버린 '집(하임heim)'으로 돌아오는 고통, '기이하게 낯선 것'에 대한 고통, 동시에 매 순간들, 덧없는 기억의 발자취들을 두 번 다시 똑같이 경험할 수 없음을 뼈저리게 인식하게 해주는 되돌릴 수 없는 시간의 탈주를 마주하는 고통 말이다. "노스탤지어에 빠진 자에게 추억은 달콤한 속임수이자 매혹적인 사기다. 나는 황망하게 빼앗기고, 도난당했다. '과거'의 기분은 과거가 아직 현존할 때 그것이 대변하던 진실을 보여주는 간접적인 증언이자 흔적이다. 그러나 그것은 어디까지나 한낱 증언과 흔적에 불과할 뿐이다. 추억은 (중략) 과거의 진실을 닮았다. 그러나 과거의 진실 그 자체는 되지 못한다. (중략) 추억에는 알 수 없는 무엇인가가 결여되어 있다. 거의 아무것도 아닌 동시에, 실은 모든 것이기도 한 그것. 추억에 결여된 그것이란 바로 본질이다!"(블라디미르 장켈레비치, 《돌이킬 수 없음과 노스탤지어》, 플라마리옹, 1974, I, 10, 55, 샹 에쎄 총서 재출간, 2011)

바르바라 카생(《노스텔지어. 언제쯤 우리는 진짜 집으로 돌아오는가?》, 오트르망, 2013)이 지적한 것처럼, "완전히 그리스어처럼 들리는" 이 단어 노스텔지어는 실은 "스위스어, 그것도 독일어권 사람들이 사용하는 스위스어"다. 이 단어는 먼저 1678년 장자크 아르데가 만들어냈을 것으로 추정된다. 그는 뷔르템베르크 공작의 주치의이자 학생들에게 수사학과 의술을 가르치던 교수로, 타향살이를 하는 루이 14세의 젊은 스위스 용병들에게서 자주 찾아볼 수 있는 우울한 감정을 지칭하기 위한 정신병리학 용어로 노스텔지어란 말을 사용했다고 전해진다. 그러나 그보다 더 설득력 있는 가설은 1688년 요하네스 호퍼가 이 말을 만들어냈다는 설이다. 호퍼는 그해 바젤에서 의학 논문 한 편(〈Dissertatio medica de NOSTALGIA Oder Heimweh〉, 1745년에 〈Dissertatio curiosamedica de Nostalgia vulgo Heimwehe oder Heimsehnsucht〉이라는 조금 다른 제목을 달고 재출간됐다)을 발표했는데, 논문에서 우울증 혹은 '향수병heimweh'과 비슷한 이 질병에 대해 다음과 같이 묘사했다. "노스텔지어는 상상 기능이 이상 증세를 보일 때 나타난다. 뇌 속의 신경액이 오직 한 방향으로만 흐르며 계속해서 단 한 생각만을, 오로지 고향으로 되돌아가고 싶다는 욕망만을 불러일으킨다." 장자크 루소도 《음악 사전》(https://gallica.bnf.fr/ark:/12148/bpt6k850406b/f333.image)에서 스위스 산악지방의 대표적인 민요 '랑데바슈'(료바Lyoba 혹은 *쿠라이엔*Küreihen이라고도 부른다)의 음률은 "스위스 용병들에게 너무나 큰 사랑을 받아서", "군대 내에서 이 곡을 연주하는 것을 거의 사형에 준하는" 불법 행위로 금지했을 정도라고 적었다. 이 곡이 들리는 순간 "군인들은 고향에 되돌아가고 싶다는 절절한 그리움에 사무쳐 눈물을 터뜨리거나 탈영을 감행하거나 목숨을 끊는 일이 허다했기" 때문이다.

'향수병'으로 통하는 영혼의 질병인 노스탤지어는 처음에는 군인, 용병, 농민만이 앓는 병이었다. 그러다 18세기 말 모든 사회 계층이 걸릴 수 있는 치명적인 병으로 간주되었다. 이어 19세기부터는 대도시의 성장과 이주민의 급증, 전통적인 가족 시스템의 변화 등으로 인해 고향을 잃고 고립감에 시달리는 사람들이 늘어나면서 노스탤지어가 더 넓은 의미로 발전했다. 차츰 노스탤지어는 의학적 의미를 잃고 우울과 몽상에 젖은 특이한 영혼의 상태를 의미하는 문학적인 용어로 쓰이게 되었다. 말하자면 우수에 찬 고통스러운 갈망을 의미하는 단어가 된 것이다.

노스탤지어의 감정이 담긴 모든 단어들은 전쟁, 망명, 이주 등 구체적인 역사적 맥락을 배경으로 만들어졌다. 또한 그 의미도 각 나라별로 고유한 경험들과 연관된다. *사우다지*saudade, *하임베*Heimweh, *도르*dór, *스플린*spleen, *젠주흐트*Sehnsucht, *홈 시크니스*home sickness, *데셍가뇨*desengaño, *아뇨란자*añoranza, *블루스*blues처럼 말이다. 그럼에도 동일한 점이 있다. 노스탤지어는 항상 인간과 시간의 관계 ─어쩌면 인간과 죽음의 관계, 더 정확히 말하면 돌이킬 수 없는 것과의 관계─ 와 관련된 것들에 대해 이야기한다는 점이다. 호메로스는 《오디세이아》에서 오디세우스에 대해 이렇게 썼다. "이미 오래 전부터 그는 대양 한가운데 있는 섬에서 가족과 떨어져 지내는 것을 고통스러워했다. (중략) 제발 고향 땅에서 피어오르는 굴뚝의 연기라도 볼 수 있기를 꿈

그 마음의 정체

243

꾸며 죽고 싶은 심정에 시달렸다."(I, 49~59) 이 그리스의 영웅은 이타카섬으로 돌아가기까지 무려 10년의 세월을 흘려보내야 했다. 그러니 그가 고향으로 돌아가지 못해 애태우며 괴로워하는 것도 이해가 간다. 아마도 고향 땅을 밟는 순간 그의 고뇌도 순식간에 사라지리라. 그러나 현실은 그렇지 못했다. 부인은 더 이상 그가 떠나올 때 알던 그 페넬로페가 아니었고, 아들 텔레마코스도 마찬가지였다. 노스탤지어가 '멀고도 가깝게' 만들어주던 모든 이들이 전부 예전에 알던 그들이 아니었다. 그는 꿈에 그리던 고향 집에서 다시 권태에 빠지고, 그가 했던 여행, 그가 방문했던 땅, 그가 만났던 사람들을 향한 새로운 노스탤지어에 사로잡힌다. 블라디미르 장켈레비치가 지적한 것처럼 노스탤지어란 "단순히 치료약을 필요로 하는 질병만이 아니라, 치료약의 결핍으로 인해 생겨나는 불안이기도 하기 때문이다. 그런 의미에서 이 귀향의 고통은 '실망'이라고도 이름 붙일 수 있을 것"(《돌이킬 수 없음과 노스탤지어》, 292)이다.

노스탤지어는 회귀에 대한 욕망 이상으로, 영원한 욕망에의 회귀인지도 모른다. 더는 존재하지 않는 것을 욕망하는 탓에 욕망이 끝없이 다시 태어나 쓰디쓴 독으로 변하는 정념의 악순환 말이다. 노스탤지어가 불러일으키는 슬픔은 말하자면 '돌이킬 수 없는 것에 대한 고통'이다. 그런 의미에서 노스탤지어는 단순히 향수에 빠진 자가 어떻게든 되돌아가 예전의 빛깔, 소음, 향취를 다시 느끼기를 갈망하는 어떤 '장소', '고향'에 이젠 되돌아갈 수 없다는 불가능성만을 의미하지 않는다. 노스탤지어는 동시에 자신의 '출생 시점', 젊은 시절, 고향 땅에 머물던 나날, 고향

땅의 고유한 향기와 빛깔을 음미하던 바로 그 시절의 나 자신으로 두 번 다시 되돌아갈 수 없다는 불가능성도 함께 의미한다. 노스탤지어 속에는 역사의 흐름과 변화의 움직임을 거부하고, 과거가 절대 흘려보내지 말았으면 싶던 지나간 장소, 상태, 시절로 퇴행하려는 시도 비슷한 것이 담겨 있다. 그러나 그것은 절망스러운 몸부림에 지나지 않는다. 이주자나 추방자는 모국어를 열심히 사용하며 어떻게든 고국을 붙들어보려 하지만, 수십 년 뒤 다시 고향으로 되돌아가면 자신이 사용하는 모국어로 말하는 사람은 찾아볼 수 없다. 모국어가 얼마나 달라졌는지 그들은 다시 돌아온 고향에서조차 새로운 '이방인'이 될 수밖에 없다.

애도, 의기소침, 우울은 노스탤지어와 이웃지간이다. 그것들은 모두 주체가 현존하는 외부 세계에는 전혀 관심이 없고 잃어버린 대상, 이상화된 대상과 분리되지 못한 채 자신의 내면에 틀어박히는 강한 나르시스적 성향을 보인다는 특징이 있다. 정신분석학은 애도와는 전혀 다른 성격을 보이는 '대상과의 노스탤지어적인 관계'에 대해 지적했다. 애도의 경우에는 현실 원리와 더불어 사랑하는 대상을 상실했다는 사실을 객관적이고도 근본적으로 수용하는 과정이 일어난다. 반면 노스탤지어는 주체와 대상과의 관계가 모호하다. 현존하는 현실로부터 관계가 제약을 받지 않기 때문이다. 대상 자체가 분리되어 버리는 바람에, 노스탤지어는 더 이상 그 무엇의 노스탤지어도 될 수가 없다. 그러다보니 오로지 무엇인가 감지하기 힘든 판타지 같은 '분위기'만 남는 것이다. 생애 초기의 감각적 체험에 깊이 뿌리 내리고 있는 이러한 환상적 분위기를 벗어나는 것은 쉬운 일이 아니다. 프로이트는 유아기의 나르시스적 전능 상태를 그리워하게 만드는 강렬한 갈망, 도저히 포기할 수 없는 과거의 만족감에서 비롯된 이 갈망을 젠주흐트Sehnsucht라는 말로 표현했다. 이 나르시스적 전능의 상태는 현실 부정이라는 신경증적인 태도를 유발할 수도 있다. 이를테면 가던 길을 멈추고 다시 시원의 장소로 되돌아가게 하고, 무엇인가 새롭거나 특별한 것을 받아들이는 용기를 꺾어버린다. 그러나 이 상태는 또한 환상의 표출을 통해 박탈감을 승화시킬 수 있는 가능성을 부여한다. 종종 고통까지 수반하는 노스텔지어의 존재는 어쩌면 내적 투쟁의 증거인지 모른다. 한편으로는 생애 초기 원초적 경험, 다시 말해 상상 속의 고국에 대한 환상 혹은 몽상에 집착할 수도 있지만 ―시간과 공간을 초월한 먼 곳 혹은 다른 곳에 대한 욕망을 불러일으키면서― 또 때로는 그 외의 나머지 것들을 측정할 수 있는 잣대를 제공하며, 우리가 이 잣대를 바탕으로 욕망의 구조가 지닌 실체를 낱낱이 밝히고, 더 이상 욕망을 회귀(시간은 불가역적으로 흐르기 때문에 회귀는 불가능하다)가 아닌 운동('과거는 그냥 흘러가게' 두고 미래의 지평을 향해 나아가는 운동)으로 이해할 수 있게도 해주는 것이다.

온갖 '유토피아'들, 그리고 시원의 장소에 대한 이상적인 이미지들은 이처럼 충분히 생명력 넘치는 희망의 담지자 역할을 할 수 있다. 이를테면 개인적 혹은 사회적 재건 작업에 자리를 내줌으로써, '더 이상 존재하지 않는 것'에 대한 절망이 아직 존재하지 않는 무엇을 만들어낼 수 있다는 희망을 만들어낼 수 있게만 해준다면 말이다.

물론 인간은 시원으로 이어진 심층 세계에서 완전히 벗어나거나, 때때로 길을 잃고 헤매게 만드는 저 어둠의 지대에서 완전히 탈피할 수 없다. 노스텔지어가 우리에게 어루만지게 해주는 저 '존재의 결핍'을 완전히 메울 수도 없고, 저 무사태평한 잃어버린 낙원과 어머니의 땅을 영원히 잃어버린 데 대한 상처를 완전히 치유할 수도 없다. 그러나 노스텔지어가 불러일으키는 과거의 기억이나 감정에 잠시 머무르는 동안, 우리는 마침내 저 마르지 않는 샘에서 상실과 이별, 죽음의 체험이 지닌 의미를 길어낼 수 있을지 모른다. 그리하여 미래 세계에 대한 언약으로 환히 밝혀진 내면의 공간에서 과거의 체험을 다시 한 번 경험하며 더욱 강한 존재가 되어 돌아올 수도 있으리라.

*
**

임마누엘 칸트Emmanuelle Kant, 《실용적 관점에서의 인간학Anthropologie du point de vue pragmatique, 미셸 푸코 번역, 브랭, 1964.

장 스타로뱅스키Jean Starobinski, 〈향수병에 관한 강의La Leçon de la nostalgie〉, 《우울의 잉크Encre de la Mélancolie》에서, 파리, 쇠이유, 2012.

파트릭 당드레Patrick Dandrey, 〈노스텔지어와 멜랑콜리 : 병적 감정에서 도덕적 감정까지Nostalgie et mélancolie : de l'affection morbide à l'affection morale〉, 《멜랑콜리에 대하여De la mélancolie》 중에서, 장 클레르·로베르 콥 엮음, 갈리마르, 레 카이에 드 라 엔에르에프 총서, 2007.

블라디미르 쟝켈레비치Vladimir Jankélévitch, 《돌이킬 수 없음과 향수병L'Irréversible et la Nostalgie》, 플라마리옹, 샹 총서, 2009.

밀란 쿤데라Milan Kundera, 《무지L'Ignorance》, 갈리마르, 2009.

바르바라 카생Barbara Cassin, 《노스텔지어La Nostalgie》, 오트르망, 2013.

안토니오 프레테Antonio Prete, 《노스텔지어. 감정에 관한 역사Nostalgia. Storia di un sentimento》, 밀라노, 코르티나, 1992.

지그문트 프로이트Sigmund Freud, 《애도와 우울증Deuil et Mélancolie》, 파이요, 2011.

그
마음의
정체

~

슬픔

거대한 심연은 어둡고 투명하다.

초췌한 창문이 하얗게 변한다.

무엇이 이토록 서서히,

이토록 집요하게 가슴을 짓누르는가?

때로는 무겁게 바닥으로 가라앉는다.

저 소중한 진흙이 너무도 그립다는 듯이.

그러다 별안간 지푸라기처럼 물 위로 하늘하늘 올라

수면 위로 둥실 떠오른다.

오시프 만젤쉬탐,

〈슬픔〉(1922),

갈리마르, 1975.

슬픔이란 엄숙하거나, 찬란하거나, 평온하거나, 잔혹하거나, 역겹거나,

그 마음의 정체

혹독하거나, 몽환적이다. 이런 슬픔이 우리를 옥죌 때 슬픔은 육신을 감싸는 물결이 된다. 처음에 밀려들었던 불쾌감이 서서히 엷어지면서 현실 세계 위를 둥실 떠다니는 듯한 느낌에 사로잡힌다. 슬픔은 거칠지 않은 방식으로 나타나 우리 내면에 자리 잡는다. 완전한 우리도 아니고, 그렇다고 완전한 현실도 아닌 존재가 내면에 들어차 우리를 현실 세계로부터 멀찍이 떨어뜨려 놓는다. 슬픔에 사로잡힌다는 건 분노나 증오가 아무런 힘을 발휘하지 못한다는 뜻이다. 느닷없이 우리가 상실을 인정하고 자기 안으로 퇴각하는 것이다. 상실은 우리를 내면으로 망명하게 하지 전투로 이끌지는 않는다. 우리가 완전히 무기를 내려놓게 한다. 슬픔은 일종의 기분이다. 일시적으로 나타날 수도 있지만, 몇 시간 혹은 며칠씩 내내 이어질 수도 있는 다양한 농도의 정서적 상태다. 슬픔은 분리의 고통이 만들어낸 긴장감, 순수 상태의 감정 에너지를 발산한다. 슬픔은 거의 감지하기 힘든 미세한 내면의 긴장 상태가 어떤 사건과 결부될 때 발생한다. 대개 그런 사건들은 막연한 성격을 띤다. 때로는 행복한 순간에 슬픔이 일어나, 미소나 다정한 몸짓, 다정한 광경, 다정한 시선 등과 뒤섞이기도 한다. 그러다 별안간 어떤 사물, 소중한 존재, 장소, 어린 시절, 온화함 등이 부재하고 파괴되고 박탈당했다는 깨달음이 불쑥 머릿속에 떠오른다.

슬픔은 석양이다. 빛과 어둠이 공존하는 불확실한 하늘 안에 사방으로 퍼져나가는 빛줄기, 여러 빛점으로 회절된 고통을 품고 있기 때문이다. 슬픔이 위협적인 까닭은 아마도 이처럼 여간해서는 예측하기 힘든 모호한 기상 상황에서 비롯되리라. 슬픔은 때에 따라 구름 사이로 환한 햇살을 드러낼 수도 있고, 안개 속에 태양을 감춘 채 우리를 어두운 암흑 속에 잠기게 할 수도 있다. 슬픔은 소나기나 폭우에 씻긴 맑은 태양처럼 우리를 더욱 환히 비춰줄 수도 있지만, 우리를 우울의 고통 속에서 헤매게 만들기도 한다.

슬픔은 내면의 세계 속에 외부 세계로부터 비롯된 모든 감각적 이미지들을 끌어안는다. 슬픔은 파동처럼 물결치며 공간을 통과하는 동안, 내면에 일어난 풍경을 화폭에 담는다. 불안은 충격을 주고, 꽉 옥죄고, 눈을 멀게 한다. 그런 불안과 달리 슬픔은 투쟁과는 거리가 멀다. 슬픔은 하염없이 시간을 늘려 우리를 상실 속에 붙들어 매거나, 혹은 반대로 슬픈 음률을 연주하며 눈물로써 우리를 해방시킨다. 슬픔이 단조로운 음으로 이루어진 감정인 듯 보이는 것은, 우리의 가슴을 짓누르며 기쁨의 빛을 꺼뜨리는 침울·실의·비탄의 감정 등과 같이 오로지 한 가지 성격의 음률로만 연주되는 감정인 듯 보이는 것은, 우리가 슬픔을 비탄에 더 가까운 훨씬 더 강렬한 비애와 혼동하기 때문일 것이다. 우리는 슬픔의 이유를 알게 될 때, 막연하게나마 슬픔을 일으킨 사건의 정체를 깨닫게 될 때 심한 모멸감에 사로잡힌 채 육신의 고통과 함께 터져 나오는 오열로 온몸이 조이는 듯한 느낌을 받는다. 동시에 도무지 사라질 줄 모르는 고통 앞에, 아니 영원토록 사라지지 않겠노라 위협하는 듯한 저 고통 앞에 별안간 저항감을 느끼기도 한다. 대개 증오는 수용되지 못한 슬픔에 깊이 뿌리내리고, 순식간에 전세를 뒤집어 승리를 거머쥐곤 한다. 왜냐하면 증오는 결단력 있게 자기 밖으로 고통의 정서를 몰아내고, 불쾌감을 직접 대면하거나 있는 그대로 받아들일 필요 없이, 불쾌감을 유발한 원인을 파괴하는 기쁨과 즐거움을 선사하기 때문이다.

스피노자의 말을 빌리자면 슬픔은 존재 역량이 감소되었음을 의미한다. 슬픔은 우리가 마치 가장 소중한 무엇인가를 포기하기라도 한 것처럼 우리를 아주 비천하고, 상처 입은, 무력한 존재로 만든다. 슬픔의 물결과 파동을 받아낼 때가 되면 우리는 허리를 숙이고, 잔뜩 몸을 움츠린 채 녹초가 된다. 슬픔의 정념은 두려움을 낳는다. 슬픔은 절대 인정사정을 보지 않기 때문이다. 오르락내리락 열렸다 닫혔다 전진했다 후퇴했다를 무한히 반복하며 언제쯤에나 멈출지조차 알려주지 않는다. 슬픔은 때때로 유명무실해지기도 한다. 말하자면 슬픔이 현실에 대해 초연하고 권태로운 상태, 소음이 전혀 스며들지 못하는 고요한 인큐베이터 속과 같은 상태를 만들어내는 것이다. 이렇게 만들어진 인큐베이터 속은 은신처처럼 안락하지만 동시에 옅은 하늘빛 창공처럼 모든 것이 무미건조하기 그지없다. 오로지 그곳에는 슬픈 것과 슬퍼해야 할 이유를 떠올리게 하는 것들로만 가득해서, 그 어떤 특별한 흥취도 맛볼 수가 없다.

잠재된 슬픔은 어쩌면 치명적인 성격을 띨 수도 있다. 그럼에도 우리는 대개 슬픔을 기쁨으로 돌아가는 길을 가로막는 걸림돌 정도로만 생각한다. 혹은 눈물을 보여서는 안 되는 나이가 된 사람, 사회적으로 명랑한 태도를 갖추어야 하는 사람, 낙관적 자세를 보여줘야 하는 사람에게는 금지해야 할 감정으로 여기기도 한다. 마치 낙관적 자세가 더는 슬픔을 벗어날 길 없는 의기소침의 상태로 빠져들어 슬픔의 늪을 허우적거리는 것을 막아주는 미덕을 지니기라도 한 것처럼 말이다.

그러나 슬픔은 아주 유용한 감정이기도 하다. 물론 슬픔은 자꾸 곱씹다 보면 원한이나 쓸쓸함, 우울한 기분으로 번지기도 한다. 그러나 슬픔은 모호하고 자폐적인 내면의 공간이 어디까지인지 분명하게 경계선을 그려 저 멀리 밝은 생각, 환한 웃음, 찬란함, 자아의 확장 등이 나타날 수 있는 여지를 남겨둔다.

슬픔은 인내심을 단련하는 훈련으로, 잠시 자기 속으로 물러나 시간을 해방시키고 피로와 원한으로부터 우리를 지켜준다. 왜냐하면 온전히 슬픔을 수용하지 않을 때, 어느새 슬픔은 피로로 바뀌어 우리가 우리 자신의 삶에 대해 극도로 무기력해지도록 만들 것이기 때문이다. 슬픔은 부표 하나 없는 망망대해 속으로 뛰어드는 것과 같다. 오로지 슬픔의 움직임, 파도, 향기에만 몸을 내맡긴 채, 때로는 어둠과 추위를 헤치고 앞으로 헤엄쳐 나아가야 하는 여정이다. 그래도 그것은 충분히 가치가 있는 모험이다. 마침내 저 멀리 새로운 지평선이 모습을 드러내면, 그리하여 어쩌면 저 새로운 지평선에서는 상실로부터 새로운 나의 존재 가능성이 탄생할 수도 있을 것이기 때문이다. 경탄과 연민, 기쁨, 온유함은 언제나 고통이나 눈물에 대한 극도의 민감성을 필요로 한다. 찬란한 기쁨에 이르기 위해서는 종종 길고 긴 어둠과 비애의 여정을 대가로 치러야 하는 것이다.

~
두려움

우리는 다스리기 힘든 존재다.

우리에게 어울릴 만한 유일한 지배자는

때로는 우리를 환히 밝혀주고

또 때로는 단칼에 베어버리기도 하는 섬광뿐이다.

르네 샤르,

《군도의 언어》(1962),

갈리마르, 1986.

경련하는 근육, 오싹한 전율, 솟구치는 에너지, 두근거리는 심장. 흔히 두려움은 빠르고 격렬한 운동을 일으킨다. 두려움이 낳은 충격파는 급박한 위험 앞에 인간이 보이는 일련의 생리적인 반응들을 자극하며 평소처럼 생각할 수 없도록 사고의 흐름을 끊어놓는다. 인체는 위험을 감지하는 순간 부신에서 더 많은 아드레날린을 생성하고, 심장 박동이 빨라지며, 호흡은 가빠지고, 근육은 수축된다. 말하자면 위험을 인지하는 순간, 바짝 긴장할 대로 긴장한 온몸이 전력을 다해 일련의 신경 반응을 일으키는 것이다.

두려움이라는 뜻을 지닌 프랑스어 *뾔르*peur의 유래가 된 라틴어 *파보 르*pavor는 바다에 버려진 물체, 즉 표류물을 뜻하는 프랑스어 *에파브* épave의 기원이 되기도 했다. 그런 의미에서 두려움이란 방황과 고립, 표류, 해체 등과 연관된 기분을 떠올리게 한다. 불안은 대개 조용히 점진적으로 퍼져나가며, 주체를 꼭 쥐어짜고, 짓누르고, 방향을 잃게 만든다. 반면 두려움은 불안의 원인이 무엇인지, 주체의 육체적·정신적 생존을 위협하는 대상이 무엇인지가 훨씬 더 분명하고 구체적이다. 생사가 걸린 중대한 위험 앞에 두려움이 낳은 충격파는 인간이나 동물에게 모두 세 가지 반응을 불러일으킨다. 첫째, 달아나거나, 둘째, 맞서 싸우거나, 셋째, 체념하는 것이다. 이 세 가지 반응을 잘 보면, 안전하지 못한 위험 상황에 맞닥뜨렸을 때 나타나는 일련의 심리 반응들을 가늠해볼 수 있다. 그러나 동물의 두려움이 당장에 짧은 충격만 불러온다면, 인간의 두려움은 때에 따라 오래도록 지속되기도 한다. "인간의 불안은 두려움의 한 파생적 형태다. 불안은 오래도록 지속되고 재현되는 상상 속의 두려움이다."(폴 디엘, 《두려움과 불안》, 파이요 앤 리바주, 프티트 비블리오테크 파이요 총서, 1992)

동물의 생존을 가로막는 것이 무엇인지는 언제나 현재 시점에서도 충분히 확인이 가능하다. 반면 인간은 지금 당장 생존을 위협하는 위험에만 노출되는 것이 아니다. 더 나아가 사회적 삶이나 정서적 삶과 관련된 각종 어려움에 처하기도 한다. 이런 것들은 대체로 실체를 확인하기 어렵

고 때로는 상상 속의 장애물로 내재화되어 우리의 내면 깊이 억압되기
도 한다.

두려움과 불안은 둘 다 근심과 맞닿아 있다. 그러나 두려움과 불안은 서
로 특성이 다르다. 먼저 불안은 분명한 원인을 규명하기가 어려운 불확
실한 위험으로 간주된다. 끊임없이 자신의 의지와 욕망을 곱씹으며 우
리의 존재를 불안으로 가득 채운다. 반면 두려움은 우리를 임박한 위험
과 대면하게 한다. 위험의 정도는 생생하고 실질적인 데 반해 그 끝은
가늠할 수 없기에 우리는 그것을 더욱 급박한 위험으로 간주한다. 두려
움은 위험에 직면하여 즉각적이고 자동적인 반응을 이끌어낸다. 반면
불안은 '패닉' 상태로 치닫지 않기 위해 불안의 원인이 되는 대상을 주체
와 분리시킨다. 두려움과 불안은 항상 어느 정도 서로 연관되어 있으며,
공존한다. 먼저 불안은 두려움의 감정으로부터 형성된다. 두려움을 은
폐하기 위해 때로는 두려움이 불안으로 모습을 바꾸는 것이다. 그런가
하면 두려움은 언제나 실존적 불안에 깊이 뿌리 내리고 있다. 상실·유
기·굴욕·훼손이라는 인간 존재의 숙명은 언제나 우리를 깊은 혼란에 빠
뜨리기 마련이다.

인간의 감정은 단순히 일차원적인 성격에만 머무르지 않는다. 인간의
감정은 그보다 훨씬 더 심오한 갈등, 욕망과 외부 세계의 끝없는 대결에
대해 우리가 보이는 반응일 수도 있다. 두려움의 분출은 즉각적인 충격
으로 그 즉시 반응을 유도한다. 두려움이 제어하기 힘든 이유는 그것이
양면적 성격을 지니기 때문이다. 두려움이란 이성적이면서도 무분별한
특성을 동시에 지닌다. 두려움이 '공황 상태'로 발전하면 모든 합리적인

추론을 마비시킨다. 차분하게 사태를 숙고하는 대신, 모든 에너지를 약화시키거나 혹은 에너지를 그릇된 방식으로 이용하게 만든다. 그리스 신화에 나오는 염소 다리와 뿔을 가진 목신 판은 숲에서 길 잃은 나그네를 만나면 기이한 비명과 울음소리로 그들을 뒤쫓으며 혼란과 공포와 패닉에 빠뜨리길 즐겼다.

스피노자는 두려움을 이성적인 정서에 속한다고 간주하지 않았다. "두려움에 이끌려서 악을 피하기 위해 선을 행하는 자는 결코 이성에 의해 인도되는 것이 아니다." 이성적으로 자유롭게 행동한다는 것은 외적인 원인과 거리를 두는 것을 말한다. 지혜로운 자는 죽음의 공포에서 해방된 자다. "자유로운 인간은 결코 죽음에 대해 생각하지 않는다. 그의 지혜는 죽음이 아니라 삶을 성찰하는 데 있다."(《에티카》, IV)

두려움은 본능적이고 비이성적인 반응을 일으키는 슬픔의 정념에 속하는 듯 보인다. 그러나 두려움이 부당하거나 비상식적인 성격을 띠는 것은 아니다. 어떤 두려움은 예전에 우리가 경험했던 위험 상황들로부터 아주 정당하게 기인하기도 한다. 우리가 예방 조치를 취하거나 명석하고 통찰력 있는 혜안을 기르도록 해주는 것이다. 흔히 겁 없는 사람을 일컬어 우리는 분별없는 사람이라고 말한다. 두려움을 모르는 사람은 오히려 자신이나 주변 사람을 위험에 빠뜨릴 수 있다. 그러니 두려움은 단순히 자동 반사적인 반응이나 생각의 멈춤만을 의미하는 것이 아니다. 오히려 두려움은 성찰의 단초가 되어주기도 한다. 말하자면 무사태평하고 순진무구한 상태를 벗어나 삶의 위험성이나 인간 고유의 연약함과 직접 대면하게 해주는 것이다. 때로 병을 두려워하는 마음은 우리가 미리 앞을 내다보며 자신과 가족의 건강을 세심하게 돌보는 것처럼 보다 이성적으로 행동하게 만들기도 하지 않는가.

두려움은 인간을 취약한 상태로 만들지만 그럼에도 순수 상태 그대로의 두려움으로 포착되는 경우는 드물다. 두려움은 우리의 욕망과 대결을 벌이는 탓에 때로는 인간을 낙담에 빠뜨리기도 하지만, 또 때로는 용기를 불어넣어주기도 한다. 말하자면 두려움은 순수 상태의 두려움이 아니라 희망과 고통, 슬픔과 기쁨이 한데 뒤섞인 역설적인 감정들을 불러일으킨다. 슈테판 츠바이크가 쓴 단편소설 《두려움*》(1920)은 부르주아 가정에 속한 젊은 유부녀 이렌느가 계단에서 우연히 마주친 여자에게서 당신의 외도 사실을 폭로하겠다는 말을 듣고 나서 겪게 되는 온갖 번민과 두려움을 그리고 있다. 소설에서 츠바이크는 주인공을 관능적인 모습, 통찰력 있는 모습, 연약한 모습, 치욕에 떠는 모습, 고뇌하는 모습 등으로 다양하게 묘사하며 두려움이 주인공의 내면에 불어넣은 각양각색의 감정과 감각을 포착했다. "평소에는 느슨하게 풀어져 있던 신경이 지금까지도 은밀하게 고동치고 있는 것만 같은 진정으로 강력하고 강렬한 기분이 들었다."(그라세, 1976, 12) 비록 외도 사실을 들키기 전이었음에도 이렌느는 처음으로 애인과 함께 있는 동안 이미 내면에 일찌감치 두려움이 찾아들었음을 깨닫는다. 그러나 두려움은 동시에 살아 있다는 생생한 기분도 함께 일깨운다. 그는 단조로운 삶을 벗어나 무엇인가 위험한 모험을 감행하고 있다는 짜릿한 기분에 휩싸이고, 통제 불능의 감정과 신체 반응으로 자신의 욕망이 불타오르고 있음을 깨닫는다. 그러나 이렌느는 진실을 알게 된 남편이 보일 반응을 단정할 수 없는 탓

---

* 독일어 원제는 'Angst'다.
  국내에는 '아내의 불안'이란 제목으로 번역 소개되었다.

에 통제 불가능한 상황의 포로가 된 듯한 기분에 사로잡히고, 두려움은 수치심이나 죄책감과 뒤섞이기 시작한다. 점차 그는 앞으로 일어날 결과를 제멋대로 상상하고, 남편의 반응을 상식 수준 이상으로 과대하게 짐작하며 마치 소소한 일상에까지 속속들이 위험이 도사리고 있다는 망상증에 시달리게 된다. 두려움이 언제나 훌륭한 상담가인 것은 아님을 우리는 여기서 다시 확인할 수 있다. 왜냐하면 두려움은 자신의 행동이 불러온 결과를 용감하게 직시하고 잘못을 인정하게 만드는 대신 오히려 거짓말과 배신을 부추기며 두려움의 원인이 되는 상황을 벗어날 수 없게 만들기 때문이다. 이렌느가 자신의 비밀이 가져올 비극적 사태를 더욱 부풀려서 생각한 것은 불륜이라는 행실 그 자체 때문이 아니다. 그는 속으로는 불륜이 그다지 생존을 위협할 만큼 중대한 문제라고는 생각하지 않는다. 오히려 그는 매서운 사회의 비판이 가져올 잔혹한 결과들을 두려워한다. 이렌느는 기진맥진한 상태에서 극도의 흥분 상태에 이르기까지 온갖 상반된 감정 사이를 오락가락한다. 돌연 모든 번민을 벗어던지기 위해 무의미한 활동과 오락에 몰두하고 싶다는 열렬한 욕망에 사로잡혔다가도, 이내 자신의 세계가 무너져 내리는 것만 같은 절망감에 고통스러워한다. 그러다 종국에는 그가 얼마나 남편을 사랑하는지를 깨달으며 기쁨에 젖어 든다. 이처럼 그는 가정의 평화가 깨지는 상황을 예견함으로써 마침내 가정의 의미를 새롭게 재발견한 것이다.

"지혜로운 성찰 앞에 바짝 곤두섰던 그의 신경도 가라앉았다. 두려움은 크리스탈처럼 순도 높은 고요함에 자리를 내주었다. 덕분에 그는 만물의 진면목을 제대로 알아보며 그것들이 지닌 제 가치를 온전히 평가할 수 있게 되었다."(41) 두려움은 이처럼 주인공이 자신의 욕망에 대해, 다시 말해 자신이 그토록 재앙으로부터 보호하고 싶어 하는 것에 대해 명철하게 판단할 수 있게 해주었다. 이렌느는 부르주아의 단조로운 삶에 너무나도 둔감해진 나머지 평소 잘 인식하지 못하던 남편의 장점을 새롭게 재발견한다. 그는 이제 파국이 가까워졌음을, 자신의 비밀이 오래가지 못할 것임을 직감한다. 그러나 오히려 이상하게도 평온감이 찾아든다. 이것으로 그의 고통도 막을 내리리라. 그러다 그는 자신의 뒤를 미행한 남편이 자신의 외도 사실을 처음부터 다 알고 있었다는 사실을 깨닫게 된다. 남편과 눈이 마주치는 순간 이렌느는 극심한 고통에 몸부림친다. 그는 치욕과 회환에 사로잡힌 채 더는 고통과 두려움을 억누르거나 감추지 못한다. "돌연 그는 야수처럼 광적인 비명을 내질렀다. 최근 몇 주간 억누르고 참아왔던 오열이 와락 터져버린 것이다. 마치 분노한 손이 그의 내면을 거세게 잡아채 마구 뒤흔드는 것만 같았다. 마치 술에 취한 사람처럼 휘청거렸다. 아마도 남편이 제때 그를 붙들어주지 않았더라면 그 자리에서 맥없이 주저앉고 말았으리라."(49)

츠바이크가 쓴 이 단편소설은 두려움이 지닌 무시무시한 위력을 고스란히 보여준다. 두려움은 무대 전면에 모습을 드러내는 순간 엄청난 힘으로 상대를 나약하게 만들어버린다. 소설 속에서도 두려움에 맞서 싸우느라 지치고 공허해진 주인공이 남편에게 온몸을 내맡기기에 이른다. 마치 형벌의 종식과 함께 모든 의심과 번뇌가 깨끗이 씻기기라도 한 듯이 말이다. 그러나 두려움이 언제나 용기의 결핍이나 나약함으로만 귀결되는 것은 아니다. 두려움은 자신의 가장 깊은 열망을 시험하고 직시할 기회가 되어주기도 한다. 언제나 우리를 녹여버리겠다고 벼르는 불안과 달리, 두려움은 우리에게 영혼의 힘과 통찰력을 부여하기 때문이다. 두려움을 남에게 전가하거나 회피하는 행동은 결국 고통, 비겁, 위선만 낳을 뿐이고, 더 나아가 타인의 불행은 안중에도 없이 오로지 두려움을 자기 밖으로 몰아내는 데만 골몰하는 계산적인 태도만 불러올 뿐이다.

두려움은 집단적인 영향력을 발휘하기도 한다. 두려움을 도구로 활용해 인위적으로 두려움을 확산시키는 경우 두려움은 사회를 조작하는 힘으로 변한다. 두려움에는 상대를 굴복시키는 능력이 있다. 상대가 방어본능을 작동시키고 눈앞의 위험에만 급급해지도록 만들기 때문이다. 뿐만 아니라 두려움을 유지하고 공포의 효과를 지속시키는 경우, 상대가 언젠가 두려움을 극복할 수 있을 거라는 희망마저도 잃게 만든다. 미디어나 정치인들이 폭력적 이미지나 충격적 사건을 어떤 식으로 악용해왔는지 모두가 잘 알고 있을 것이다. 동물처럼 인간도 생존을 위협하는 충격적인 사건에 직면하는 경우 시각적, 감각적 기억 속에 저장된 원초적인 방어 본능을 작동시킨다. 연출된 두려움은 사회적 담론과 결합하여 때로는 두려움을 극복할 수단에 대해 그릇된 생각을 품게 한다. 위험을 극복하기 어렵다고 여기거나 혹은 엉뚱한 것을 위험이라고 오인하게 만든다. 인간의 두려움은 유년 초기의 시원적인 고통과 연관되어 있다. 어떤 종류의 두려움은 실제 위험과는 전혀 상관없이 스스로 자가발전하기도 한다. 우리는 홀로 남겨질까 봐, 아플까 봐, 버림받을까 봐, 배신당할까 봐, 실망할까 봐 두려움을 느낀다. 사랑받지 못해서, 사랑할 줄을 몰라서, 혹은 사랑하는 사람을 잃을까 봐 두려움에 사로잡힌다. 어린아이는 어둠에 공포를 느낄 때 부모의 부재를, 미지의 세상과 홀로 맞닥뜨려야 한다는 사실을 마주한다. 그러나 어린아이는 공격처럼 느껴지는 이 모든 감정들을 잠재울 수 있을 만큼 성숙하지 못하다. 그렇기에 어린아이에게는 무엇보다 두려움을 상징화할 수단이 필요하다. 대개는 동화 속 이야기가 그런 역할을 한다. 동화가 펼쳐 보이는 상상의 세계는 "아이가 가장 어렵고도 동시에 가장 중요한 과제를 완수할 수 있게 도와준다. 무의식 속에 내재한 자신을 짓누르는 온갖 혼란스러운 감정들을 정돈하기 위해 좀 더 성숙한 의식에 도달할 수 있도록 도와주는 것이다"(브루노 베텔하임,《동화의 정신분석학》, 로베르 라퐁, 1976, 38). 두려움을 온전히 수용하지 않고 무조건 억누르기만 하면 어느새 두려움은 은밀하고 조용하게 확산되어 결국엔 잠재적인 트라우마의 근원으로 변해 우리를 언제든 한 순간의 충격만으로도 무너뜨리려 할 것이다. 인간은 당장 임박한 죽음의 위험에만 직면하는 것이 아니다. 그런 의미에서 인간은 위험한 상황에 대해 무조건 원초적인 반응으로 일관하는 대신 잠시 뒤로 물러나 차근차근 성찰할 수 있는 심리적 수단도 갖추고 있다. 말하자면 두려움이 우리에게 명철한 정신을 부여해 마침내 위험을 용감하게 직시하고 무력감을 떨쳐낼 수 있도록 도와주는 것이다. 이처럼 인간은 때로 두려움으로 인해 오히려 용감해지기도 한다. 인간은 정신의 존재로 인해 두려움을 느끼기도 하지만 동시에 두려움과 맞설 수도 있기 때문이다. 이처럼 명철함을 유지하려 노력하고 자신의 심리적 삶을 잘 제어하려고 애쓰는 것이야말로 책임감 있는 인간 행동의 토대라 하

그 마음의 정체

겠다.

그러나 여기서 '제어'란 '통제'를 의미하지는 않는다. 다시 말해 이성적인 추론을 통해 두려움을 완전히 없애버림으로써, 두려움이 가져올 파괴적 영향으로부터 자신을 지키는 것을 뜻하지는 않는다. 용감하다는 것은 두려움을 완전히 없애버리거나 혹은 지금 서둘러 당장 용단을 내리고 두려움에 맞서 싸우는 것이 아니다. 두려움은 완전히 없애버릴 수도 없을 뿐더러, 순수 상태로는 절대 마주할 수가 없다. 우리가 모든 두려움의 이미지들을 떨쳐버리겠다 결심했다고 해서 직접 대면할 수 있는 무엇이 아니다. 두려움은 언제나 세계에 대한 우리의 인식과 공존한다. 희망, 갈망, 회의, 실망 등으로 이뤄진 세계가, 우리를 위해 하나의 잠재적 세계를 형성하고 있는 그 모든 것들이 와해되는 듯한 느낌이 들 때 언제나 두려움이 동반된다. 두려움은 우리가 불확실성과 마주했을 때 본질적으로 수동적이 되게 하고, 우리 내면에 미지에 대한 공포가 울려퍼지게 하여, 잠시 그 자리에 멈춰 서게 만든다. 그러나 그것은 어디까지나 모두 미지의 세계를 건너가기 위한, 창조와 경이에 이르는 길로 나아가기 위한 위험을 감수하도록 만들기 위해서다.

우리가 흔히 두려움에 대해 걱정하는 점이 있다면, 두려움이 우리를 비탄에 빠뜨리는 것이다. 불행하고 위태로운 상황과 대면하게 하고 우리를 무력하게 만드는 것이다. 그러나 충격을 주는 체험은 또한 인간에게 창조의 세계로 향하는 길을 활짝 열어주기도 하지 않는가? 니체는 이렇게 썼다. "그대들은 너무 미지근하다. 그러나 모든 깊은 인식의 물결은 얼음처럼 시리다. 정신의 가장 깊은 샘은 얼음처럼 차갑다. 그것은 행동하는 사람들의 따뜻한 손을 그대로 둔다. (중략) 그대들은 일찍이 돛이 둥글게 부풀어 사나운 바람 앞에 떨며 바다를 지나는 배를 본 적이 없는가? 그 범선처럼 사나운 정신의 바람에 떨며 나의 지혜는 바다를 건너간다. 나의 거친 지혜는!"(《차라투스트라는 이렇게 말했다》, 129)

* **

바뤼흐 스피노자Baruch Spinoza, 《에티카Éthique》(1677), 베르나르 포트라 번역, 쇠이유, 2014, IV.

니체Nietzsche, 《차라투스트라는 이렇게 말했다Ainsi parlait Zarathoustra》[1883~1885], 조르주아르튀르 골드슈미츠 번역, 리브르 드 포슈, 1972.

폴 디엘Paul Diel, 《두려움과 불안La Peur et l'Angoisse》, 파이요 앤 리바주, 프티트 비블리오테크 파이요 총서, 1992.

브루노 베텔하임Bruno Bettelheim, 《동화의 정신분석학Psychanalyse des contes de fées》, 테오 카를리에 번역, 로베르 라퐁, 1976 ; 포켓에서 재출간, 1999.

슈테판 츠바이크Stefan Zweig, 《두려움La Peur》(1920), 그라세, 레 카이에 루즈 총서, 2002.

마르크 크레퐁Marc Crépon, 《두려움의 문화La Culture de la peur》, 갈릴레, 2008.

~

불안

내가 불안의 한복판에서 조용히 부탁하면,

어느새 아주 터무니없고 기이하게도

내 머리 한복판의 꼭대기에서 눈 하나가 스르르 열린다.

벌거벗은 상태에서 일대일이 되어 바라보겠노라며

휘황찬란한 태양을 향해 스르르 열린 눈은

결코 내 이성이 만들어낸 작품은 아니다.

그것은 내 속에서 새어나오는 비명이다.

나의 섬광이 내 눈을 멀게 하는 바로 그 순간에

나는 부서진 생명력의 조각이 된다.

그리고 그 생명력 ―다시 말해 불안과 현기증― 은

허공 속에 찢겨 단숨에 소진된다.

조르주 바타유,

《내적 체험》,

갈리마르, 레제세 총서, 1943 ; 텔 총서, 1978.

근심은 생존을 담보하는 보증 수표다. 근심은 현재로부터 미래에 불쾌감을 유발할 만한 상황들을 미리 파악하여 평온함에 이를 방법을 강구한다. 그런 의미에서 근심은 인간의 삶에 매우 중대한 요소다. 근심으로 인해 외부 환경에 대한 불안감이 커지면 훨씬 더 강렬한 초조함의 상태로 발전한다. 대개 이러한 상태는 실체가 확실한 상황들로부터 발생한다. 그러나 불안은 그와는 성격이 다르다. 불안은 맹목적인 정서다. 불안은 얼굴을 알 수 없는 모호한 위협으로 주체를 단단히 옥죄어온다. 주체는 불안을 손에 쥘 수가 없다. 언제나 우리를 지배하는 쪽은 불안이니까. 불안angoisse은 수축(스페인어로 불안을 뜻하는 *안구스티아*angustia의 어원도 아주 좁은 길을 뜻한다)이라고 불리는 강렬한 생리적 에너지의 분출로부터 발생한다. 불안은 호흡, 관자놀이, 심장 박동, 내장 등을 바이스로 조이듯 단단히 움켜쥐어, 의식 속에 오로지 내적 긴장감만 흐르게 만듦으로써 정체를 알 수 없는 모호한 불쾌감을 생성해낸다.

불안의 속성은 위험 앞에 주체가 너무나도 취약하고 '무방비'인 듯한 느낌이 들게 하는 것이다. 주체에게 위험은 모든 반응을 마비시키는 내면의 공격으로 간주된다. 위험이 감지되는 순간 불안은 가로막고 저지한다. 이러한 나약하다는 느낌, 불쾌하다는 기분이 절정으로 치달으면 이내 곧 죽을 것만 같고, 미칠 것만 같은 기분과 함께 발작적인 불안 상태에 도달한다.

그러나 불안이 항상 이런 눈에 띄는 병리학적 증상만 보이는 건 아니다. 불안은 온갖 전술을 써가며 조심스럽게 앞으로 전진하기도 한다. 이를테면 불안 속에 담긴 너무나도 난폭한 무엇인가를 숨기기 위해 심리 기제를 마비시키고 육체 여기저기에 모호한 신호를 보내는 것이다.

불안은 불가사의하게도 두려움과는 전혀 다른 이름과 동기와 공격 전술을 지녔다. 불안은 육체와 영혼을 실존적 번뇌 속에 가두어버리는 식으로 교묘한 술책을 쓴다. 불안은 이제 우리가 한계에 도달했음을, 더 이상 견딜 수 없는 위험 수위에 도달했음을, 통제할 수 없는 극한의 강도에 이르렀음을 알리는 경고 신호처럼 작동한다. 그러나 바이스라는 이미지는 기만적이다. 바이스는 마치 현실의 대상이 우리를 짓누르고, 옥죄고, 질식시키는 것만 같은 인상을 준다. 마치 불안이란 정체가 확실한 '무엇인가'에 의해 생겨나는 것이라는 생각이 들게 한다. 그러나 변신의 귀재인 불안은 대개 낯선 기분, 비현실적인 느낌, 모호한 불편함의 모습을 띠고 나타난다. 그리하여 만사가 '잘 돌아가는' 상황인데도 공연히 일상의 리듬을 깨뜨려버리는 것이다. 어지간해서는 잠을 잘 이루지 못하고, 배가 살살 아파오고, 평소보다 머리가 묵직하고, 목덜미가 화끈거리며, 손이 떨린다. 그처럼 불가사의하게 흥분된 신체에 수많은 불안의 흔적과 신호가 나타난다. 이에 대해 사람들은 "스트레스가 몸으로 반응하는 것"이라 말하기도 한다. 말하자면 불안은 조용히 확산되며 우리의 정서를 왜곡하는 모호한 위험이다. 주체는 불편한 감정을 느끼지만 정작 그 원인은 알 수 없는 기이한 이중성에 '사로잡힌 채' 괴로워한다. 분명 그것은 정체가 확실한 위험 앞에 느껴지는 두려움과는 전혀 성격이 다르다.

그럼에도 우리는 죽음이나 병에 대해 불안하다고 말한다. 마치 하나의 대상에 대해 극도로 양극적인 종류의 불안이 존재하기라도 하듯이 말이다. 그렇다면 두려움과 불안은 어떻게 구분할 수 있는가? 두려움은 철저히 자기 외부에 존재하는 무엇인가에 대해 느껴지는 데 반해, 불안은 정체를 확인하기 힘든 불확실한 경험과 연관된다는 사실이 유일한 차이점은 아니다. 불안은 인간이 자신의 힘과 맺고 있는 관계와 연관된다는 고유한 특성도 지닌다. 불안은 대상이 아니라 '상황'과 관련을 맺는다. 우리가 무심코 넘어간 경험적 요소들, 과거 사건의 침전물이 연관되어 작동한다. 우리는 불안이 분출하는 흥분 상태를 표현하거나 표상할 수 없다. 불안은 멈춰버린 시간 속에 존재를 단단히 움켜쥐었다가, 한 순간 둑을 무너뜨리듯 극한의 혼란 속에 별안간 내면의 충동을 폭발시킨다. 인간의 정신은 시원적이고 원초적인 두려움에서 비롯된 정서와 대면할 때 그것을 표상할 수 있는 가능성을 더욱 철저히 억압한다.

우리가 불안에 대해 걱정하는 점이 있다면, 불안이 자기 자신을 대상으로 삼아 스펀지처럼 모든 잠재적인 근심거리를 속속 빨아들이며 우리를 벗어날 수 없는 불안의 악순환 속에 빠뜨릴 수 있다는 점이다. 순식간에 불안은 우리가 언제든 곧 무너질 수 있는 만성적인 붕괴 위험 속에 살고 있다는 느낌이 들게 한다. 불안은 두려움을 살찌운다. 우리는 불안이 영원토록 지속되는 것은 아닌지, 결국엔 '우리의 무릎을 꿇리는 것'은 아닌지, 우리가 미치지 않고 잘 '버틸 수' 있을지 두려움을 느낀다.

의식은 무엇보다 불안의 실체를 명확히 파악하기를 원하지만, 공연히 잘못했다가 불안 속에 '익사'할까봐 두려워한다. 그러니 가장 효과적인 방어책은 대신 꼭 '붙들고 있어 줄' 외부 대상에게로 불안을 투사하거나 전가함으로써, 가급적 불안과 거리를 유지하는 것이다. 그리고 불안의 정서가 실제로는 어디서 기원했는지 제대로 알아볼 수 없게 만드는 것이다. 참고로 이러한 과정은 억압 작용을 거쳐 일어나는데, 이때 억압 작용 역시 불안을 동력으로 삼아 일어난다. "불안은 억압된 욕망이 너무나도 강력해졌을 때 그에 대해 자아가 보이는 반응 중 하나다."(지그문트 프로이트, 《정신 분석에 관하여》, 1910) 프로이트에 따르면, 억압된 정서는 진짜 갈등의 모든 표상을 차단하고 주체를 자기와 분리시키며 불안을 생성해낸다. 심각한 정신적 외상에 대해 인간이 보이는 가장 눈에 띄는 반응은 망각, 더 나아가 모든 기억의 소멸이다. 그러나 대개의 경우 기억은 진실로 지워지는 것이 아니다. 왜냐하면 인간의 정신 속에 모든 것이 기록되고 흡수되어, 환상·꿈·공포증·강박 등의 형태로 다시 나타나며 무한히 불안을 되살리기 때문이다. 그런 의미에서 공포증(고양이나 어둠에 대한 공포증, 폐소공포증 등)은 곧 불안의 징표라고 할 수 있다. 불안이 자신의 기원을 알아볼 수 없게 두려움의 가면을 쓰고 모습을 가장한 것이다. 원초적인 공포의 모습을 띤 불안은 주체를 쓰러뜨리거나 부서뜨릴 수도 있는 '신경증적 공포증'으로부터 주체를 보호하고 안정시켜주는 역할을 한다. 그렇다면 우리는 우리의 체험을 있는 그대로 직시하게 해주는 불안의 힘, 불안의 긴장감, 우리를 정서적 체험의 근원으로 인도해주는 이 뜨겁게 끓어오르는 정신적 에너지에 더 많은 기대를 걸어야만 하는 것일까? "다양한 정서로 가득 채워진 정서의 저장고 속에는 다른 모든 정서와 대체할 수 있는 정서가 있다. 그것이 바로 불안이다. 자고로 모든 정서는 잠재적으로 불안으로 바뀔 수 있

그 마을의 정체

으며, 혹은 적어도 순수한 불안의 정서가 지닌 일면을 보여줄 수 있다."
(폴로랑 아순,《불안에 관한 정신분석학 강의》, 앙트르포, 2006, 31)

불안의 힘은 역설적이게도 그것이 욕망을 충족시키는 수단이 되기도 한
다는 특징에서 기인한다. 언제나 순간적인 성격을 지니는 충동적인 쾌
락과 달리, 끈질긴 특성을 갖는 불안은 강력한 에너지의 저장고로 기능
하며, 존재를 고유의 체험 속에 단단히 응축시켜 존재의 실체까지 명확
히 밝히는 수준은 아닐지라도 적어도 존재에 대해 의문을 품어야 할 필
요성을 깨닫게 해준다. 그런가 하면 불안은 족쇄가 아니다. 언제든 지
성과 자유의 원천이 될 수 있기 때문이다. 어떤 종류의 불안이든, 우리
는 약물의 힘으로 불안을 마비시키거나 제어하거나 치료할 수 없다. 불
안의 작동 원리를 뒤집으려는 모든 시스템은 오히려 불안을 더욱 강력
하게 만들어버릴 뿐이다. 왜냐하면 불안은 정신적 트라우마 때문만이
아니라, 쾌락의 향유를 위해서도 우리를 사로잡고 있기 때문이다. 사실
상 불안은 쾌락과 은밀한 동맹관계를 맺고 있다고 할 수 있다.

불안에 휩싸일 때 우리는 대개 불안의 정서는 너무나도 강력한 데 비해
스스로는 너무나도 무력하고 수동적이라고 느끼게 된다. 불안의 정서
가 우리를 '속이고' 우리의 행동을 방해하며 불안을 일으키는 원인에 가
까이 다가가지 못하게 가로막는 것이다. 그러나 불안은 우리가 불안의
이면에 감춰진 것에 의문을 제기하게 만들고, 결국에는 금단의 장소이
자 전율의 공간, 다시 말해 가장 내밀한 주체성의 장, 인간 존재가 지닌
비밀의 화원으로 돌아가게 해줄 수 있다. 키에르케고르의 성찰도 저 현
기증 나는 주체성과의 대면(이때 의식은 절대 자유로 간주된다)이 지닌

내밀성을 잘 보여준다. 중요한 것은 불안을 털어내는 것이 아니라 불안을 대면하는 것이다. "나는 불안을 배우는 것이야말로 반드시 우리 모두가 감수해야 할 모험이라고 말하고 싶다. 적어도 우리가 불안을 전혀 경험해보지 않거나 혹은 불안에 너무 매몰되어서 타락의 길로 빠져드는 것을 원치 않는다면 말이다. 그런 의미에서 불안을 배우는 것은 최고의 학문에 속한다."(《불안의 개념》[1844], 제에프플라마리옹, 1990, 329) 이 덴마크 철학자에게 불안은 인간이 자신의 힘, 자기 정신의 힘과 맺고 있는 관계로부터 비롯되는 산물이다. 쇠락하는 육체 대 영원불멸을 꿈꾸는 영혼, 자의식 대 불완전성, 자유 대 자유를 가로막는 욕망·법률·금기. 정신은 이 모든 모순이 응축된 '공간'이다. 그러나 인간이 자기 외부에 머무른다면, 평생 순진무구한 존재, 몽상하는 존재로만 남는다면, 이런 모순을 직시하지 못하기 마련이다. 그렇다고 무사태평한 식물 상태가 될 수 있는 것도 아니지만 말이다.

정신은 자기 자신이나 혹은 자신의 조건과 연관될 때 비로소 불안을 생성한다. 자신에게서 탈피할 수도, 그렇다고 자신의 자유도 벗어던질 수 없는 인간은 다양한 가능성이 대립하며 자신의 자유가 제한될 때 선택의 기로에 놓이게 된다. 그리고 도무지 자신의 욕망을 포기할 수도, 잠재울 수도 없는 상태로 인해 고통을 겪는다. "불안은 자유 앞에서의 불안이다. 인간이 원죄로 인해 영원한 죄인이 되었음을 잘 인지한 가운데 선과 악의 선택 가능성 앞에서 느끼는 불안이다."

불안은 중추적인 정서다. 우리가 겪는 모든 갈등의 핵심이자, 자아의 상실이나 자신의 타자성을 대면한 이른바 '자아의 정념'이 어떤 모습인지를 오롯이 보여주는 정서이기 때문이다. 미래에 대한 불안한 마음을 만들어내는 이 밀도 높은 결핍감은 실수를 하는 법이 없다. 결국엔 자아가 외부 세계 앞에, 정념의 힘 앞에 스스로 나약한 존재임을 시인하게 만든다. 그런 의미에서 불안을 겪는 것은 어느 정도 우리가 진리에 다가가기 위해 치러야 할 대가라고도 볼 수 있다. 불안을 회피하거나 없애는 것은 인간의 창조적 힘, 인간 욕망의 비밀을 풀어줄 열쇠를 뿌리째 파괴하는 것과 같다.

인간의 마음속에 깊이 자리한 불안은 언제든 활기찬 생명력과 자유의 힘을 발산하며 다시 모습을 드러낼 수 있다. 그러나 그 전에 불안은 언제나 먼저 주체를 무기력과 고통으로 옥죄며 현기증 속에 빠뜨리려 할 것이다. 불안은 위험의 강력함을 경고하는 동시에 조용히 보호막을 생성해내는 인간 정신의 은밀한 힘이다. 불안은 그처럼 너무 급작스럽게 실체가 폭로되기를 원치 않기에 잠시 자신에게 모습을 바꿀 수 있도록 허락한다. 우리가 너무 오랫동안 하늘의 청명한 빛을 들여다보면 그 냉담한 아름다움에 온몸이 굳어버리거나 혹은 견딜 수 없는 공허함에 빠져들 수도 있다. 불안은 우리 내면의 가장 내밀한 것을 감추는 동시에 폭로한다. 그렇기에 불안이 남긴 균열 속에는 어쩌면 조금 더 넓은 세계로, 이른바 내면의 혁명으로 나아가기 위한 비밀 통로나 단서가 숨어 있는지도 모르겠다.

**
*

쇠렌 키에르케고르Søren Kierkegaard, 《불안의 개념Le Concept d'angoisse》, 〈철학의 부스러기. 불안의 개념. 절망론Miettes philosophiques. Le concept d'angoisse. Traité du désespoir〉(1844)에서, 크뉘드 페를로프, 장자크 갸토 번역, 갈리마르, 텔 총서, 164, 1990.

폴로랑 아순Paul-Laurent Assoun, 《불안에 관한 정신분석학 강의Leçons psychanalytiques sur L'Angoisse》, 앙트로포, 2006, 3차 개정판.

~
우울

내 영혼은 금이 갔다, 권태로울 때,

내 영혼은 제 노래로 차가운 밤공기를 채우려 하지만,

번번이 그 목소리 잦아든다.

마치 선혈이 낭자한 호숫가 송장 더미 아래 버려진 채

무진 애를 써도 옴짝달싹 못하고 죽어가는

버려진 부상병의 거친 숨소리처럼.

샤를 보들레르,

《악의 꽃》(1857), <깨진 종>.

슬픔과 불안의 혼합체인 우울은 영혼에 어두운 기운을 주입하며 우리를 절망에 빠뜨리거나 끈적끈적한 상실 속에 붙들어 맨다. 물론 상실의 고통은 그 무엇으로도 보상받을 길이 없다. 우울은 흔히 몽상과 엄숙함이 베인 고독에 깊이 빠져든 눈빛에 의해 포착된다. 우울한 자는 여기가 아닌 다른 세계에 가닿는다. 육체는 물리적으로 이곳에 현존하지만, 정신은 현실에 부재하는 듯이 보인다.

활기를 잃은 삶, 형이상학적 고뇌, 병적인 강박, 이 모든 것이 우울한 자를 갉아먹는다. 그리하여 우울한 자는 비물질적인 세계에서 살아가는 고통으로 온몸이 굳어버린다. 우울이 정신을 지배하고 짓누르며 인간의 삶을 무의미하게 만들 때, 우울은 별안간 치명적인 정념으로 돌변한다. 우울이 간헐적으로 발생한다 해도 그것이 매우 근원적인 상태임에는 틀림없다. 영혼의 본질마저 철저히 변형시키고, 삶에 대한 의욕을 완전히 상실하는 상태처럼 우리 존재에 일어난 깊은 균열을 감지할 수 있도록 영혼의 눈을 뜨게 해주니 말이다.

키에르케고르는 말했다. "우울의 비밀은 직접성을 상실하는 데 있다." 다시 말해 만물과 '살'을 부대끼는 것이 불가능해짐을 뜻한다. 우울은 감각에 상처를 내어 생명 에너지가 언어 속에 압축되거나 시간 속에 배열되는 것을 방해한다.

우울은 오랜 옛날부터 공허함을 상징해왔다. 특히 사람의 해골 옆에 생명이 깃들지 않은 물체를 배치한 17세기 정물화는 인생의 덧없음과 유약함, 언젠가는 죽을 수밖에 없는 인간의 숙명을 상징적으로 보여줬다. 이러한 그림들은 마치 초월적 신의 존재가 없다면 세속의 삶은 불안정할 수밖에 없다는 사실을 '말하고 싶은 듯' 보인다. 또한 더 나아가 인간이 비극적인 숙명을 견디어내기 위해서는 반드시 속죄가 필요하다는 사실을 환기하고 싶은 듯 보인다.

우울이라는 정서에 사로잡힌 사람은 슬픔과 불안 외에는 그 무엇과도 연결되지 못한다. 이를테면 이미 죽은 삶이나, 공허와 암흑의 심장부 같은 것들과 연결될 뿐이다. 수세기에 걸쳐 사람들은 우울한 영혼의 기질에 대해 성찰하며 그것이 불가사의한 이유로 발생한다는 점에서 이성과 비이성의 경계선상에 존재한다고 주장했다. 그런 식으로 인간이 이 어두운 힘 앞에 어쩌면 그토록 무력한지를 설명하고자 했다.

예로부터 점성술은 인간의 운명과 기질이 천체의 힘에서 영향을 받는다고 간주했다. 우울한 사람은 '토성 병'에 사로잡힌 사람이라고 여겼다. 불과 얼음의 무용한 결합물로 붉은 빛을 내는 이 차갑고 유해한 행성의 영향을 받아 토성의 기질을 타고난 아이들은 반항적이고 양면적인 성격을 띤다고 보았다. 한편으로는 무한을 향한 상상력으로 뜨겁게 불타오르지만, 또 다른 한편으로는 유한성의 감옥에 갇혀 무력한 모습을 보이기도 한다는 것이다. 점성학에서 토성의 힘은 납이라는 물질과 관련이 깊다. 연금술의 주요 물질로 통하는 납은 행동을 못하게 방해하고, 존재론적인 위기를 불러일으키며, 인간을 음울하고 경직된 상태로 붙들어맨다. 타로 카드에서도 토성은 일상의 삶이나 일상의 소소한 기쁨들을 누리지 못하는 은자, 또는 외로운 영혼을 상징한다. 우울증이라는 병명을 만들어낸 히포크라테스는 "두려움과 슬픔이 오래 지속되면 우울한 상태가 된다"고 말했다. 아마도 그는 '체액설'에 바탕을 두고 '그러한 병을 창조해낸 것'이리라. 어쨌든 이러한 시각은 훗날 아리스토텔레스나 갈릴레이에 의해 계승되어 수세기 동안 지속된다.

체액설에 따르면, 인간의 평온은 인체에 존재하는 네 가지 체액이 얼마나 균형을 이루느냐에 따라 좌우된다. 그 네 가지 체액이 바로 혈액, 점액(가래나 콧물 혹은 림프액), 황담즙, 흑담즙이다. 말하자면 이 네 가지 체액 중 어떤 체액(계절이나 천체와 연관)이 우리 몸을 지배하는지에 따라 다혈질, 점액질, 담즙질(화를 잘 내고, 기분이 불안정하다), 우울질 등으로 각자의 기질이 정해진다고 봤다. 이를테면 우울질의 경우, 과도한 흑담즙이 뇌에 뿌려지고 영혼에 침투해서 감정을 둔화시키고, 행동의 속도를 늦추고, 나약하고 쉽게 체념하는 태도, 무기력한 상태, 의기소침한 상태, '어두운 생각들'을 만들어낸다고 본 것이다.

그렇다면 흑담즙의 과도한 유입을 막을 길은 없는가? 무엇이 흑담즙의 과도한 생성을 불러오는가? 오늘날 우리는 과거에 우울증을 치료하기 위해 온갖 것들이 동원되었다는 사실을 잘 알고 있다. 의학과 점성학은 물론, 영양학, 윤리학, 철학, 신학, 약초학, 연금술, 요망하고 사악한 기운, 유해한 장기의 가스, 성요한의 풀, 관장, 사혈, 엑소시즘, 냉수마찰 등 온갖 잡다한 것들이 전부 동원됐다. 그런가 하면 우울의 형태나 이름도 매우 다양했다. 고대 로마에서는 병적인 권태와 무기력, *타에디움 비타에*taedium vitae, 생의 권태에 사로잡혀 시름하는 '자기 자신에게 지친' 인간상이 기존의 우울질을 계승했다. 그런가 하면 중세의 수도원이나 지식인의 세계에서는 원인을 알 수 없는 *트리스티티아*tristitia, 슬픔와 종교적 *데스페라티오*desperatio, 절망, 이른바 *아케디아*라 불리는 증상이 만연했다. 때로는 기이한 계보를 거쳐, '중증의 우울'이 생겨나는가 하면, *스플린*spleen, 우수, 근심의 미학, 허무주의적 절망, 불안, 번민, 신경증적 우울증 등이 차례로 등장했다. 이러한 상상의 불, 혹은 정신의 무력증으로 통하는 우울의 발자취를 뒤쫓다보면 어느새 우리는 자신도 모르게 전 세계를 여행하고 다양한 문화를 체험할 수 있다.

우울은 존재에 내재하는 성향, 실존적 조건의 하나로 간주되기도 한다. 키에르케고르의 말마따나 우울이 "살에 박힌 가시"로 여겨지는 것이다. 사실 키에르케고르도 살에 박힌 가시 같은 우울을 몸소 경험했다. 그는 어린 나이부터 평범한 삶의 범주를 벗어나 고통에 시름하는 절망적인 삶을 살았다. 모든 우울은 그것이 내재적이든, 자연적이든, 초자연적이든, 혹은 외적 요인에 의해 만들어진 성향이든 간에, 언제나 한편으로는 저주처럼 경험되기도 하지만, 또 다른 한편으로는 천재적 시인이나 빛나는 통찰력을 지닌 사람들이 경험하는 비범한 운명으로 간주되기도 한다. 말하자면 특출함을 의미하는 우울은 영속적인 형이상학적 통찰력과 죽음에 대한 냉철한 인식을 바탕으로 세계를 포착하는 능력을 지니기에, 우울에 사로잡힌 자는 자연적인 만물의 흐름을 탈피해, 타자들에게서 분리된 채, 더 이상 일상의 문제들에 대해 생각하거나 혹은 그러한 문제들에 '붙들리지' 않는 상태에 도달하는 것이다. 우울한 자에게는 눈앞에서 노는 아이가 직접적인 실물로 '존재하지 않는'다. 아이가 보이는 어떤 몸짓도 우울한 자의 머릿속에는 일반적인 의미로 다가오지 않는다. 우울한 자는 아이의 행동을 오로지 부정적인 의미로만 해석하거나 혹은 무심한 태도로 그 어떤 외부의 것도 자신의 내면에 들어오지 못하게 우울의 거울로 반사해 그것들이 거울의 표면 위를 비스듬히 미끄러져 빗겨가도록 한다. 그런가 하면 다른 이들도 우울한 자를 환자로 취급하며 우울한 자의 병적인 음울함이 사회 전체에 전염되지 않도록 가급적 그들과 멀찍이 거리를 두려고 한다.

우울한 자는 이러한 고통을 달래기 위해 고통의 원인을 이상한 요인, 혹은 전혀 무관한 요인 탓으로 돌리고, 평범한 삶에 적응하지 못하는 자신의 무능력을 별안간 전지전능한 능력으로 둔갑시킨다. 그리하여 자신을 일반적인 만물의 법칙을 초월한, 다른 세계 —말하자면 그에게 현실 세계는 부조리함이 판을 치는 거대한 극장과도 같다— 에서 살아가는, 매우 비범한 존재로 자처하는 것이다. 우울한 자는 고통을 이겨내기 위해 신랄한 야유로 무장을 하고, 거만함으로 몸을 비대하게 부풀린 채, 오로지 자신만이 인간 세계의 모순을 알아볼 눈을 가진 유일한 목격자라고 자처한다. 그가 지닌 영속적인 통찰력은 인간의 눈을 마비시키는 너무나도 눈부신 빛처럼 그가 행동에 나서지도, 자신의 불행을 극복하지도 못하게 가로막고, 그가 어쩔 수 없이 자신 그리고 자신 밖의 세계에 대해 분노를 품게 부추긴다. 때때로 그는 자신의 운명을 어떻게도 바꿀 수 없는 '우울한 인간상' 속에 기꺼이 틀어박히기를 자청한다. 이런 세계를 향한 반항을 통해 나르시스적인 위안을 얻는 것이다. 다시 말해 자신의 불행에 전혀 책임이 없으며 동시에 이 세계를 제대로 바라볼 유일한 통찰력을 지닌 자로서 모든 권리를 누리는 매우 비범한 존재로 거듭난다.

키에르케고르의 생각은 전혀 다르다. 키에르케고르는 일반적인 우울의 개념에 반기를 들었다. 그에 따르면, 절망이란 비범한 존재가 아니라 우리 모든 존재를 직조하는 천이다. 그에게는 두려움과 슬픔의 바탕을 이루는 이 '한 줌의 절망감'은 모든 인간 영혼이 똑같이 지닌 특징이다. 왜냐하면 이런 종류의 상실감이 없는 '건강한 상태'란 세상에 존재하지 않기 때문이다. 따라서 우리가 "절망을 예외적인 것으로 간주한다면 아주 큰 오산일 것이다. 오히려 절망은 규칙적인 것에 해당하기" 때문이다 (《절망론》, 〈철학의 부스러기. 불안의 개념. 절망론〉[1844], 갈리마르, 이데 총서, 1965, 79).

단지 문제는 세상을 살아가는 동안 우리 모두가 그처럼 인간 존재의 일부를 이루는 어두운 균열을 알아보는 것이 아니라는 점이다. 그리고 그처럼 어두운 균열을 인식하지 못하는 것은 우리를 절망적 상태에 빠뜨리기도 한다. 왜냐하면 우리가 고통이 전혀 존재하지 않는 완벽한 인생이 가능하다고 믿으며 영원히 착각 속에서 살아가도록 만들 수 있기 때문이다. 그렇다면 우울의 경우도 마찬가지일까? 문제는 우리를 절망에 빠뜨리거나, 우리의 희망에 먹구름을 드리우는 저 암울한 생각들을 얼마나 경험하느냐가 아니다. 우리가 우울의 감정을 어떻게 이용하느냐다. 우울이 우리를 맥없이 무너뜨리게 내버려둘 것인가? 아니면 우리에게 더 넓은 위안의 길을 열어주도록 할 것인가? 비록 어두운 상복을 즐겨 입는 것이 우울이라고는 하지만, 만일 우울이 우리가 세계 속에 존재하는 더욱 부드러운 존재 양식이 되어줄 수 있다면 어떨까? 흡사 희뿌연 안개가 거친 세상을 슬쩍 가려 우리에게 안정감을 제공하고, 우리를 상상과 추억과 몽상으로 포근하게 감싸주며, 때로는 사랑과 아름다움의 의미까지 깨닫게 해주는 것과 마찬가지로 말이다. 여기서 잠시 자코모 레오파르디의 말에 귀를 기울여보자. "가끔 드물지만 나는 즐거움을 느낄 기회나 계기가 찾아올 때면 무턱대고 기쁨을 겉으로 표출하기보다는 자연스럽게 우울을 향해 몸을 기대곤 했다. 아무리 내면은 환희로 가득

찰지라도 적어도 겉으로는 우울에 몸을 맡겼다. 이 잔잔하고 고요한 만족감을 온 사방에 노출했다가는 공연히 그것을 흩뜨리고, 해치고, 망치고, 잃어버리게 되는 것은 아닐까 몹시도 두려웠기 때문이다. 그래서 나는 나의 기쁨을 지키는 일을 우울의 손에 맡겼다."([1820.12.27], 지발도네, 460~462, 알리아, 2003, 278)

*
**

로버트 버튼Robert Burton, 《우울의 해부Anatomie de la mélancolie》, 1621, 지젤 브네 편역, 갈리마르, 2005.

지그문트 프로이트Sigmund Freud, 《애도와 우울증Deuil et Mélancolie》(1915), 알린 베일 번역, 파이요 앤 리바주, 프티트 비블리오테크 파이요 총서, 2011.

엘렌 프리장Hélène Prigent, 《우울증. 의기소침한 상태의 변형Mélancolie. Les métamorphoses de la dépression》, 갈리마르/국립박물관연합, 데쿠베르트 총서, 2005.

이브 에르상Yves Hersant, 《우울증. 고대에서 20세기까지Mélancolies. De l'Antiquité au xxe siècle》, 로베르 라퐁, 부캥 총서, 2005.

클로드 라방Claude Rabant, 《우울증의 변모Métamorphoses de la mélancolie》, 에르만, 2010.

장 스타로뱅스키Jean Starobinski, 《우울의 잉크L'Encre de la mélancolie》, 쇠이유, 2012.

그
마음의
정체

∼

혐오

내 마음속에서 일어난 일은 분명한 흔적을 남기지 않았다.

나는 무엇인가를 보았고 그것이 내게 혐오감을 불러일으켰다.

그렇지만 그때 내가 본 것이 바다였는지

아니면 조약돌이었는지는 확실히 기억나지 않는다.

조약돌은 반반하였다. 한쪽은 물기가 없었으나

다른 한쪽은 젖어 있었고, 흙이 묻어 있었다.

나는 손을 더럽히지 않으려고

손가락을 잔뜩 벌려서 돌의 양끝을 붙잡았다.

장폴 사르트르,

《구토》(1938).

이 민족학자는 심한 구역질이 올라오는 게 느껴졌지만, 꾹 참는 수밖에 없었다. 그들의 마음을 열고, 그들의 세계에 발을 디디려면 어쩔 수가 없는 일이었다. 클로드 레비스트로스는 《슬픈 열대》(XVII)에서 어느 날 파라나 원주민들에게 매우 '귀한 간식'으로 통하는 코루**Koro**를 대접받은 일화를 소개했다. 그는 눈물을 머금고 "썩은 나무 둥지에서 번식하는 그 희뿌연 애벌레"를 꿀꺽 삼켜야만 했다. 사실 식욕과 식욕을 떨어뜨리는 혐오스러움의 경계는 참으로 기이하다. 레비스트로스의 일화에서 두 가지의 경계는 문화라고 볼 수 있다. 어쩌면 원주민들의 입장에서는 오히려 외부인이 개구리나 순대 같은 음식을 즐기는 모습을 볼 때 역겨움을 참지 못할 수도 있다. 그러나 같은 문화권 안에서도 두 가지 사이에 차이점이 존재하는 건 어떻게 설명해야 할까? 달팽이 요리인 에스카르고를 즐기는 사람이 민달팽이는 먹지 못하는 까닭은 대체 어디에서 연유하는가? 어떤 종류의 혐오감은 자연적인 본성에 속한다. 예를 들어 부패한 시체, 토사물, 악취, 배설물, 고름, 분비물 등은 사전에 우리 몸에 설계된 어떤 내재적인 저항감을 일으키는 경향이 있다.

그러나 이 경우에도 혐오의 경계는 여전히 불분명하다. 우리는 사랑하는 연인의 눈물은 쉽게 닦아줄 수 있지만 연인의 코에서 흐르는 누런 콧물은 좀처럼 흔쾌히 닦아주기가 힘들지 않은가. 게다가 자연적인 특성이든, 문화적인 특성이든, 혐오감을 일으키는 것이 때로는 욕구나 원초적인 욕망을 자극할 때도 있다. 소변이나 대변, 타액, 땀 등은 평소에는 혐오감을 불러일으키지만 성적 유희를 즐길 때는 욕망을 사라지게 하기는커녕 더 자극하기도 한다. 그동안 민족학, 인류학, 생리학, 생물학, 사회학, 정신분석학, 인지과학, 혹은 지성사가 해답을 쥐기 위해 온갖 노력을 기울여왔음에도 여전히 풀리지 않는 의문 하나가 있다. 대체 무엇이 인간에게 '혐오감을 느끼게' 만드는 것일까?

폴 로진(펜실베니아 대학 심리학과 교수인 그는 개인의 음식 선호도를 결정하는 생물·심리·문화적 요인과 관련해 다수의 연구를 남겼다) 박사의 실험은 그와 관련해 매우 의미심장한 결과를 보여준다. 그는 일련의 실험을 통해 거의 무의식 속에 깊이 뿌리 내린 혐오감은 이성의 힘으로도 도저히 막을 수 없다는 사실을 입증했다. 그는 단 몇 초 동안 파리한 마리를 넣었다 뺀 우유 잔을 실험 대상자들에게 내밀었다. 그랬더니(그 즉시 파리를 건져내고, 완벽하게 소독을 했는데도 불구하고) 실험대상자 중 누구도 파리가 빠졌던 잔에는 일절 입을 대려하지 않았다. 깨끗이 소독을 해서 더는 박테리아나 세균에 감염될 위험이 전혀 없다는 사실을 잘 알면서도 말이다. 뿐만 아니라 똑같은 우유를 새 잔(깨끗이 씻은 잔)에 부어 주거나, 혹은 같은 잔(씻지 않은 잔)에 새 우유를 따라 주어도 실험대상자들의 거부감과 혐오감은 똑같았다. 이 실험에서 실험 대상자들이 보이는 반응은 정상적이고(다시 말해 건강하고) 영양가 있는 음식이 '불결한' 벌레에 '오염'되었다는 생각 때문인 것으로 보인다. 그런데 때로는 개별적으로 각기 '정상적인' 두 가지가 서로 더해져 역겨움을 유발하기도 한다. 예를 들어 스프는 그 자체로 맛이 좋고 영양도 풍부하며, 할아버지의 수염은 향긋하고 포근하다. 그러나 찰스 다윈이 《인간과 동물의 감정 표현》([1872], 파이요 앤 리바주, 2001)에서 지적한 바에 따르면, "스프가 묻은 수염은 역겨움"을 일으킨다. 왜냐하면 '음식'과 '먹는 행위' 사이에 개입한 '털'의 존재가 두 가지를 서로 분리해 거부감의 요인으로 작용하기 때문이다.

우리는 흔히 '대상' 자체가 혐오감을 불러일으킨다고 생각한다. 부패물,

카타르성 염증, 토사물, 타액, 대변, 성기의 노폐물, 생리혈, 화농, 땀, 썩어가는 시체, 시체를 파먹는 벌레들, 쥐, 바퀴벌레, 민달팽이, 두꺼비, 해충, 바닥을 꿈틀꿈틀 기어가거나 높은 곳을 오르거나 우글거리거나 비비 몸을 꼬거나 똬리를 틀거나 끈적거리거나 진득거리는 물질을 분비하는 뱀 혹은 곤충(정신분석학도 이에 대해서는 아마 할 말이 아주 많을 것이다), 유독 가스를 뿜는 장소, 썩은 식물이 가득 고인 연못, 더러운 웅덩이, 소변이나 대변으로 더럽혀진 공중화장실 등이 대표적인 예다.

여기서 우리가 쉽게 확인해볼 수 있는 사실 한 가지는 혐오감이란 인간이 자신에게서 가장 동물적이라고 여기는 부분, 살아 있는 육체에서 배출된 것, 외부로부터 병이나 죽음을 몰고 올 위험이 있는 것, 시각적·육체적·정신적으로 '부패', 다시 말해 은밀하게 진행되는 피할 수 없는 생명의 쇠퇴 과정을 떠올리게 하는 것들과 연관된다는 점이다. 단적인 예를 한 가지 들라고 하면 피에로 캄포레시가 《냉정한 살》(플라마리옹, 1986, 114)에서 묘사한 '해충의 공격'을 꼽을 수 있다. 이 책의 묘사는 비단 신학, 의학 서적만이 아니라, 할머니나 유모들이 들려주던 옛날이야기 속에서도 얼마나 지렁이, 회충, 살을 파먹는 벌레, 그 외 온갖 탐욕스런 포식자들이 정신적·육체적 균형의 파괴와 관련된 환상을 널리 자극해왔는지를 여실히 깨닫게 해준다. 17세기까지(심지어는 그 이후에 이르기까지) "허약하고 무방비 상태에 놓인 인간이라는 기계에 미친 듯이 구멍을 뚫어대는 살인 엔진들"이 '소유하는 자'라는 어둡고, 모호하고, 애매하고, 이중적인 성격을 지닌 존재로 이해되며, 흡사 육신에 깃들어 영혼을 사로잡고 고통을 가하는 악마와 동일한 존재로 간주되었

그
마
을
의
정
체

다. 말하자면 "'부패한 점액질' 속에서 탄생한 하얀 벌레나 '부패한 피'
가 만들어낸 붉은 벌레들"은 "자신들이 감염시킨 육신으로부터 양분을
빼앗아 현기증에서 간질, 식욕 부진, 비정상적인 열, 경련, 복통, 울렁거
림, 구토 등에 이르기까지 거의 모든 종류의 병을" 불러들인다고 여겨졌
다. 때때로 이 음울한 죽음의 작업이 끝난 뒤에는 벌레들이 "마치 깊은
바다 속에서 밖으로 나오는 해파리처럼" 몽글몽글한 덩어리 같은 모습
을 띠고 희생자의 입이나 배꼽을 통해 몸 밖으로 기어 나왔다. 물론 이
런 잘못된 믿음은 훗날 사라졌다. 그러나 지금까지도 거부감만은 여전
히 남아 있다.

음식에 대한 혐오감은 그와는 조금 다른 요인에서 기인한다. 음식에 대
한 혐오감 중 일부는 개인이 받은 교육 혹은 가족의 식습관에서 비롯
된 '미각'이나 기호 등과 연관된다. 그런가 하면 공동의 문화나 역사에
서 기인하는 경우도 있다. 마지막으로 종교적으로 금기하는 음식도 역
시 일정 음식에 대한 혐오감을 형성한다. 우리가 여기서 관련된 모든 사
례를 분석하거나 일괄적으로 정리하는 것은 매우 어려운 일이다. 교육,
문화, 종교적인 이유로 인해 터부시되거나 혐오감을 준다는 이유로 우
리가 먹을 수 없는 음식으로 간주하는 것들을 일일이 나열하다보면, 결
국엔 세상에 먹을 수 있는 음식은 아무것도 남지 않을지도 모른다. 그리
고 정말로 금기시되는 음식 모두를 전부 먹지 않겠다고 다짐이라도 한
다면, 인류는 금세 굶어 죽을 수도 있으리라. 혹은 반대로 '모든 것이 전
부 먹을 수 있는 것'이라는 생각에 이른다면, 그리하여 심지어 인육에서
대변, 소변, 흙, 진흙, 피, 시체, 가축의 살덩어리에 이르기까지 역사적

으로 인간이 먹을 수 있다고 여겨온 모든 것을 정말 먹기로 결심이라도 한다면, 인간은 아마도 평생 굶어죽을 염려는 없을 것이다. 그럼에도 그 것이 정신분석학적 연구를 통해 사례별로 밝혀낸 개인사적 비밀에서 비 롯된 혐오감이든, 아니면 신학이나 문화사에서 설명하는 종교적 금기로 인한 혐오감이든, 어쨌든 일정한 음식을 향한 모든 종류의 혐오감은 일 반적인 의미의 혐오가 무엇인지에 대해서만은 거의 아무것도 알려주지 않는다(물론 혐오감을 느끼는 사람이나 혹은 일정한 음식을 금기시하 는 종교에 대해서라면 많은 것을 알려줄 수도 있을 것이다. 더욱이 종교 적 이유로 돼지고기를 먹지 않는 사람이 정말 돼지고기에 대해 혐오감 을 느끼는 것인지도 확실하지 않다). 왜냐하면 음식과 관련해서는 언제 나 혐오란 단어는 미각, 맛, 식욕 등의 반대말로만 이해되는 경향이 있 기 때문이다.

음식에서 느껴지는 이런 종류의 불쾌감은 거의 모든 다른 감각을 통해 서도 느낄 수 있다. 단 청각은 예외다. 청각은 역겨움을 우리의 의식에 전달하는 메커니즘과는 서로 연결되어 있지 않다. 물론 시끄러운 소음, 이를 가는 소리, 방귀 소리, 폭발음, 불협화음, 협착음, 굉음 등은 우리의 '귀에 거슬리고', 불쾌감을 주고, 견디기 힘들다는 기분이 들게 만들기도 한다. 그러나 그렇다고 그것이 구토를 일으킨다거나 '역겨움을 불러온 다'고는 말할 수 없다. 그러나 시각, 촉각, 후각의 경우라면 다르다. 이러 한 감각들은 모두 충분히 각종 역겨움을 전달하는 매개체가 될 수 있다. 구린내, 곰팡내, 악취 등 모든 기분 나쁜 냄새는 그 자체로 혐오를 일으 킨다. 게다가 때에 따라서는 어떤 사물이 이미 역겨운 특성을 지니는 경우, 감각으로 인한 혐오가 한층 더 증폭될 수 있다. 이를테면 사람의 피를 빨아먹고 사는 빈대는 대가족 가정에서는 행여 함께 쓰는 침구를 오염시킬 수 있다는 두려움을 야기하는 혐오스러운 곤충으로 통한다. 그런데 그것이 만일 악취까지 풍긴다면 본래의 혐오감은 더욱 커질 수밖에 없는 것이다. 그러나 역한 냄새가 때로는 '예방'이나 경고의 기능을 해주기도 한다. 그것이 부패한 음식, 상한 고기, 썩은 달걀임을 알려주는 역할을 하는 것이다. 음식 표면에 생기는 곰팡이나 누룩, 혹은 포자 같은 것들이 시각적으로 그것이 부패했음을 경고해주는 것과 마찬가지로 말이다.

비단 입천장, 혀, 혀 유두를 통해 느끼는 '미각적'인 차원의 역겨움만이 아닐지라도, 역겨움이란 입과 상당히 특별한 관계를 맺고 있다. 입은 '오염된' 조직이 침투할 수 있는 가장 많은 위험에 노출된 '구멍'이기 때문이다. 우리는 차마 역겨워 도저히 '입에 넣을 수 없는' 것도 건드릴 수는 있다. 물론 손가락보다는 발가락으로 건드리는 편이 더 쉬울 테지만 말이다. 그리고 보면 인간의 몸에는 머리에서 발끝으로 갈수록 점차 강도가 낮아지는 '거부감의 척도'가 내장되어 있는 것이 아닐까 싶다.

'위험'을 경고하는 경우든 아니든 ─다행히 우리는 독을 품은 타란툴라 거미를 보더라도 혐오감 덕분에 건드리고 싶다는 생각이 전혀 들지 않는다. 그러나 혐오감을 주는 대상과 주체의 관계가 언제나 정말로 위험한 것은 아니다. 끈적끈적한 큰 민달팽이는 거부감을 주긴 해도 위험한 동물은 아니지 않은가─ 역겨움은 일정한 '거리를 유지시키는' 기능을 한다. 이를테면 동물이 후각적 혹은 시각적 영역 표시를 통해 자기 구역을 경계 짓듯이, 인간도 혐오감을 주는 대상을 자기 세계의 경계선상에 '두어' 자기 세계가 어디까지인지를 분명하게 구분한다. 사실상 인간은 자신의 삶을 어렵게 만드는 모든 것들(죽음, 질병, 가난, 연약함, 부당함, 소외, 경멸 등)을 완전히 배제할 수 없다. 그렇기에 어떻게든 자기 고유의 세계 혹은 청결한 세계의 테두리를 짓고 싶어 한다. 따라서 스스로 자유로운 삶을 펼칠 수 있게 해주는 자신만의 질서, 자신이 구축한 질서에 속하지 않는 것들, 다시 말해 악취를 풍기고 우글거리고 끈적거리고 더러운 성질을 띰으로써 자신이 구축한 질서를 위배하는 것들을 몽땅 다른 세계 ─불결한 세계─ 로 몰아내고 싶어 한다.

그런 의미에서 미국의 철학자 마사 누스바움도 혐오감을 '정치적 감정'으로 간주했다. 그는 아리스토텔레스가 유다이모니아eudaimonia라고 부른 이른바 '좋은 삶'을 이루는 데 있어 이 감정이 어떤 역할을 하는지에 대해 연구했다. 사실상 혐오를 단순한 감각으로 여기며, 혐오를 일으키는 '대상'들을 일목요연하게 정리한다거나 혹은 그것이 우리 몸에 미치는 영향을 설명하는 식으로 혐오감에 대해 연구한다면, 그것은 너무나도 단순화된 연구에 그치고 말 것이다.

혐오감은 '자아의 미학'인 동시에, 비록 윤리학(혹은 비윤리학)까지는 아닐지라도 정치학, 사회정치학으로 귀결될 수 있다. 먼저 1차원적인 자아의 미학으로서 혐오는 모든 종류의 동물성, 동물과의 유사성, 혹은 동물과 닮았다고 간주되는 인간의 모든 신체 기능들과 연관된 것들을 자기 밖으로 쫓아버리고 싶어 하는 비교적 의식적인 의지 혹은 욕망과 맞닿아 있다. 한편 정치적인 속성을 띠는 혐오는 단순히 동물적인 타자

그
마
음
의
정
체

성만이 아니라 모든 종류의 타자성을 배제하기 위해 온갖 사회적 전술을 만들어내려는 경향을 띤다. '불결함이 존재하지 않는 세상'을 만들겠다는 망상이 정치적인 차원에서는 모든 '동물적인' 특성, 더러움, 악취, '야만적인' 식습관 등을 지닌 것으로 간주되는 주체들을 깨끗이 정화하여 청결한 사회를 만들겠다는 경향으로 나타나는 것이다. 장기간의 연구를 참고할 필요도 없이 우리 주변에서도 이미 더러움과 타자성을 동일한 것으로 취급하는 의식적인 조작 행위, 외국인에 대한 편협한 이미지를 바탕으로 사회적 배제나 소외의 메커니즘을 작동시키는 수법 등을 그리 어렵지 않게 찾아볼 수 있다. 혐오의 펜대 아래 외국인이란 으레 '천부적으로' 사람들에게 거부감을 주고, 악취를 풍기며, 불결하고, 소란스럽고, 난폭하고, 야만적인 존재, 그리하여 도덕적으로 끔찍한 행위를 범할 수 있는 존재(이 얼마나 뜬금없는 비약인가!)라는 식으로 그려지곤 하는 것이다. 지난 역사만 되돌아봐도 여성 혐오, 유대인 혐오, 이슬람 혐오, 동성애 혐오, 외국인 혐오, 인종 차별 등 온갖 종류의 혐오가 갖가지 신체적, 정신적, 도덕적 특성들을 조작해가며 얼마나 상대를 혐오스러운 존재로 낙인 찍어왔는지 여실히 살펴볼 수 있다. 이러한 종류의 혐오는 우리에게 죽음, 오염, 감염 등의 위험을 경고해주는 '덕성을 지닌' 감정이 아니다. 오히려 부정적인 성격이 짙은 정치적 감정에 해당한다. 왜냐하면 선의, 연민, 연대, 혹은 사랑처럼 시민들의 믿음을 돈독히 해주기보다는, 오히려 시기심이나 경쟁심처럼 시민들의 불신을 더욱 조장하기 때문이다. 이제 혐오는 '자연'에서 문화의 영역으로 넘어와 가치론으로 귀결된다. 요컨대 가치론이라는 허울 좋은 이름을 내세워, 자신의 고유한 정체성을 굳건히 지키겠노라는 핑계 아래, 실질적이거나 혹은 상징적인 차원의 온갖 장벽을 높이 쌓아 올리는 것이다.

대체 어떻게 해야 우리는 혐오를 '뛰어넘어', 조금 더 '사회 통합적인' 감정들이 자리하게 만들 수 있을까? 만일 혐오가 물질이라면 그것은 물렁물렁하고 끈적끈적한 물질에 해당할 것이다. 조금 거칠지만 여기서 잠시 장폴 사르트르로부터 '점액질'의 개념을 '차용해 보는' 것이 어떨까 싶다(작가가 저서 《존재와 무》[갈리마르, 1943, 690쪽 이하]의 저 유명한 구절에서 보여주었던 문제의식은 전혀 논외로 하고). 사르트르는 점액질의 성격 중 하나는 "만졌을 때 말캉말캉"한 것이라고 썼다. "바닥에 물을 부으면 물은 흘러간다. 반면 점액질은 길게 늘어나고 편편하게 퍼진다. 점액질은 말캉말캉하다. 어디 한 번 점액질을 만져보라. 점액질은 달아나지 않고 고분고분 몸을 내맡긴다. 물은 무자비한 단단함을 가졌지만 손으로 쥘 수는 없다. 결코 물은 강철처럼 압축되지 않는다. 반면 점액질은 압축될 수 있다. 따라서 누군가에게 '소유'할 수 있다는 착각을 불러일으킨다." 더욱이 "점액질이 지닌 끈적거리거나 달라붙는 성질은 점액질이 달아나지 못하게" 가로막는다. 따라서 점액질은 '온순한' 듯한 인상을 준다. 그러나 동시에 점액질이 지닌 "말캉말캉함은 빨판처럼 기능"하며, "내가 그것을 소유한 것처럼 여기는 순간, 기이한 역전 현상에 의해, 오히려 내가 '그에게' 소유당하는 것이다. (중략) 나는 손가락을 벌려 점액질을 떼어내려 하지만 점액질은 내게 단단히 들러붙어 나를 펌프질하고 빨아들인다." 그것은 '함정'이다. "개와 같은 충직함"으로 점액질은 "우리가 더는 원하지 않을 때조차 자신을 우리에게 기꺼이 내주는 것"이다. 그러나 오히려 "나를 붙들고 나를 끌어들이는 것은 이 유동적인 물질"이다. "나는 더 이상 점액질 위에서 미끄러지지 못한다. 그의 모든 빨판이 나를 단단히 붙든다. 점액질도 역시 내 위에서 미끄러지지 못한다. 흡사 거머리처럼 점액질은 나에게 단단히 달라붙는다."

여기서 우리는 사르트르가 이 같은 분석을 통해 추구하고자 했던 목적은 잠시 논외로 하고, 혐오감을 주는 대상이 점액질의 특성을 지니고 있다는 사실에만 주목해보자. 혐오감을 주는 대상도 사르트르가 말한 점액질처럼 순응적이고 제어하기 쉬운 것처럼 보인다. 나는 충분히 혐오의 대상에서 멀찍이 떨어지거나 그것을 멀리 던져버릴 수 있고, 눈을 감거나, 코를 막아버릴 수도 있다. 그럼에도 악취는 계속해서 나를 뒤쫓아 오고 나를 감싸고 내 피부에 달라붙을 것이다. '흡사 거머리처럼' 말이다. 혹은 내가 어쩔 수 없이 악수를 나눈 물컹하고 축축한 상대의 손에 묻었던 더럽고 끈적끈적한 것이 악수를 나눈 뒤에는 내 손가락이나 손바닥에 고스란히 옮겨지는 것처럼 말이다. 그런 의미에서 혐오감을 주는 대상이 '밀쳐내게 만든다'라고 말하는 것은 잘못된 표현이다. 오히려 나는 그것을 절대 '밀쳐낼 수' 없다. 그것이 나를 꽉 붙들고 나에게 악착같이 달라붙기 때문이다. 그렇기에 그것이 나를 밀쳐내는 법은 없다. 나는 결코 그것으로부터 멀찍이 떨어질 수가 없다. 만일 그것이 단단한 물질이었다면 충분히 그것을 떨어뜨려 놓는 것이 가능했을 테지만 말이다. 따라서 나는 그것을 '완전히 다른 것', 동화가 불가능한 것으로 만들 수도 없지만, 그렇다고 내가 '그 속에 온전히 뛰어들어', 물 잔 속에 떨어진 물 한 방울처럼 그것과 '똑같은 것', 동화가 가능한 것으로 변할 수도 없다. 따라서 혐오란 언제나 우리와 어느 정도 '근접한 거리'를 유지하고 있기 마련이다. 그것은 멀찍이 떨어뜨릴 수도 하나로 융합할 수도 없고, 그것에서 멀리 달아나거나 혹은 그것을 내 것으로 만들 수도 없다.

앞서 우리는 인간이 불결한 것을 경계선 밖으로 몰아냄으로써, 다시 말해 혐오를 이용함으로써, 경계선 안쪽에 자기 고유의 세계를 그리려 한다고 말했다. 그런데 인간은 그렇게 만들어낸 자기 세계 안에 거주할 의식도 스스로 구조화한다. 의식은 혐오감을 주는 끈적끈적한 대상 속에 완전히 잠겨버리지도 못하지만, 그렇다고 그것을 떼어내거나 그것으로부터 달아나지도 못한다. 아마도 그런 의미에서 혐오는 감각, 감정, '천성'이기에 앞서 어떤 조건이라고 볼 수 있으리라. 인간은 '세상 속에 던져진' 존재로서, 인생의 항로를 줄자를 댄 듯 반듯하게 그려나갈 수 없다. 그렇기에 생명을 초월하는 것들(아우렐 콜나이가 말한 이른바 *레벤스플러스*Lebensplus), 잉여의 생명, 곰팡내를 풍기는 우글거리고 득실거리는 세계, 미생물과 박테리아 같은 유기체의 증식, 점진적인 생명력의 약화, 분해, 쇠퇴, 부패 등과 근접한 곳에서 —불행하게도 그것들과 아주 멀지는 않지만, 그나마 다행하게도 아주 바짝 붙은 것도 아닌 곳에 — 간신히 진창길을 비집고 새로운 길을 열어가기 위해 발버둥치는 것이다.

그런 것이 바로 혐오다. 혐오란 죽음의 광경 앞에서 부리나케 달아나는 것도 아니지만, 그렇다고 반대로 모든 오염과 부패의 원인을 거둬내고 도달할 수 있는 어떤 영원불멸한 삶에 이끌리는 것도 아니다. 혐오란 우리를 저 비천한 인간 조건 속에 깊이 뿌리박히게 하는 무엇이다. 그 비천한 인간 조건이란 바로 인간이 자신의 삶에 내재한 위험을 절대 피해 가지 못하고 그것들 곁에서 함께 살아가야 한다는 것이다. 그리고 그러기 위해서는 우리의 삶을 끔찍하게 만드는 과잉된 것과 결핍된 것 사이를 비집고, 다시 말해 '과잉된 생명'과 '결핍된 생명', 번식·증식·전이와 위축·쇠퇴·시듦 사이를 조심스럽게 비집고 걸어 나가야 한다는 것이다. 사실 여기 나오는 모든 이미지들은 전부 수천 마리의 곤충과 벌레들이 왕성한 활동력과 생명력으로 부패한 시체를 뜯어먹는 모습을 떠올리게 한다.

**

줄리아 페케르Julia Peker, 《이 모호한 혐오의 대상Cet obscur objet du dégoût》, 르보르 들 로, 2010.

아우렐 콜나이Aurel Kolnai, 《혐오Le Dégoût》[1929], 아갈마, 1997.

마사 누스바움Martha Nussbaum, 《인간애로부터의 도피. 혐오, 수치, 법규Hiding from Humanity. Disgust, Shame and the Law》, 프린스턴 대학 출판부, 2004 ; 《혐오에서 인간애까지. 성적 성향과 헌법From Disgust to Humanity. Sexual Orientation & Constitutional Law》, 옥스퍼드 대학 출판부, 2009.

그
마음의
정체

~
수치

아 그대, 이 지경까지 추락한 나의 수치를 보고 있는

냉혹한 비너스여, 이 정도로 참담하면 이제 되었는가?

그대의 잔인성을 이보다 더 밀고 나가지는 못할 것이리니.

그대의 승리는 완벽하다. 그대의 화살들은 모두 적중했다.

장 라신,

《페드르》, III, 2.

"수치스럽다!" 이 말은 지금의 상황을 도저히 받아들이기 힘들다는 끔찍한 최후의 판결처럼 울려 퍼진다. 수치스럽다. 창피하다……. 우리는 수치가 아닌 다른 감정들의 경우, 감정을 느끼는 주체가 대개 그 감정의 '일부'를 이룬다고 추정한다. 그러나 수치심은 다르다. 수치심은 비인격적인 실체, 주체를 폭 감싸 숨통을 조이고 짓누르는 총체적 실체다. 주체는 수치와 '거리를 둘 수도' 없고, 그렇다고 수치를 '부분적으로만' 느낄 수도 없다. 때로 우리는 수치를 수치라고 지목할 수도 없다. 숨을 조이는 강력한 힘이 수치심을 우리의 내면에 꽉 붙들어 매고, 우리가 수치스럽다고 말하지 못하게 하거나 혹은 수치스럽다고 생각하는 걸 수치스럽게 여기도록 만든다. 모욕감이 너무 큰 경우 우리는 자신을 똑바로 바라보지 못한다. 땅 밑으로 꺼지든 하늘 위로 솟아버리든, 제발 어떻게든 세상에서 사라지고 싶은 기분만 들게 한다. 견딜 수 없는 한계치에 도달하면 거부감이나 혐오감은 우리가 스스로에 대해 갖고 있는 인식을 심하게 왜곡하고, 우리가 갖고 있는 자아 존중감이나 자기애를 강한 산성 물질처럼 부식시킨다.

수치심이란 우리가 싫고, 불편하고, 거부감이 들고, 위험하게 느껴지는 무엇인가와 대면하는 최종 한계선에 대한 이해다. 그러나 우리는 이러한 '무엇인가'를 오로지 수치심이라고 부르는 데 어려움을 겪는다. 수치심이란 다양한 삶의 영역과 관련되어 있고 연민과 반감, 동정과 경멸, 슬픔과 분노, 절망과 자기애, 혐오와 증오 등 갖가지 잡다하고 다양한 감정들과 복잡하게 뒤얽혀 있기 때문이다.

우리가 수치심을 느끼는 상황은 무한대여서 그것을 한마디로 포괄하기란 여간 어려운 일이 아니다. 수치심이란 우리가 직접 저지른 행동만이 아니라 우리가 무력하게 지켜보기만 한 상황, 더 나아가 우리를 피해자로 만든 행위까지 정말이지 너무나도 다양한 것들과 연관되며 우리를 분노만큼이나 두려움의 곁으로도 이끄는 감정이기 때문이다. 수치스럽다는 것은 무엇인가 돌이킬 수 없는 경계를 넘었다는 사실을 알려주는 내면의 흔적과도 같다. 내가 저지른 행동에 대한 서글픈 회한이 아니라 찢긴 틈, 벌어진 상처, 두 개로 갈라진 주체의 모습을 보여주는 흔적이다. 내가 과거에 원했거나 현재에 원하는 나의 모습과 그리고 부정적 이미지를 스스로 내재화하고 있는 지금 내가 생각하는 나의 모습, 이렇게 두 가지로 주체가 양분되었음을 보여준다.

우리는 사르트르의 철학에서 세계 내에 타자가 출현하는 계기가 바로 수치심이라는 사실을 잘 알고 있다. 그러나 사르트르에게 수치심이란 규범을 어기고 잘못된 실수를 저지른 데 뒤따르는 감정이 아니다. 사르트르에게 수치심은 모든 타자와의 관계, 주체성과의 관계를 구성하는 요소다. 사르트르는 이것을 열쇠 구멍을 들여다보는 관음증 환자를 예로 들어 설명했다. "최초의 구조에서 수치는 타인 앞에 느끼는 수치다. 내가 방금 서툴거나 비열한 행위를 저질렀다고 치자. 그 순간 행위가 나에게 달라붙고, 나는 행위를 판단하거나 비난하지 않고 그저 바라본다. (중략) 그러다 돌연 나는 고개를 들고, 그동안 내 앞에 나를 지켜보는 누군가가 있었다는 사실을 깨닫는다. 그 순간 나는 별안간 내 행위의 비열함을 깨닫고 수치심을 느낀다. (중략) 나는 타자에게 비친 내 모습에 대해 수치심을 느낀다."(《존재와 무》[1943], 갈리마르, 텔 총서, 1976, 259~260)

행동 중인 주체는 자신의 행위와 '일체를 이루고' 있기에 자신의 행위를 비판할 수 없다. 그러나 별안간 자신을 대상화한 타자의 시선을 내재화하는 순간 주체는 자신의 몸이 더 이상 체험된 몸으로서의 육신이 아니라 대상 그 자체가 되었음을 깨닫게 된다("타자는 나를 대상화한 주체로서 내게 나타난다"). 타자는 나에 대한 인식이나 '이미지'를 마음대로 변형시킬 수 있다. 그리고 주체가 타자의 인식이나 이미지 속에서 '자기의 모습을 인식'할 때 비로소 수치심이 일어난다. "수치심은 본질적으로 '인식'이다. 타자가 바라보는 나의 모습을 내 스스로 인식하는 것이다." 따라서 수치심은 단순히 모욕을 당하거나 멸시를 받을 때 나타나는 특수한 심리적 경험만을 의미하지 않는다. 수치심은 주체성 자체를 구성한다는 점에서, '보여지는 존재'가 마침내 자기의 한계선을 대면한다는 점에서, 존재론적인 차원에도 속하는 것이다.

수치심을 느끼지 못하는 사람, 단 한 번도 수치심을 느껴본 적 없는 사람은 어느 정도 모든 한계에 대한 의미를 잃어버린 자라고 할 수 있다. 수치심을 모르는 사람은 뭐든 자중하는 법이 없다. 그러한 자는 쉽게 자신의 한계를 넘어 순식간에 동물적인 충동이나 욕망으로 기울어버린다. 수치심을 부인하거나 알아보지 못하는 것은 끔찍한 일이다. 왜냐하면 수치심을 도외시한다는 건 곧 인간들 사이에 정의를 확립하는 것이 불가능하다는 사실을 의미하기 때문이다. 《일리아드》의 결말 부분에서, 아킬레우스는 헥토르를 죽인 뒤 그의 시신을 마차에 매달고 며칠씩 파트로클로스의 무덤 주위를 빙빙 돈다. 그는 그처럼 시신을 욕보이고 도저히 무엇으로도 통제할 수 없는 분노에 사로잡힌 채 인간과 신을 도발한다. 그 순간 그는 어떤 수치심도 느끼지 않는다. 그러자 신들이 아킬레우스의 어머니인 님프 테티스를 불러 제발 실성한 아들이 이성을 되찾게 하라고 당부한다. 결국 그는 아들을 찾아가 그 역시 언젠가는 죽음을 피할 수 없는 필멸의 존재이며, 그의 인생도 그리 길지만은 않을 것이라는 사실을 일깨워주며 마침내 아들이 마음을 진정시키고 불의를 바로잡을 수 있게 설득한다. 영웅 아킬레우스는 마침내 수치심을 느끼고 비로소 잃었던 인간성을 회복한다. 그는 자신도 필멸의 존재임을 시인하며 적들 앞에서 뜨거운 눈물을 쏟는다.

고대 그리스인에게 *아이도스*aidos는 매우 핵심적인 개념이었다. 그러나 본래 이 단어가 지녔던 참뜻을 오늘날 정확히 살려내기란 매우 어려운 일이다. 왜냐하면 그것은 *아이스퀴네*aischyne라는 또 다른 개념과 '한 짝을 이루는' 개념이기 때문이다. 《니코마코스 윤리학》(1128b)에서 아리스토텔레스는 *아이도스*를 "파렴치를 두려워하는 마음"이라고 정의하며, "그것이 무시무시한 위험을 두려워하는 마음과 비슷한 효과를 불러 온다"고 지적했다. 그런 의미에서 *아이도스*는 우리의 얼굴을 '새하얗게' 질리게 만드는 반면, 수치를 의미하는 *아이스퀴네*는 우리가 범한 부정직한 행동과 관련된 감정인 탓에 우리의 얼굴을 '새빨갛게' 달아오르게 만드는 것이다. 두 개념은 어떤 면에서는 의미가 포개진다. 버나드 윌리엄스는 《수치와 필요》에서 두 개념을 영어 단어 *쉐임*shame 하나로만 옮긴 탓에 결국 두 개념이 지닌 미묘한 뉘앙스 차이를 살려내는 데 실패했다. 부끄러움(죄의식과 연관)이라는 의미를 지닌 개념과 염치, 겸손, 겸허, 자중('감히 하지 못하는' 태도. 감히 대중 앞에서 말을 하지 못하고, 감히 누군가에게 전화를 하지 못하고, 감히 누군가에게 말을 걸지 못하며, 웃음거리가 될까 두렵고, 잔뜩 겁이 나는 것 등이 이에 해당한다) 등을 의미하는 개념이 지닌 미묘한 차이를 정확히 옮기지는 못했다. *아이도스*는 '신중한 태도', 다시 말해 욕을 먹거나 지탄을 받거나 조롱거리가 될 수 있는 행동, 명예를 실추시키고 수치(*아이스퀴네*가 의미하는 바)라는 굴욕적인 고통을 맛보게 할 행동을 섣불리 하지 않도록 붙들거나 제지하는 점잖은 태도를 의미한다. 수치는 자신의 이미지를 지키려는 노력 혹은 성향에 깊이 뿌리 내리고 있다. 그런 의미에서 이런 종류의 수치는 '예방적 차원의 수치'라고도 부를 수 있다. 어떤 잘못이나 중죄, 서투른 실수, 실책, 실언 등을 '저지른 이후' 우리가 느끼게 될 진짜 수치심으로부터 보호해주기 때문이다.

그런 의미에서 수치는 인간이 신적인 것·신성한 것·권위·규범·아버지·어머니·자녀·친구·적·타인 그리고 자신(자신의 명예)을 존중하게 해주는, 아니 조금 더 정확히 말하면 그런 것들에 대한 불경을 저지르지 않도록 해주는 한계선 내지는 제동 장치에 해당하는 셈이다. 그러나 *아이도스*는 단순히 국가나 가족의 규율을 준수하는 것에만 한정되지 않는다. 조금 더 고차원적으로는 죽음을 피할 수 없는 인간의 숙명을, 인간의 한계선을 존중하는 것을 의미한다. 다시 한 번 말하지만 그러한 한계선이 결국엔 살아 있는 자들을 단련하고 그들이 자신의 나약함, 다시 말해 존재의 결함과 쉴 새 없이 대면한 끝에 인간은 모두 더불어 살아가야 할 필요성을 깨닫게 해준다. 이를테면 플라톤의 《프로타고라스》에는 이런 구절이 나온다. "인간은 아직 전쟁의 기술을 포함해 정치의 기술을 갖추고 있지 못했다. 그들은 자신들을 보호하기 위해 도시를 건설하고 한데 모여 살려고 했지만, 정치의 기술을 갖추지 못해서 한데 모이기만 하면 한없이 서로를 부당하게 대했다. 결국 그들은 순식간에 다시 흩어지고 쇠망의 길로 치달았다. 제우스는 이러다가 인간이 전부 멸종하는 것은 아닌지 걱정이 된 나머지 헤르메스에게 인류에게 수치와 정의를 가져다주어 인류가 한데 모여 살며 국가의 질서와 우정을 확립할 수 있도록 했다."(322c) 말하자면 인류는 자신의 품위가 실추되고 신뢰를 잃을 수 있다는 두려움, 자신의 명예가 더럽혀지고 사회적 위상이 추락할 수 있다는 두려움을 야기하는 *아이도스*의 작용에 의해 평화로운 삶을 영위할 수 있는 것이다. 바로 그러한 연유에서 고대 그리스에서는 도편 추방을 가장 '수치스러운' 형벌로 간주했던 것이리라. 실제로 고대 그리스에서는 대중의 신망을 잃거나, 정치 체제를 위협할 정도로 야망이 지나친 사람, 혹은 자신의 힘을 '절제'하지 않고 위험하게 행동하려 드는 사람이 있으면 10년 동안 모든 권리를 박탈해 국외로 추방했다.

오늘날 *아이도스*는 자중보다는 염치라는 단어로 더 자주 옮겨진다. 사실 자중의 뉘앙스를 지닌 수치심을 뜻하는 프랑스어 *베르고뉴*vergogne는 요즘엔 거의 사용되지 않는 구닥다리 명사다. *베르고뉴* 앞에 '없음'을 의미하는 전치사 *상*sans을 붙여 '뻔뻔하게'라는 뜻을 지닌 관용적 용법으로나 사용한다. 이와는 달리 프랑스어의 *베르고뉴*에 상응하는 이탈리아어 *베르고냐*vergogna나 포르투갈어 *베르고냐*vergonha, 스페인어 *베르구엔자*vergüenza 등은 지금도 여전히 일상 속에서 널리 사용된다. 그런데 우리는 이 단어들의 어원이 된 라틴어 *베레쿤디아*verecundia 속에서 동사 *베레리*vereri의 형체를 발견하게 된다. 이 동사는 '존경하다', 사물이나 사람에 대해 외경심을 느끼다, '벌벌 떨다', 걱정하다, 두려워하다라는 의미를 가졌다. 그런 의미에서 *베르고뉴*는 첫째, 우리가 과거·현재·미래에 저질렀거나 저지르거나 저지를 수 있는 행위가 망신·조롱·야유 등의 결과를 불러올 수 있다고 인식할 때, 둘째, 경험 미숙·결격 사유·부주의함·서투름 따위로 우리 계획이 실패로 돌아갔을 때 느끼는 고통과 굴욕이 동반된 혼란스러운 감정으로 여겨진다. 그러나 *베르고뉴*는 자중의 뉘앙스를 지닌 개념으로 '예방적인' 성격을 지닌다. 따라서 한계를 위반하는 상황을 미리 예측하고, 충동을 억제해주며, 행여 고삐 풀린 충동이 사회적 관계에 치명타를 입히고 나에게 수치가 되어 돌아올 수 있는 불미스러운 상황을 미연에 방지해준다. 그러나 두 가지 개념, *아이도스*와 *아이스퀴네*가 서로 혼용된다는 사실, 그리고 자중을 의미하던 베르고뉴에 수치심의 뉘앙스가 덧붙여졌다는 사실은 언제나 이러한 예방적 역할이 성공적으로 수행된 것은 아니라는 사실을 여실히 보여준다. 때로는 '자제'가 우리가 잘 자제하도록 꽉 붙들어주지 못하고, 우리가 방종으로 다시 말해 아무런 제동 장치도 존재하지 않는 *아이도스* 이전의 상태로, 혹은 무엇인가 돌이킬 수 없는 행동을 범한 뒤 '죽을 만큼 수치스러운 감정을 느끼는' 정념의 상태로 쓰러지는 것을 끝내 막아주지 못한 것이다. 중세 시대까지만 해도 *베르고뉴*는 매우 긴요한 중요성을 띠었다. 인간의 명예와 존엄성을 보호해주고 문화의 중요한 부분을 이루었기 때문이다. 부끄러움, 염치, 명예 등이 한데 어우러진 *베르고뉴*는 '명예로운 수치심'으로 간주되곤 했다. 굴욕적 상황에 처하는 것을 미연에 방지해주고, 우리의 지위를 지켜주며, 무엇보다 가장 우선적으로 고려해야 할 사항으로 여겨졌다. 이처럼 *베르고뉴*는 사전에 한계선을 인식함으로써 주체를 수치심으로부터 보호해왔다. *베르고뉴*가 작동하는 데 실제 타인의 존재가 필요하지는 않다. 이미 어느 정도 원칙, 가치, 정서적·정치적·문화적 환경이 요구하는 윤리적·사회적·종교적 한계를 스스로 내재화하는 것이기 때문이다.

그 마음의 정체

사실 *베르고뉴* 개념이 빠진 그냥 수치심도 인간에게 자신의 내적 존재, 자신의 깊은 윤리 의식을 깨닫게 하거나, 혹은 타자에 대해, 타자의 영향력에 대해 떠올리도록 해주지 않는가? 수치심은 그 자체로 인간이 자기 속에 자신을 초월한 타자의 일부가 존재한다는 사실을 오롯이 인식하며 자기완성에 이르도록 도와준다. 그러나 동시에 억압적인 태도나 담론을 자극함으로써 도덕 원칙이라는 가면을 쓰고 폭력을 은폐하기도 한다. 수치는 타자와의 대면이라는 매우 본질적인 체험이다. 수치는 주체가 사회적 관계 내에서 자기 자신을 형성하는 데 도움을 주고, 동시에 공동체의 일원으로도 잘 살아갈 수 있도록 도와준다. 그러나 때로는 수치가 주체의 삶을 방해하는 걸림돌이 될 때도 있다. 수치가 굴욕을 부채질하며 주체를 침묵과 두려움 속에 가두기 때문이다. 수치는 인간의 이성적인 능력을 저해하며 굴종을 부르는 무시무시한 무기가 되기도 한다. 그것이 수치가 모든 폭력 중 가장 끔찍한 폭력이 될 수 있는 까닭이다. 더욱이 우리는 흔히 "치욕 속에 사느니 차라리 죽음을 택하겠다"라는 말을 자주 한다. 자신에게, 자신의 내면에 수치를 끌어들이는 순간, 수치는 우리의 피부에 딱 달라붙어 마치 얼굴 한가운데 찍힌 지울 수 없는 낙인처럼 영원히 우리를 따라다닌다. 수치심을 자극하는 행위 —강제로 벌거벗은 몸으로 사람들 앞에 서게 한다든지, 많은 이들이 지켜보는 가운데 소변이나 대변을 보게 한다든지, 얼굴에 미소를 띤 타인 앞에서 땅바닥을 핥게 하는 등의 행위— 는 희생자의 인간성을 무참히 짓밟고 그를 무가치한 사물로 전락시킨다.

수치는 아주 조심스럽게 다루어야 하는 감정이다. 수치란 일어나기는 쉽지만 받아들이기는 어렵고, 극복하기는 거의 불가능에 가까운 감정이기 때문이다. 뱅상 드 골작은 저서 《수치의 근원》에서 수치의 근원에는 "폭력적인 상황들이 존재한다. 가끔은 물리적인 차원의 폭력, 대개는 상징적인 차원의 폭력, 그리고 언제나 어김없이 가족 관계와 관련된 폭력과 심리적 차원의 폭력이 자리하고 있다"(포앵 쇠이유, 2011, 65)고 지적했다. 또한 수치심은 "한편으로는 무의식적인 심리 작용 속에, 또 다른 한편으로는 주체와 그를 둘러싼 사회와의 관계 속에 자리한다"(201)고도 설명했다.

수치는 별안간 주체가 아무런 반응을 하지 못하게 만드는 돌발적인 단절로 경험된다. 주체는 얼굴이 새빨개지고, 속이 뜨겁게 타오른 끝에, 결국 분노의 칼날을 자신에게 겨누어 그동안 스스로에 대해 품고 있던 이상적인 이미지를 죽 찢어내 버린다. 주체는 스스로를 '부정적'이라고 절대 받아들이지 못하기에 부정적인 모습을 자신의 이미지 속에 통합하지 못한다. 수치는 그런 의미에서 죄의식과는 다르다. 수치는 자신이 잘못했다는 기분이 아니라 '자격이 없다'는 기분이 들게 한다. 정신분석학도 두 가지를 구분 짓는다. 죄의식은 내면화된 금기를 두고 자아와 초자아 사이에 갈등을 일으키는 것이라면, 수치는 이상적 자아 그리고 외부 환경과 대면하면서 스스로가 생각하던 자신의 고유한 가치가 뒤흔들리는 것을 의미한다. 수치는 항상 내면에서 일어나지만, 언제나 외부 세계와의 관계에서 생긴 문제를 반영한다. 외부 세계는 주체를 문제 있는 사람이라는 이미지로 옭아매고, 주체의 자기애에 깊은 상처를 입히거나 때로는 인간이 아니라고 생각할 정도로 스스로를 무가치하고 무능한 존재로 느끼도록 만든다.

수치심을 느끼는 이유는 다양하다. 그러나 그 이유들은 모두 인간 존재 전체에 속한 무엇인가와 연관되어 있다. 따라서 우리는 자신의 일부를 부인하는 기분을 느끼지 않고는 절대 수치심을 벗어날 수 없고, 수치심을 외재화할 수도 없다. 우리는 시시때때로 일정한 집단, 인종, 사회 계급, 성별에 속하기 때문에, 특수한 '신체적' 특징을 지니고 있기 때문에, 특정한 경제적 조건과 가정 환경 속에서 살아가고 있기 때문에, 자신의 가치가 실추되고 낙인이 찍힌 것 같다고 느낄 때가 있다. 이 경우 수치심을 느끼는 상황이 종결될지라도 공격의 흔적만은 우리의 정신세계에 고스란히 남기 마련이다. 염치, 거북함, 혹은 죄책감은 우리 삶의 일면이나 일부 영역만 연관되는 반면, 수치심은 우리의 존재 전체를 온 힘을 다해 짓누르는 것만 같다. 왜냐하면 수치심은 소속 집단과 더 나아가 개인의 고유한 정체성과 관련된 부분들을 문제 삼기 때문이다. 심지어 가장 극단적인 수치심의 경우 인간성 상실의 두려움마저 불러일으킨다. 견디기 힘든 극악무도한 고통을 무력하게만 지켜볼 때 우리가 인간애를 지닌 존재라는 사실마저 송두리째 무너진다.

수치심은 트라우마를 낳기도 한다. 수치심이란 종종 주체의 지위를 부정당한 듯한 경험이기 때문이다. 그러나 주체는 스스로 그러한 사실을 자인하거나 수치심의 원인을 향해 분노를 표출할 수 없다. 수치심의 원인은 언제나 공격 불가능한 대상으로 간주되기 때문이다. 왜냐하면 수치심을 유발한 원인을 '정신화'할 수 없기 때문이다. 그 순간 수치심은 우리의 판단 능력을 무너뜨릴 위험이 있다. 분노는 부당함을 바로잡는 힘을 만들어내지만, 수치심은 우리를 금세 무력감에 부딪히게 한다. 결국 분노의 화살은 자기에게로 향하고, 자신을 무능하게 느끼는 감정이 내재화되다 못해 마음 속 깊이 파묻히게 된다. 그래서 우리는 문제점을 표현할 수 없게 된다. 그러나 수치심이란 결코 완전한 억압에까지 이르지 못한다. 왜냐하면 우리가 아무리 수치심을 깊이 파묻으려 해도, 우리가 타인의 판단과 대면할 때면 어김없이 수치심이 또다시 심리적 고통을 퍼뜨리기 때문이다.

우리는 가정 학대로 고통받는 피해 어린이들의 모습 속에서 수치심의 복잡한 메커니즘을 찾아볼 수 있다. 대개 학대받는 어린이들은 해방의 힘이 되어줄 분노에 잘 이르지 못한다. 부모상이 무너지더라도 자신의 정체성을 형성해준 부모의 이미지를 쉽게 거부할 수 없다. 그랬다가는 본인의 정체성마저 송두리째 흔들릴 수 있기 때문이다. 더욱이 자신의 정체성을 새롭게 구축하기 위해서는 수치심을 '언어화'할 수 있는 능력이 필요하다.

우리는 수치심을 다른 누구에게 털어놓으면 비로소 수치심을 가라앉힐 수 있다. 그러나 이 또한 주체가 또 다른 어려움과 마주해야 한다. 주체가 수치심을 표현하는 동안 자신의 실추된 위상과 고통을 바라보는 상대의 불편하고 거북한 감정을 그대로 대면해야 하기 때문이다. 아마도 상대는 주체가 수치의 경험을 고백하는 동안 연민과 거부감, 측은함과 혐오 사이를 오락가락할 것이다. 우리는 타인의 수치심에 대해 매우 조심스럽고 신중한 태도를 지녀야만 한다. 그래야만 상대가 수치심을 외재화하고 타인의 시선으로 인해 2차 피해를 입는 일 없이 있는 그대로 자신의 고통을 고백할 수 있다.

수치는 주체의 깊은 내면을 적나라하게 벌거벗기고, 불완전함과 결함으로 가득 찬 나약한 모습을 있는 그대로 드러낸다. 그리하여 주체는 민낯으로 타인의 시선에 자신의 깊은 내면과 나약함, 취약함을 완전히 노출시킨다. 예로부터 우리는 은밀한 부위를 일컬어 '수치스러운 부위'라고 지칭하며 —수치를 뜻하는 이탈리아어 'vergogna'는 성기라는 뜻도 가지고 있다— 은밀한 부위가 내밀하지 않은 '시선'에 노출되는 순간 수치심이 곧장 우리를 공격할 것이라고 은연중에 알고 있었다. 사실 수치란 무엇인가를 은폐하는 동시에 폭로하는 특징이 있다. 수치는 사람들이 자신의 한계를 넘어서지 않고 타인에게 피해를 주는 행동이나 몸가짐을 삼가며 공동체 속에서 서로 결속하게 해주는 힘을 가졌다. 그러나 동시에 공동체 속에 자신의 자리를 마련하지 못하거나 혹은 사회적으로 '인정 받지' 못하는 자들을 배척하며 사람들 사이를 갈라놓는 역할을 하기도 한다. 그런 의미에서 수치는 개인이나 집단의 윤리와 맞닿아 있다. 그러한 수치심을 벗어던지는 행위, 인류학자 루스 베네딕트(《국화와 칼》[1943], 피키에, 1995)의 표현을 빌리자면 '수치의 문화'에서 '죄의식의 문화'로 이행하는 것은 어느 정도 위험성을 띤다. 왜냐하면 수치란 언제나 주체의 완전성을 지켜주며, 무엇인가가 반드시 보호되어야 한다는 사실을 경보하는 역할을 하기 때문이다. 수치심의 발현이 내면의 재앙으로 귀결되게 만들지 않으려면, 무엇보다 수치심이 지니는 긍정적 효과를 인정해야 한다. 말하자면 수치심이야말로 우리가 "내가 한 일, 내가 본 일, 내가 당한 일을 도저히 용납할 수 없어"라고 선언하게 해주고, 인간에 대한 새로운 개념을 바탕으로 자신의 정체성을 새롭게 재구축하고 재정립할 수 있게 해주는 역할을 한다는 사실을 반드시 기억해야 한다.

오로지 권력과 성과만이 예찬받는 이 시대에, 오로지 인간의 기술적·인지적 능력을 개선하는 데만 골몰하는 이 시대에, 우리는 무엇보다 우리의 유년 시절을, 우리의 부끄러움을 아는 마음과 조심스럽게 절제하는 마음을 보호할 필요가 있다. 우리는 오히려 가난과 나약함과 유약함을 수치스러워하는 이들을 수치스러워해야 한다. 왜냐하면 위험은 결코 얼굴을 붉히는 자들, 수치심을 통해 자기 존재의 문제를 오롯이 책임질 줄 아는 자들에게서 비롯되는 것이 아니기 때문이다. 오히려 위험은 아무것도 부끄러워하는 것이 없기에 무엇이든 다 할 태세가 된 저 붉그락 푸르락 한 얼굴로 분노를 터뜨리는 자들에게서 비롯되는 법이다.

*
**

아니 에르노Annie Ernaux, 《수치La Honte》, 갈리마르, 폴리오, 1997.

장폴 사르트르Jean-Paul Sartre, 《존재와 무L'Être et le Néant》(1943), 갈리마르, 텔 총서, 2013.

에마뉘엘 레비나스Emmanuel Levinas, 《탈출에 관하여De l'évasion》, 파타 모르가나, 1982.

뤼벤 오지앵Ruwen Ogien, 《수치는 비도덕적인가?La honte est-elle immorale?》, 바야르, 2002.

버나드 윌리엄스Bernard Williams, 《수치와 필요La Honte et la Nécessité》(1993), 장 를래디에가 영어판을 번역, 퓌프, 1997.

뱅상 드 골작Vincent de Gaulejac, 《수치의 근원Les Sources de la honte》, 데클레 드 브루에르, 1996 ; 포앵 쇠이유, 2011.

그
마음의
정체

~

교만

흔히 우리는 자신에게는 없다고 생각되는

타인의 결점을 비난하기를 좋아하듯이,

마찬가지로 자신에게는 없는 타인의 장점은 무시하기를 좋아한다.

그러나 두 가지는 모두 똑같은 종류의 교만에 해당한다.

라 로슈푸코,

《도덕에 대한 성찰과 잠언》(1664),

잠언 462.

언어에게는 제 나름의 고유한 삶이 있다. 오만을 뜻하는 프랑스어 *쉬페르브*superbe는 오늘날 점차 망각의 강으로 흐르거나 혹은 '옛말', '현대에는 사용되지 않는 명사'의 서글픈 치마폭에 폭 안겨버렸다. 그에게 남은 유일한 상속자라고는 오로지 형용사뿐이다.* 그리하여 이 혈혈단신의 고아는 어느새 거만하고 오만하고 불손하고 경멸적인 모습을 벗어던지고, 제멋대로 매혹적이고 고혹적이고 숭고한 얼굴로 완전히 모

---

* 원래 '오만'을 뜻하던 프랑스어 'superbe'는 오늘날 '화려한', '멋진', '찬란한'이라는 긍정적인 의미의 형용사형으로만 쓰인다.

습을 탈바꿈했다. 그러나 우리는 이러한 언어의 변신을 단순히 확인하는 것만으로 어떤 기쁨이나 고통을 느끼지는 않는다. 왜냐하면 언어에게는 우리가 법의 힘을 빌리더라도 절대 바꿀 수 없는 제 나름의 고유한 운명이 있다는 걸 잘 알기 때문이다. 그러나 어쨌든 *쉬페르브*란 단어는 지금도 여전히 강조의 의미를 지니는 접두어를 통해 과도함의 의미를 —그의 쌍둥이 형제인 *오르괴이/orgueil*, 교만도 이와 비슷하게 과도함의 의미를 품에 감추고 있다. 예를 들어 이 단어에 해당하는 옛 독일어는 'urguol'인데, 이 단어의 접두어인 'ur'는 라틴어의 'extra' 혹은 'ex'에 해당하는 말로, 이미 뛰어난guol 무엇인가가 넘쳐흐르는 것을, 과도한 것을, 탁월한 것을 의미했다— 암시하고 있다. 그리스 사상에서도 오만을 뜻하는 *휘페레파니아hyperephania*는 지나침을 뜻하는 *휘브리스 hybris*와 긴밀히 연관되어 본래는 '특출하고', '탁월한' 인간 영혼의 특성이나 지혜를 의미했다. 말하자면 교만은 당시만 해도 '도덕적' 비판에서 자유로웠던 셈이다.

그러나 오만 또는 교만이 뜻하지 않게 큰 주목을 받게 되는 계기가 있었으니, 4세기 에바그리우스 폰티쿠스에서 시작해 교황 그레고리오 1세, 아우구스티누스, 토마스 아퀴나스 등에 이르기까지 가톨릭 신학이 라틴어로 *수페르비아Superbia*라고 번역되는 교만을 주요 죄의 하나로 격상시키면서부터다. 그리하여 교만은 나태, 음욕, 분노, 탐식, 시기, 인색과 더불어 칠죄종의 하나로 손꼽히게 된다. 여기서 교만과 관련된 악마 — 벨제부브는 탐식과 폭식, 벨 페골은 나태, 사탄은 분노와 관련된 악마다 — 는 루시퍼였다. 어쩌면 이러한 사실은 교만의 본질적 의미를 탐험하고 싶은 자에게는 매우 중요한 단서가 아닐까 싶다.

토마스 아퀴나스는 《신학 대전》에서 이 문제를 다음과 같이 설명했다. "교만은 신의 언약으로 거론되기도 한다. 이를테면 〈이사야서〉를 보면 (60:15) '내가 너를 영원한 영예로, 대대의 기쁨으로 만들리라'라는 대목이 나온다." 아퀴나스는 이렇게 설명을 덧붙인다. "신과 닮으려는 것은 결코 죄악이 아니다. 모든 피조물이 신을 닮으려는 것은 자연스러운 일이다. 바로 거기에 완성에 이르는 길이 있기 때문이다."(Q162, 1) 이 말을 조금 더 쉽게 풀이하면 이렇다. 인간의 본성은 인간이 있는 그대로의 모습에 만족하지 못하고 항상 다른 존재가 되기를 갈망하며, 아직 도달하지 못한 그 상태를 향해 나아가도록 자극한다. 인간에게 '완성'이란 어떤 고정된 존재가 아니라 변화하는 존재의 상태를 의미한다. 인간은 '대를 이어' 완성을 향해 나아가려고 하는 동시에, 자신이 생각하는 '이상적인 모습'에 도달하기 위해 노력한다. 천사도 예외는 아니다. 루시퍼는 본래 모든 천사 가운데 가장 아름다운 천사인 동시에, 그 무엇보다, 그 누구보다 ─예외는 그를 존재하게 한 신뿐이다─ 훨씬 더 고결한 정신을 지닌 천사였다. 그는 '빛의 담지자'로 통했고, 그가 미치지 못하는 존재는 오로지 성경에서 빛을 의미하는 신뿐이었다. 말하자면 그는 완벽의 경지에서 그리 멀지 않았고, 그래서 그는 완벽에 도달하기를 추구했다. 그러나 문제는 그가 '신을 닮은 모습으로' 완벽에 도달하기를 바란 것이 아니라 본질, 권능, 지혜의 측면에서 자신이 직접 신이 되기를, 스스로 인간을 구원하기를 갈망했다는 것이다. 어쩌다가 대천사였던 그는 타락 천사, 악령으로 전락한 것인가? 성경의 설명은 간단하다.

그의 내면에 어떤 독약이 스며들어 그의 존재를 가득 채운 탓이다. 오만이라는 독약이 그가 창조주를 사랑하기보다 자기 자신을 더욱 사랑하게 만든 것이다.

원죄의 역사에서부터 시작해 이런 치명적인 독을 지닌 정념은 신의 위대함을 '모방'하기를 갈망하는 우리 인간도 꾸준히 괴롭혀왔다. 인간도 루시퍼처럼 결코 '제자리에만' 머물기는 바라지 않는다. 그러나 루시퍼와 달리, 인간의 등을 떠미는 것은 악마의 숨결이 아니다. 인간이 '다른 존재'가 되기를 갈망하고, '더 많은 것'(더 많은 지식, 가능성, 재산, 밝은 미래 등)을 추구하도록 만드는 것은 다름 아닌 갈망, 이상, 한마디로 '좋은 삶'에 대한 비전이다. 그러니 교만과는 관계가 없는 셈이다. 그렇다면 인간은 언제 교만하게 되는가? 토마스 아퀴나스가 성 아우구스티누스를 인용해 설명한 바에 따르면, 인간이 더 나은 삶을 추구하는 행위가 "위대함을 지나치게 갈망하는 행위"로 변질되어 "사악한 뜻으로 신을 모방"하는 때다. 다시 말해 교만에 잠식된 인간이 "다른 사람들과 모두 대등하게 신에 종속된 인간"이 되기를 거부하고, "자신이 직접 신을 대신해 다른 사람들을 지배"하기를 바랄 때다(《신학 대전》).

종교적 색채를 지우면, 자기 우수함의 표현인 교만은 모방과 모사의 성격을 지닌다고 볼 수 있다. 그런 면에서 교만은 자긍심과는 다르다. 자긍심은 본인이 실제로 행한 가치 있는 행동이나 실제로 소유한 재능을 과장하고 과시하는 것을 의미한다. 반면 교만은 오로지 자기만이 책임지고 보증할 수 있는 스스로의 우월함을 자처하는 것이다. 교만은 '올바른 이성'을 토대로 한 선의 *지향*이 아니다. 교만은 자신이 아주 훌륭한 일을 해냈다며 자신의 우수함을 지나치게 만족스럽게 여기는 일종의 *자부심*이다. 인간은 누구나 '위로 상승'하고, 최고가 되고, 가장 훌륭한 방법으로 계획을 실행하고, 어떤 상황에서든 어떤 영역에서든 최선을 다하고 싶다는 욕망을 지니기 마련이다. 어떤 작가도 고의로 평범하고 보잘 것 없는 소설을 쓰기를 원하지는 않는다. 어떤 가구 전문가도 의도적으로 지난주에 만든 것보다 덜 단단하고, 덜 아름답고, 덜 가치 있는 가구를 만들려고 하지는 않는다. 결국 자부심이란 최고를 지향하는 경향에 불과하다. 그러나 이러한 자부심을, 교만한 사람의 경우에는 자신이 해낸 일의 가치를 드높이기보다는, 다른 사람이 해낸 일의 가치를 평가 절하하는 데서 더욱 크게 얻는 경향이 있다.

교만은 타인의 정당한 자긍심을 낮잡아보고 모욕함으로써 자신을 '드높이려' 한다. 교만은 동등함을 죽도록 멸시하는 오만한 마음이다. 교만한 자는 그 누구도 자기와 똑같은 동족이나 형제라고는 생각하지 않는다. 그에게 타인은 전혀 특별할 것이 없는 뚜렷하게 구분도 잘 안 되는 모호한 '군중'에 불과하다. 타인은 언제든 자신에 대해 동등한 관계를 요구할 위험이 있다. 교만한 자는 언제나 아래가 훤히 내려다보이는 피라미드의 가장 꼭대기 위에 선 채, 언제든 "자신의 발꿈치에 닿지 못하는 자들은 누구든" 짓밟게 만드는 자신의 *휘브리스*에 거나하게 취해 있다.

그런 의미에서 교만한 자는 거짓말과 위선을 범하기 쉽다. 스스로 우월감을 유지하기 위해서는 끊임없이 마법을 힘을 빌릴 수밖에 없기 때문이다. 자신도 믿지 못할 자신의 우월성을 증명하기 위해 무슨 이유든 부지런히 지어내어 단호하게 주장한다. 교만한 자는 언제나 모든 관심을 한 몸에 받기를 바라며, 온갖 찬사와 예찬의 대상이 되기를 원한다. 교만한 자는 자신이 독립적이고 아무도 손 댈 수 없는 매우 고결한 존재라고 자처하는 탓에 작은 비판에도 쉽게 자존심에 상처를 입고, 사소한 말 한마디에도 기분이 나빠진다. 그러나 정작 자신이 타인의 기분을 망치고 자존심을 긁는 잘못을 저질렀을 때는 일절 사과를 하거나 용서를 구하는 법이 없다. 교만한 자는 언제나 자신이 옳다고 생각하며, 자신이 정말 지니고 있거나 혹은 지니고 있다고 박박 우기는 재능이나 지식을 끊임없이 축적하는 데만 골몰한다. 그리고 타인의 충고에는 전혀 귀를 기울이지 않으면서, 자신은 누군가에게 조언을 해주는 일이라면 사족을 못 쓴다. 교만은 자신의 몸을 비대하게 부풀린다. 자신의 '피부'에 허영심, 거만함, 나르시시즘, 오만함, 똥고집, 과대망상 등으로 이뤄진 온갖 잡다한 종창들을 만들어낼 때 더욱 크게 부풀어 오른다.

신학자들이 교만을 모든 악덕과 모든 죄악의 '아버지'로 간주한 것은 ─ 비록 신학자들이 교만한 자들을 치료해야 한다고 생각한 가장 큰 이유는 그들이 신의 뜻을 따르는 대신 루시퍼처럼 자기 자신을 따르려는 마음을 먹었다는 사실 때문이지만 말이다─ 그리 놀랄 일이 아니다. 그렇다면 교만이란 정녕 지나친 오만함, 과도한 거만함의 과시를 의미하는 걸까? 아니, 우리는 오히려 교만이란 고독의 감옥에 갇히는 것, 나약함을 드러내는 징표가 아닐까 생각한다. 교만한 자는 완고하고 고집스럽다. 자기의 고결한 이미지가 구겨지고 손상될 것이 두려워 절대 자신의 의견을 굽히지 않으며, 문제를 해결하도록 도와줄 누군가의 비판이나 질책을 견디지 못한다. 그런 식으로 교만한 자는 자신의 세계에 갇혀버린다. 어떤 목소리도, 어떤 말소리도 스며들지 못하는 철저하게 방음 처리된 세계에 홀로 유폐된다. 교만은 일종의 고통이다. 친구 없이 외롭게 살아가야 하는 고통. 교만이란 자기 열광, 자아의 비대화, 힘의 과시이기 이전에 비참함을 의미한다. 결코 자신의 나약함을 드러낼 수 없는 불행이다.

~

자긍심

자긍심fierté은 자신의 뿌리에 그다지 큰 긍지를 느끼지 않는다. 그것이 *피에라*fiera, 즉 맹수의 사나움 혹은 잔혹함과 맞닿아 있기 때문이다. 이 단어의 라틴어 격에 해당하는 *페루스*ferus라는 단어 속에는 약간은 거칠고, 길들여지지 않은, 격렬하고, 쉽게 분노와 격분으로 흐르는 존재라는 의미가 내포되어 있어도, 어느 정도 '위대함'의 의미 역시 완전히 배제하지 않는다. 말하자면 그것의 도도한 성격 속에는 영혼의 결기, 용기, 엄숙한 위엄과 위용도 함께 담겨 있다고 볼 수 있는 셈이다. 긍지를 지닌 자는 마치 사자와도 같다. 그런 의미에서 자긍심이 있다는 말은 간혹 칭찬인지 모욕인지 가늠하기가 어렵다. 볼테르는 저서《철학 사전》에서 이러한 당혹감을 다음과 같이 설명했다. "이 단어가 도도하고, 오만하고, 거만하고, 기고만장한 성격의 자만심을 뜻한다면 그것은 비난에 해당할 것이다. 반면 고귀한 영혼이 지닌 고결한 성품을 뜻한다면 찬사에 해당할 것이다. 이를테면 위풍당당하게 적을 향해 행군하는 장군에게 보내는 찬사와도 비슷한 것이다. (중략) 이 단어는 매우 미묘한 뉘앙스를 지녔다. 예를 들어 프랑스어로 '자긍심 넘치는 정신esprit fier'은 비난에 해당하는 표현인 반면, '자긍심 넘치는 영혼âme fière'은 칭찬

그
마음의
정체

315

에 해당한다. 프랑스어로 전자는 자신을 좋은 쪽으로만 생각하는 사람을 뜻하지만, 후자는 고결한 감정을 품은 사람을 의미하기 때문이다."

자긍심의 의미를 정확히 이해하고 싶다면 자긍심의 본질이 변질되는 경계선을 알아볼 수 있어야 한다. 순수한 자긍심은 절대 자만에 '빠지지' 않는다. 여기서 자만이란 "작은 일에도 자신의 가치를 드높이기를 바라고", 흡사 헬륨 풍선처럼 잔뜩 공기를 흡입해 몸집을 비대하게 부풀리거나 혹은 온몸을 자신의 공허함으로 가득 채우는 것과 비슷한 무엇이다. 그런가 하면 자긍심이 오만방자함으로 변질되는 경우도 거의 없다. 오만방자한 사람은 단순히 자신이 현재 아주 훌륭한 일이나 위업을 달성했다며 으스대기만 하는 것이 아니라, 아주 뻔뻔하게도 가깝거나 먼 미래에 자신이 기적 같은 성과를 올릴 것이라며 큰소리를 뻥뻥 치기까지 한다. 긍지가 넘치는 사람은 기고만장한 사람과 어울려 다니지 않는다. 기고만장한 사람은 기대에 미치지 못하는 상대에게는 절대 '허리를 굽힐' 줄 모르고 "자신만 과대평가하는 것이 아니라 거기에 더해 타인도 멸시"(《철학 사전》)하기 때문이다.

그럼에도 자긍심은 교만하고는 제법 잘 어울려 노는 편이다. 때로는 두 가지를 서로 혼동할 —복수와 징벌의 여신인 네메시스는 교만한 자들은 도도한 머리를 굽히게 하고, 자신의 재능이나 자질에 너무 지나친 자긍심을 느끼는 자들에게는 굴욕을 주었다— 정도다. 그러나 자긍심 넘치는 자는 이를테면 교만한 자의 '오목한' 면에 딱 들어맞는 '볼록한' 면에 해당한다. 자긍심 넘치는 자가 자신의 힘이나 눈부신 빛을 과시하기를 원한다면, 교만한 자는 반대로 자신의 나약함이나 실패, 어두운 그림자를 몰래 감추는 데 급급하기 때문이다.

자긍심이 항상 좋은 평판을 누리지 못하는 이유는 자긍심 곁에는 항상 '쭉 내민 가슴', '자기 과시', 경탄의 눈길을 바라며 공작새처럼 화려한 날개를 활짝 펼쳐 보이는 자기 예찬 같은 이미지들이 따라다니기 때문이다. 그러나 사실 자긍심은 자아의 확대나 고양 —오로지 '나는 내가 참 자랑스러워!' 같은 혼잣말 속에서나 그런 현상이 나타난다. 이를테면 거울을 통해 서로를 비춰주는 관계처럼, '나'가 '자아'를 미화해주면 예의 바른 '자아'도 역시 그에 대한 화답으로 '나'를 미화해주는 것이다— 을 의미하지 않는다. 그런가 하면 에고이즘의 부각을 의미하는 것도 아니다. 왜냐하면 자긍심은 존재 자체가 아니라 존재가 지닌 소유물, 능력, 재능을 부각시키려고 하거나 혹은 진열하는 것이기 때문이다. 사실 우리는 우리 자신을 자랑스러워하는 것이 아니다. 우리가 실행한 행위, 위업, 전투, 혹은 게으름·회피·심약함 따위를 어렵게 이겨낸 경험 따위를 자랑스러워하는 것이다. 자긍심이란 우리가 만족스럽다고 여기거나 혹은 옳다고 여기는 목표에 따라, 우리의 가치관·원칙·지식·노하우에 알맞게, 우리가 원하는 방향으로 행동했다고 느낄 때 생겨나는 만족감이다. 손가락이 둔한데도 미니 비행기 모형을 깔끔하게 완성해서, 온몸이 피로하고 다리가 무거워 중도에 포기하고 싶은 마음이 굴뚝같았지만 결국엔 121등으로 교내 크로스컨트리 경주를 완주해서, 예전에는 생각만 해도 속이 울렁거릴 만큼 극심한 공포를 느꼈던 내가 낙하산을 타고 공중 낙하하는 데 성공해서, 시련을 극복해서, 집짓기를 끝내서, 온갖 협박을 이겨내고 용감하게 증언대 앞에 서서, 나도 상황이 어려운데 기특하게 어려운 친구를 도와주어서, 나는 내 자신에게 긍지를 느낀다. 말하자면 자긍심이란 있는 그대로의 자아와 이상적 자아 사이의 간극을 좁히는 걸 뜻한다.

자긍심을 지닌 사람은 군인처럼 위풍당당하게 행군하거나, 가슴에 주렁주렁 매달린 훈장을 과시하거나, 경기장에 들어선 투우사처럼 화려한 복장을 뽐내지 않는다. 자긍심을 지닌 사람은 그저 허리를 빳빳이 세우고 똑바로 걸을 뿐이다. 바르고 '꼿꼿한' 자세는 그가 실제로 해낸 일과 그가 자신의 라이프스타일, 세계관, 정치·도덕·철학·교육·종교적 이상에 따라 하기를 바라는 일이 우연하게도 일치했음을 보여주는 증거다.

자긍심은 어리석은 자만심이 되거나, 추악한 오만방자함이 되지 않기 위해 각별한 주의를 기울인다. 그러나 자긍심은 나와 똑같은 자긍심의 개념을 공유하는 이들, 내가 '애착'을 가진 이들에게로 충분히 확장될 수 있는 능력이 있다. 아무리 에베레스트 산을 정복한 사람일지라도 나와 안면도 없는 사람에게 우리는 자긍심을 느끼지 않는다. 비록 우리가 모두 '인류'라는 개념으로 하나로 맺어질 수 있는 관계라고 하더라도 말이다. 반면 근사한 책을 출간한 딸에 대해, 온갖 잡일을 전전하며 자식 공부를 뒷바라지한 아버지에 대해, 자기도 성치 않은 몸으로 다른 부상자들을 열심히 구조해낸 친구에 대해, 목숨을 걸고 진실을 밝히기 위해 취재 현장을 누빈 동료 기자에 대해 우리는 자긍심을 느낀다. 경탄이란 대개 상대가 누구인지에 관계없이 상대가 지닌 재능만 보고 일어나는 감정이다. 나는 설령 이름을 알지 못할지라도 재능 있는 곡예사가 선보이는 연기에 경탄의 감정을 느낄 수 있다. 그러나 이처럼 다른 이들에게로 널리 '확장된' 자긍심은 다르다. 누군가에게 자긍심을 느끼기 위해선 그들과 어느 정도의 애착 관계, 정서적 차원의 '공동체'가 전제되어야만 한다. 그리고 그들이 어떤 일을 성취하는 데 있어 내가 최소한의 몫을 참여해야 한다. 나는 그가 단순히 내 아들이어서가 아니라, 아들이 내게 자긍심을 느끼게 할 만한 어떤 일을 해냈고, 그 과정에 나 역시 어느 정도 '참여'했기에, 아들에 대해 자랑스러운 감정을 느끼는 것이다. 내가 아이를 수없이 연주회에 끌고 다니지 않았더라면, 하기 싫다는 레슨을 꾸준히 받을 수 있게 다독이지 않았더라면, 아이가 바이올린 부문 1등상을 거머쥐는 일은 일어나지 않았을 것이다. 또한 어느 날 불운의 사고를 당해 더는 운동을 할 수 없다며 좌절에 빠진 내 친구를 내가 수없이 설득하고 격려해 결국 물리 치료도 받고, 체육관에서 운동도 할 수 있게 만들었다고 생각해보자. 우리가 타인에 대해서도 자긍심을 느끼기 위해선 일종의 '전이'가 전제되어야 한다. 내게 자랑스러운 감정을 불러일으키는 타인의 행동 속에는 아주 미약하게나마 나의 잠재력과 능력이 어느 정도 담겨 있어야만 하는 것이다. 그렇지 않다면 그것은 자긍심이 아닌, 그저 한낱 경탄에 불과할 것이다.

이제 우리는 '어떤 존재인 것이 자랑스럽다'라는 말의 의미도 문득 궁금해진다. 여기서 '어떤 존재'라고 함은 누군가의 활동이나 업종, 직업 등을 의미할 수도 있고("나는 변호사인 것이 자랑스러워"), 혹은 특정 시나 지역, 국가 출신처럼 개인의 신원 정보를 의미할 수도 있다("나는 내가 릴르 출신인 것이, 바스크 출신인 것이, 프랑스 출신인 것이, 바바리아 출신인 것이, 런던 출신인 것이, 알제리 출신인 것이, 핀란드 출신인 것이 자랑스러워"). 그러나 단 출생지만은 예외다. 출생지는 이런 종류의 자긍심과 전혀 연관이 없다. 나는 그저 부모님이 우연히 휴가를 보낸 곳이라서, 혹은 어떤 긴요한 필요나 막연한 동경, 또는 고향이라는 이유로 거주한 곳이라서 나폴리나 오슬로에서 태어난 것일 뿐이다. 어떤 경우에도 내가 어떤 곳에서 태어났는가는 나와는 전혀 무관한 문제다. 따라서 이런 저런 장소에서 태어났다는 사실 자체에 우리가 뿌듯한 감정을 느낀다는 것은 어불성설이다. 우리는 부모, 이름, 출생지 등에 대해서는 아무런 선택권 없이 그냥 '세상에 던져진 존재'일 뿐이다.

따라서 우리가 프랑스인, 이란인, 혹은 볼리비아인이라는 사실에 자긍심을 느낀다는 말이 성립하기 위해서는 조금 더 폭넓은 이해가 필요하다. 여기서 프랑스인이라는 말은 단순히 프랑스에서 출생했다는 의미가 아니라 더 나아가 일정한 역사, 언어, 문화, 가치관 등에 '선천적으로든', 후천적으로든 소속되어 있다는 의미를 포괄한다고 말이다. 그러나 그마저도 충분하지 않다. 앞서 설명한 것처럼 나는 내가 해낸 일이나 혹은 나와 특별한 관계 —친족, 우정, 동료애 등— 에 있는 사람들이 해낸 일에 대해서만 자긍심을 느끼기 때문이다. 더욱이 그들이 해낸 찬사 받아 마땅한 어떤 일이나 성취에 대해 나 역시도 최소한일지라도 '공동 역할자'(조언, 조력, 영향력, 염려 등)로 역할했어야 한다. 자신을 따라 선생님이 된 제자에 대해 느끼는 스승의 자긍심이 대표적인 예다. 분명 제자는 스스로의 능력으로 당당히 교원 자격증을 따냈을 것이다. 그럼에도 스승은 제자가 교사의 길로 들어서는 데 일조했기 때문에 제자에 대해 뿌듯한 마음을 느낄 수 있다. 그렇다면 프랑스인이어서, 조지아인이

그
마음의
정체

어서, 모로코인이어서 느끼는 자긍심의 경우에는 대체 내 몫의 '참여'란 어떤 것을 말하는가? 그것은 역사, 언어, 문화, 경제, 과학, 정치 등에 아주 미약하게나마 '일조'하는 것을 뜻한다. 그런 의미에서 이 경우 프랑스인이라는 자긍심을 느낄 수 있는 사람은 오로지 '위대한 인물들', 이를테면 무엇인가를 쓰거나, 창조하거나, 발명하거나, 건축한 저명한 명사들뿐일 것이다. 어쩌면 우리가 오늘날 '민족 자긍심'을 논한다는 것은 매우 부적절한 일인지 모른다. 혹은 위험하다고까지 말할 수도 있으리라. 민족이란 친족, 우정, 공동의 활동 여부 등 매우 협소하고 제한적인 성격을 띠는 공간과 연관되기 때문에, 민족 정체성에 자긍심을 끌어다 붙이는 순간 그것은 모든 종류의 차이를 거부하는 '유유상종 공동체'로 귀결될 우려가 있기 때문이다. 예를 들어 카탈루냐인이라는 자긍심은 스페인인에 대한 무관심이나 차별을 불러일으킬 수 있고, 피에몬테인이라는 자긍심은 시칠리아인이나 칼라브리아인에 대한 경멸을 부추길 수 있다. 뿐만 아니라 지난 역사를 되돌아봐도, 발칸반도 국가들이 벌인 수많은 동족상잔의 전쟁과 분열은 과연 우리에게 '유고슬라비아인이라는 자긍심'이 대체 어떤 의미를 지니는지 자문하게 한다.

따라서 '민족적 자긍심'이 오로지 우리와 똑같고 가까운 것에만 긍지를 느끼는 집단주의로 전락하게 하지 않으려면, 그리하여 우리와 다르고 멀고 '낯선' 것들에 대해 경멸을 부추기게 하지 않으려면, 자긍심의 의미를 최대한도로 '확장'하고, 더욱 크게 부풀어오를 대로 부풀어 올라 아예 터트리거나 혹은 모습을 변형시킬 필요가 있다. 이를테면 존중의 모습 같은 것으로 말이다. 그러면 우리는 프랑스 문화와 문명을 형성하는 데 기여한 모든 것들에 대해 자긍심을 느낀다는 의미에서 충분히 '프랑스인으로서의 자긍심'을 느낄 수가 있을 것이다. 그러나 우리는 '프랑스인인 것에 대한 자긍심'은 느끼면서도 동시에 프랑스 국민 전체를 자랑스러워하지는 않을 수도 있다. 왜냐하면 그것은 그다지 큰 의미가 없기 때문이다. 우리는 그들이 프랑스인인지 아닌지에 관계없이 모든 사람을 전부 존중할 수 있고, 프랑스 땅에서 일하거나 살아가는 모든 이들을 존중할 수 있다. 각자 동등한 존엄성을 누리며, 시민으로서 지켜야 할 규칙과 법률을 준수하고, 각자의 권리를 누리고 의무를 다하며, 이 땅에서 일을 하고, 연구를 하고, 공부를 하고, 학생들을 가르치고, 환자들을 치료하고, 씨를 뿌리고, 추수를 하고, 변호를 하고, 판결을 하고, 건설을 하고, 제조를 하고, 사람이나 화물을 실어 나르고, 물건을 판매하고, 운동을 하며, 다양한 형태와 이미지와 음성과 빛깔을 창조해내고 있는 그들 모두를 말이다.

결국 존중이라는 얼굴로 새롭게 태어난 '자긍심'은 정치적 공동체를 결속시키는 단단한 '시멘트'가 되어줄 수 있을 것이다. 그리하여 모든 구성원이 공익을 추구하며, 자유·평등·평화·정의의 가치를 한마음 한뜻으로 수호할 수 있게 해주리라.

~
분노

나는 증오가 분노를 부르는 것이 아니라, 분노가 증오를 부른다고 생각한다.

증오심이 이는 것은 무엇인가에 분노했기 때문이라고.

이처럼 증오는 분노와 결부되어 있는 감정이기에

우리는 종종 증오할 이유가 많아도 증오하지 않거나,

혹은 증오하더라도 딱히 증오할 이유를 꼬집어 말할 수 없는 것이리라.

일단 증오가 분노에서 비롯된다는 사실을 이해하고나면

마음의 평화를 찾는 데 큰 도움을 얻을 수 있다.

물론 분노를 참기란 참으로 어려운 일이지만,

현명한 사람은 결코 분노를 무작정 증오로 키우는 법이 없다.

알랭,

《행복과 권태에 대하여》(1941).

비극이나 서사시 혹은 신화를 보라. 모든 영혼의 정념을 통틀어 고대인
이 가장 큰 관심을 보인 감정은 바로 분노였다. 분노는 모든 다른 감정

을 굴복시키고, 가공할 생명력의 원천이 되어 순식간에 영혼을 휩쓸기 때문이다. 분노는 심장의 운동을 자극하고, 왕성한 혈기와 뜨거운 열정을 불러일으키며, 개인이 자신을 보호하도록 하는 동시에, 때로는 국가를 수호하는 일을 맡기도 했다. 분노는 우리가 자존심에 상처를 입거나, 모욕을 당하거나, 실망에 사로잡혔을 때, 혹은 우리가 행사하는 힘에 누군가가 '저항'할 때, 우리가 자신의 권한에 속한다고 간주하던 사물이나 존재 혹은 자기 자신에 대한 '주권'이 침해당했다고 여길 때 일어난다. 분노가 고조되면 살인적인 광기까지는 아닐지라도 때로는 잔혹함과 증오로 치닫는다.

《일리아스》의 전사들은 튀모스thumos 안에 자리 잡고 있는 열정, 혈기, 심장 에너지, 즉 메노스menos에 사로잡히곤 했다. 흔히 격분, 노여움, 적개심, 맹렬한 분노 등으로 번역되는 튀모스는 매우 복잡다단한 개념이다. 호메로스의 시에서 튀모스는 본디 외부로부터 비롯된 어떤 혼란스러운 사건, 이를테면 위협적인 상황 등에 대해 나타나는 일련의 내적 감정들을 지칭했다. 그러나 이어 그러한 반응의 작용, 그러한 반응을 자극하는 무엇인가의 작용을 의미하게 됐다. 그것은 주체 본인은 아닐지라도 ─호메로스는 "열정적으로 싸우는 것은 아약스가 아닌 그의 '튀모스'였다"고 말했다(13, 73)─ 우리의 내면에 존재하는, 우리가 물어보면(11, 403) 해야 할 일을 알려주기도 하는(7, 68) '제2의 누군가'였다. 한마디로 튀모스란 분노의 힘을 자극하고 고취함으로써 전사들에게 죽음의 공포마저 잊은 가공할 전사가 되게 해주는 무엇이었다. 아리스토텔레스도 분노가 가져다주는 강렬한 에너지를 찬양하며, 그것을 심장 주변의 피가 끓어오르는 현상으로 표현했다. 그는 뜨겁게 끓어오르는 피가 내뿜는 강력한 힘이 숨결과 혈기와 대담함을 불어넣는다고 간주했다. 말하자면 분노는 어떤 자질이나 덕성과도 비슷한 것이다. 분노는 영혼의 힘에 속한다. 그러나 분노는 단순히 용기만이 아니라 광포함과 과도함, *휘브리스* 따위에도 깊이 뿌리 내리고 있다. 그것들은 모두 두려움과 측은함을 덮어버리는 순간 모든 악덕 중 최고의 악덕으로 변질될 수 있는 정념들이다.

트로이 전쟁에 얽힌 전설적 이야기는 아킬레우스의 분노를 잘 보여준다. 아킬레우스는 아가멤논이 브리세이스를 납치하자 광포한 분노에 휩싸인다. "노래하소서, 여신이여! 펠레우스의 아들 아킬레우스의 분노를. 아카이오이족에게 헤아릴 수 없이 많은 고통을 안겨주고, 무수한 영웅들의 강인한 영혼을 하데스에게 보내고, 그들의 육신을 개와 새의 먹이가 되게 한 그 잔혹한 분노를!" 아킬레우스는 극악한 폭력을 부추길 정도로 맹렬한 복수심과 노여움에 눈이 먼 나머지 사랑하는 이들이 겪을 고통은 안중에도 없이 오로지 상처 입은 자신의 명예만을 앞세워 최악의 잔혹한 행위를 범한다. 영웅 아킬레우스는 어떤 식으로도 분노를 가라앉히려고 하지 않는다. 그에게 분노는 가공할 무기가 되어줄 무한한 힘의 원천이기 때문이다. 그는 뒤로 물러서지 않을 뿐만 아니라 최소한의 온정도 베풀지 않는다. 그가 추구하는 유일한 목적은 오로지 자신을 모욕한 자들을 똑같이 상처주고 응징하는 것뿐이다. 아킬레우스의 분노는 불행을 바로잡는 정의를 전혀 보여주지 않는다. 왜냐하면 자신의 남성성에 상처를 입힌 저 돌이킬 수 없는 지난 불행에 대해 그는 모든 보상을 거부하기 때문이다. 아킬레우스의 튀모스는 다른 모든 이들이 얼마나 가치 있는 존재인지 잊고, 자신의 목숨마저 무시한 채, 그가 오로지 자신의 잃어버린 힘을 되찾는 데만 몰두하며 극악무도한 행위를 범하도록 부추긴다.

세네카도 거의 책 한 권을 분노에 할애했다(《화에 대하여》). 그는 이 책에서 분노가 가져오는 치명적 효과들을 비판했다. 그는 분노를 영웅의 족속들이 지닌 고귀한 덕성이 아닌 어떤 광기, 동물적인 잔혹성, '실질적인 질병'으로 간주하며, 분노라는 병이 나타내는 신체적, 생리적 특징들을 다음과 같이 자세하게 묘사했다. "세상에 이토록 차마 눈을 뜨지 못할 만큼 추악한 것도 없으리라. 돌연 심장으로 피가 쏠리며 백짓장처럼 하얘졌다, 이내 온몸의 기운과 열기가 마구 솟구쳐 올라 붉으락푸르락 시뻘겋게 달아오르는 저 무시무시하고도 사나운 얼굴. 부풀어 오르는 혈관, 거의 뒤집힐 듯 좌우로 데굴거리다 이내 한 점만을 뚫어지게 쏘아보는 눈깔. 금방이라도 먹이를 집어삼킬 듯 멧돼지가 엄니를 갈듯 부득부득 갈리는 이빨. 꽉 쥔 두 주먹 관절에서 새어나오는 우두둑거리는 소리. 쉴 새 없이 가슴팍을 두드려대는 실성한 자의 몸짓. 여기에 더해 거친 숨소리, 폐부로부터 깊이 흘러나오는 고통에 찬 신음소리, 온몸을 휘감는 흥분, 갑작스럽게 터져 나오는 외마디 비명, 앙 다물었다 부들부들 떨려오는 입술, 그 입술 사이로 새어나오는 왠지 모를 불길한 씩씩거림. 굶주림에 시달리거나 허리춤에 창이 박힌 호랑이조차도, 최후의 발악을 하듯 마지막 힘을 다해 사냥꾼을 물기 위해 달려드는 호랑이조차도, 이처럼 분노에 불타는 인간만큼 광포하지는 않을 것이다."(III,

4) 왜냐하면 세네카가 말한 것처럼 분노란 무척이나 격렬한 동시에 "마치 소용돌이에 휩쓸리듯", 절대 "서서히 진행되지 않고", "한 순간 온 에너지가 폭발하듯 생겨나는" 정념으로 인간의 영혼을 단순히 심연으로만 끌고 가는 것이 아니라 "순식간에 심연 속에 던져버리기" 때문이다.

때때로 분노는 '복원' 기능을 하기도 한다. 우리가 바라는 방향으로 일이 잘 풀리지 않을 때, 우리가 가공하고 싶거나 변형하고 싶은 물질이 꿈쩍도 하지 않을 때, 우리가 굴복시키기를 바라는 대상이 굴복하지 않을 때, 누군가 우리가 원하는 대로 행동해주지 않고, 우리의 충고를 따르지 않은 채 제멋대로 행동하려 들 때, 우리를 모욕하고, 우리에게 피해를 입히고, 우리가 옳다고 여기는 행동이 무의미해지도록 만들 때, 바로 그러할 때 분노는 생겨난다. 말하자면 분노는 우리의 힘을 제한하거나 우리를 공격하는 것, 다시 말해 '역풍'으로부터 생성되는 것이다. 이러한 것들에 대해 우리가 보이는 충동적인 반응인 셈이다. 그러나 이러한 반응은 격렬한 성격을 띠기 때문에 —여기서 격렬함이란 때로는 고성과 과격한 몸짓을 동반하기도 하지만 또 때로는 고요하고 냉철하게 '억눌린' 모습으로 나타나기도 한다— 저지된 '질서'나 억제된 힘을 회복하는 데 종종 실패하기도 한다. 왜냐하면 분노는 이성의 힘에 인도되고 통제되는 효율적인 힘이 아니기 때문이다. 실행 버튼을 누른다고 해서 무조건 효과가 나타나는 그런 힘이 아니다. 오히려 분노는 마구잡이로 폭발하여 맹목적으로 때려 부수고 화를 내는 광포한 폭력이다. 때로는 '전혀 관계가 없는' 사람들을 향해서까지도 파괴와 모욕을 자행한다. 그런 의미에서 스토아학파가 분노를 *마니아*mania, 광기라고 표현한 것은 나름대로 일리가 있다. 우리는 격렬한 분노에 한순간 사로잡히거나 혹은 그것에 습관처럼 익숙해지는 경우 잔혹함에 빠져들 위험이 있다. 이를테면 우리는 상대의 살을 가리가리 찢어내며 희열을 느끼는 피에 굶주린 맹수에 가까워질 수도 있다. 그러나 그것은 어디까지나 분노가 최고조로 치달았을 때뿐이다. 세네카가 지적한 것처럼 처음에 분노는 혐오나 통탄이 불러일으키는 충동적인 운동에 불과하다. 말하자면 처음에 분노의 기능은 기껏해야 공격, 역경, 장애물, 불운의 사고, 적대적 태도 변화 등에 '저항'하는 것이다. 이때 분노는 분명 '건강'한 성격을 띨 수 있다. 그저 부당한 처사를 향한 억울함, '더 이상은 참을 수 없다'는 불쾌감의 표현일 뿐이다. 분노는 자신은 모욕과 굴욕을 당할 이유가 전혀 없다는 혹은 이 상황을 더 '참아낼 수 없다'는 한 개인의 울부짖음인 것이다. 이를테면 자동차에 시동이 걸리지 않거나, 급박하게 이메일을 보내야 하는 상황에서 공교롭게도 인터넷이 먹통이 될 때처럼 말이다. 분노는 그것이 복수의 충동으로 변질되는 순간 훨씬 더 단단하게 압착되고 한층 더 사나워진다. 그리고 열광, 동요, 흥분 속에서 '정의'를 복원할 수단을 강구한다. 분노가 잔혹함과 증오 쪽으로 한층 기울어 기본적인 정의 구현의 욕망을 잃어버리고, 자신이 당한 모욕의 부당성을 측정해 그에 합당한 처벌을 내리겠다는 마음을 잊어버린 채 충동적으로 돌변할 때, 심지어는 '복수'와도 무관하게 오로지 상대에게 고통을 주는 데만 골몰할 때, 비로소 분노는 최절정의 상태로 치닫는다.

분명 분노는 항구적인 상태가 아니다. 분노란 때로는 격렬하게, 또 때로는 가볍게 분출하는 화산의 폭발과도 같다. 분노란 부당함을 바로잡거

그
마음의
정체

328

나, 치욕을 씻어 내거나, 장애물을 제거해야 한다는 긴박한 필요성에 의해서만 일어나는 것이 아니다. 우리는 일상생활 속에서 과도한 분노, 뜬금없는 분노도 쉽게 찾아볼 수 있다. 모욕을 당하거나 명예가 실추된 것도 아닌데 —깜빡이도 켜지 않고 난폭하게 내 앞을 끼어들거나 혹은 차선 변경을 방해하는 차량 때문에 운전자로서의 내 '명예'가 훼손되는 경우를 제외한다면 말이다— 운전을 하다보면 나도 모르게 불끈불끈 솟아오르는 분노가 대표적인 예다. 이처럼 사소한 상황에서 솟아오르는 화는 때때로 더 깊은 내면의 상처나 좌절감과 관련되어 있다. 말하자면 자잘한 '분노 발작'을 통해 고통의 에너지를 분출하려는 시도인 것이다.

그런가 하면 어떤 분노는 교만으로 인해 일어나기도 한다. 자신의 결점이나 약점을 온전히 인정하지 못하는 교만한 자는 온 세상을 적대적 세력으로 '가득 채우고' 그들의 지배에 울분을 터뜨린다. 애꿎은 타이어에 마구 발길질을 해대며 고장 난 차량에 분노를 쏟아내는 식이다. 자동차에는 미친 듯이 욕을 해대지만 정작 배터리 충전을 까먹은 자신을 욕하는 법은 없다. 말하자면 아리스토텔레스가 지적한 것처럼 세상에는 다양한 종류의 분노가 존재한다. 이를테면 성마름은 불필요할 정도로 너무 급하게 표출되는 까칠한 분노를 의미한다. 그런가 하면 분개는 부당한 일을 당하거나 멸시나 굴욕을 당하는 타인에 모습에 불끈 행동에 나서야겠다며 분기탱천하는 마음 깊은 곳에서부터 끓어오르는 분노다. 극성스러움도 일종의 분노가 될 수 있다. 신체적, 정신적 걸림돌이나 좌절감으로 인해 나타나는 단순한 반응이 아니라 '긍정적' 분노, 다시 말해 타인 —친구, 제자, 아들 혹은 딸— 이 '욕망에 무릎을 꿇지' 않고, 부단히 이상을 추구하며, 독립과 자유를 수호하도록 자극하는 결연하고도 맹렬한 힘으로 기능할 때는 말이다.

분노란 정당할 때도 있고 정당하지 않을 때도 있다. 때로는 전적으로 유용하기도, 또 때로는 철저히 무용하기도 하다. 문화에 따라 다양하게 표출되고 해석되는 다른 모든 감정들이 그러하듯, 분노도 우리가 분노의 감정을 느낄 때, 그리고 분노의 감정으로 인해 '자기를 망각'한 듯한 기분에 휩싸일 때, 비로소 분노의 '존재'를 알아차린다. 대개 분노는 온전한 모습을 다 드러내지 않은 빙산의 일각이나 화산과도 같다. 그 속에는 겉으로 드러나지 않는 두려움, 교만, 원한, 나약함, 좌절감 등 훨씬 더 다양하고 깊은 감정들이 감춰져 있다. 적지 않은 심리학자나 철학자들이 저마다 화병을 고칠 '치료제'를 찾았다고 앞다퉈 주장하지만, 사실 스스로 화를 억제한다는 건 쉬운 일이 아니다. 부실하게 쌓은 강둑은 강물의 범람을 막을 수 없다. 아무리 우리가 분노를 '잠재우고', '억제하는' 데 성공했다 할지라도 결국 분노는 침묵과 금기를 무기로 삼아 고요하게 조금씩 공격하며 확산되다, 급기야 불안과 혼란의 상태에 이를 것이 분명하다. 또한 이러한 갈등상태를 언어화하지 못한다면 결국 분노는 비탄에 이를 것이고, 더 나아가 눈에 보이지는 않지만 서서히 우리를 자기 파멸의 길로 이끌 것이다.

그러니 온전히 분노를 경험하자. 그것이 격렬한 몸짓과 고함을 통해 자신이나 타인에 대한 존중을 회복시켜주는 분노, 인생의 자잘한 우여곡절이나 크나큰 고난 앞에 우리의 '저항감'을 표현해줄 수 있는 분노라면 말이다. 반면 우리가 권력을 행사하거나 혹은 타인이나 사물에 대한 통제권이나 '주권'을 강화하려는 목적에서 분출하는 분노라면, 가급적 그런 분노는 피하도록 하자. 마르쿠스 아우렐리우스도 말하지 않았는가. "우리가 느끼는 분노와 슬픔은 정작 우리를 화나게 하고, 분개하게 만드는 그 대상보다 훨씬 더 고통스러운 법이다."(《명상록》, XI, 18)

**

아리스토텔레스Aristote, 《니코마코스 윤리학Éthique à Nicomaque》, 리샤르 보데위스 번역, 작품전집 중에서, 피에르 펠르그랭 편집, 플라마리옹, 2014.
세네카Sénèque, 《화에 대하여De la colère. Ravages et remèdes》, 니콜라 바케 번역, 리바주, 2014.
마르쿠스 아우렐리우스Marc-Aurèle, 《명상록Pensées pour moi-même》, 마리오 뫼니에 번역, 제에프플라마리옹, 1964.

그 마음의 정체

~

회환

나는 그대의 갈매기를 사랑한다, 오 깊은 바다여,

진주알 같은 포말을 일으키며

다갈색 날개를 활짝 펼친 채로,

거대한 파도 속으로 잠수했다,

거대하게 열린 아가리로부터 다시 빠져나오는

마치 고통 속을 빠져나오는 영혼처럼.

나는 엄숙한 바위를 사랑한다

영원한 울음소리가 들려오는 그곳을,

회한처럼 쉴 새 없이 지속되고,

검은 그림자 속에서 다시 태어나는,

어두운 암초를 부딪치는 파도의 울음소리,

죽은 자식을 애도하는 어머니의 울음소리.

빅토르 위고,

〈정의는 심연 속에 잠겨 있으니〉,《징벌》에서(1853).

그
마음의
정체

모든 영혼의 병 중 가장 끔찍한 것이 회한이다. 회한은 독사에 물리는 것과 같은 고통을 남긴다. 회한이라는 독사에 한 번 물리면 좀처럼 편안하게 잠자리에 들지 못한다. 고통스럽게 몸을 뒤척이며 불면의 밤을 지새운다. 숨이 턱턱 막혀오고, 온 몸이 울긋불긋 일어나며, 식은땀이 배어나, 자리에서 한 발짝 걸음을 떼는 것은 고사하고 가만히 앉아 있기조차 버거워진다. 아무리 자세를 고치고, 생각을 떨쳐내려 해도, 혹은 새로운 일에 집중하려 해도 소용없다. 영혼에 단단히 들러붙은 회한은 좀처럼 떨어질 줄 모른다. 집요하기가 강박증이나 고정 관념은 저리 가라 할 만큼 끈질기다. 회한에 사로잡히면 까맣게 잊은 줄 알았던 과거의 과오가 부지불식간에 다시 찾아든다. 일찌감치 잘못을 시인하고 비난과 처벌까지 받았던 아득한 과거의 과오가 온몸에 독이 번지듯 다시금 인간의 모든 의식 속을 속속들이 파고든다.

회한에 견주면, 후회라는 감정은 훨씬 더 묽고 옅다. 했으면 좋았을 일, 하지 말아야 했던 일 따위를 떠올리며 탄식할 때, 후회라는 옅고 묽은 감정은 짜디짠 한 방울 눈물이 되어 스르르 녹아내린다. 회한처럼 후회도 아무리 가지를 쳐낼지라도 한없이 돋아나고, 자꾸 자란다. 후회를 일으키는 계기는 무한히 많기 때문이다. 때로는 죄의식을 불러일으키는 심각한 후회일 수도 있고, 때로는 슬픔이나 쓰라림, 비통함, 실망, 자기비하 등을 불러오는 가벼운 후회, 처세술과 관련한 자잘한 후회일 수도 있다. 요양원에 계시는 이모님을 자주 찾아뵙지 못해서, 하필이면 지금 꼭 읽어야 할 과월호 잡지를 이미 내다버려서, 깜빡하고 친구를 생일 파티에 초대하지 않아서 우리는 후회를 한다. 세상에 그 누구도 좋다고 생각하는 일, 옳다고 생각하는 일을 다 하며 살 수는 없다. 인간의 삶이라는 천은 수많은 구멍과 틈으로 헤지고 벌어져서, 그 사이로 인간의 약점, 망각, 실수, 법률·법규·사회 윤리적 규범의 '위반' 등이 시시때때로 스며들기 때문이다. 따라서 우리가 무엇을 하든 언제나 우리가 미처 하지 못하는 일이 세상에는 존재하기 마련이고, 이미 한 행동들이 아직 이행하지 못한 일들이나 실현되지 않은 일들과 만들어내는 틈을 완전히 메워주지는 못하기 때문이다.

다시 말해 세상에 후회, 한탄, 탄식으로부터 자유로운 사람은 아무도 없다. 적어도 우리가 무엇인가를 하거나 하지 않음으로써, 우리가 좋아하는 것이나 우리가 좋아하는 이들이 변화, 노화, 죽음의 과정을 피해 가고, 질병이나 사고처럼 인간의 힘으로 어쩔 수 없는 현상들로부터 보호받을 수 있게 해줄 수는 없다는 의미에서 말이다. 그러나 후회가 죄 많은 인간의 삶을 부식시키는 강한 산성 물질 같은 것은 아니다. 오로지 회환만이 그러하다.

우리가 회한에 잠겨 삶이 무너지는 이유는 설령 그것이 '무엇인가를 하지 않음' ―무심함이나 비열함 등으로 인해 누군가에게 도움의 손길을 내밀거나 지원을 제공하지 않은 것― 의 형태를 띨지라도, 어쨌든 내가 한 일이, 내가 잘하고 있다는 믿음으로 벌인 일이 어떻게도 복구할 수 없는 참사, 회복하기 힘든 고통을 낳았기 때문이다. 어쩌면 피해자는 자신이 입은 손해를 대수롭지 않게 여기며 우리에게 관대한 아량을 베풀거나(금전적 보상은 '말도 안 된다'며) 혹은 진실한 사랑에 힘입어 우리를 너그럽게 용서해 줄지도 모른다. 혹은 우리가 범한 잘못, 실수, 범법,

범죄에 대해 우리는 그것에 아주 합당한 판결을 받고 죄의 경중에 맞는 처벌을 받을 수도 있을 것이다. 그러나 그렇다고 해서 달라지는 것은 아무것도 없다. 회한이란 우리가 우리 스스로에게 내리는 처벌, 양심의 가책이 우리의 착한 의식에 가하는 징벌이기 때문이다. 회한이란 견딜 수 없을 만큼 무거운 책임을 의미한다. 회한은 내가 범한 일에 대해 '책임'을 지라고 요구하지 않는다. 내가 한 일에 대해 절대 용서 불가라는 엄혹한 십자가형을 내리고, 내가 한 일이 나의 '손이 닿지 않는 곳에' 속하도록 만들어버린다. 나의 책임이라는 가능성마저 소멸해가는 저 어둠에 말이다.

그러나 반드시 기억해야 할 사실이 있다. 회한이란 자유의 종말, 자유가 스스로의 죽음과 대면하는 것 —어쩌면 모든 것을 할 수 있는 능력을 지닌 시간만이 죽은 자유를 살려낼 수 있으리라— 이라는 사실이다. 지금 당장 모호한 의지를 결연하게 현실로 실천하는 이른바 자유행동은 끊임없이 자기 앞에 놓인 걸림돌을 거둬내어 새로운 행동의 공간을 마련해준다는 특징을 지닌다. 무엇인가 불가능한 것은 자신도 어쩔 수 없는 불가피함 때문이고, 무엇인가 비합법적인 것은 애당초 그것을 금지하는 금기나 규제가 존재하기 때문이라는 사실을 온전히 깨달을 때, 비로소 자유행동 앞에 모든 자유가 열린다. 그러나 꿈속에서라도 불가능한 일을 실현할 자유를 포함해 세상 모든 자유로운 권한을 누리더라도, 자유 —그토록 무한한 자유를 누리는 자유가, 무엇을 할 수도 있고, 안 할 수도 있으며, 혹은 다르게 할 수도 있는, 세상의 모든 자유를 누리는 자유가— 가 절대로 누릴 수 없는 한 가지 자유가 있다. 그것이 바로 '자유가 이미 한 일을 없었던 일로 되돌릴' 자유다.

다시 말해 내가 한 모든 행위는 반드시 그 뒤에 어떻게도 지워지지 않는 물결 무늬 혹은 긴 자국을 남기며, 내 과거의 모든 기록을 봉인하고, 내가 했던 모든 행위들을 내 존재 전체와 '연관'지으며, 언제나 그것들을 나의 뿌리로까지 끌고 가, 이미 '실행된 사건들'의 무게로 꾹꾹 짓눌러 절대 지워지지 않는 불멸의 역사를 아로새기는 것이다. 어쩌면 세상에 그 누구도, 제아무리 자유로운 존재일지라도 '자신이 원하는 것을 모두 다 실천하면서' 살 수는 없는 이유가 바로 거기에 있는지 모른다. 이미 실행된 사건들이 무거운 모래주머니로 자유를 옭아매기 때문이다. 그러나 이미 실행된 사건 중 단 하나가 만일 반역, 악행, 범법, 범죄 등에 해당한다면 —실제로는 그렇지 않거나, 혹은 타인이 그렇지 않다고 판단하는 것은 별 의미가 없다— 다시 말해 내가 정말로 그런 경우에 해당한다고 스스로 생각한다면, 그 순간 그 단 하나의 행위는 다른 모든 행위들을 잠식하며, 무력화하고, 내가 행한 모든 행위, 과거와 현재의 나라는 존재 전부를 모두 해로운 독에 물들게 할 것이다.

지울 수 없는 악행의 기억, 자유의 불가능성을 향해 '뒤틀린' 자유, 즉 회한은 더 이상 '지난 일이 될 수 없는' 과거를 고통스럽게 괴롭힌다. 그리고 존재 전체에 독극물을 주입해 상처를 더욱 부풀린다. 회한이란 그 무엇으로도 '속죄'받을 수 없다. 상대가 용서의 손길을 내밀더라도, 혹은 내가 아무리 선행을 쌓고 관대하게 행동하고 타인의 삶을 보호하고 타인의 존엄성을 존중하며 다른 선한 행위를 통해 자긍심과 자존감을 되찾고 사람들로부터 존경을 받더라도, 그런 것들로부터는 결코 속죄에 이를 수 없다.

회한은 의식의 독극물이다. 회한이라는 독극물은 우리의 생각과 감정과 행동, 심지어 상상력까지 감염시킨다. 우리는 유령 같은 회한의 존재를 한눈에 알아본다. 회한이 가하는 고문은 그 어떤 윤리적 고통과도 혼동할 수가 없다. 왜냐하면 그것은 영원히 지속되는 고통이기 때문이다. 회한은 이미 행해진 악행이 남긴 지울 수 없는 낙인이다. 한 번 범한 악행은 어떤 과거나 미래의 선행으로도 상쇄되지 않는다. 자의로 한 번 행한 악행은 영원한 악행으로 남는다. 회한이 바로 그 증거다. 반면 한 번 선행은 그것으로 끝나지 않는다. 선행은 다시, 또다시 반복해야 한다. 그러나 선을 행했다는 증거는 그 어디에도 남지 않는다.

~

죄책감

〈법이론의 형이상학적 기초 원리〉에서 임마누엘 칸트는 모든 '의무에
어긋나는 행위'를 위반(*레아투스*reatus)이라고 불렀다. 그리고 고의성
이 있는, 다시 말해 위반 사실을 충분히 인식하고 저지른 위반은 범죄
(*돌루스*dolus)라고, 고의성은 없지만 '책임은 있는' 위반을 과실(*쿨파*
culpa)이라고 구분했다. 그러나 범죄든 과실이든, 이를테면 정당방위나
타인의 명백한 협박에 의해 어쩔 수 없이 저지른 부정행위처럼, 법이 금
지하는 행위를 범한 사람은 필연적이거나 불가피한 상황이 아닌 경우에
는 전부 죄가 있다고 —법률 없이는 범죄도 형벌도 없다— 간주한다. 그
런데 죄의 책임을 묻기 위해서는 전적인 자유의지, 의식, 자유로운 의사
를 지닌 상태에서 잘못을 범했다는 사실이 전제되어야만 한다. 다시 말
해 강압에 의하거나, 약물에 취하거나 혹은 자신의 의사나 의지대로 행
동할 수 없는 심신 미약 상태에서 범한 행동이 아니어야 한다. 따라서
우리는 죄책성의 개념을 토대로, 다르게 행동할 여지가 있었음에도 자
유의사에 따라 경범이나 중범 등의 범법 행위를 저지른 사람에 대해 그
행위의 책임을 물을 수 있는 요건들을 확인해볼 수 있다.

형법과 민법은 분명 죄책 여부를 판단하는 데 필요한 요건과 상황을 명

확히 제시할 의무를 맡고 있다. 그러나 법적인 차원의 죄책성은 그 자체로 우리의 의식이나, 도덕적 양심을 괴롭히지는 않는다. 증거 부족이나 잘못된 증거 해석에 따라 실수로 유죄 판결을 받거나, 혹은 주체 —대개는 주체 홀로— 가 스스로 결백을 자처하는 경우를 제외하고, 고의적으로 위반이나 범법 행위를 저지른 사람의 유죄성을 인정한다고 해서 깜짝 놀랄 일은 전혀 없다. 유죄성은 이미 범법 행위 속에 담겨 있는 '객관적 요소'이며, 심지어 범법 행위를 저지르기 전에도 그것이 죄가 될 행동임을 충분히 미리 판단하고, 예상하고, 예견할 수 있다. 인간의 의식과 양심을 혼란에 빠뜨리는 것은 죄책성 유무가 아니다. 주체는 자신의 행위가 유죄에 해당함을 충분히 의식하고도 돌루스를 행한 것이기 때문이다. 간혹 범법 행위는 사후에 후회나 참회, 회한의 감정 정도는 불러일으킬 수 있다.

반면 도덕적 규범을 위반하거나 과실을 범한 경우라면 —민법이나 형법상의 처벌은 받지 않는다— 이야기가 달라진다. 물론 적이나 경쟁 상대를 죽일 목적으로 일부러 몰래 그 사람이 타는 자동차의 제동 장치에 손을 대 치명적인 사고를 계획한 범죄자라면 당연히 우리가 지금까지 말한 것을 토대로 그는 모든 면에서 유죄로 간주된다. 반면 합법적인 자격을 지닌 자동차 정비사가 모든 엔진 부품을 꼼꼼하게 점검하지 않아서 혹은 제동 장치의 문제점을 제때 발견하지 못해서 사고가 난 경우에도 '비록 위반 행위에 고의성이 없지만 유죄가 인정'된다. 정비사가 직업 윤리와 규범을 위반한 죄가 객관적인 차원에서 인정되기 때문이다. 물론 형사상 전자와 똑같은 처벌을 받지는 않을 테다. 후자의 행동에는 고의성이 없기 때문이다. 그렇다면 지나가다 혼자 차량을 수리 중인 운전자를 보고 친절하게 부품 조립을 도와주었지만 미처 제동 장치의 마모 사실은 알아차리지 못한 이웃의 경우는 어떠할까? 법률적인 차원에서 그는 사후에 일어난 사건에 대해 전혀 죄가 없다. 그럼에도 아마 그는 평생 무거운 '죄책감'에 짓눌려 살아가리라.

어쨌거나 죄를 지었지만 죄책감을 느끼지 않는 경우가 분명 존재한다. 비록 사후에 진심으로 그런 일은 저지르지 말았어야 했다며 후회를 할 수는 있겠지만 죄책감만은 느끼지 않는 것이다. 만일 조금이라도 후회가 존재한다면, 그것은 이미 일어난 일을 '되돌릴 수 없다'는, 용서를 비는 것을 포함해 그 어떤 행동으로도 이미 저지른 과오를 깨끗하게 씻어버릴 수 없다는 무력감에서 비롯된 뼈아픈 고통의 징표일 뿐이다. 그런가 하면 역설적이게도 죄를 저지르지 않았는데도 죄책감을 느끼는 경우도 분명 존재한다. 말하자면 죄책성과 죄책감 사이에 거대한 심연이 존재하는 셈이다. 먼저 죄책성은 '육안으로 판별하고' 판단할 수 있는 객관적인 요소들과 결부되어 있다. 반면 죄책감은 주체성의 가장 어두운 비밀에서 기인하는 것으로, 때로는 이성의 눈으로는 이해 불가능한 무엇인가 모호하고 흐릿한 면을 지닌다. 일부 종교는 예로부터 이 두 가지의 씨앗을 우리 문화 속에 널리 흩뿌려놓았다. 때로는 태어나기도 전에 인간은 이미 죄인이 되어 평생토록 무거운 원죄의 짐을 무고하게 짊어지며 살아가기도 한다.

아낙시만드로스에서 하이데거에 이르기까지 철학자들은 수세기에 걸쳐 존재론적 근거로서의 책임 문제를 연구해왔다. 특히 독일의 철학자

하이데거는 《존재와 시간》([1927], 갈리마르, 1964, 58)에서 책임에 대해 아주 훌륭한 사유를 보여줬다. 하이데거는 독일어 *슐트*schuld가 지닌 책임과 채무라는 이중적 의미를 성찰하며, '일상의 상식'을 소환해낸다. 일상의 상식에 따르면, "'책임 있음(*슐디히자인*Schuldigsein)'이란 '빚을 지고 있다', '누구에게 어떤 것을 빚지고 있다'라는 의미로 해석되며, 이렇게 '빚을 지고 있다'라는 의미를 지닌 '책임 있음'이란 배려의 영역에서 남들과 더불어 존재하는 방식 중 하나(현존재가 타자와 있는 한 방식)"로 간주된다. 여기서 배려의 양태들에는 단순히 조달하고 가져오는 것만이 아니라, "빼앗고, 빌리고, 억류하고, 취하고, 약탈하는" 것 등도 포함된다. 다시 말해 타인의 '소유권'을 충족시키지 못하는 모든 종류의 양태가 포함된다. "이러한 종류의 책임 있음은 배려 가능한 것과 연관되어 있다"고 볼 수 있다.

다음으로 '책임 있음'은 '무엇에 책임이 있음', 즉 '어떤 것의 원인이나 장본인임' 또는 어떤 것에 대한 '동기임'이라는 의미도 지닌다. 이처럼 '책임을 가짐'이라는 의미로 사람들은 타인에게 아무것도 '빚을 진' 것이 없거나, 아무 '책임'이 없는데도, '책임을 져야 할' 수도 있다. 또는 반대로 자신은 아무 잘못이 없는데도 남에게 어떤 것을 빚지고 있을 수 있다. 남이 '나를 위해서' 다른 사람에게 '빚을 질 수'가 있기 때문이다. 하이데거는 이처럼 '책임 있음'의 통속적인 두 의미, 즉 '빚을 지고 있다'와 '무엇에 책임이 있다'라는 의미가 합쳐져서 이른바 '죄를 지음'이라고 칭하는 행동 양태를 규정한다고 주장했다. 다시 말해 빚을 진 것에 대해 책임이 있다는 의미에서 법을 위반한 것이 되고 또한 처벌을 받아야 하는 상태가 된다는 것이다. 그럼에도 그것이 항상 "어떤 '공식적인' 법이나 권리의 위반"이어야 할 필요는 없다. 도덕적 요구에 부응하지 못하거나, "내 잘못으로 타인의 실존이 위협받거나, 오도되거나, 심지어 파멸에 이른" 경우에도 우리는 타인에 대해 죄가 있을 수 있기 때문이다.

물론 《존재와 시간》의 저자는 이러한 생각을 자신의 철학으로 받아들이지는 않았다. 그것만으로는 "책임 현상을 명확히 규명하기"가 부적합하다고 여겼기 때문이다. 책임의 개념은 "무엇인가를 정산해야 하는 배려의 권역 이상으로 더 높아져야" 할 뿐만 아니라 "위반할 경우, 누군가 책임을 져야 하는 당위나 법률의 관계로부터도" 자유로워져야 한다. 책임이라는 관념은 "현존재(다자인Dasein)의 개념을 바탕으로 이해"되어야 한다. 하이데거는 바로 이러한 현기증 나는 도약을 우리에게 권유하고 있다. 즉 단순한 '도덕'의 영역을 벗어나 실존 연구의 영역에 뛰어들기를 권한다. 쉽게 말해 죄책을 인간 존재의 벗어날 수 없는 본래적 조건으로 해석한 것이다.

우리가 인간에게 책임을 돌리는 것은 죄를 지을 가능성이 인간의 본질에 속하기 때문이다. 그 존재자의 존재가 곧 염려인 존재자, 다시 말해 현존재는 "현사실적인 죄의 책임만 지는 것"이 아니다. 왜냐하면 "현존재란 그 존재의 근거에서부터 책임이 있기" 때문이다. 그리고 이 책임 있음이 바로 현존재가 현사실적으로 실존하면서 책임이 있을 수 있는 존재론적인 조건을 형성한다. "이러한 본질적인 책임 있음이 똑같이 근원적으로 '도덕적인' 선과 악, 다시 말해서 도덕성 일반과 이 도덕성의 현사실적인 가능한 형태들의 실존적 가능 조건을 형성한다. 근원적인 책임 있음은 도덕성에 의해서 규정될 수 있는 것이 아닌데, 그 까닭은 도덕성이 그 자체로 이미 책임이 있음을 전제로 깔고 있기 때문이다."

우리가 하이데거의 분석을 전부 철저히 살펴보기란 불가능한 일이다. 그럼에도 여기서 다룬 몇 가지 내용을 근거로 우리는 책임이라는 개념이 이 철학자가 말한 '없음', '무성', 즉 인간은 자신의 근원을 이해할 수 없다는 사실에 깊이 뿌리 내리고 있다는 사실을 깨달을 수 있다. 왜냐하면 인간은 '세상 속에 던져진' 존재로, 한 가지 기획 투사를 위해 수많은 다른 가능성에 뛰어드는 것을 포기한 존재이기 때문이다. 또한 그의 존재는 곧 시간과 같으며, 시간에서 태어나고, 시간에 의해 다시 죽음에 붙들리고, 모든 존재의 유한성에 붙들리기 때문이다. 따라서 존재를 이해한다는 것은 모든 사물, 모든 주체, 모든 사건이 지닌 한계를 이해하는 것과 같다. 말하자면 책임이란 존재 자체의 근거가 부재하는 데서 기인하는 것이다. 따라서 책임이란 "의식(베부스트자인Bewusstsein)이 깨어나는 순간"에 이르러 비로소 '등장'하는 것이 아니라, 이미 그 이전부터 존재하는 것이다. 심지어 인간이 존재하기도 전에 이미 인간은 죄인이라고 볼 수 있다. 하이데거도 말했다. "책임이 '잠을 자고' 있다는 사실은 이미 존재란 근원적으로 책임이 있음을 의미하는 것이라고 볼 수 있지 않겠는가?"

존재론적인 조건으로서 죄책 개념은 종교에서 말하는 존재로 하여금 구원을 추구하게 만드는, 이른바 원죄 신화에서 유래한 죄의 개념과는 본질적으로 다르다. 죄에 대해 분석한 키에르케고르나 한계 상황에 대해 논한 야스퍼스도 그와는 전혀 다른 논거를 들어 인간이 책임을 피할 수 없는 존재이며, 그러한 사실이 인간 존재에 근원적으로 '피할 수 없는 압박감'을 가할 수밖에 없는 이유를 설명하고자 했다. 칼 야스퍼스는 《철학》(1932, 스프링거 버라그, 1989, Ⅱ, 3, 7/2, 456)에서 다음과 같이 설명했다. "내가 나의 존재를 현실화하면서 취하는 가장 심오한 결정이 나에게 죄책성을 짊어지게 하는 것이다. 객관적으로 포착하기 힘든 나의 죄책성은 나도 그 이유는 알 수 없지만 가장 고요한 내 영혼의 깊은 곳으로부터 나를 위협하곤 한다. 이러한 죄책성이 바로 존재의 위선을 가장 철저히 깨부순다." 그 이유는 간단하다. "나의 행동이나 내가 현재 느끼는 기분의 원인들이 해당 상황에서 나의 근원적인 충동을 기반으로 너무나도 다양한 의미를 지닐 수 있기 때문이다. 나의 주변 환경이 나에게 미치는 역작용과 그것이 지닌 바람직한 다양성으로 인해서 말이다. 따라서 나의 결정이 명확하게 이해되는 경우는 매우 드물거나, 혹은 어떤 맹목적이고 추상적인 합리적 추론에 따라 오로지 겉으로만 명확한 의미를 지닐 뿐이다." 한편 우리가 순수하고 단일하기를 바라는 행위, 즉 '능동적인 삶'은 금세 "끊임없이 모호함을 띠는" 경험적 현실 속에 자리하게 된다. 그리고 그로 인해 우리는 모든 종류의 '불순함', 의미의 변질, 본래 의도를 완전히 전도까지는 아닐지라도 적어도 어느 정도 왜곡하는 각종 오해와 잘못된 해석을 대면할 수밖에 없다.

야스퍼스는 "내가 삶을 능동적으로 받아들인다는 그 단순한 사실로부터 현실의 모호함 속에서 영혼이 본래의 순수함을 잃도록 만들 수밖에 없다"고 썼다. 그리하여 나는 기대하는 결과를 얻지 못한 데 대해 죄를 짓게 되는 것이다. 사람들은 흔히 자신은 아무도 다치게 할 의도가 없었다는 말을 한다. 그러나 그것은 무척이나 무의미한 말이다. 왜냐하면 내가 하는 말은 나도 모르게 어떻게든 누군가를 화나게 하거나, 누군가에게 굴욕감을 주거나, 자존심에 상처를 줄 수밖에 없기 때문이다. "어쩌면 나는 내 행동이 불러올 결과들이 두려워, 아예 세상 속에 발을 디디지 않거나 아무것도 하지 않기로 선택함으로써 죄인이 되는 것을 피해가려 할지 모른다. 아무에게서도 무엇을 취하지 않음으로써 완전히 전적으로 순수한 상태로 남는 것이다. (중략) 그러나 행동하지 않는다는 것도 일종의 행위다. 아무것도 안 하는 행위. 그것도 역시 일정한 결과를 불러온다. 계속 철저히 행동하기를 거부하는 것은 필연적으로 갑작스러운 죽음으로 귀결될 수밖에 없다. 일종의 자살 행위인 셈이다. (중략) 나는 내가 처한 상황에서 아무것도 개입하지 않음으로써 일어난 일들에 대해 책임을 갖게 된다. 내가 무엇인가를 할 수 있었는데 하지 않았다면, 나는 행동하지 않음으로 인해 일어난 결과들에 대해 책임이 있다. 결론적으로 내가 행동을 하던 하지 않던, 두 경우 모두 일정한 결과가 따르기 마련이고, 따라서 나는 두 경우 모두 죄인이 되는 것을 피할 수가 없다."

우리도 알다시피 책임의 문제에 대한 야스퍼스의 성찰 —그의 사상은 지인인 한나 아렌트의 사상에도 결정적인 영향을 미쳤다— 은 훗날 전후 '독일인의 유죄성' 논쟁에 매우 중대한 역할을 하게 된다. 정신의학에 정통한 철학자였던 야스퍼스는 책임의 개념을 최대한 광범위하게 해석했다. "책임의 범위를 확대하다보면 결국 필연적인 성격의 죄책감을 수용하는 어떤 실존적인 차원의 정념에까지 이를 수 있다"고 보았

그
마
음
의
정
체

345

다. 그런 의미에서 죄책성은 우리의 존재 자체에서 비롯되는 것으로, 말하자면 범죄를 저지르거나 공모한 자의 '형사적 책임'에 선행하거나 혹은 '초월'하는 것으로 간주해볼 수 있다. 또한 단순히 형사적 책임 외에도 온갖 종류의 책임에 대해 선행하거나 초월하는 것으로 생각된다. 이를테면 국가가 시민의 이름으로 한 행위에 책임을 진다는 의미에서 모든 시민을 무겁게 짓누르는 '정치적 책임'부터 시작해, 온갖 수탈과 부정, 폭력, 박해, 차별에 있어 일정한 역할을 하거나 혹은 아무런 역할도 하지 않은 개인에게 돌아갈 '도덕적 책임'은 물론, 타인에게 가해진 모욕을 자신을 향한 모욕처럼 받아들이는 모든 인간 공동체의 성원과 관련된 '형이상학적 책임'에 이르기까지 모두 말이다.

그러나 앞서 살펴본 것처럼 죄책감이라는 감정은 죄인임을 입증해주는 죄책성이라는 개념과는 그다지 큰 관련이 없어 보인다. 죄책감은 인식의 영역에 속하지 않는다. 죄책감은 죄책성처럼 죄책의 원인을 온전하게 알고 지목하는 것이 불가능하다. 죄책감은 슬픔이나 권태와 비슷하게 어떤 '영혼의 상태', '감각', 원인 모를 '불안', 때로는 거의 병리적인 수준에 가까운 심리적 고통의 형태를 띠고 나타나기 때문이다. 우리가 죄책감에 대해 알고 싶을 때 심리학자나 정신분석학자의 도움을 빌리려 하는 것은 모두 그 때문일지 모른다.

오늘날은 지그문트 프로이트, 멜라니 클라인, 도널드 위니콧, 카렌 호나이 등이 설명한 죄책감의 근원에 대한 해석이 거의 정석으로 통한다. 당연히 그들의 설명도 죄책감의 존재를 어느 정도 합리화해준다.

심리학에서는 죄책감을 우울증의 증상 중 하나로 간주한다. 우울증 증상이 모호한 감정이나 이성적으로 통제하기 힘든 생각의 형태를 띠고 신경증적으로 발현되었다고 보는 것이다. 말하자면 단죄와 처벌, 매질을 받아 마땅하다는 생각이 머리를 떠나지 않고, 책임과 수치, 치욕, 불명예, 죄, 경멸, 비난, 자기혐오 등에 대한 생각이 끊임없이 머릿속을 맴도는 것이라고 간주한다. 한편 그보다 조금 모호하지만 어두운 생각은 때로는 너무 양심적이고, 우유부단하고, 불분명한 성격을 지닌 사람을 자주 사로잡는 경향이 있다고도 본다. 자신은 능력이나 자격이 부족하다고 생각하는 사람, 자신이 하는 일은 매사 모두 실패할 거라고 단정 짓는 사람, 자신이 저지른 일이 아니라 저지를 수도 있는 일에 대해 사과하는 사람이 쉽게 이러한 감정을 느낀다는 것이다. 우리도 잘 알다시피, 병리적인 현상이든 아니든, 어쨌든 이러한 감정들의 근원을 해명하는 데 있어 정신분석학이 매우 중요한 역할을 했다는 사실만은 틀림없어 보인다.

처음에 죄의식의 문제를 매우 광범위하게 다루었던("문화는 문화에 반대하는 공격을 억제하고, 무해하게 만들어, 몰아내기 위해 어떤 수단들을 활용하고 있는가?") 프로이트는 어느 날 개인의 발달사와 관련해 다음과 같은 의문을 품게 된다. "인간은 어떤 식으로 공격의 쾌락-욕망을 무해한 것으로 만들 수 있는가?"(《문명 속 불안》[1930], 퀴프, 콰드리지 총서, 1995, 66) 결국 프로이트는 죄의식이란 오이디푸스 콤플렉스와 여러 심급(이드, 자아, 초자아)의 갈등, 더 구체적으로 말하자면 어린아이의 공격적인 성적 충동과 초자아 사이의 갈등이 낳은 산물이라는 결론에 도달했다. "공격성은 내면으로 투사되어 내재화되지만, 결국엔 본래 기원한 곳, 자기의 자아에게로 돌아가는 것과 같다. 거기서 공격성은 스스로를 초월한 초자아, 즉 자아의 나머지 부분과 대립하는 일부에게 맡겨진다. 이때 초자아는 자아가 기꺼이 다른 이질적인 개인들에게 발휘했더라면 충족했을 수도 있을 공격 성향을 저 자신이 어떤 도덕적 의식(그비슨Gewissen)의 역할을 하며 자아를 향해 발휘한다. 엄격한 초자아와 그에 순종하는 자아 사이의 갈등, 우리는 이것을 일컬어 죄의식(슐트베부스트자인Schuldbewusstsein)이라고 부른다. 그것은 처벌에 대한 욕망으로 나타난다." 그렇다면 자아는 무슨 동기에 의해 이 '이질적인 영향력'에 무릎을 꿇는 것일까? 그것은 바로 '사랑을 잃는 데 대한 불안감'이다. 자신이 의존하는 타자로부터 사랑을 잃게 될 것 —타자의 사랑을 상실하는 순간 "모든 종류의 위험으로부터" 자신을 보호해주던 보호막이 사라지는 것은 물론 처벌의 위험까지 감수해야 한다— 을 두려워하기 때문이다. 따라서 프로이트는 권위에 대한 불안감에서 비롯되는 죄의식과 그러한 죄의식이 일어난 후에 일어나는 초자아에 대한 불안감에서 비롯되는 죄의식으로, "죄의식의 근원은 모두 둘"이라는 사실을 이해해야 한다고 지적했다. 첫 번째 죄의식이 단순히 "충동의 만족을 포기하도록 강요"받는 데 그친다면, 두 번째 죄의식은 "금지된 욕망이 여전히 존속하고 있음을 결코 초자아에게 숨길 수 없다는 점에서 결국 처벌에까지 이르도록" 한다. 처음에 "충동의 포기는 외적 권위를 향한 불안감으로 인해 나타나는 결과로, 우리는 상대의 사랑을 잃지 않기 위해 충동의 충족을 포기한다." 반면 초자아를 향한 불안감은 이와는 다른 양상을 보인다. "여기서 충동의 포기는 충분한 방책이 되어주지 못한다." 왜냐하면 공격에 대한 욕망이 여전히 존재하며, 이러한 사실을 "초자아에게는 결코 감출 수가 없기" 때문이다. 따라서 충동을 포기했음에도 죄의식이 나타날 수밖에 없는 것이다. 프로이트에 따르면 이것은 "초자아의 확립, 다른 말로 양심의 형성이 지닌 경제적 측면의 큰 단점"이다. "따라서 충동의 포기는 완전한 해방의 효과를 가지지 못한다. 고결한 절제도 더는 사랑을 보장해주지 못한다. 말하자면 우리는 외적인 불행의 위협을 영원히 지속될 내적 불행, 즉 죄의식과 맞바꾸어 버린 셈이다."(《문명 속 불안》[1930])

여기서 굳이 정신분석학의 초기 연구에 칼 아브라함, 멜라니 클라인, 도널드 위니콧 등의 이론까지 곁들여 죄의식에 대해 더 자세히 설명하고 넘어갈 필요는 없어 보인다. 또한 죄의식과 신경증 혹은 정신증으로 발전한 죄의식 사이의 '경계'를 분명하게 구분 지을 이유도 없어 보인다. 다만 우리는 여기서 '내적 불행'의 개념에 대해서만큼은 잠시 주목해볼 필요가 있다. 내적 불행이란 타자에게서 비롯되는 불행, 혹은 사랑하는 대상의 상실을 피하기 위해 인간이 스스로에게 가하는 불행을 말한다. 그것이 바로 우리가 타인에게 해를 끼쳤든 아니든 간에 느끼는 죄의식이다. 말하자면 그것은 스스로 보호받기를 원하는 위험보다 훨씬 더 뜨겁고 고통스러운 보호막이자, 이른바 용서의 어두운 뒷면 내지는 "용서해야 할 타자가 없는 용서"로, 우리가 타인에게 가할 수 있었던 고통을 미연에 방지하거나 혹은 사라지게 함에 따라, 스스로 짊어지게 된 일종의 영원한 실질적 고통을 의미한다.

물론 우리가 죄책감의 '미덕'을 찬양하기에 죄책감은 밤낮 없이 지속되는 영원한 고문과도 너무나 닮았다. 그럼에도 죄책감의 고통은 도덕적 양심이 여전히 우리를 감시하거나 혹은 깨어 있음을 여실히 보여주는 '증거'이다. 죄책감이 없다면, 잘못을 범한 결과로서의 죄책(유죄성)은 존재하지 않을 것이다. 죄책감은 도덕적 양심, 더 나아가 존재 전체의 우수한 민감성에서부터 비롯된다. 죄책감은 남에게 해를 끼치지 않으려고 조심한다는 면에서 볼 때 어느 정도 악행을 예방하는 효과를 가진다. 따라서 죄책감은 단순히 존재론적, 심리적인 측면만이 아니라 윤리적인 측면도 있다고 볼 수 있다. 인간은 악행을 저지를 수 있고, 크고 작은 범죄를 범할 수도 있다. 그리고 잘못을 저지른 인간은 곧 죄인이 된다. 비록 깊은 회한에 잠겨 아무리 회개하고 용서를 구할지라도 한 번 죄인은 영원히 죄인이다. 아무리 용서를 받을지라도 이미 저지른 일을 없던 일로 돌이킬 수는 없기 때문이다. 그런 의미에서 한 번 악행은 영원한 악행이다. 반면 선행은 한 번 했다고 그것으로 모든 결산이 끝나지 않는다 ("이미 줬잖아"). 우리가 단 하루 사랑하는 것으로는 부족하고, 매일 더 깊이 사랑해야 하는 것처럼 말이다. 한 번 선행을 했더라도, 선행이란 계속 반복해서 해야 한다. 덕성이 부족한 인간을 선한 인간으로 만들어주는 일정한 선행의 '정량'이란 것이 존재하는 것은 아니기 때문이다.

블라디미르 쟝켈레비치가 수차례 지적한 것처럼, 선행은 이미 한 것이 아니라 해야 할 것을 의미한다. 죄책감은 인간을 오로지 고통 속에 몰아넣고, 무수한 번민으로 시름하게 한다. 죄책감이란 충분히 선을 행하지 않은 데 대한 괴로움이다. 아이의 고민에 충분히 귀를 기울이지 않았다는, 병으로 세상을 떠난 이를 생전에 더 세심하게 돌보지 못했다는, 절망에 빠진 친구에게 더 큰 힘이 되어주지 못했다는, 사랑하는 이들에게

더 관대하게 대하고, 더 깊은 관심을 기울이고, 더 넓은 아량과 더 넓은
마음을 베풀지 못했다는 괴로움 말이다.

/
악의적인

3

~

비방

모든 사람이 서로의 말을 전부 들을 수 있다면

아마도 세상에는 네 명 이상의 친구는

존재하기 힘들 것이다.

블레즈 파스칼,

《팡세》(1670).

프란치스코 살레시오는 《신심 생활 입문》(III, 29)에서 인간은 모두 '세 개의 생명'을 지닌다고 말했다. 첫째는 '신의 은총 속에 거하는' 정신의 생명, 둘째는 '영혼 속에 거하는' 육신의 생명, 셋째는 '평판 속에 존재하는' 시민으로서의 생명이다. 그러면서 그는 죄악은 우리에게서 첫 번째 생명을 앗아가고, 죽음은 우리에게서 두 번째 생명을 거두어간다고 말했다. 그리고 우리에게서 세 번째 생명을 앗아가는 '일종의 살인 행위'가 바로 비방이다.

틈만 나면 중상모략, 밀고, 진술 번복, 험담 등과 히히덕거리며 붙어 다니는 비방은 언제나 상해를 입히고, 고통을 주고, 명예를 실추시킨다. 그러나 비방은 특수범죄다. 상대를 완전히 죽이지 않고 ─오로지 이름, 다시 말해 평판만을 파괴할 뿐이다─ 은근한 불에 서서히 죽어가게 만든다. 그런 의미에서 비방을 일삼는 자는 마구 검을 휘두르며 전진하는 무모한 전사가 아니다. 용감무쌍하게 온갖 위험을 감수하며 상대의 눈 앞까지 다가가 화려한 검술로 상대를 쓰러뜨린 뒤 의기양양하게 그의 머리에 마지막으로 발을 얹는 그런 전사가 아니다. 비방꾼은 동전을 세는 고리대금업자처럼 어둠 속에 잔뜩 몸을 웅크린 왜소한 인간에 가깝다. 비방꾼은 언제나 사람들의 눈을 피해 은밀히 일을 꾸미고 쥐도 새도 모르게 조용히 상대를 가격하기 때문이다. 본래 비방꾼은 수수루스 susurrus, 즉 속삭이는 자, 일부 종교에서 말하는 사탄과 동일시되는 자를 의미했다. 따라서 비방을 일삼는 자는 정글을 정복한 위풍당당한 맹수의 모습과는 거리가 멀다. 오히려 조용히 어두운 덤불 밑을 기어가는 뱀의 형상을 닮았다. 혹은 상대를 물어 서서히 맹독으로 온몸을 마비시키는 독사를 닮았다. 그러나 비방꾼은 정작 자신이 뿌린 독이 어디로 향할지는 전혀 알지 못한다.

비방은 직진을 모른다. 비방은 활시위를 떠나 과녁 한복판에 명중하는 화살이 아니다. 비방은 지연과 회절을 무수히 거듭하는 뱀의 혀처럼 갈라진 심술에 해당한다. 비방은 명성에 흠집을 내고 싶은 상대에게 도달하기도 전에 입에서 귀로, 귀에서 입으로 무수히 회전을 거듭하며, 여기저기 부딪혀 반향을 일으키고, 잡담에서 험담으로, 소문에서 루머로 모습을 둔갑하며, 이내 일설이 되었다가 끝내 '견해'로 몸집을 부풀리고 결국엔 그럴듯한 판단, 사실적인 판단, 진실한 판단의 무게까지 가지게 된다. 그리고 그러한 판단은 모략을 당한 상대를 송진처럼 끈적끈적한 점액질로 감싸 안아 누구든 한 번 비방의 희생양이 된 뒤에는 결코 더러운 오점을 지워버릴 수 없게 만든다. 그런 이유에서 "세상에 비방을 막을 방벽은 아무것도 없다"(몰리에르, 《타르튀프》)고 말하는 것이리라. 비방은 단순히 '일종의 살인'이기만 한 것이 아니다. 범인이 없는 범죄, 완전 범죄에 해당한다. 왜냐하면 흡사 '말 전달 게임'처럼 무수한 '릴레이'를 거듭하며, 처음 비방의 독을 내뱉은 사람과 마지막에 독살된 사람 사이를 이어주는 어떤 흔적도 남기지 않기 때문이다.

그러니 언제나 희생자는 있어도 범인은 존재하지 않는다. 아마도 그러한 연유에서 비방은 세상에서 가장 많은 사람들이 즐기는 인기 스포츠가 된 것이리라. 비방은 저주와 달리 모든 사람이 쉽게 즐길 수 있다. 반면 저주는 불행의 운명이 신의 뜻이라는 측면에서 언제나 위계질서를 필요로 한다. 신의 율법을 해석하는 자가 되어 신의 이름으로만 말할 수 있을 뿐이다.

프란치스코 살레시오는 '사랑하는 필로테아님' ─필로테아는 "신심을 지니기를 바라는 모든 이들에게 공통적으로 붙일 수 있는 이름이다. 왜냐하면 필로테아란 신을 사랑하는 자라는 의미를 담고 있기 때문"이다 ─ 에게 제발 그 누구에 대해서도 나쁜 말을 하지 않게 해달라고 간절히 기도하며 다양한 비방의 형태를 줄줄이 열거했다. 그는 "범죄나 죄악의 책임을 거짓으로 가까운 사람의 탓으로 돌리지" 않고, 비밀을 폭로하지 않으며, "겉으로 드러난 비밀을 보이는 이상으로 부풀리지 않고", "누군가가 행한 선행을 나쁘게 해석하거나, 누군가가 선하다는 사실을 잘 알면서도 그의 선함을 부인하거나, 악의적으로 누군가의 선함을 은폐하거나 폄하하지 않게" 해달라고 간청한다. 그의 눈에 비방은 삼중의 죄악에 해당한다. 누군가를 비방하는 순간, 우리는 신을 모독하는 동시에 거짓말로 자신을 더럽히며 타인에게도 해를 끼친다. 살레시오는 비방이 지닌 특성 중 하나를 아주 신랄하게 비판했다. 그에 따르면 비방은 전혀 날카롭지 않은 쐐기풀 혹은 흐드러지게 만발한 꽃들 속에서 자라는 악의 꽃, 고통의 꽃이다. 이를테면 '아주 사소한 험담과 조롱', 친구 사이에 주고받는 농담과 조소, 이야기를 맛깔스럽게 꾸미거나 재미를 더하려고 살짝 양념을 가미한 가벼운 대화들 속에서 피어난다. 따라서 비방이 진정한 비방으로 발전하기까지 그것은 언제나 거의 '재미난 이야기', 말장난, 허풍, 허세, 흰소리에 불과하고, 교묘한 말로 무딘 척 날카로움을 감출 수 있을 때만 제 발톱을 드러낸다. "자기도 알지? 내가 그 사람 얼마나 좋아했는지. 사람 정말 성실하게 봤는데. 어떻게 부동산 좀 샀다고 그런 짓을⋯⋯." "어제 그 여자 남편, 호텔에 웬 여자랑 같이 있더라. 꽤 친해 보이던데! 근데 그 남자 마드리드 출장 중이라고 하지 않았나?" "나 그 사람 정말 존경했잖아. 지적이고, 성실하고, 학벌도 좋고. 에콜 폴리테크니크 출신이라며. 그런데 참 이상하지. 우리 아들 말로 자기네 학교에는 그런 사람이 없대⋯⋯."

원한, 시기, 질투 등이 뒤얽혀 때로는 치밀한 계획과 계산에 따라 은밀히 모사되곤 하는 비방은 역설적이게도 동료들이나 혹은 죽마고우들이 함께하는 왁자지껄한 수다 속에서 꽃피기도 한다. 사람들 흉보는 재미에 그날 모임에 빠진 친구를 안주거리로 삼는 것이다. 이러한 '가벼운 놀림'식 비방에 대해 프란치스코 살레시오는 "모든 비방 중 가장 잔혹한 비방"이라고 비판했다. 왜냐하면 단순히 한 귀로 듣고 한 귀로 흘리는 것이 아니라 "무엇인가 묘하고 짜릿한 요소와 뒤섞여 듣는 사람의 뇌에 단단히 머무르며", "거의 감지하기 힘든" 독사의 침처럼 작용하기 때문이다. 그리하여 비방의 독은 "처음에는 기분 좋은 간질거림으로 다가오다가 이내 심장과 내장 기관을 지독하게 부풀어 오르게 만든 다음 결국 한 가득 독을 퍼뜨린다. 그러고 나면 백약이 무효한 상황에 이르고 만다".

누군가를 비방하는 것은 상대가 하지 않은 말이나 하지 않은 행동을 했다고 박박 우기는 것과 같다. 상대가 지닌 결점이나 실수를 과장하고, 상대가 굳게 지키기를 바라는 비밀을 폭로하거나, 토마스 아퀴나스(《신학 대전》, II, Q73)가 말한 것처럼 상대가 선한 의도로 한 행위를 "악한 의도로" 한 것처럼 나쁘게 말하는 것이다. 요컨대 상대의 이름에 흠집을 내거나 철저히 명성을 더럽히기 위해 음흉한 말을 지어내는 것이다. 사실 친한 친구들끼리 서로 흉금을 터놓고 쑥덕거리는 비방은 실제로 상대 —돈독한 친구까지는 아니더라도 동료나 안면이 있는 사람일 수도 있다— 의 명예를 실추시키거나 신망을 떨어뜨리려는 의도보다는 오히려 이야기를 재미나게 만들려는 욕심에서 비롯된다고 한다. 엘베시우스가 지적한 것처럼 "모든 찬사는 지루하고 모든 풍자는 재미있다. 무지한 자는 때로는 지루해지지 않기 위해 비방꾼이 되기도" 한다(《정신에 관하여》, II, XV). 다시 말해 비방은 대화를 맛깔스럽게 살리기 위한 양념, 이야기를 더욱 생생하고 톡톡 튀게 만들기 위한 향신료, 반쪽짜리 진실·터무니없는 낭설·거짓 암시·우스꽝스러운 이야기 등으로 버무려진 강력한 조미료인 셈이다. 따라서 모두가 그 속에 오류가 있음을 잘 알면서도 이야기 퍼뜨리기를 즐기는 것이다. 그런 의미에서 비방하는 것과 수다를 떠는 것과의 관계는 거짓을 말하는 것과 진실을 말하는 것과의 관계와도 비슷하다. 거짓말은 물론 도덕적인 측면에서는 비난받아 마땅한 일이지만, 언어에게는 어둡고도 놀라운 수천 개의 길을 열어준다. 반면 진실은 오로지 단 하나의 길에 언어를 가두어버린다. '미사가 끝났다'는 선언이 오직 진실을 말하는 것이라면 그것으로 미사는 끝이 날 것이다. 그러나 거짓이 진실 곁에서 진실을 희롱하면서, 결코 진실을 말하는 법 없이, 한도 끝도 없이 중상하고 비방하고 험담하는 말들에 무한한 가능성을 열어준다면, 한 번 시작된 미사는 결코 끝나지 않을 것이다. 물론 풍자는 재미있다. 그러나 나쁜 점만 말하는 데서 비롯되는 즐거움은 즐거움만을 지나치게 부각하고, 나쁜 점에 대해서는 별다른 관심을 기울이지 않는다. 이런 종류의 비방 —사실 세상 모든 사람이 다른 사람의 나쁜 점에 대해 이야기하기를 즐긴다— 은 얼핏 무해한 것처럼 보이기도 한다. 지나가는 말 속에 묽게 희석된 채, 언어의 친교적 기능이라는 외피를 두른 채, 언어의 수행성은 안중에도 없이, 오로지 돈독한 교류를 유지하는 데만 관심을 두는 것처럼 보이기 때문이다.

반대로 사회적 소통 속에 계획적으로 자행되는 '특정인을 타깃으로' 한 교묘한 비방은 진실로 유해할 수 있고, 그런 의미에서 사악한 행위에 속한다. 특히 오늘날 각종 IT 기술의 발달은 사회 관계망을 통해 익명성을 띤 이런 종류의 비방 행위를 더욱 부채질하고 있다. 사회 관계망이 이제는 진실 여부를 판단하는 모든 기준과 무관하게 어떤 이야기든 자유롭게 유포될 수 있는 '탈진실' 시대를 활짝 열어젖힌 것이다. 비방과 가십에게 사회 관계망은 약속의 땅이다. 그곳에서는 어떤 거짓부렁, 가짜 뉴스, 객설도 전부 '합법성'을 누리고, 어떤 종류의 '소음'이든 널리 유포되는 것만으로도 '정보'의 지위를 얻어 사람들의 평판을 좌지우지할 수 있기 때문이다. 때로는 전혀 칭송받을 만한 일을 하지 않은 사람이 좋은 평판을 누리게 해주기도 하고, 혹은 누군가 힘들게 일군 명성에 먹칠도 하면서 말이다. 오늘날 인터넷을 사용하는 사람은 모두 사이버 평판, 온라인 평판이란 것을 가지고 있다. 그만큼 비방도 이제는 더 큰 규모로 자행되고, 더욱 큰 효력을 누릴 수 있게 되었다. 온라인에서는 가짜 뉴스나 가십으로 인해 한 번 평판에 금이 가면 아무리 진실을 밝힐 반박 증거를 들이댄다 해도 평생 지울 수 없는 낙인이 찍혀버린다. '잊혀질 권리'는 한낱 바람에 불과하다. 온라인 평판이 훼손된 사람은 단순히 직장에서만 불이익을 당하는 것이 아니라, 평생 억울하게 실추된 사회적 이미지에 짓눌려 살아가야 하고, 친구나 이웃을 포함한 모든 사회관계에도 피해를 입게 된다. 토마스 아퀴나스는 이미 오래 전에 이렇게 지적했다. "비방은 중상보다 더 큰 중죄에 속한다. 비록 중상이 더 심한 이야기를 하는 것이라 할지라도 말이다."(Q74) 왜냐하면 중상은 직접 의도적으로 평판을 훼손하는 반면, 비방은 시시때때로 홀로 조용히 역병처럼 번지기 때문이다. 그리하여 비방의 주체가 누구인지도 알아볼 수 없게 만들고, 결국엔 모든 친구의 관계에 금이 가 '서로가 서로를 미워하게' 만든다.

그
마
음
의
정
체

불명예는 자고로 법을 통해 '깨끗하게 씻어낼 수' 있다. 불명예를 조장한 중상 행위가 거짓 정보에 근거한다는 사실만 증명한다면 말이다. 반면 비방이 불러오는 가벼운 망설임, 불신, 경계심, 뒷생각, 의혹, 회의 등은 사회 전체를 곪게 만들고, 가까운 관계든 먼 관계든 모든 인간관계에 검은 그림자를 드리운다. 물론 우리는 때때로 웃자고 남을 험담하기도 한다. 솔직히 타인에 대해 부정적으로 이야기하는 경향은 세상 누구나 가지고 있다. 그러나 누군가 마땅히 누려야 할 존중과 존경을 훼손할 목적으로 고의적으로 행하는 비방은 세상에 널리 의혹의 씨앗을 퍼뜨리며, 악의적인 말을 내뱉는 행위를 더욱 일반화하고 보편화할 위험이 있다. 그렇게 비방이 번식을 거듭하면 결국엔 다른 모든 이들에게도 해악을 끼칠지 모른다. 칸트(《덕론》[1795], 43)의 말처럼, 비방은 "다른 모든 사람의 도덕적 가치를 의심하도록 불신을 조장한 끝에 결국엔 모든 인류의 도덕적 가치를 의심하는 불신을 초래하기에 이를 수" 있다.

비방은 '언제나 그 뒤에 무엇인가를 남기곤' 한다. 비방은 모함을 당한 개인의 평판과 역할, 사회적 직무에만 지울 수 없는 상처를 남기는 것이 아니다. 무엇보다도 특히 모든 인간이 인간이라는 점에서 그리고 도덕적 법칙에 따라 행동할 수 있는 가능성을 지닌 존재라는 점에서 반드시 누려야 할 인간의 존엄성도 함께 훼손한다. 칸트는 이어 비방꾼은 타인의 약점, 결점, 실질적이거나 혹은 날조된 실수를 폭로함으로써 "우리 인류에게 능욕의 그림자를 드리운다"(《덕론》)고 지적했다. 그리하여 도덕의식이 무뎌지고, 인간에 대한 혐오가 활짝 피어나며, 우리가 저마다 작거나 큰 험담에 익숙해지게 만든다는 것이다. 범인 없는 범죄인 비방은 세상 모든 이들을 희생자로 만들 수 있다. 말하자면 비방하는 자가 던지는 채찍질과 몽둥이질이 결국에 향하는 곳은 바로 제 손가락인 것이다.

~
좀스러움

한 사내가 웨이터에게 줄 팁으로 테이블 위에 70상팀을 얹는다. 그리고 자리에서 일어나다말고 마음이 바뀐 듯 웨이터가 오기 전에 은근슬쩍 10상팀을 도로 호주머니 속에 넣는다. 바로 이런 것이 좀스러움이다. 좀스러움은 탐욕보다는 쩨쩨함에 비견된다. 옹졸하고, 매사 계산적이며, 작은 지출에도 쩔쩔매고, 눈에 뻔히 보이는 허술한 꼼수나 부리며, 짠돌이처럼 박하고 치사하게 구는 쩨쩨함 말이다.

본래 좀스러움mesquinerie의 유래가 된 아랍어 *미스킨*miskin은 가난하고 불쌍한 사람, 세상 사람들의 눈 밖에 난 사람, 인생으로부터 아무것도 받은 것이 없는 사람, 가혹한 운명으로 고통받는 사람을 의미했다. 이러한 의미는 본래 프랑스어 *메샹*méchant이 오래 전에 지녔던 의미와도 가깝다. 본래 *메샹*은 모든 '행운'을 빼앗긴 사람, 자신의 불행을 선하게 받아들이지 못하고 심술궂은 마음을 먹고 만나는 사람마다 족족 불운과 불행을 나눠주는 것을 낙으로 삼는 사람을 뜻했다. 좀스러운 자는 그와는 역방향으로 비슷한 면을 보인다. 좀스러운 자는 자신이 겪는 가난을 모두 후천적인 불행으로 삼아 자신의 모든 행동, 모든 생각에 인색함이라는 비참한 계수를 들이댄다.

그
마음의
정체

좀스러운 자는 타인에게 불쾌감을 주는 데서 즐거움을 느끼지도 않고, 상대를 불행하게 만드는 것을 행복으로 삼지도 않는다. 좀스러운 자를 자극하는 것은 악함이 아니다. 좀스러운 자는 악의 무게를 감당조차 하지 못한다. 그에겐 악인에게 필요한 결연함, 대담함, 악의 등이 결여되어 있기 때문이다. 그러나 좀스러운 자는 관대함과도 거리가 멀다. 좀스러움이란 남들에게 딱하게 보여서 타인의 마음을 짠하게 만들 수 있을지는 몰라도, 타인과 어떤 관계를 맺는 것을 의미하지는 않기 때문이다. 좀스러움이란 자기의 수축을 의미한다. 자기 수축은 누군가에게 무엇인가를 주거나 베풀기 위해 두 손을 내밀지 못하게 가로막는다.

좀스러움의 정반대는 넉넉함, 혹은 예전에 우리가 후덕한 인심이라 부르던 것이다. 예로부터 후덕한 인심을 베푸는 자란 지출을 아끼지 않고 자신이 가진 것을 아낌없이 퍼주는 ―그도 그럴 것이 가진 것이 절대 동이 나지 않으리라는 걸 잘 알았기 때문에― '귀족 나리'를 의미했다. 그러나 그것은 어디까지나 요란하게 자신의 유덕한 성품을 선전하고 그 대가로 좋은 평판을 유지하거나 사람들로부터 감사와 경탄을 받기 위해서였다. 후덕한 인심을 베푸는 자는 주고, 쓰고, 돕고, 구한다. 그러나 균형, 비례 배분, 맞춤식 보상이라는 잣대를 사용하는 법 없이 흥청망청 퍼줄 뿐이다. 그런 의미에서 후덕한 인심이란 관대함의 정도를 넘어선다. 관대함은 정의로움을 고려하고, 아무런 대가도 요구하지 않는 순수한 성격을 지니기 때문이다. 후덕한 인심은 도덕적 성격을 가지지도 않는다. 앞서 말한 것처럼 후덕한 인심과 정확히 반대되는 것은 좀스러움이다. 후덕한 인심은 덕이 너무 과해서 덕과 거리가 멀다면, 좀스러움은 덕이 너무 부족해서 덕과 거리가 멀다. 후한 인심은 너무 과하고, 좀스러움은 너무 박하다. 좀스러움은 그 자체로 '작은 악덕'이나 '작은 미덕'으로 간주할 수 없다. 각각이 전부 4분의 1 또는 절반 수준으로까지 줄어들 수도 있기 때문이다. 예를 들어 절반의 신뢰는 불신으로, 코딱지만 한 용기는 나약함으로 그 의미가 변질되듯이 말이다. 또한 좀스러움은 도덕의 법정에 서는 일이 없다. 경미한 죄 때문에 비난을 받거나, 눈곱만한 관대함 때문에 칭송을 받는 일은 결코 없기 때문이다.

좀스러움을 이루는 것이 바로 쪼잔함이다. 여기서 쪼잔함이란 단순히 마음이나 정신의 쪼잔함만을 의미하지 않는다. 개인의 성격, 더 나아가 그 사람의 생각과 행실의 특성을 형성하는 쪼잔함이다. 좀스러운 자는 언제나 합리적인 수준의 욕망과 이성적인 성격의 갈망을 지닌다. 좀스러운 자는 '뜨거운 정열'이나 격정이나 위대한 이상 따위는 알지 못한다. 좀스러운 자는 걸을 때도 최대한 에너지를 아껴서 걷고, 먹는 것도 꼭 죽지 않을 정도로만 조금 먹는다. 놀 때도 깔짝대며 놀고, 달릴 때도 하나 둘 일일이 걸음 수를 잰다. 내기를 걸 때는 (그나마 가장 우승이 확실시되는 후보에 대해서만) 쩔끔 돈을 걸고, 숫자를 셀 때는 수없이 세고 또 세기를 반복한다. 좀스러운 자는 생일 케이크에 초 스무 개를 꼽는 일이 절대 없다. 큼지막한 초 두 개로 각각 열 살씩을 대신한다. 좀스러운 자의 바지는 언제나 지나치게 짧고 셔츠는 지나치게 긴다. 더욱이 좀스러운 자는 담대한 추론에 뛰어드는 법이 없다. 언제나 하나의 견해를 중심축으로 그 주변에 한 땀 한 땀 아주 근거가 탄탄하거나 일반적인 의견이나 편견의 뒷받침을 받는 두세 가지 확실한 논거만을 조심스럽게 수놓을 뿐이다. 그리고 언제나 다시 되돌아올 방도를 일찌감치 궁리해둔다. 얼마나 오래 숨을 참고 헤엄칠 수 있을지 좀처럼 자신하지 못하는 사람이 강둑에서 불과 몇 미터 떨어진 곳까지만 살짝 헤엄쳐 갔다 오듯이 말이다. 좀스러움은 좀스러운 자가 자신의 현 모습과 자신이 현재 가진 것, 현재 이룬 것에 만족하게 한다. 좀스러운 자는 자신이 현재 이룬 것을 아무도 건드려서는 안 될 '기득권'으로 간주한다. 말하자면 좀스러운 자는 자신의 삶을 목줄에 묶어놓은 자다. 그래서 우리는 좀스러운 자에 대해 흔히 '아무런 위험도 감수하지 않는 사람' ―혹은 별로 잃을 것이 많지 않은 위험만을 감수할 뿐이다― 이라고 표현한다. 좀스러운 자는 타인에게 증오나 분노를 불러일으키지 않는다. 단지 짜증과 실망과 아주 많은 연민을 불러일으킬 뿐이다. 왜냐하면 우리는 모두가 누군가를 옹졸하고 메마른 존재로 만드는 좀스러움이 실상 두려움으로부터 생긴다는 사실을 너무나도 잘 알고 있기 때문이다.

~

놀림

누군가를 놀리고 싶은 마음은

가장 유쾌하면서도 가장 위험한 정신의 속성 중 하나다.

라 로슈푸코,

《도덕에 대한 성찰과 잠언》(1664),

잠언 16.

장난은 물처럼 차가울 때도 있고 환하고 밝은 햇살처럼 다사로울 때도 있다. 개구쟁이 아이들이 조용히 햇살을 쬐는 사람들에게 별안간 쏘아대는 물벼락처럼 차가울 때도 있지만, 엄숙한 표정의 좌중을 한순간 웃음바다로 만들어버리는 한마디처럼 다사로울 때도 있다. 그러나 언제나 장난은 정신에 '여유를 주고', 온몸을 무기력으로부터 흔들어 깨워 생기와 활력을 불어넣고, 순간이나마 슬픔과 우울, 비탄을 멈추게 해준다. 제 검지를 내리친 서투른 망치질은 몇 초 동안 세상에 대한 우리의 모든 객관적 인식을 무력화한다. 마찬가지로 돌연 저 마르지 않는 유머의 깊은 샘으로부터 뜬금없이 솟아나 누군가를 적시는 장난의 물줄기는 모든 적대감을 해소하고, 그 어떤 이질적인 존재들의 대립적 공존도 존재하지 않는 '집단'을 형성하거나, 혹은 이미 존재하는 우호적 집단의 결속을 더욱 강화한다.

그러나 조롱에게는 그런 덕목이 없다. 조롱은 훨씬 더 신랄하고 지독하고 무시무시하다. 그것은 발정이 나거나 적을 위협하는 수사슴의 울음소리 같은 것을 떠올리게 한다. 조롱도 남을 웃기기를 좋아하지만, 스스로 쓴웃음을 짓거나 구시렁거리거나 고래고래 소리를 치는 것으로 남을 웃길 뿐이다. '허공'을 향해 발포되어 모두의 머리 위로 쏟아지는 장난의 물줄기와 달리, 조롱은 의도적으로 특정한 대상 하나를 겨눈다. 특정인이 한 말이나 행동이나 혹은 그의 존재 자체를 표적으로 삼는 식이다. 때때로 조롱은 어떤 사람이나 어떤 일의 불완전함을 소재로 아주 부드러운 톤으로 웃음을 유발하기도 한다. 그러나 그것은 가까스로 겉모습을 위장하기는 했어도 실제로는 교활함으로 가득 찬 욕설에 불과하다. 때에 따라서는 욕설보다 더 사악하고 훨씬 더 깊은 상처를 입힌다. 왜냐하면 조롱은 유머와 빈정거림을 능수능란하게 활용해 결국엔 상대를 '반격' 불가능한 상태로 만들기 때문이다. 누군가 거칠게 욕설을 퍼붓는다면 나도 똑같이 거친 분노나 분개로 맞서는 것이 당연지사일 것이다. 그러나 조롱에 대해 분노와 분개로 대응하는 것은 오히려 더 큰 웃음거리를 자초하는 것 같은 기분이 든다. 그런 의미에서 토마스 아퀴나스가 '언어의 죄악' 중 하나로 간주하기도 한 조롱은 진정 사악한 성격을 띤다고 말할 수 있다. 조롱은 상대에게 상처만 주는 것이 아니라, 상처를 치유할 수 없게 만든다. 따라서 조롱은 가장 유혈 낭자한 수단까지는 아닐지라도(날카로운 칼날을 숨기고 있긴 해도 어쨌든 말로만 하는 공격이므로), "사람들의 관계를 끊어내는" 가장 가혹한 수단임에는 틀림없다. 상대가 다치는 모습에 희열을 느끼며 기세등등하게 자신의 오만함과 거만함에 갇혀 사는 조롱하는 자와 그리고 그런 상대에 대해 아무런 대응도 하지 못하고 무릎을 꿇은 채 순순히 패배를 시인하며 굴욕과 상처 속에 갇혀 사는 조롱받는 자, 그 '사이'에는 어떤 관계도 지속될 수 없기 때문이다.

놀림은 가벼움과 신랄함 사이에 자리한다. 놀림은 존재 자체, 상대의 사람 됨됨이를 겨누는 경우가 극히 드물다. 대개는 상대가 이뤄낸 일, 상대가 지닌 결점, 상대가 지녔다고 간주되는 자질, 상대의 말투나 옷차림, 상대가 쓴 글 또는 태도 등을 보고 웃는 것을 말한다. 그런 의미에서 놀림은 친절까지는 아니더라도 제법 상냥한 태도, 유머를 곁들여 신랄함을 무디게 만든 완만한 비판의 모습을 띠곤 한다. 이때 목적은 상대를 위한 선의의 비판, 더 나아가 교육적인 차원의 비판에 있다. 친구가 고른 넥타이와 셔츠의 어색한 조화, 말끝마다 '결국'과 같은 군더더기 말을 덧붙이는 말버릇 따위를 지적하는 것은 모두 친구를 위해서다. 친구가 더 맵시나게 옷을 입고, 조금 더 바른 말씨를 쓰길 바라기 때문이다. 이 경우 놀림은 애정 어린 마음에서 우러난 섬세한 비판에 해당한다. 대개 상대도 놀리는 말을 듣고는 머쓱하다는 듯 함께 웃어버리거나, 혹은 친구나 동료 사이일 경우에는(실제로 위계 관계가 존재하는 경우 상사를 대놓고 놀리기는 힘들다) 상대의 비판에 진심 어린 '공감'의 뜻을 표시하기도 한다. 친구는 서로를 너무나도 깊이 알기에 어떤 순간에나, 어떤 상황에서나, 어떤 이유로나 서로를 허물없이 편하게 놀릴 수 있다. 그리고 어떤 때에도 이에 대해 '무례하다'거나 모욕적이라고는 느끼지 않는다.

선의로 놀리는 행위는 경고나 예방의 기능을 하기도 한다. 친구나 가까운 사람에게 결점과 흠결을 지적해줌으로써 당장 잘못을 고치지 않으면 언젠가는 그보다 훨씬 더 신랄한 조롱을 받게 될 거라고 경고해주거나 미리 알려주는 '예방약' 같은 역할을 하는 것이다. 그렇지만 어쨌거나 상대도 그것이 어디까지나 교육적인 목적을 지니고 있음을 이해해야 하고, '자기완성'이나 개선의 차원에서 그것을 받아들일 수 있어야 한다. 어린아이들에게는 이러한 능력이 없다. 그러니 아무리 선의를 가지고 다정하게 놀리더라도 아이들은 금세 상처를 입거나 울음을 터뜨린다. 어린아이를 상대로 신체적 특징, 피부색, 코의 생김새, 키, 체형, 혹은 실수(빗나간 골, 꽈당 하고 넘어지기, 날림으로 해간 과제물을 가지고 선생님이 친구들 앞에서 공개적으로 창피를 준 일 등)를 놀리면 아이는 오래도록 절망에 빠져 자존감에 상처를 입고, 헤아릴 수 없을 정도로 깊은 정신적, 심리적인 상처에 시달리며, 스피노자주의자들의 말처럼 개인적, 가정적, 사회적 존재로 삶을 영위하는 데 많은 어려움을 겪을 것이라는 사실은 굳이 말할 필요가 없을 것이다.

놀림이 애정 어린 장난에서 점차 멀어져 환한 미소 대신 험상궂은 표정을 지닌 조롱에 가까워지는 순간, 그것은 혐오로 변질된다. 이 경우 조롱하는 자는 어떤 선의나 교정의 목적으로 행동하는 것이 아니다. 상대의 힘을 약화시키고 때려눕히고 회복 불가능한 웃음거리로 만들어, 흡사 곤충학자가 핀으로 곤충을 코르크 액자 속에 꽂아 넣듯이, 상대를 조

롱받는 상황에 '못 박아' 두려는 심산에 불과하다. 놀림 본연의 폭력성
은 무시무시하다. 특히 조롱받는 상대를 완전히 없애버리는 대신 상대
에게 '웃음거리가 되는 능력'이라는 계수를 달아주는 행위는 언제든 새
로운 야유에 공격당하지 않기 위해 상대가 습관적으로 자신의 모든 행
동과 몸짓, 태도, 언행을 '조심'하게 만들기 때문이다.

역설이란 더 확실한 폭로를 위해 베일 뒤에 진실을 감추고 있다는 점에
서 거만하기는 해도, 어쨌든 상대를 깊은 잠에서 깨우는 역할을 할 수
있다. 흡사 스스로를 진리를 밝히는 등에로 여긴 소크라테스처럼 말이
다. 역설은 단단한 편견과 견해의 번데기 속에 깊이 잠든 의식을 뒤흔
들어 깨우며 소스라치게 놀라게 만든다. 그리하여 호된 꾸지람으로 인
해 입은 상처가 일단 아물고 나면 비로소 실수와 어림짐작과 반쪽짜리
진리에 대해 반성의 시간을 갖기에 이르는 것이다. 그러나 조롱은 아니
다. 악의적 조롱은 상대를 자극하는 것이 아니라 상대를 얼어붙게 만든
다. 조롱은 모든 존재를 나약하게 만들고, 억압하며, 그 어떤 새로운 일
도 다시는 도전할 수 없게 만들어버린다. 심술궂은 조롱의 희생자는 인
종차별 피해자의 모습을 떠올리게 한다. 차별적 언사로 한순간 자신이
지닌 모든 무한한 능력과 재능, 행동의 가능성, 자기 나름의 사유와 행
동 방식을 전부 잃어버리고 한낱 피부색 그 이상도 이하도 아닌 존재로
전락해버리는 것과 비슷하다. 조롱의 희생자는 단순히 자기애나 자존
감에만 상처를 입는 것이 아니다. 비웃음의 총구를 마주한 그는 자신의
어눌한 말투나 옷차림, 절뚝거리는 걸음걸이가 또다시 다른 공격과 야
유를 불러오는 것은 아닌지 전전긍긍하며 끝내 어떤 말도, 어떤 행동도

섣불리 하지 못하고 어물쩍한다. '무능력자'가 되어버리는 것이다. 그렇게 그는 우스꽝스러운 존재라는 벽 속에 단단히 갇히는 신세가 된다. 사르트르가 말한 것처럼, 열쇠 구멍을 통해 내부를 들여다보다가 걸린 존재처럼, 수치스러운 존재라는 벽 속에 갇힌 것이다. 아무리 항거를 해봐야 소용없다. 열쇠구멍을 수리 중이었다고 항변을 해본들, 다른 수많은 합리적 이유를 들어 설명해본들 아무런 의미가 없다. 그저 그는 한낱 '관음증 환자'에 불과할 뿐이다.

중상모략은 상대를 바라보는 대중의 시선을 왜곡하고, 이를테면 상대에게 전혀 손도 대지 않고, 그저 상대가 입고 있는 사회적 옷을 더럽히는 것만으로 상대를 파멸의 길로 몰아넣는다는 점에서 행위자에게 사악한 희열을 느끼게 해준다. 한편 조롱은 조롱받는 자의 눈을 멀게 하여 절대 벗어날 수 없는 어둠 안에 가두어버린다. 굳이 증오나 분노, 폭력 등을 동원하지 않고 단지 웃는 얼굴 하나만으로 누군가를 파멸의 길로 몰아넣으면서 행위자는 스스로 전능한 존재라는 느낌을 갖게 된다. 무엇보다 더 대단한 점은 행위자 '본인이 그에 대해 어떤 대가를 치를' 필요가 없다는 것이다.

그러니 재미 삼아 누군가를 불행하게 만드는 행위는 모든 악덕 중에서도 가장 뛰어난 묘기를 자랑하는 악덕임이 틀림없다.

*
**

토마스 아퀴나스Thomas d'Aquin, 《신학 대전Somme théologique》, II, Q75, 1.

~
심술

악은 절대 용서받을 수 없는 일이지만

그나마 자신이 못됐다는 걸 안다면 어느 정도 기특하게 여길 만하다.

모든 악덕 중에서 가장 돌이킬 수 없는 악덕은

우둔함으로 인해 악을 행하는 것이다.

샤를 보들레르,

《파리의 우울》(1869),

〈위조 화폐〉.

증오심으로 불타오르는 자는 얼음과 불, 그 어떤 술책을 사용하든 언제나 자신이 겨냥하는 바가 무엇인지를 철저하게 잘 안다. 증오의 대상이 고통과 고뇌 속에 활활 타올라 오로지 재가 되기를, 존재의 작은 조각 하나조차 남기지 않기를, 그가 지니고 있던 기억은 물론 가까운 이들의 기억조차 모조리 철저히 지워버리기를 원한다. 그러한 점에서 심술 궂은 자는 오히려 아마추어에 가깝다고 할 수 있다. 심술궂은 자는 자신이 괴롭히고, 학대하고, 고문하는 대상이 결코 세상에서 사라지기를 원하지 않는다. 그렇게 되면 먹잇감 삼아 오래도록 가지고 놀 만만한 상대가 사라져버리기 때문이다. 쟝켈레비치(《미덕론》[1947], III, 〈무구함과 악의〉, 보르다스, 1972, 1133)가 말한 것처럼, "심술은 파괴하지 않는다, 다만 해체할 뿐"이다. 희생자를 잘게 조각내고 부수어 훨씬 더 섬세한 형태로 존재의 가장 내밀한 부분에 타격을 입히고 상처주기를 원하기 때문이다. 심술궂은 자는 오랜 기간에 걸쳐 움직인다. 상대에게 극소량의 악의를 주사하고, 그것이 상대의 선량한 의식을 파고들어 악의로 물들고, 상대의 신뢰 속에 스며들어 신뢰가 불신과 의혹으로 변질되게 하며, 화합과 조화, 기쁨과 자긍심, 형제애와 자매애, 공동체 의식 등을 파괴하도록 만든다. 심술은 상대를 죽이지 않고 분해한다. 삶의 충동, 삶의 본능인 *에로스*가 사람들이 서로 단합하고 더 많이 결속하도록 격려하는 것과 다르다. 아마도 우리가 심술을 좋게 생각할 수 없는 이유는 바로 그 때문일 것이다. 심술은 진짜 악인, 사디스트, 범죄자, 살인자, 테러리스트, 공갈범, 반역자, 학대자, 밀고자, 흉악범, 배신자, 고문자 등을 코웃음 치게 만들 뿐이다. 사실 심술은 스스로의 악함을 자랑하지 않는다. 공연히 그랬다가는 그보다 훨씬 더 악독하고 흉악한 자들의 웃음거리가 될 수 있기 때문이다. 감옥에서 '무시무시한 범죄자'를 만난 잡범이 자신은 힘없는 노인의 가방을 날치기하다 걸려서 감방에 들어왔다고 실토하지 못하는 것과 비슷한 이치다. 심술은 의기양양하게 거드름을 피우거나, 가슴을 쭉 내밀고 으스대거나, 요란하게 발소리를 내며 걷는 법이 없다. 확성기를 가져다 댄 듯 시끄럽게 괴성을 지르거나, 원형 경기장에 들어오기라도 한 듯 한껏 과장된 몸짓을 선보이는 분노와는 성격이 다르다. 왜냐하면 공연히 '몸집을 부풀리려다' 오히려 역효과를 불러올 수도 있기 때문이다. 사실 몸집이 산만한 '덩치들'도 그저 사람 좋은 곰 인형처럼 취급될 때가 많지 않은가. 결코 잔혹함의 경지에는 미치지 못하는 심술궂은 자는 몸집이 크지도 않지만 그렇다고 위대하지도 않다. 그저 낮은 수, 얕은 수를 써서 이득을 취하기를 즐길 뿐이다. 비꼬는 말, 신랄한 독설, 맹렬한 비판, 가시 돋친 말, 자존심 긁기, 비열한 언행, 비방, 야유, 야비한 행태, 조롱 등을 무기로 삼아 상대를 자잘하게 괴롭힌다. 이렇게 가루처럼 잘게 부서져 사방으로 흩어진 악의가 모든 사회, 정치, 직업, 가정의 조직에 흡수되어 점차 일상적인 현상처럼 번져가고 있다. 그리하여 이제는 타인에게서나 나 자신에게서나, 어디서나 전부 심술이 발견되는 것이다. 마치 의학 서적이나 인터넷 사이트에서 찾아본 질병이 모두 다 내 병인 양 느껴지듯이 말이다. 가해자도, 피해자도, 그 누구도 예외가 될 수 없다. 비록 "우리가 수없이 얼굴을 얻어맞은 뒤에야 비로소 악한 의도를 뒤늦게 깨닫게"(발자크, 《투르의 사제》, 1832)될지라도 말이다.

세상에 오로지 선의와 선행만이 존재하는 것은 아니다. 그러한 사실을 감안하면, 때로는 인간이 심술궂은 행동을 하거나 혹은 단순히 심술궂은 행동을 목격하는 데서 묘한 희열을 느낀다는 사실도 어느 정도 인정할 수밖에 없다. 니체가 말한 것처럼, 인간은 고통을 지켜보는 데서 즐거움을 얻는다. 작은 고통이 수없이 되풀이되면 즐거움의 크기도 훨씬 커진다. 비록 도덕적 관점에서는 상대가 자발적으로 혹은 쾌락을 목적으로 선뜻 동의한 경우를 제외하고, 인간이 타인에게 고통을 가하는 데서 행복을 느낀다는 사실은 좀처럼 받아들이기 힘들 수도 있을 테지만 말이다.

고대 철학 전통에서는 인간이 악행을 바란다는 사실을 부인해왔다. 만일 악행을 범한다면, 그것은 자신도 모르게 의지에 병이 생겨서, 혹은 이성이 제 능력을 다하지 못해서라고 해석했다. 일찍이 플라톤도 《고르기아스》에서 소크라테스의 입을 빌려 "세상에 그 누구도 자발적으로 악한 자가 되려고 하지는 않는다"고 선언하며 이미 세상의 모든 악한 자들을 구원해준 바가 있다. 설령 누군가 독설을 퍼부을지라도 그것은 (도덕적) 잘못이 아니라 단순한 실수라고 보았다. 왜냐하면 그는 자기 행동의 결과와 의미를 이해하는 능력에 생긴 결함, 잘못된 상상력의 희생자라고만 여겼기 때문이다. 육신을 장악한 욕망에 휩쓸리고, 광증의 포로가 되어 눈이 먼 것뿐이라고. 그러니 그의 천박한 언행은 '원한 것'이 아니라, 범해진 것이라고. 왜냐하면 그는 지혜로운 최고의 이성이 환하게 밝혀주지 않는 바람에 선이 무엇인지를 제대로 '보지 못한' 것이기 때문이다. 따라서 그를 비난해서는 안 된다고 보았다. 오히려 철학의 가르침을 통해 선으로 향하는 바른 길을 알려줌으로써 그를 '바로잡아야' 한다고 여겼다. 악행을 만들어내는 것은 오인, 사견(우리는 지식이 없을 때 개인적인 의견을 내놓는다), 믿음, 착각, 편견 등에 이르는 모든 종류의 무지라고 보았다. 따라서 우리는 악행에 대해 전혀 '책임'이 없다는 것이다. 부주의해서, 경솔해서, 산만해서 저지른 실수(사실 자의로 범한 실수는 이미 실수가 아니다)에 대해 책임이 없듯이 말이다.

비슷한 식으로 '과학적'이라고 간주되는 모든 전통 ―때로는 너무 토속적이고, 때로는 너무 위험천만한― 도 그동안 악행을 일종의 유형학, 신체적 특징(붉은 머리, 왼손잡이, 파란 눈 등), 두뇌의 형태, 유전에 의한 결정론, 인종·문화·종교적 배타주의와 연관 지으며 수많은 '적들'을 양산해왔다. 반대로 적들의 교활함은 친구나 지인의 무고함이나 선량함을 보증해주는 징표처럼 간주됐다. 그동안 너 나 할 것 없이 전부 심술궂고 불충하기 그지없는 이 적(상상의 적)들을 양성하는 양성소로부터, 수많은 토벌 부대와 더 나아가 단두대·화형대·정신 병원·감옥·고문실·죽음의 수용소가 유래하기도 했다. 그보다 더 실생활과 연관된 예로는 폴 클로드 라카미에('정신적 죽음, 정신적 거부, 악성 나르시시즘 사이에서', 〈프랑스 정신분석학 잡지〉, 50, 1986)에 의해 한층 지위가 격상된 "악성 나르시시스트"라고 불리는 '인간형'을 꼽을 수 있다. 악성 나르시시스트는 병리적인 심술을 상징하는 마스코트에 해당한다. 프랑시스 앙시뷔르와 마리비 갈랑앙시뷔르 역시 공저 《평범한 악》에서 이미 악성 나르시시스트는 기생충처럼 타인의 자아를 '먹어 치우며' 자신의 자아를 살찌운다고 지적한 바 있다. 그들은 타인의 자아는 "악성 나르시시스트가 자신의 자아를 살찌우기 위해 뻔뻔하게도 마구 약탈을 일삼는 찬장 역할을 한다"며, 그로 인해 "주변인은 핏기 하나 없이 창백한 얼굴이 되어버린다"고 설명했다. 또한 악성 나르시시스트는 자신의 자아에 상처를 입히는 환멸이나 슬픔을 무슨 '범죄인 인도 절차'에 의거한 양 모두 타인(배우자, 자녀, 친구, 동료)에게로 추방하여, 자신의 모든 짐을 다른 이가 대신 짊어지게 한다고 했다. 어쩌면 그러한 행동은 어떤 심리적 혹은 충동적 이상 증세와 관련한 질병의 하나로 분류되어야 마땅할지 모른다. 그럼에도 그러한 행동이 실제로는 매우 가슴 아프게도 우리의 일상, 일부 낙원의 성자를 제외한 우리 모두의 운명이 되어버린 것이다. 사실상 모든 인간은 교활한 행동을 하는 순간 전부 나쁜 사람이 될수 있다. 그런데도 우리는 흔히 자연의 어머니도, 운명도, 유전자도, 생득적 구조도 누군가를 악한(혹은 선한) 존재로 만들 수는 없다고, 본질적으로 악한 인간은 세상에 존재하지 않는다고 주장하곤 한다. 또한 언제 어느 곳을 가나 도처에 타인 혹은 때로는 심지어 자신을 고통스럽게하는 데서 행복을 느끼는 사람들이 존재하는데도 악한 사람이란 그저동화 속에나 등장할 뿐이라고 말하곤 한다.

심술, 악의라는 뜻의 *메샹스테*méchanceté라는 단어의 유래를 보자. 본래 프랑스어로 악의에 찬, 심술궂은 사람을 뜻하던 *메샹*méchant이란 형용사는 옛날 사람들이 쓰던 고어인 *메슈아르*méchoir의 현재분사형 *메샹*meschant에서 유래했다. 이 동사의 뜻은 '떨어지다', '내려오다', '추락하다', '무너지다'이다. 말하자면 심술궂은 사람은 본래 무엇인가가자신에게 잘못 '떨어진' 사람, 잘못 내려진 사람, 그의 머리 위로 무엇인가 나쁜 일이나 불행한 일이 잘못 떨어진 사람을 뜻했다. 때때로 우리는행복이란 우리의 땅을 비옥하게 해주는 반가운 단비처럼 무엇인가 인간의 삶을 행복하게 해주기 위해 하늘에서 떨어지는 선물로 오인하기도 한다(하지만 그저 행운의 여신이 불쑥 우리에게 미소를 지으며 찾아오기만 기다린다면, 행복해지기는 너무 힘들지 않을까). 반면 불행이란느닷없이 어느 날 지옥으로부터 솟아나는 것, 모든 생명을 파괴하는 지진, 영원토록 모든 삶을 부숴버리는 실패, 모든 미래에 문을 닫아버리고 모든 희망을 살해하는 사건, 절호의 기회와 행동 능력을 앗아가는 그저 한낱 '예기치 못한 불운'으로 간주하곤 한다.

그런 의미에서 심술궂은 자는 불행한 자, '불운한 자'의 현신이라고 볼 수 있다. 말하자면 예기치 못한 '만남'의 희생자, 자신을 짓누르는 고약한 운명의 희생자, 자신을 무너뜨리려는 불운의 희생자인 셈이다. 이탈리아어 *카티보*cattivo도 비슷한 의미를 지닌다. 심술궂은 자라는 뜻의 *카티보*는 누군가에게 혹은 무엇인가에 '붙들린' 사람, '포로가 된' 사람 (아마도 악마의 포로)을 뜻한다. 이 단어의 어원은 '붙잡힌' 사람, 포로가 된 사람을 뜻하는데 그가 '포획'된 이유는 용기가 부족해서, 비겁해서, 한창 전쟁 중에 무기를 내려놓아서, 적을 잘 방어하지 못해서, 죽어야 하니 차라리 상대에게 붙들려 노예가 되기를 선택해서다. 이제 우리는 이 단어의 의미가 조금씩 변천해왔다는 사실을 알 수 있다. 다시 말해 겁쟁이에서 천한 자로, 천한 자에서 비열한 자로, 모욕을 당한 자에서 모욕을 주는 자로, 상처를 입은 자에서 상처를 주는 자로, 운명에 굴복한 초라한 포로에서 자신이 당한 불행을 '되돌려주기'를 바라는 비참한 인간으로 의미가 조금씩 옮겨온 것이다. 불행한 자로서 심술궂은 자는 그 누구에게도 억울함을 토로할 수 없다. 자신을 유일무이한 희생자로 삼은 저 심술궂은 자는 운명을 향해서도 불평을 늘어놓을 수가 없다. 왜냐하면 운명은 눈만 먼 것이 아니라 귀까지 멀었기 때문이다. 보이는 게 없으니 아무나 마구 때려눕히고, 들리는 게 없으니 누구의 간청이나 사죄 요구도 들을 수가 없다. 더욱이 그는 타인에게도 자신의 운명을 토로할 수 없다. 타인은 그저 '운 없는 사람'을 슬슬 피하려고만 하기 때문이다. 행여 불운한 사람을 곁에 두었다 재수 옴 붙는 것은 아닌지, 그들역시 '액운을 불러들이는 부적' 신세가 되는 것은 아닌지 두렵기 때문이다. 그러니 유일한 '기회' ―마르크 베첼은 저서 《악의》(캥테트, 1986)에서 이에 대해 매우 섬세하게 설명한 바 있다― 는 자신이 홀로 짊어진불운의 짐을 무차별적으로 다른 이에게 전가하는 것이다. 스스로 '타인의 액운'이 되어, 잘 익어가던 포도 위에 느닷없이 내려앉은 서리나 재앙, 혹은 불행인 양 타인을 고통 속에 몰아넣는 것이다. 사전에 깊이 숙고하는 일도 없이, 어떤 이유나 원인도 없이, 심지어 복수를 하겠다는목적도 없이 그저 '맹목적으로' 상대를 일단 파괴하고 보는 것이다. 알고 보면 복수란 자의로 행한 악행에 대한 자의에 의한 대응일 뿐이니 말이다. 사실 학교에 다녀본 사람이라면 이런 상황을 쉽게 이해할 수 있으리라. 남에게 해코지를 해본 적도 없는 누군가가 어느 날 난데없이 질나쁜 이의 표적이 되어 하루도 거르지 않고 ―마치 운명의 수레바퀴가쉬지 않고 돌아가듯이― 괴롭힘을 당하거나, 온갖 수모를 겪거나, 여기저기 얻어터지거나, 굴욕을 당하는 신세가 되는 것이다.

심술이란 바로 그런 것이다. 누구의 의지와도 상관없이 마치 악운처럼난데없이 악행이 '떨어진'다. 이는 의도, 의지, 의욕으로 모습을 둔갑하지만 맹목적이고 냉혹한 성격, 파괴적인 힘만은 그대로 간직하고 있다.그리하여 이제 심술은 불행에 불행을 몰고 오는 집요한 운명으로 변한다. 그러나 심술에게는 한 가지 특별한 점이 있다. 바로 '이성'을, 존재이유를 가지고 있다는 점이다. 심술의 존재 이유는 대상을 없애버리고,

쓸어버리고, 사라지게 만드는 것이 아니다. 오히려 심술궂은 자를 존재하도록 만드는 데 있다. 심술궂은 자에게 신랄하고 치명적인 무기들을 내주어, 심술궂은 자가 자신의 운명에서 탈출해, 불행 앞에 '수동적'이 되는 대신 '능동성'을 획득할 수 있게 도와주려는 것이다. 바로 그러한 이유에서 키에르케고르가 '이간질'과 '불화'에 대해 논하며 지적했고, 이어 장켈레비치 역시 주장했듯이, 심술이란 자신의 먹잇감을 완전히 없애버리는 대신 고통·번민·회의·부정적 생각·불안·공포·악몽·자기 비하·점진적 파괴를 지속시키는 데 주력한다. 그것은 한 번에 마을을 전부 파괴하는 것이 아니라 매일 밤 반복적으로 집과 땅을 뒤흔드는 지진과 비슷하다. 반복적인 지진은 끊임없이 불안감을 조장하고, 모든 이들이 오로지 자기 자신만 염려하게 만들며, 마을 주민들 사이에 경쟁심·대결 의식·시기·공격성·원한·혐오 등을 자극하여 결국엔 그들이 서로를 물어뜯는 자칼이 되게 한다. 심술은 결단코 살육을 하지 않는다. 심술은 '분란의 씨앗'만 뿌리고 다닐 뿐이다. 그리하여 "서로를 사랑하는 것들을 멀리 떼어놓고 서로를 혐오하는 것들은 단단히 결속시켜, 증오를 공고히 하고 사랑은 억제하는 것"이다(블라디미르 장켈레비치, 《미덕론》, 1134).

심술궂은 마음은 무엇보다도 특히 그것이 집단이든, 개인이든 특정한 누군가를 고통스럽게 만드는 것을 의미하며, '모든 사람'이 아닌 바로 '너'가 온갖 비참함을 겪는 데서 행복을 느끼는 것을 뜻한다. 심술궂은 마음이란 네 얼굴에서 웃음기가 싹 가시기를, 네 미소가 네 목을 졸라오기를, 네가 더는 자신을 믿지 못하고, 아무도 너와 대화를 하려 하거나 너의 이야기에 귀를 기울여주거나 너를 존중하는 태도로 대하거나 너를 친구로 생각하지 않기를 바라는 것이다. 너의 모든 계획이 비참한 실패로 돌아가기를, 불운한 사고로 네 뼈가 으스러지기를, 네가 중병에 걸려 영원토록 죽음의 고통을 이어가기를 바라는 마음이다. 너희가 더는 그 무엇도 함께 만들어내지 못하기를, 너희가 항상 외톨이가 되어 어떤 기쁨도 함께 나누지 못하고, 함께 노래하거나 춤추거나 평화롭게 살아가지 못하기를, 너희를 파괴하려는 운명의 손아귀로부터 절대 벗어나지 못하기를, 너희의 힘을, 지적인 능력을, 온화함을, 다정함을, 함께 공존하려는 갈망을 모조리 잃어버리게 되기를, 너희가 저주를 받고, 증오와 혐오의 대상이 되기를, 너희의 모든 자유를 잃게 되기를, 너희가 세상의 모든 과실과 비참함과 부당함의 희생자가 되기를 바라는 것이다.

세상에 심술궂은 마음을 멈출 수 있는 것은 아무것도 없다. 심지어 상대가 결백하고, 나약하고, 가련하고, 나와 가까운 사이이고, 무방비 상태라는 사실조차도 심술을 막지 못한다. 본래 자신이 비겁함으로 인해 '포로가 된', '불운한' 자, 무력한 자였음을 기억하는 심술궂은 자는 최대한 힘 있는 자들을 피해 다닌다. 그리고 어떤 위력도 지니지 않은 자, 헐벗은 자, 자신의 불행에 맞설 능력이 없는 무력한 자만을 괴롭히고, 학대하고, 고문한다. 심술궂은 자의 유일한 한계는 결코 끝까지 밀고 나갈 수 없다는 점이다. 상대가 죽어버리면 그것으로 절정에 달했던 자신의 쾌락과 만족감도 종말을 고할 수밖에 없기 때문이다. 아무리 최고로 지독한 사디스트라고 해도 상대가 더 이상 아무 말도 할 수 없을 지경이 되기 전에는 반드시 학대를 멈춰야 한다. 마찬가지로 심술궂은 자도 언제나 '절제'할 줄 알아야 한다. 왜냐하면 심술이 살육으로 치닫는 순간, 그에게 쾌락을 선사하던 대상도 함께 사라져버리기 때문이다. 심술은 끝을 원하지 않는다. 언제까지고 자기 제물의 불행이 지속되기를 바란다. 그런 의미에서 심술은 언제나 학대이자 '추구'다. 그리고 '너무 악해지지는 말아야 한다'는 역설적인 논리 안에 갇혀 있다. 끝까지 밀고 나가지 않아야만 '절정'의 순간을 끝으로 대상과 함께 자기가 사라지는 사태를 막을 수 있다.

아마도 심술이 목적에 이르지 못한 채 박대에서 조롱으로, 자존심 긁기에서 모욕으로, 괴롭힘에서 고문으로, 언제까지고 상대를 괴롭힐 수단만 부단히 만들어내는 까닭은 모두 그 때문이리라. 심술궂은 자에게 내려진 형벌은, 자신이 결코 완전한 수준의 악인은 될 수 없다는 것이다. 그 때문에 심술궂은 자는 온갖 시시하기 그지없는 사악한 짓들을 자행하며 반복의 '포로'가 될 수밖에 없다. 마치 앞으로는 단 한 발짝도 나아가지 못하면서 부질없이 쳇바퀴만 돌리는 햄스터처럼. 그리하여 심술은 박해의 대상을 완전히 죽이는 데는 이르지 못한 채, 자신이 먼저 지쳐 나가떨어진다.

*
**

블라디미르 쟝켈레비치Vladimir Jankélévitch, 《미덕론Traité des vertus》(1947), III, 〈무구함과 악의L'Innocence et la Méchanceté〉, 보르다스, 1972.
마르크 베첼Marc Wetzel, 《악의La Méchanceté》, 캥테트, 1986.
프랑시스 앙시뷔르Francis Ancibure, 마리비 갈랑앙시뷔르Marivi Galan-Ancibure, 《평범한 악La Méchanceté ordinaire》, 라 뮈에트 / 르 보르 들 로, 2014.

그
마음의
정체

~

질투

결국 질투의 날카로운 화살이 내 심장을 찌르지 못한다면,

아무리 네가 나를 구속하고 잔인한 이별을 강요할지라도

나의 삶은 길고 긴 환희의 연속에 지나지 않을 것이다.

하지만 나는 그것을 슬퍼해야 하는 것일까? 그렇다면 나의 삶을

수많은 환희로 채워주던 그 기분을 조금 더 저렴한 값에도

살 수 있던 건 아닐까? 아무것도 섞이지 않은 그토록 지극한 행복을

인간이 맛보는 것이 과연 가능한 일일까? 인간의 나약함으로는

이해할 수 없을 정도로 너무나도 강렬한 그 행복을?

콩스탕스 드 살름,

《한 예민한 여자의 24시》(1824),

페뷔스, 2007, 40.

질투의 경험은 사랑 혹은 증오의 경험만큼이나 흔하다. 1920년 1월 프로이트는 빈스방거에게 보낸 편지에 이렇게 썼다. "병리적인 측면은 물

론 정상적인 측면에서도 내게 정신적 삶을 가장 깊이 이해할 수 있게 해주는 것이 (중략) 바로 질투라네."(지그문트 프로이트, 루트비히 빈스방거,《서한집》, 칼망레비, 1995, 223) 때로 약간의 질투는 질투를 하는 사람에게나 받는 사람에게 아주 나쁘기만 한 것은 아니다. 질투하는 사람에게는 불안감을 자극해 사랑하는 연인을 향한 욕망을 더욱 강렬하게 해주는가 하면, 질투를 받는 상대에게는 질투의 대상이 되어보는 기쁨을 선사 —물론 질투가 사랑의 결핍으로 인한 고통과 온갖 끔찍한 망상을 불러일으키는 경우 오히려 질투는 고통스러운 형벌이 되기도 하지만 — 한다. 그럼에도 질투는 때로 소유욕이 빚어내는 비극적 태도의 일종으로 간주된다. 왜냐하면 질투는 우리가 모든 면에서 과도해지고, 집착과 분노로 치달아, 불안 속을 허우적거리게 만들기 때문이다. 그런가 하면 질투는 사랑이나 정열의 상관물로 간주되기도 한다. 그러니 결국 질투란 내가 사랑을 하고 있으며, 상대가 내게서 멀어지지 않기를, 상대가 오로지 나만의 사람이기를, 그 누구도 내 욕망의 대상을 욕망하지 않기를, 내 욕망의 대상이 오로지 나만 욕망하기를 바란다는 사실을 입증해주는 증거가 아니라면 대체 무엇일까?

우리는 질투의 분신인 시기를 거론하지 않고는 결코 질투를 논할 수 없다. 질투와 시기는 모두 우리가 대상을 온전히 향유할 수 없는 고통에 사로잡힐 때 느끼는 소유욕을 동반한 강렬한 아픔이다. 그러나 시기가 타인의 쾌락과 번영을 향한 증오로 발전할 수 있는 반면, 질투는 사랑의 삼각관계 안에 자리하는 감정인 탓에 주체와 대상과의 관계 혹은 주체와 그가 지향하는 행복과의 관계는 결코 될 수가 없다. 질투는 빼앗을 수도 없고, 통제할 수도 없는 타자의 주체성이 불안의 근저를 이룬다. 주체적인 타자는 언제든 나에게서 멀어질 위험이 있기 때문이다. 모든 타자의 '확장'은 곧 나에게는 상실과 축소의 근원이며, 다른 대상이 언제든 나를 대신해 '가장 선호받는 자'의 자리를 차지할 수도 있다는 신호다. 시기는 질투 속에 내재한다. 시기는 상대가 소유하고 있지만 우리는 누릴 수 없는 즐거움을 부러워하는 마음이다. 시기는 불가능을 지향한다. 타인이 가진 것, 타인이 이룩한 것, 타인의 존재 자체를 갈망한다. 타인은 가지고 있지만 우리는 가지지 못한 소유물을 타깃으로 한다. 반면 질투는 이미 우리가 지니고 있는 것, 우리가 어느 정도 애착을 가진 대상을 잃게 될 것을 두려워하는 마음에서부터 생겨난다. 그런 의미에서 질투는 시기보다 훨씬 더 복잡하다. 소유가 아닌 존재, 타자의 존재 자체와 관련된 감정이기 때문이다. 종종 우리는 그 무엇으로도 질투를 잠재우지 못한다. 질투가 양면성 속에 빠져들어 모순된 감정 사이를 오락가락하기 때문이다. 질투하는 자의 영혼은 자신이 욕망하는 대상이 타인의 품에 안겨 있는 모습을 상상하며 사랑, 증오, 시기 사이에서 번민한다. 먼저 타자를 소유한 자를 시기하고, 자신에게서 멀어진 사랑의 대상에 증오를 품는다. 그러면서 동시에 타자가 자신이 욕망하는 대상을 욕망한다는 사실을 떠올리는 순간 훨씬 더 강렬한 사랑과 소유욕에 사로잡힌다. 질투는 이처럼 순식간에 냉탕과 온탕 사이를, 가장 강렬한 애착과 갑작스런 거리감 사이를 오락가락한다.

질투jalousie의 유래가 된 단어는 열성zèle이다. 라틴어로는 *젤로스* zelus인 이 단어는 경쟁심, 열의, 열정에 불타는 사람의 이미지를 떠올리게 한다. 열성이란 대상과의 관계 속에 무엇인가 '과도한' 부분, 합리적인 기대 수준 이상의 매우 열렬한 애착을 의미한다. 그리고 어떤 관계의 변질이나 타협도 용인하지 않는 절대적인 관계를 전제한다.

질투는 일종의 충동이다. 말하자면 이성을 초월하는 뜨거운 분노와 고통의 모욕감이 불쑥 수면 위로 올라오는 것이다. 그 순간 나는 불시의 공격으로 마땅히 나의 것이어야 할 무엇인가를 난데없이 탈취당하고 박탈했다는 기분에 사로잡힌다. 분노는 욕망의 발현을 가로막는 모든 걸림돌을 공격한다. 이때 문제의 욕망이 무엇인가 폐쇄적이고 고립된 세계를 창조하려는 절대적이고 독점적이고 융합적인 사랑에 대한 집착에 해당한다면, 사랑하는 상대를 의심하고 수상하게 여길 만한 근거를 찾아내기란 그리 어렵지 않다. 질투하는 자의 분노는 불안을 자양분으로 삼는데, 그 불안이란 사실상 감지하기 힘든 불분명한 위협에 근거한다. 그처럼 질투하는 자의 분노는 지배력의 상실이라는 견디기 힘든 불안감과 맞서 싸우기 위해 상상의 나래를 활짝 펼치고 무수한 동기를 찾아내고, 색출하고, 발견하려 한다.

타자가 내게서 멀어질 수 있다는 작은 징후만 보여도 질투는 금세 우리를 '사로잡는'다. 질투를 하기 위해서는 굳이 배반을 당할 필요조차 없다. 질투란 자고로 상상과 환상과 망상의 나래를 활짝 펼쳐 스스로를 자양분으로 삼아 의심의 싹을 틔우는 특성이 있기 때문이다. 우리가 더 열성적으로 찾아다닐수록 더 많은 단서를 발견할 수 있고, 더 많은 단서를 발견할수록 의심할 이유는 더 많아진다. 질투하는 자의 분노는 근심과 혼란을 동시에 불러일으킨다. 그리고 욕망의 대상이 중심을 벗어나

밖을 욕망하는 것처럼 보이는 순간 어느새 분노는 에로티시즘과 결합한다. 그리하여 더욱 강렬하게 감각을 자극하며 질투하는 자의 욕망을 배가하는 것이다. 마치 강력한 최음제처럼 말이다.

우리를 타자에게로 이끄는 이런 강력한 힘이 항상 욕망의 에너지를 자유롭게 해방시키는 역할만 하는 것은 아니다. 오히려 상대의 비밀을 밝혀내고 말겠다는 한 가지 목표에만 목을 맨 저 불안한 기대 속에 육신을 가두어버리기도 한다. 그리하여 상대가 '딴생각을 하고' 있는 것은 아닌지 끊임없이 확인하도록 부추긴다.

질투가 표현되는 방식은 필사적으로 진실을 찾아 헤매며, 상대를 의심하고, 온갖 시나리오를 만들어내는 데 있다. 우리가 보지 못하는 곳에서 그는 어떻게 하루를 보내고, 무엇을 하고, 무엇을 생각하고, 어떤 일에 몰두하는지 끊임없이 머릿속으로 상상하는 것이다. 질투하는 자는 독점적인 소유욕에 사로잡힌 채 상대에게 혹 자신의 영향력을 벗어난 숨겨진 삶은 없는지 의심하고 모든 사람이 상대를 '훔쳐가려 한다'는 망상에 시달린다. 질투하는 자는 자신이 상대의 삶을 은밀히 관찰할 수 있다는 망상에 젖는다. 그래야만 상대가 자기와의 독점적 관계 밖에서 무엇인가를 욕망했다는 '무수한 증거들'을 찾아낼 수 있기 때문이다. 그러나 역설적이게도 질투하는 자는 자신이 찾는 것이 무엇인지를 정확히 알지 못한다. 그는 애정이 식은 징표를 발견하게 될까 두려워하고, 정작 징표가 없다는 사실을 깨달아도 쉽게 좌절감을 가라앉히지 못한다.

이런 종류의 불안감은 구체적으로 실체를 파악하기가 어려워 보인다. 그럼에도 주체가 타자와 융합적인 관계를 형성하던 생애 초기로 거슬러

올라가보면 조금 더 이해하기가 쉬워질 수 있다. 예를 들어 생애 초기에 아기는 신체적으로나 감정적으로 엄마에게 전적으로 의존하며 엄마와 애착 관계를 형성한다. 자신의 강렬한 욕구를 충족해줄 엄마의 지속적인 보살핌과 애정 없이는 생존할 수 없기 때문이다. 그러나 아이는 점차 엄마와 언제까지고 이런 융합 상태를 유지할 수 없다는 좌절감에 부딪히게 된다. 엄마가 자신에게서 멀어져, 다른 것에 몰두할 수도 있다는 사실을 깨닫는 것이다. 결국 아이는 엄마를 잃을지도 모른다는 두려움에 고통스러운 불안감을 경험한다. 처음에는 엄마가 눈에 보이지 않으면 울음을 터뜨리는 것으로 아이는 불안을 표출한다. 그러나 엄마가 지속적으로 든든하게 자신의 곁을 지켜주며 자신의 욕구를 채워주고 있다는 사실을 점차 깨달으며 엄마와의 분리 불안을 극복해낸다. 또한 제삼자와의 관계도 아이가 애착에 더해 신뢰와 자립성을 배워 분리 불안을 극복하는 데 큰 힘이 되어준다. 그러나 동생이 생기는 순간 아이는 또다시 분리 불안의 위험에 노출된다. 왜냐하면 자신이 정말 무엇인가 잃을 수도 있다는 사실을 이번에는 실질적인 차원에서 체감하게 되기 때문이다. 그러나 실제로 그가 자신이 받던 애정과 사랑을 잃는 것은 아니다. 홀로 누리던 엄마와의 독점적인 관계를 이제는 다른 누군가와 함께 나누게 된 것뿐이다.

질투에 눈이 먼 아이의 상상력은 놀라울 정도로 과격하다. 종종 동생을 쓰레기통에 내다버리고 싶다고 말하는 아이들을 우리는 주변에서 자주 볼 수 있다. 둘은 너무 많다고, 동생과 나, 둘 중에 하나만 존재해야 한다고 아이들은 생각한다. 아이는 세상에 유일한 존재가 되기를 원하고,

자신이 부모의 선택을 받지 못하거나 혹은 더 많이 사랑받는 자식이 되지 못하면, 자신은 아무런 의미가 없는 존재라고 생각한다. 다른 누군가가 사랑을 대신 누릴 수 있다는 생각만으로도 아이는 자아가 약화되고, 버림받았다는, 자신은 무가치하다는 생각에 휩싸이고 만다. 때로는 사랑의 증거를 보여주는 것만으로도 질투는 쉽게 가라앉는다. 그러나 언제나 그 속에는 전능감에 대한 환상이 조용히 웅크리고 있다. 오로지 타자와의 융합 관계에서 자신이 유일한 사랑의 대상이 되어야만, '선택받은 유일자'라는 만족감을 누리며 모든 좌절감을 사전에 막고 사랑하는 대상을 상실할지도 모른다는 불안감을 가라앉힐 수가 있는 것이다.

아이는 세상이 오로지 자기를 위해 돌아가고, 세상의 모든 사람과 사물이 오로지 자신을 기쁘게 해주기 위해 존재한다고 여기는 전능감을 만끽하는 나르시시즘 단계를 보통 4년 정도 거친다. 역설적이게도 아이는 경쟁자의 존재를 통해 점차 안정감을 획득해나간다. 즉 자신과 동일시할 수 있는 경쟁자의 존재를 통해 자신을 향한 어머니의 욕망이 왜 점차 줄어드는 것인지 그 수수께끼에 대해 해답을 얻고 비로소 불안감을 잠재울 수 있게 된다. 상대에 대한 독점적 권리를 잃어버릴 수도 있다는 위협 앞에 아이는 경쟁자, 다시 말해 욕망과 관심을 자극하는 '타자들'을 스스로와 동일시함으로써 마침내 질투의 불 속에서 오롯한 존재감과 삶을 향유하는 기쁨을 되찾는다. 그 순간 질투는 생명 에너지, 혹은 사회적 관계로 변모한다. 질투는 동일한 대상을 향한 경쟁 관계를 연출한다. 만일 다른 사람과의 만남을 통해 그들과 동일시할 수 있는 과정을 거치지 않는다면 어떤 경쟁의식도 생겨날 수 없을 것이다. 따라서 질투의 경험은 아이가 타자의 존재를 받아들임으로써, 스스로를 전능하게 느끼던 상태, 자신과 어머니에 대해 갖고 있던 이상화된 이미지를 벗어던질 수 있게 해준다. 이런 '애도'의 과정이 성공적으로 이뤄질 때 비로소 아이는 자신이 지닌 힘의 한계를 깨닫고, 타인의 권한과 권리를 존중하는 좀 더 성숙한 성인으로 자라날 수 있는 것이다.

질투가 언제나 애정이 식었음을 보여주는 증거에서 비롯되는 감정적 반응은 아니다. 때로는 신뢰, 자존감, 혹은 생명력의 상실에서 비롯되기도 한다. 이를테면 질투하는 자는 어느 날 문득 자신의 자리가 사라진, 자신을 소외시킨 세계와 대면한다. 그리고 소외감에 휩싸인 채 자신을 소외시킨 세계를 대신해 새로운 세계를 창조한다. 바로 질투의 세계다. 상대를 곧 잃게 될 것이라고 지레짐작하고, 자신이 느끼는 공허함과 결핍을 설명해줄 알리바이나 이유들을 열심히 찾아다닌다. 질투하는 자는 스스로 소외감을 만끽하며 배신의 기분에 한껏 취한 채 자신이 느끼는 사랑의 결핍감, 고독에 대한 불안감이 어디서 기인하는지 열심히 원인을 찾아낸다. 그리고 결국엔 상대를 향해 정당하게 분노를 휘두를 수 있게 되는 것이다.

질투가 제대로 해소되지 못하면 타인의 상황이나 감정을 전혀 배려하지 못하는 개인의 특별한 성격으로 고착되기도 한다. 타인이 조금이라도 부당하게 자신을 공격한다고 느끼면 어김없이 자신에게 돌이킬 수 없는 불행을 안겼다며 분노를 터뜨리고 복수를 다짐하는 것이다. 물론 타자를 소유하는 능력을 회복하는 순간 얼핏 분노도 진정되는 듯 보인다. 그러나 즐거움이란 자고로 온갖 저속한 행위까지 불러오는 각종 불만과 비난의 표출을 통해서만 되찾을 수 있다. 관대한 마음으로 서로의 관계를 돈독히 하거나, 자신의 '세계'를 조금 더 공정하고 다정하게 만든다고 해서 즐거움을 되찾을 수 있는 건 아니다.

질투는 병일까? 처음에 질투는 융합적인 애정 관계에서 표출되는 흔한 감정의 형태를 띠지만, 질투가 개인의 성격으로 굳어지는 순간 질투는 극도의 흥분 상태로 치달으며 거의 광기나 증오에 가까운 모습으로 변하기도 한다. 아마도 그런 면에서는 질투를 병이라고 할 수 있을 것이다. 질투는 우리를 번민 속으로 몰아넣어 우리가 타자에게, 타자의 행동 하나 하나에 지나치게 종속되도록 만들고, 그 행동들이 불러일으키는 불신 때문에 상대와 멀어지거나 헤어지게 만든다. 이런 맹렬한 고통 속에서 질투는 끝내 파괴적 행위, 혹은 치정 범죄로까지 치닫는다.

질투는 우리를 낭떠러지 끝으로 몰고 간다. 질투는 상대가 사라져버린, 상대가 버리고 떠난 텅 빈 허공과 마주한다. 상대가 사라지고 남은 메마른 빈 공간에서 욕망은 전능감을 향한 꿈과 환상에 깊이 빠져든다.

마르셀 프루스트는 《갇힌 여인》에서 병적인 질투에 대해 애절한 필치로 이야기한다. 그가 그리는 질투는 불안감에서 비롯된 병적 질투지, 그전에 존재했을 사랑의 감정에서 비롯된 질투는 아니다. 화자는 처음에는 별로 마음에도 없던 알베르틴이라는 여자에게 갑자기 불같은 연정을 느낀다. 어느 날 저녁 귀갓길에 문득 그가 눈에 띄지 않자, 문득 그 사실 하나만으로 화자는 그가 사라진 이유를 몹시 궁금해하고 동시에 조금씩 걱정하기 시작한다. 이런 불안감으로부터 별안간 어떤 욕망, 알베르틴이 자기 곁에 존재하기를 바라는 욕망이 일어난다. 그를 곁에 두면 이 깊은 고뇌로부터 벗어날 수 있을 테니까. 그의 부재는 점점 강박으로 변하고, 화자는 일어날 수 있는 모든 가능한 시나리오를 머릿속에 그려본다. 그러다 이내 자신에 대한 회의에 사로잡히고, 자신의 눈에 비친 타인들은 모두 잠재적인 욕망의 대상인 반면, 자신은 누군가의 욕망을 일으킬 만한 대상이 아니라는 생각에까지 이르게 된다. 화자에게 알베르틴은 언제나 필요할 때면 흔쾌히 달려와 주던 여자였다. 그러나 그의 관심은 다른 곳으로 떠나버렸다. 이제 그는 손아귀에 붙들 수 없는 존재가 되어버렸다. 늘 자신에게 마음을 환히 열어놓던 여인의 부재, 그를 향한 영향력의 상실은 결국 전능함에 대한 환상마저 회의로 바꿔놓는다. 이로써 화자는 자기애의 상처와 우울, 권태 속에 내던져지고, 끔찍한 고통이 모습을 드러낸다. 여기서 우리가 살펴볼 수 있는 것은 사랑에 관한 이야기가 아니다. 오히려 차마 헤아릴 수 없는 애정의 결핍을 보완하기 위해 타자의 욕망을 통제하려는 시도에 관한 이야기다. 결국 질투에 사로잡힌 화자는 상대를 증오하며 점점 고통 속으로 빠져든다. 그는 먼저 상대에 대한, 그리고 약탈자 내지는 경쟁자로 생각되는 자에 대한 깊은 증오심에 사로잡힌다. 그러나 동시에 내면 깊은 곳 자신의 자아가 상처를 입은 듯한 기분에도 빠져든다. 화자는 자신을 불행에 빠뜨린 사람, 경쟁자, 연인에게도 적대감을 느끼지만 결국엔 자신도 문제가 있다고, 자기 역시 사랑을 잃은 데 대해 일정 부분 책임이 있다고 느끼게 된다. 자신이 우스꽝스럽다는 기분에 나약해진 그는 전보다 상대를 잃을 수 있다는 더 큰 두려움을 느끼고, 다시금 벗어날 수 없는 죄책감과 질투의 포로가 된다.

그
마음의
정체

자기와 타인의 상실로 특징지어지는 병적인 질투는 더 이상 언약이 지켜지지 않는 세상 속에 널리 비현실감을 퍼뜨린다. 물론 모든 질투 행위가 문자 그대로인 살인으로 이어지는 것은 아니다. 그러나 살아남기 위해서, 자신을 더욱 소외시킴으로써 소외를 극복하기 위해, 잃어버린 것을 끌어모아 경배의 대상으로 삼기 위해 자아와 사랑의 대상을 파괴한다는 점에서 그것은 분명 살인에 해당한다. 질투란 기분 좋은 사랑과는 거리가 멀다. 질투는 종종 자신을 잡아먹고 사랑하는 사람을 파멸시키는, 자신을 자양분 삼아 자라나는 훨씬 더 우울하고 탐욕스러운 정념에 해당한다.

질투는 사랑에 내재한 감정일까? 만일 우리가 누군가를 소유하기를 원한다면, 그의 모든 비밀과 미스터리, 심지어 과거의 흔적까지 모조리 지워버리기를 원한다면 결코 우리는 그 사람을 사랑한다고 말할 수는 없을 것이다. 자고로 사랑이란 상대에 대한 신뢰와 관대함에 기초하는 것이 아니던가? 상대가 지닌 있는 그대로의 모습에, 상대를 유일무이한 존재, 특별한 존재로 만들어주는 무엇인가를 바탕으로 하는 것이 아니던가? 그러나 어쨌든 사랑이 언제나 우리를 질투라는 강렬한 불안감에 속수무책인 존재로 만들어버리는 것만은 사실이다. 그래서 우리는 행여 길을 잃게 되는 것은 아닌지, 상대가 떠나버리는 것은 아닌지, 상대가 나를 예전처럼 열렬히 사랑하지 않는 것은 아닌지 끊임없이 전전긍긍한다. 그런 의미에서 질투란 본질적으로 나약함을 타고난 사랑의 욕망이 지닌 비대칭적이고 변동적인 성격에 대해 인간이 보이는 아주 정상적인 반응이라고 할 수 있다. 그러나 상대를 자기 속에만, 자신의 절망 속에만 자꾸 가두려고 할 때, 질투는 진짜로 병이 될 수 있다.

*
**

폴로랑 아쑨Paul-Laurent Assoun, 《질투에 관한 정신분석학 수업Leçons psychanalytiques sur la jalousie》, 앙트로포, 2011.

니콜라 그리말디Nicolas Grimaldi, 《질투에 관한 에세이. 프루스트의 지옥Essai sur la Jalousie. L'enfer proustien》, 퓌프, 2010.

클로드 라방Claude Rabant, 《질투Jalousie》, 갈리마르, 2015.

장피에르 뒤퓌Jean-Pierre Dupuy, 《질투. 욕망의 기하학La Jalousie. Une géométrie du désir》, 쇠이유, 2016.

~
거만

거만한 자들이 어떻게 타인을 대하는지

주의해서 본 적 있는가? 그들이 얼마나 건방지게

그대의 말을 듣고 그들이 얼마나 건방지게

이죽거리는 웃음을 짓거나 모욕적인 언사를 내뱉으며

그대에게 대답하는지 주목해본 적이 있는가?

사람들은 그들의 파렴치하고 상스러운 태도에

얼굴을 붉히지만, 정작 본인은 얼굴을 붉히는 법이 없다. 그런데도

우리가 대개 그들의 태도에 그렇게까지 크게 분개하지 않는 까닭은

적어도 그들을 불쌍히 여기는 마음 때문이다.

장 자크 루소,

《올바른 정신의 사고》(1826).

현대어로 '거만한 자arrogant'에 해당하는 말은 고대 로마에서 입양을
*요청하는 자*arrogeant를 **의미했다. 로마법은 모두 두 가지 종류의 입양**

제도를 인정하며, 일정한 가문familia에 속한 한 사람이나 혹은 그의 권속 전부가 다른 가문에 입양되어 그 가문 구성원과 동등한 권리를 누릴 수 있도록 했다.

먼저 그 하나가 노동력 양도의 의미를 지녔을 것으로 추정되는 *아돕티오adpotio*다. 이 제도는 주로 사법관의 입회, 더러는 총독의 입회하에 복잡한 의례를 거쳐 진행되었다. 절차상 양자 입양을 위해서는 그를 본래 부권에서 풀어주는 것이 먼저였다. 가부장은 모두 세 번에 걸쳐 부권을 팔 수 있었는데, 일단 부권을 팔고 나면 자신이 지닌 권한이 모두 새로운 가부장에게로 넘어갔다.

다음은 *아드로가티오adrogatio*라고 불리는 입양 제도다. 이 제도는 공적 임무를 위임받은 자가 아닌 일반 민중이 관할했는데, 자손이 없는 가문에 '인위적으로' 상속자를 만들어주는 것이 목적이었다. 말하자면 *아드로가티오* 제도를 통해 가부장은 자유롭게 자신의 부권을 다른 가부장에게 양도하고 자신도 그 가문의 자식이 되었다. 이런 절차는 최고 제사장이 주재하는 쿠리아회에서 진행되었다. 입양을 요청한 자와 요청받은 자로부터 각각 입양 이유를 들어본 뒤 최고 제사장은 입양 찬반 여부를 투표하게 될 일반인들에게 입양 요청 내용을 검토하게 했다. 그러나 훗날 *아드로가티오*는 오로지 황제령에 의해서만 가능한 것으로 바뀌게 된다.

아마도 입양 권리를 요청한 자들은 언제 어느 곳에나 존재했을 것이다. 우리는 *아드로가티오* 제도가 얼마나 많은 폐해를 낳았을지, 권리를 요청한 자가 때로는 자신의 지위나 위상, 지원 혹은 '후원'을 악용해 법관

그
마음의
정체

의 판결이나 민중의 판결을 얼마나 자기 뜻대로 '강요'했을지 충분히 짐작하고도 남는다. 그런 의미에서 로마의 역사와 이 단어의 유래를 근거로 우리는 분명 거만이라는 단어가 처음에는 요청·권리·획득할 권한을 뜻하다가, 여기서 의미가 파생하여 법·규칙·관습을 무시하고 무엇인가를 획득할 권한을 의미하게 되었을 것이라고도 충분히 추정해볼 수 있다. 그리고 위세, 부, 카리스마 혹은 그 인물이 뿜어내는 공포 등 외적 요인이 합법적으로 얻을 수 없는 어떤 권리를 '부당하게 취득'하게 해줄 때 거만이란 말이 쓰이지 않았을까 짐작해볼 수 있다. 이 경우 거만이란 더 이상 어떤 부탁이나 요청이 아니고, 또한 허가를 받기 위해 제출하는 법률안이나 공공의 기도문과 같이 어떤 법률적, 종교적 성격을 지니는 초안문도 아니었다. 그것은 말하자면 독점, 부당한 착복, 갈취, 심지어 거의 약탈에 해당했다. 응당 받아야 할 것을 달라고 요구하는 것이 아니라, 다른 사람들보다 먼저 달라고, 법률에 따라 아무에게도 허락되지 않은 것을 오로지 자기에게만 달라고 요구하는 것이니 말이다.

이런 시각에서 '거만'이란 정확히 정의에 반대되는 개념처럼 보인다. 여기서 정의가 규범의 준수, 평등, 부·의무·권리의 공정한 분배, 내면의 덕, 이성적으로나 혹은 법률적으로 각자가 받아야 할 것을 존중해주는 것 등 그 무엇을 의미하든지 말이다. 또한 거만은 모든 악덕 중 최악의 악덕으로 간주될 수도 있을 것이다. 왜냐하면 무엇보다 먼저 특혜를 명분으로 수직적으로는 기존에 합법적으로 확립된 관할 기관의 명령이나 위계질서에 혼란을 주고, 수평적으로도 각자가 서로의 존재, 그리고 자신의 일, 업무, 사회 참여도, 능력 등에 따라 마땅히 누려야 할 것을 서로 존중해주는 태도에 근거한 타자와의 관계도 무너뜨리기 때문이다.

그리스인들은 이러한 혼란이 이른바 *휘브리스* 때문이라고 여겼다. 세계의 신성한 구조와 조화를 파괴하는 프로메테우스의 '오만한' 힘 말이다. 프로메테우스의 오만한 힘은 단순히 인간에게 신과 멀어지거나, 신의 규범을 따르지 않을 용기만 준 것이 아니다. 신에게 정면으로 도전하고, 신을 굴복시키고, 신의 자리를 차지하고, 신의 권능을 탈취하려는 대담함까지 부여했다. 사실 *휘브리스*란 단어를 현대어로 정확히 옮기기란 매우 어려운 일이다. 고대 그리스 사상에서, 특히 소크라테스 등장 이전의 시대에 이 단어는 모든 규범과 규칙을 위반하는 것을, 인간이 다른 사람들이나 신과의 관계 속에서 혹은 단순히 만물의 질서 속에서 어쩔 수 없이 맞닥뜨릴 수밖에 없는 한계들을 뛰어넘는 것을 의미했다. 여기서 우리는 *휘브리스*에 가까운 것들 ―과잉, 무례, 독직, 무절제, 방탕, 오만불손 등― 이 어떤 지나치고 과대한 '요구'를 잘 보여준다고 말할 수 있을 것이다. 이를테면 단순한 '요구'가 괴물처럼 부풀어 올라 마치 자기 자신을 위한 논고, 혹은 자기 자신만을 옹호하는 당돌한 추정으로 변해버리는 것이다. 물론 *휘브리스*가 항상 제재나 처벌의 대상이 되는 것은 아니다. 고대 그리스의 신화나 문학에서 살펴볼 수 있는 것처럼 말이다. 때로는 우리가 정도를 넘어, 신이나 인간이 정한 기존의 질서를 깨부술 필요가 있을 때도 분명 존재한다. 그래야만 무질서로부터 새로운 세상으로, 이전 세상에서는 불공정했던 것들을 벗어나, 자유를 억압하고 불평등을 지속시킨 것들에서 벗어나 새로운 세상을 열어갈 수 있을 것이다. 그러나 거만한 자가 보여주는 *휘브리스*는 무엇이든 기존의 상태보다 더 나은 상태가 출현하는 것을 전혀 반기지 않는다. 그것은 오로지 단 하나의 목표만을 겨냥한다. 바로 자신의 제국을 둘러싼 성벽을 쉴 새 없이 더욱 튼튼히 쌓아, 이미 자신의 자아가 안락하게 차지하고 있는 왕의 자리를 어떻게든 계속 유지하는 것이다. 에마뉘엘 레비나스의 "당신이 먼저예요"라는 정식은 타인을 더 탁월한 존재로 바라보며 우선시한다는 점에서 도덕을 향해 활짝 열려있다면, "잔말 말고 무조건 나 먼저!"라는 정식은 스스로 자신이 우수한 존재라고 요란하게 주장하는 것을 중시한다는 점에서 모든 윤리적 가능성의 문을 철저히 닫아버린다. 또한 그것은 고독으로 향하는 길이기도 하다. 우리가 모든 사람을 위에서 내려다보기만 한다면, 그것이 비록 훗날일지라도 결국 우리 주변에는 아무도 남지 않을 테니까 말이다.

물론 거만한 사람도 분명 충분히 어떤 자질이나 재능을 지니고 있을 수 있다. 그러나 거만한 자는 아무리 좋은 자질과 재능조차 결국엔 망가뜨리거나 혹은 강한 산성 물질로 부식시켜버린다. 아무도 거만한 사람을 일컬어, 겸손하다거나 겸허하다거나 절도 있다거나 온화하다거나 검소하다거나 예의 바르고 표현할 마음은 들지 않는다. 거만한 사람은 설령 관대한 면을 지니고 있을지라도, 그의 관대함은 순식간에 과시로 흐르기 십상이다. 또한 선행을 베풀지라도 남들에게는 비견되지 않는 훌륭한 선행을 했다며 너무나도 요란하게 자랑하는 탓에 선행의 의미가 쉽게 퇴색된다. 용기 있는 행동도 스스로를 너무 영웅시하거나 초인으로 자처하는 탓에 그 의미가 무색해진다.

왜냐하면 거만한 자는 그 무엇을 할 때도 절대 '납작 엎드려' 하는 법이 없기 때문이다. 콧대가 하늘을 찌르는 거만한 자는 언제든 자기 자신만을 생각하고 무슨 행동이든 고고한 자세로 '높은 곳에서' 아래를 내려다보듯이 한다. 그리하여 그 높은 곳에서 내려다보이는 것이라고는 오로지 황량한 지평선 ─왜냐하면 타인에게서 비롯된 모든 것들이 멸시되고, 경시되고, 무시되기 때문이다─ 뿐이다. 그곳에서는 그 어떤 비교지점도 존재하지 않는다. 또한 거만한 자가 하는 것은 무엇이든 절대적인 것이며, 그에게는 언제나 '우월함'의 계수가 적용된다. 그리하여 그는 '최고의' 권위를 누리고, 모든 권리에 대해 사전 승인을 받을 필요성조차 전혀 느끼지 않는다. 그러한 면모는 아주 사소한 일에서부터 찾아볼 수 있다. 거만한 자는 항상 줄을 서지도 않고 맨 앞을 차지해버리고, 콘서트장, 경기장, 주차장 그 어디를 가더라도 항상 당연하다는 듯 예약석에 앉아버린다. 거만한 자는 자신이 탈취한 권위에 기대어 단 한 순간도 가장 좋은 자리, 가장 훌륭한 서비스, 맨 첫 줄이 '당연히' 자신의 몫이라는 사실에 대해 조금의 의심도 하지 않는다. 실제로 그는 그런 특별한 대접을 받을 만한 일을 한 것이 전혀 없다. 다만 그런 특별함을 자처하며 무슨 일이든 다 할 수 있는 권리를 얻은 것에 불과하다. 그는 이 세계 내에 유일무이한 존재다. 조금 더 정확히 말하면 그에게 '세계'란 그저 자신이 누리는 서비스들의 집합에 지나지 않는다. 마찬가지로 그에게 '사회'는 각자 개성을 가진 사람들의 집합체가 아니라, 이름도 존엄도 없는 오로지 자신의 과시욕을 충족해주기 위해서만 존재하는 사람들, 혹은 언제든 자신의 자존감을 높이기 위해 깔아뭉갤 만만한 대상으로 존재하는 사람들의 집합체에 불과할 뿐이다.

그러나 거만은 허영과는 다르다. 허영심이 강한 사람은 타인의 마음에 들거나, 타인의 관심을 끌거나, 타인에게 놀라움이나 경탄의 반응을 끌어내기 위해 자신이 지닌 덕성과 능력을 가장하고 부풀린다면, 거만한 자는 타인을 경멸하거나 심한 경우 무시하고 완전히 없는 사람 취급을 하기 때문에 타인의 의견이나 동의 따위는 별로 중요하게 생각하지 않는다. 거만은 자긍심과도 다르다. 자긍심이 강한 사람이 가슴을 쭉 내미는 것은 자신이 조금이라도 해낸 일, 자신이 극복해낸 시련, 자신이 실현해낸 과업을 목에 걸린 훈장처럼 과시하며 사람들에게 박수갈채를 받기 위함이다. 반면 거만한 자는 그 누구 앞에서도 가식적인 '포즈'는 취하지 않는다. 그는 무엇이든 자기 뜻대로 강요하고 타인을 짓눌러 더욱 작고, 무의미하고, 하찮은 존재로 만들기를 원할 뿐이다. 거만한 자는 전혀 사악하지 않다. 그는 특별히 누군가가 불행해지기를 원하지 않는다. 그러나 그의 오만불손함은 심술보다도 악랄하다. 모든 이들을 투명 인간으로 만들어, 그저 자신이 짓밟기 위해 존재하는 것으로만 취급하길 바라기 때문이다. 그 누구도 '주체'나 의식을 지닌 존재, 말을 하고, 이성적으로 판단하고, 의견을 개진하고, 각자의 성향이나 지식, 노하우를 지닌, 어떤 장소나 사회적 위계조직 속에 나름대로의 자리를 차지하고 있는 개인이라고는 전혀 생각하지 않는다. 거만한 자는 모든 관계의 문을 걸어 잠그고, 서로 경청하거나 교류하려는 마음을 마비시켜버리며, 모든 감수성과 모든 지성을 제거해버린다.

거만한 자는 '압도적인 권능을 지닌 자', 다시 말해 *프라에포텐티아* **praepotentia**다. 강대한 권력 속에서만 사는 자, 자신의 권력이 지닌 모든 한계를 뛰어넘어 권력을 행사하기를 바라는 자다. 바로 그러한 이유에서 거만한 자는 허풍쟁이가 되어 타인의 조롱을 받는 경우가 아니라면, 모든 이들에게 증오보다는 짜증, 분노, 분개, '질시', 혹은 두 번 다시 그에게 일어난 일들을 지켜보는 '증인'은 되고 싶지는 않다는 —그를 멀리 쫓아내기 위한 새로운 방법이다— 간절한 욕망을 불러일으키는 존재가 되어버린다. 무례한 권력은 한 개인만이 아니라, 무조건 특권층이 되어야 한다는 생각에 매몰된 특정한 계층·계급·부류·집단의 힘으로 작용할 때 훨씬 더 유해한 힘이 된다. 대개는 금권이나 정치권력처럼 매우 강고한 권력 —주로 전통, 힘, 투표 등에 의해 획득된다— 과 결탁하는데, 그 권력이 얼마나 강력한지 어떤 합의 절차를 거치지도 않고 모든 사람, 모든 것을 무시한 채 마구잡이로 힘을 휘두른다. 그리고 민중은 어리석은 대중, 즉 어떤 정체성도, 목소리도, 의식도, 이성도 없는 모호한 개인들의 집합체, 교육도 불가능하고, 오로지 허리를 굽히고 굴종하기 위해서만, 무엇을 요구하는 것이 아니라 구걸하기 위해서만, 불만을 표출하는 것이 아니라 고통을 감내하기 위해서만, 자신이 처한 상황을 불가피한 숙명으로 받아들이기 위해서만 태어난 존재로 간주한다.

그럼에도 거만은 권력을 더욱 공고하게 만들기는커녕, 권력을 흉내 내거나 혹은 권력을 전능함의 환상으로 바꾸어버리기 바쁘다. 권력자들로 구성된 고고한 계층은 스스로를 신성한 존재로 자처하며, 자신들의 규범과 행동과 수탈 행위에 신성의 '아우라'를 둘러씌운다. 사실상 광신주의, 다시 말해 마음으로부터 우러나오는 이성과 정신으로부터 흘러나오는 목소리를 철저히 억압하는 행위, 거의 교리의 반열에 오른 진리를 자처한 사이비 진리들을 무력으로 보호하려는 태도도 사실은 바로 거기에서 탄생하는 것이다. 그리하여 거만한 자들은 다른 이들에게서 앗아낸 '인간성'으로 더욱 자신을 근사하게 포장하고, 정작 다른 이들은 인간이하의 존재, 야만인, 미개인, 믿기 힘든 불충한 자들, 배신자, 노예, 벌레로 취급해버리는 것이다.

그러나 때로는 그런 위험한 허풍선이들의 모임이 너무나도 썩고 문드러진 나머지, 자신의 무게를 더는 이기지 못하고 폭삭 주저앉기도 한다. 왜냐하면 거만이란 권력의 소유와 관련이 있기 때문에, 한 줌의 권력만으로도 거만함이 최악질의 절정에 달하여 모든 권력의 피라미드를 완전히 무너뜨려버릴 수도 있기 때문이다. 독재자는 자신의 가장 헌신적인 광신도들을 오만하게 대하고, 다시 그들은 자신의 제후들을 학대하며, 제후들은 자신의 대신들을 모욕하고, 대신들은 주를 다스리는 총독들을 깔보고, 주를 다스리는 총독들은 다시 지방 총독들을 우습게 여기며, 지방 총독들은 자신의 보좌관에게 기고만장하게 굴고, 그러다 결국 가장 말단의 관리마저 자신의 보좌관에게 눈길조차 주지 않는 식으로 피라미드 전체가 줄줄이 오만함의 악덕에 물드는 것이다. 이런 식으로 체제에 균열이 생기고 그 틈으로 지식과 노하우, 협력과 신뢰, 연대 의식과 책임감 등이 새어나가는 순간, 결국 그 조직은 타인을 짓누르고 깨부수는 중장비 같은 존재, 굴욕을 자동 생산하는 자동 공장 같은 존재가 되어버린다.

어떤 이들의 거만함은 때로는 웃음을 자아내기도 하지만 대개는 짜증을 불러일으킨다. 하루아침에 무형의 권력을 얻거나, 많은 이들의 정신에 깊이 각인된 사람, 세상이라는 연극에 하나의 이미지·멜로디·빛깔·제스처를 첨가하는 데 그쳤으면서 그것에 대단히 만족하거나 심한 경우 자궁심까지 느끼는 그런 사람들 말이다. 골을 몇 점 득점했다고, 멋진 노래들을 불렀다고, '리얼리티 쇼'에 참가했다고, 동영상을 찍었다고, 영화 몇 편에 출연했다고 하루아침에 스타덤에 오른 벼락 스타나 연기자, MC, DJ, 가수 등은 갑자기 중증의 '스타 병'에 걸려, 별안간 도도하게 굴거나 스스로 모든 시민이 지켜야 할 법이나 규범과 규칙을 초월한 존재마냥 행동하곤 한다. 수천 명의 '친구'나 팔로워를 거느렸다고, 잡지 1면을 장식했다고, 혹은 스타와 춤 한 번 같이 췄다고 어떤 이들은 느닷없이 자신이 굉장히 대단한 연설가나 '오피니언 메이커'가 된 것처럼 굴거나, 또는 횡단보도 위에 페라리를 떡하니 주차하거나, 규정 속도를 지키는 것이 자신에게는 가당치 않은 일이라고 여기기도 한다. 그런가 하면 누군가 초특급 호텔 스위트룸을 예약해줘도 너무 쪼잔하다며 호텔 지배인에게 욕설을 퍼붓거나 화분을 깨부수는 난동을 피우기도 한다. 또 어떤 이는 '당신 내가 누군지 알고 그러는 거야?'라며 경찰의 검문 요청에 불응하기도 하고, 클럽에 가장 먼저 들어가겠다며 길게 줄을 선 사람들을 세차게 떠밀고 나아가기도 한다. 이런 것이 바로 허세에 절은 거만함, 이른바 15분짜리 유명세가 가져다주는 오만불손함에 해당한다. 벼락 인기를 얻은 누군가는 자신의 취향이 무슨 일국의 법률이라도 되는 것처럼 사람들에게 강요하기도 하고, 유행에 민감하지 못한 사람들을 비웃거나, 문법을 마음대로 파괴하거나, 대필 작가가 쓴 책으로 '작가' 행세를 하거나, 어린아이가 사인을 해달라며 내미는 수첩을 팔뚝으로 매몰차게 밀쳐버리기도 한다.

우스꽝스럽기 그지없는 이런 허세에 찬 행동이 오늘날 거만함을 더욱 살찌우며, 마치 뿌연 유독 가스처럼 사회 전체를 뒤덮고 있다. 인스턴트 소통, 속도전, 내실 없는 과시, 나르시스적인 자아의 전시 등이 여기 저기 만연한 끝에 콘텐츠(정치, 미학, 종교, 사회학, 철학 등과 관련한 콘텐츠)의 진실성 따위는 이제 뒷전이 된 지 오래다. 그 결과 진실성 있는 담론보다는 정확성은 안중에도 없이 좀 더 요란스럽게 관심을 불러 모을 만한 담론만이 판을 치는 세상이다. 어쩌면 조금 더 점잖은 모습을 보여줄 수도 있었을 격식이 갖춰진 '무대'에서 뛰쳐나와 이제는 너무나도 외설적으로만 변해버린 강렬하고, 폭력적이고, 과격한 담론들이 사회 전체로 퍼져나가 법 위의 법으로 군림하는 지경에 이르렀다. 마치 거만한 자들의 큰 목소리가 최고라는 듯이 말이다.

세상의 모든 거만은, 그것이 권력의 *휘브리스*든 벼락 인기에 취한 허세든 성격 장애 문제든, 각기 거만함의 정도는 다를지라도 언제나 한 가지 공통된 특징을 가지기 마련이다. 바로 전지전능한 능력을 지녔다는 망상에 빠져 현실이나 타인을 제대로 대면하지 못하는 것이다. 거만한 자는 자기중심적으로만 사고하며 스스로 진리의 지배자가 된 듯한 착각에 —그로 인해 참과 거짓을 판별하는 기준을 찾기 위한 힘겹고도 끈질긴 노력은 그만 둔다— 쉽게 빠져든다. 혹은 자신을 모든 사회관계가 수렴되는 중추라고 생각한다. 이러한 태도는 모든 사회적 삶, 즉 개인들이 협력을 위해 밟아야 하는 모든 '거래', 모든 교류를 사라지게 할 뿐만 아니라 불안정한 방식으로 개인의 지위를 결정짓는다. 두 경우 모두 거만은 '전체주의' 혹은 유일자의 지배로 귀결된다. 다시 말해 단 하나의 유일한 진리가 세상을 지배하게 되는 것이다. 그리하여 저 유일한 진리가, 우리의 삶을 지배하고 모든 가치관의 생산을 독점하는 유일무이한 주제가 되어, 진리를 거부하는 자들, 미망에 빠졌다고 여겨지는 자들을 모조리 제거할 권리를 저들의 손에 쥐어주고, 결국엔 다른 모든 이들은 최악의 경우 노예, 최상의 경우 그림자 신세로 전락하도록 만들 것이다.

~
잔혹함

고대인은 인간적 차원으로 다소 완화시킨

잔인한 구경거리를 통해 죽은 자를 기리는 것이

그들의 의무라고 생각했다. 옛날 사람들은 인간의 피가

죽은 자의 원혼을 잠재운다고 굳게 믿었기에 장례식 때

전쟁 중에 잡은 포로나 혹은 번제에 쓸 목적으로 사들인 노예를

제물로 바치곤 했다. 훗날 그들은 이런 불경한 행위를

쾌락의 베일로 감출 필요성을 느꼈다. 그래서

이 가련한 희생자들에게 무기를 다루는 법을 가르쳐준 후에

(더 정확히 말하면 자결하는 법을 가르쳐준 후에!)

죽은 영혼들에게 제물을 바치는 날이 되면

고인의 무덤가에서 그들의 목숨을 제물로 바쳤다.

살인을 통해 죽음을 달랜 것이다.

테르툴리아누스,

《테르툴리아누스 작품집》, 〈구경거리들에 관하여〉, t. 2,

루이 비베스, 1852 ; 밀에윈뉘, 2015 재출간.

그
마음의
정체

안타깝게도 니체의 말이 옳았음을 우리는 종종 확인한다. "고통을 지켜보는 데서 인간은 즐거움을 느낀다." 누구라도 쉽게 시인하기 힘든 말이다. 그러나 만일 사디즘이나 야수성bestialité, 심술, 비열함(혹은 그런 것들을 지켜보는 것)과 미묘하게 관련된 쾌락이 존재하지 않는다면—보들레르도 이렇게 썼다. "잔혹과 관능은 동일한 감각이다. 극한의 뜨거움과 극한의 차가움이 그러하듯이."(《벌거벗은 내 마음》, XII, 21)— 세상에는 아마도 오로지 선의나 선행만 존재할 것이다. 그나마 다행이라면 인간이 악행을 저지르거나, 타인이나 자신에게 고통을 가하거나, 혹은 누군가가 고통받는 모습을 지켜보는 데서 즐거움을 느끼는 것은 거의 언제나 고통을 목적이 아닌 수단으로 삼을 때뿐이다. 사실 인간이 선한 목적의 대의를 위해 범한 온갖 잔혹한 행위를 묘사한 책들을 한곳에 다 모은다면 아마도 알렉산드리아 도서관의 책장을 전부 채우고도 남을 것이다.

그러나 잔혹한 자는 인간을 인간이게 하는 무엇인가가 결여된 자다. 잔혹한 자는 '없다'. 따뜻한 심장이 없고, 자비심이 없고, 동정심이 없고, 경애심이 없다. 그러나 잔혹함을 오로지 '자연적 본성'하고만 연관된 문제로 간주해버린다면, 문화 속에 존재하거나 존속하는 잔혹함에 대해서는, 잔혹함의 보편성에 대해서는 어떻게 설명할 수 있을까?

가장 끔찍한 육체의 고문에서부터 단순한 욕설과 조롱에 이르기까지, 잔혹함의 정도는 각기 다양하다. 그러나 모든 종류의 잔혹함은 전부 똑같이 타인의 신체나 정신의 외피를 찢어내 상대를 훼손하고, 상대에게 상처나 모욕을 주는 것을 목표로 삼는다. 일상어 속에서 우리는 '잔혹함'을 하나의 단정적인 개념으로 사용하는 경우가 매우 드물다. 모든 종류의 악행 중에서도 잔혹함은 가장 분석이 어려운 대상에 속하기 때문이다. 잔혹함이란 어떤 목적성도 없고, 그 속에는 '악행에는 악행으로'라는 어떤 초자연적인 도취감과 신비롭고도 미묘한 쾌락이 한데 뒤섞여 있다.

영화를 보면서 우리는 등장 인물이 단순히 상대에게 활을 쏘는 것을 보고 잔혹하다고 말하지 않는다. 그가 말에서 내려 상대의 몸에 박힌 화살을 더 깊이 쑤셔 박고, 죽어가는 사람의 얼굴을 돌로 내려찍은 뒤, 뙤약볕 아래 버리고 갈 때 비로소 잔혹하다고 말한다. 왜냐하면 잔혹함이란 악행이 단순한 간교함을 '넘어', 더욱 도취되고, 더욱 거대해져서 오프 리미츠off limits, 즉 넘지 말아야 할 선을 넘는 것을 의미하기 때문이다. 차가운 잔혹함은 영혼이 피를 흘리게 한다면, 뜨거운 잔혹함은 진정으로 유혈을 낭자하게 한다. 그것은 단지 피, 육신을 순환하는 생명의 체액으로서 상귀스sanguis, 혈액가 아니라, 크루오르cruor, 유혈, 다시 말해 난자당하고, 고문당하고, 학대당한 육신의 살덩어리로부터 튀기는 피를 의미한다.

크루오르의 어원을 살펴보면 우리는 생살, 낭자한 피라는 의미와 다시 만나게 된다. 말하자면 잔혹한 행위란 상당히 구체적인 의미를 내포한다고 볼 수 있다. 이를테면 살이 더는 하나로 죽 연결된 외피의 보호를 받지 못하고, 열리고 찢기고 잘려나가는 것을 의미한다. 잔혹함은 타자의 경계를 무시하고, 존재의 안과 밖을 서로 통하게 하는 일종의 불법침입을 통해 타자의 육신을 괴롭히려는 의지를 특징으로 한다. 피부 위를 흐르는 피는 존재의 생명력을 나타내는 동시에, 외적으로는 죽음의 이미지로 받아들여진다. 따라서 잔혹함 속에는 타자를 조각내고, 타자를 보호하는 모든 보호막을 떼어내어, 타자의 내적인 생명 기능을 해치고 싶다는 생각이 담겨 있는 셈이다. 한편 정신적인 잔혹함 속에도 이처럼 타자를 가장 깊은 감정의 차원까지 상처를 입혀, 혼란에 빠뜨리고 갈기갈기 조각내고 싶은 마음이 담겨 있다. 말하자면 단순히 자신을 보호하기 위해 상대를 무력화하려는 것이 아니라, 거기서 더 나아가 상대를 굴복시키고, 훼손하고, 폭력의 격화 및 _고조_ 를 통해 나의 힘을 깊이 각인시키려는 것이다. 상대에게 자신을 보호하고 방어할 수 있는 모든 가능성을 빼앗고 상대를 훼손하고 상대의 완전성을 조각낼 수 있는 자신의 힘을 만끽하는 것이다. 때로 우리는 누군가 고통에 힘겨워하는 모습을 지켜보며 쾌락을 느끼기도 하지 않는가.

잔혹함, 굴욕, 복수는 서로 긴밀한 관계를 맺고 있다. 잔혹함은 폭력의 형태를 띠고 있음에도 복수의 논리, 복수가 지닌 엄혹하고 냉혹한 성격을 지니며 도중에 멈추는 법이 없고, 스스로의 힘에 더욱 도취되곤 한다. 그런 의미에서 잔혹함의 반대는 선함이 아니라 다정함인 듯싶다. 유순하고 상냥한 성질을 지닌 다정함은 우리의 손이 닿는 모든 생명체, 우리가 보호하고 감싸주어야 할 의무를 지닌 모든 생명체와 관계를 맺는다. 반면 잔혹함은 무차별적으로 불행의 씨앗을 여기저기 흩뿌리며 타인과의 모든 '인간적인' 관계들을 파괴한다. 잔혹한 행위는 타자의 경계를 뚫고 나가, 타자를 지배하고 타자를 자기 것으로 삼고 싶은 충동을 발동하는 식으로 힘을 행사한다. 반면 다정함은 타자의 나약한 면에 집중한다.

그럼에도 다정함과 잔혹함의 거리가 그리 멀기만 한 것은 아니다. 왜냐하면 잔혹함이란 다정함이 부족해지는 순간 비로소 모습을 드러내며, 또한 우리가 다정함을 느끼는 동안에도 어디선가 호시탐탐 우리를 노리고 있기 때문이다. 흔히 다정함을 통해 육체적 관계, 정서적인 관계가 형성되곤 한다. 그러나 육체적으로나 정서적으로 아무리 가까운 사이가 될지라도, 언제나 다정함은 타자와 어느 정도 거리를 유지하며 제한을 둔다. 애정과 존중이 공존하는 이와 같은 '적정 거리'는 사실 유지하기가 그리 쉽지만은 않다. 언제나 경계를 넘어 타인을 완전히 향유하고 자신의 힘을 강압하고 싶은 유혹이 도사리고 있기 때문이다.

다정함과 잔혹함의 갈등은 젖먹이 아기에게서도 잘 나타난다. 아기는 엄마를 만지고 엄마를 움켜잡는다. 애착의 욕구를 조절하지 못하고 엄마의 살이 엄마의 경계를 이룬다는 사실을 이해하지 못한 채 엄마의 살을 억지로 뚫고 들어가 '관통'하고 싶은 욕망을 느낀다. 아기는 엄마를 건드리고, 엄마와 하나로 융합되고 싶은 욕망을 가로막는 엄마의 경계를 분열의 경험으로 받아들인다. 아기는 자신이나 엄마라는 존재를 단단한 이미지로 표상하지 못하기 때문에 스스로를 엄마와 융합된 존재라고 인식하며, 아직 자신의 욕망이 넘어설 수 없는 경계선의 존재를 깨닫지 못하기 때문이다. 따라서 아기는 자신의 욕망을 충족시켜주지 못하는 엄마에 대해 격분의 감정을 느낀다.

젖먹이 아기는 자신이 엄마에게 어떤 영향을 미칠 수 있는 존재라는 사실도, 자신이 엄마를 상징적인 차원에서 공격하고 있다는 사실도 제대로 인지하지 못한다. 아기에게 엄마는 욕구를 충족시켜주지 않는 '나쁜 대상'이 되어버리는 것이다. 따라서 아기는 자신이 종속되어 있는 타자의 외피를 뚫고 들어가 '침입'하려는 욕망을 통해 자신의 격정적인 감정에서 벗어나고 싶어 한다. 그 순간 아기는 오로지 자신의 생존만을 생각한다. 도무지 이해할 수 없는 종속성과 좌절감 앞에 아기의 해결책은 오로지 하나, 자신의 고통과 좌절감을 엄마에게 투사하는 것이다.

이 초기 단계에서 아기는 흔히 '잔인' —비록 일부 학자들은 이 용어를 사용하기를 주저하지만 말이다— 하다고 간주된다. 왜냐하면 아기는 엄마의 존재에는 전혀 관심이 없이 그저 엄마를 '집어삼키려고만' 하기 때문이다. 아기는 엄마에 대해 그 어떤 죄책감이나 염려, 혐오감도 일절 느끼지 않는다.

죄책감이 생겨나는 것은 훨씬 뒤의 일이다. 아기의 신체적, 정신적 환경이 안정을 되찾고, 되풀이되는 다정한 몸짓을 통해 다시 엄마와 하나가 된 기분을 느낄 때, 아기는 엄마를 실망시켰다거나 혹은 엄마에게 상처를 입혔다는 슬픔으로 죄책감을 느끼게 된다. 이처럼 타자와 일체가 되었다 분화되는 과정이 원활하게 일어나지 못할 때, 아기는 심리적으로 붕괴될 수 있다는 위협을 느낀다. 아기는 공격적인 충동을 이겨내는 데 어려움을 겪거나 감정 이입을 힘들어하며, 자신이나 타자를 향한 잔혹한 행위를 통해 어떻게든 자신을 사로잡은 심리적 죽음의 감각에 생기를 불어넣으려고 한다. 아기는 이런 불안감을 해소해줄 신뢰감이나 안정감을 찾지 못할 때, 이 극도로 종속되고 불안정한 상태로 인해 발생한 고통을 복수심을 통해 씻어내고 싶어 한다. 이때 잔혹함은 오로지 자기 보존을 위한 원초적인 충동의 형태로 분출된다. 타인을 고통스럽게 한다거나 혹은 타인을 욕구 충족의 대상으로 삼고 있다는 사실을 의식하지 못한다. 아기는 자신이 엄마에게 고통이나 상처를 줄 수 있다는 사실을 이해하지 못하기 때문이다. 아기의 행동을 이끄는 것은 절박함, 즉 생존을 위한 사투인 셈이다.

우리는 일부 살인 행위에 대해서도 이와 똑같은 생존 메커니즘을 들어 설명할 수 있다. 예를 들어 살인자는 희생자의 존재나 정체성에 대해서는 무관심한 채로 살인을 저지를 수도 있다. 그에게 희생자는 그저 나르시스적인 전능함, 권력을 향한 광기, 생사를 좌우하는 절대 권력을 추구하는 과정에서 자신의 폭력적인 충동을 해소하기 위한 하나의 '도구'에 지나지 않기 때문이다. 타인의 피는 정신분석학에서 심리적 일체감의 의미로 해석되는, 말하자면 '나르시시즘'의 재생에 필요한 생명의 양식인 셈이다.

우리는 극단적인 폭력 행위 속에서 분명 파괴를 통한 생존의 논리를 찾아볼 수 있다. 그럼에도 자기 보존의 욕망에서 비롯된 행위(심리적 단일성을 보호하기 위한 행위)는 근본적으로 특별히 타인의 고통과 무력함을 지켜보는 데서 얻을 수 있는 쾌락을 만끽하기 위해서 타인에게 모든 한계를 뛰어넘는 극한의 고통을 가하려고 자행하는 행위들, 한마디로 우리가 흔히 변태적인 잔혹함 혹은 사디즘이라고 불리는 것과는 다분히 구분된다. 후자의 경우 잔혹함은 타인의 보호막을 파괴하며 타인이 고통받는 모습을 '지켜보는' 즐거움을 표출한다. '잔혹극'이나 '검투사들의 대결'이 존재하는 이유도 아마 그런 데서 연유할 것이다. 그런 것들 속에서 잔혹함은 '유희'로 기능한다. 말하자면 자신이나 타인에게 죽음의 유희를 즐기게 함으로써, 자신이 직접 죽음에 빠져드는 것만은 피해가는 하나의 수단인 것이다. 만일 그런 것이 아니라면 대체 '죽여라, 죽여라!'라는 저 함성을 어떻게 이해할 수 있단 말인가?

그렇다면 다른 알리바이가 존재하지 않는, 수단이 아닌 목적 그 자체로서의 순도 100퍼센트 잔혹성에 대해서는 어떻게 설명해야 할까? 정신분석학은 '죽음의 충동'이란 개념을 들어 이를 설명하고자 한다. 말하자면 단순히 대상만 완전히 제거하거나, 그것만 살해하는 것이 아니라, 그것의 모든 흔적, 심지어 그것을 떠올리게 하는 모든 말과 기억, 생각까지도 전부 철저하게 판독 불가한 상태로 만들어버리려는 힘으로 설명하고자 한다. 어떤 의미에서는 완전 범죄라고도 볼 수 있을 것이다. 살인의 기록을 지우기 위해 살인자까지도 지워버리고, 완전함을 추구하기 위해 주체의 자기 파괴마저도 서슴지 않으니 말이다.

만일 이처럼 잔혹함을 오로지 자연의 상태, 야수성, 혹은 광기로만 간주하기를 거부한다면, 우리는 잔혹함 속에서 어떠한 동기를 찾아내는 것도 충분히 가능하지 않을까? 잔혹함이 일종의 자의적인 선택, 역설적인 '자유'의 발현이라고도 생각해볼 수 있지 않을까? 잔혹함 —잔혹함은 희생자를 죽이기보다는 희생자에게 고통을 주고, 희생자의 가치를 훼손하거나 위상을 전락시키는 쪽을 택한다— 은 분명 인간성을, 모든 인간이 선을 행하게 만드는 그 무엇인가를, 타자의 내면을, 타자의 존엄성을 공격한다. 그러나 폭력과 달리 잔혹함이란 전략적인 사고, 투쟁이나 생존의 논리에 속하지 않는 경우 악의적인 의도의 발현이라고 볼 수 있다.

비록 우리는 잔혹함이 갑작스러운 격분, 통제 불가능한 '비인간적인' 수동적 정념에 해당한다고 말하기를 더 좋아하지만 말이다.

잔혹함은 추잡하다. 그 속에는 어떤 이성이나 법규도 존재하지 않고, 모든 도덕적 염려와 양심을 일순에 쓸어버릴 수도 있다. 그러나 동시에 잔혹함이란 "인간적인, 너무나도 인간적인" 것이기도 하다. 인간이 완전무결하고 본성적으로 선하다는 환상을 산산이 깨부수고, 비록 조금은 덜 명예롭지만 인간이 자신의 동족, 형제에게 끔찍한 해를 끼치는 극악무도한 행위를 저지를 수도 있는 비극적인 자유를 지닌 존재라는 사실을 있는 그대로 보여주기 때문이다.

＊
＊＊

클레망 로세Clément Rosset, 《잔혹의 원리Le Principe de cruauté》, 미뉘, 1988.
도미니크 퀴파Dominique Cupa, 《다정과 잔혹Tendresse et Cruauté》, 뒤노드, 2007.
미셸 에르만Michel Erman, 《잔혹. 악의 정념에 관한 에세이La Cruauté. Essai sur la passion du mal》, 퓌프, 2009.
이브 프리장Yves Prigent, 《평범한 잔혹성La Cruauté ordinaire》, 데클레 드 브루에르, 2003.

~
증오

증오란 귀한 술,

보르지아 가문의 독보다도 더 값비싼 독약.

증오를 만들어낸 것은 우리의 피,

우리의 건강, 우리의 잠, 그리고 우리 사랑의 3분의 2!

그러니 부디 아껴 쓰기를!

샤를 보들레르,

《낭만파 예술》(1869).

흔히 사람들이 하는 말과 달리 증오는 사랑의 반대말도 아닐뿐더러, 사랑의 분신이나 어두운 뒷면은 더더욱 아니다. 증오와 사랑은 한 가지 점에서 서로를 꼭 닮았다. 둘 다 농담이나 채도의 차이가 전혀 없는 균일한 감정이라는 사실 말이다. 우리는 누군가를 증오할 때 조금만, 절반만, 혹은 다량으로 증오할 수 없다. 증오란 언제나 하나의 '완전한' 상태로, 대상을 파괴하고 싶다는 '절제되지 않는 욕망'(키케로, 《투스쿨란의

그
마
음
의
정
체

418

대화》, III, V)의 형태로 격분이나 분노와 비슷한 종류의 강렬한 적대감을 경험하게 해준다.

사랑은 종종 거짓을 말하기도 하지만, 저 자신 역시 쉽게 잘 속아 넘어간다. 그렇지만 어쨌거나 사랑이 말을 하지 않는 일은 거의 없다. 네가 기뻐서 나도 기쁘고, 네가 행복해서 나도 행복하고, 네가 불행해서 나도 불행하다고 언제나 표현한다. 심술은 본심을 실토하는 일이 거의 없지만 어쨌거나 그도 마음속으로는 이렇게 웅얼거릴 것이 분명하다. 네가 고통스러워서 즐겁고, 네가 불행해서 행복하다고. 시기란 실질적이거나 혹은 겉으로 보이는 타인의 행복을 바라보며 불행해하거나, 상대가 가진 것을 갖지 못해서, 상대가 해낸 것을 해내지 못해서, 상대의 사람됨됨이를 따라갈 수 없어서 영원한 고통에 시달린다. 질투는 그보다 훨씬 더 변태적이다. 질투는 자신이 욕망하는 대상을 욕망하는 모든 종류의 욕망을 없애버리겠다며 자신이나 타인에게 고통을 가하는 것이기 때문이다.

복수는 정의를 흉내 내며 악을 악으로 되갚는다. 10개의 악을 받으면 100개의 악을 돌려주며 그 누구도 승자가 될 수 없는 악순환 게임을 한없이 이어간다. 원한이나 원망은 저 자신도 그것이 시간이 지나가면 해결되는 병이라는 걸 잘 안다. 그런데도 부질없이 자신이 받은 고통이 제발 자신에게 고통을 준 자의 가슴에도 매일같이 조금씩 더 퍼져나가기를 희망한다.

그렇다면 증오는 어떠한가? 증오는 아무런 말도 하지 않는다. 그렇지만 사랑과 마찬가지로 증오도 자신만의 고유한 언어가 없다. 때로는 차가운 침묵, 때로는 고함이나 괴성으로 표현되는 오로지 해체에 가까운 극단적인 언어만이 존재할 뿐이다. 증오는 때로 증오와 한 짝을 이루는 모든 형태의 악의들이 지닌 은유의 힘에 기대기도 한다. 절대 '순수한 상태'로는 모습을 드러내지 않고 온갖 형태의 악의 뒤에 꼭꼭 몸을 숨긴다. 짓궂은 간교함, 증오가 섞인 시기, 증오가 베인 질투, 증오와 뒤섞인 혐오, 증오로 들끓는 원한 같은 것들의 뒤편에 말이다. 증오는 증오라고 자신의 이름을 당당히 밝히지 않는다. 따라서 증오가 자리한 곳을 찾아내기란 쉬운 일이 아니다. 증오는 아무 데도 존재하지 않는 동시에 모든 곳에 존재하기 때문이다. 살인에서부터 위선적인 미소, 모욕적인 행위, 박해, 경멸의 몸짓, 신성 모독, 잔혹하리만치 무심한 태도 등에 이르기까지, 그 어디에도 증오는 자유롭게 자리할 수 있다. 왜냐하면 증오는 영혼에도 자리하는 동시에 공기 중에도 자리하며, 개인적인 성격을 띠는 동시에 집단적인 성격도 띨 수 있기 때문이다. 증오는 소란스러울 수도 있지만 고요할 수도 있고, 비단 개인만이 아니라 사회·정치·종교·체육 집단은 물론 일정한 문화, 민중, '인종' 등을 향해서도 유해한 독을 뿜어낼 수 있다.

정신분석학은 증오가 죽음의 충동에 속하는 파괴적인 힘임을 보여주려 한다. 우리가 타인을 조각내고 고통스럽게 하는 만큼 자신도 증오 속에서 스스로 파멸하게 만드는 힘이기 때문이다. 우리는 우리 자신의 죽음을 의미하는 것들을 증오하는 마음으로 인해 오히려 우리 자신을 없애버리려고 한다. 반면 사랑은 생명과 관계와 베풂의 방향을 향해 나아간다. 사랑이 통합을 지향하는 힘이라면, 증오는 자르고 끊어내는 힘 —그

그
마음의
정체

야말로 '악마적인' 힘— 이다. 때로는 우리가 더는 사랑할 기력이 없을 때 그것을 '보완'하기 위해 증오가 생겨나기도 한다. 증오에게는 반대의 짝이 없다. 오로지 친구, 거짓 친구, 공범(증오의 공범 중에는 사랑도 포함된다. 사랑 속에는 종종 증오의 작은 혈맥들이 흐르고 있다), 하수인, 더 나아가 증오를 위해서 거의 모든 형태의 간교함을 연기해야 하는 무대에 대신 올라줄 대역 배우만이 있을 뿐이다.

그러나 증오는 폭력성이나 공격성과는 다분히 구분된다. 사실 라틴어 *비올렌티아*violentia, 폭력의 접두어 *비오* 속에는 '생명'의 개념을 내포한 그리스어 *비아*bia가 들어 있다(이 단어의 'b'는 'v'로 발음된다). 그런 의미에서 폭력적인 충동이나 본능은 제발 사라지고, 파괴되고, 해체되기를 바라는 대상을 '향하기'에 앞서, 일단은 주체 자신의 생명력 —삶과 생존 두 가지 의미에서 모두— 으로 기능한다. 이러한 폭력성은 프로이트가 말한 '원초적 증오'와도 일맥상통한다. 프로이트는 이에 대해 다음과 같은 알쏭달쏭한 문장으로 설명했다(〈충동과 충동의 운명〉, 《메타심리학》에서, 갈리마르, 1968, 39). "외적인 것, 대상, 증오받는 것은 처음에는 본디 모두가 동일한 것이었다." 말하자면 모든 인간에게 증오란 자궁 속에 있을 때부터 '모든 다른 것', 더 나아가 현실 그 자체로부터 자신을 보호하기를 바라는 원초적인 '생존 욕구'에 해당한다. 그것은 나르시스적인 차원에 속하는 감정으로, 주체가 '대상'의 존재를 인식하기 이전에 나타난다. 그러다 점차 시간이 흐르면서 주체가 대상의 존재를 인식해나가면, 마침내 자아는 대상이 자신에게 쾌락을 선사하는 경우 대상에 대해 사랑을 느끼고, 대상이 자신의 쾌락을 방해하거나 불쾌감을 안겨주면 대상을 증오하게 되는 것이다. '1차적 증오'는 말하자면 '폭력성'이 제거된 폭력이다. 좌절감과 혐오감을 안겨주는 대상을 파괴하기 위해 공격성을 띠는 것은 오로지 '2차적 증오'뿐이다. 멜라니 클라인에 따르면, 증오는 사랑에 앞서 생겨나는 감정이다. 증오는 말하자면 최초의 방어 본능인 셈이다. 아이는 자신이 어머니에게 의존적인 존재임을 깨달으면서 어머니를 무시무시한 존재라고 느끼기 시작한다. 자신에게 고유한 심리적 세계가 있음을 발견해나감에 따라 아이는 점차 어머니가 자신에게 막대한 영향력을 지닐 수 있음을 깨닫기 때문이다. 죽음 본능은 애당초 출발 때부터 존재한다. 대상(어머니)에게 버림받을 수 있다는 견디기 힘든 감정과 어머니에게서 떨어질 때 느끼는 강렬한 좌절감에 대한 반응이기 때문이다. 그러나 점차 환상의 차원으로 발전해나가는 대상과의 관계 속에서는 파괴의 충동이 사랑의 충동과 공존한다. 다시 말해 양가감정이 왕처럼 군림하는 것이다. "대상을 위태롭게 만드는 것은 주체가 가진 통제하기 힘든 증오의 폭력성이 아니라", "사랑의 폭력성"이라는 의미에서 말이다. "왜냐하면 이 단계에서 대상을 사랑한다는 것은 곧 대상을 집어삼키는 것과 서로 불가분의 관계를 맺고 있기 때문이다"라고 클라인은 설명한다(〈조울 상태의 심리발생론에 대한 기고〉, 《정신분석학 입문》에서, 파요, 1982, 311~340).

어머니의 가슴은 대상이 되어, '좋은 가슴'과 '나쁜 가슴'으로 분열된다. 어머니의 가슴은 자기 보존이나 대상의 보호를 위해서만 존재하는 것으로 일부는 쾌락을 주는 좋은 것으로 간주되어 수용되고, 나머지는 좌절감의 근원이 되는 나쁜 것으로 간주되어 외부로 축출된다. 멜라니 클라인이 설명한 것처럼 어떤 환상 속에 나타나는 이러한 종류의 증오는 대상을 실제로 파괴하는 것이 목적은 아니다. 오히려 대상을 분리하고 떨어뜨려 사랑의 가능성을 남겨놓으려는 시도에 해당한다. 일단 분리가 시작되면 증오도 사라진다. 이때 증오는 상징적인 잠재력만을 지니는데, 이 상징적 차원의 증오는 후에 실질적인 증오로 바뀔 수도 있고 혹은 그렇지 않을 수도 있다. 여기서 실질적인 증오란 일종의 위험 앞에서 보이는 공격성의 표출을 의미한다. 진짜로 대상을 파괴하려 한다기보다는 유약한 나르시시즘의 자기 보존을 목표로 한다. 상징적인 증오가 실질적인 증오로 이행해나가는 과정은 조금 더 구체적으로 말하면 본능(자기 보존 본능)이 충동(성적 충동)으로, 그리고 이어 감정과 정념으로 바뀌어나가는 과정이라고 이해해볼 수 있다.

그러나 프로이트의 문제의식을 제외하면, 증오는 폭력성이나 공격성과는 혼동될 수 없다. 폭력성이나 공격성이 타자의 파괴에서 즐거움을 향유하는 때처럼 그 안에 '증오를 품고' 있는 경우라면 몰라도 말이다. 자크 라캉이 증오를 '영혼의 정념'(감정·권태·슬픔·부정적 기분·불안 등)이 아니라, 무지·사랑과 더불어 '존재의 정념'으로 분류한 것은 옳은 선택이었음이 틀림없다. '영혼의 정념'이란 상징적인 타자가 주체에 미치는 영향으로부터 비롯되는 것이라면, '존재의 정념'은 타자와의 관계에서 자기 자신의 죽음을 욕망하는 것을 포함해 '어떤 뜨거운 정념으로 불타오른' 주체라는, 이른바 주체의 존재 자체를 형성하기 때문이다. 말하자면 주체나 자아가 스스로를 애착 관계에 종속된 존재로 느끼며, 자신의 정신적 생존을 보장해주는 대상을 잃을 수도 있다는 심원한 공포로 인해 무력감을 느낄 때, 비로소 주체와 자아의 한복판에 증오가 깊숙이 자리를 잡는 것이다.

증오는 실질적인 영향력을 지닌 어떤 행동이나 몸짓의 형태로 현실 세계에 자리 잡을 때도, 결코 자신의 존재를 말로만은 표현할 수가 없다. 게다가 증오는 아주 보기 드물게, 증오하는 대상을 파괴한 뒤에도 잠잠하게 가라앉지를 못한다. 블라디미르 쟝켈레비치도 이렇게 썼다. "절멸당할 수 있다는 끝없는 망상으로 인해 완전히 정신이 나가버린 증오는 증오의 대상인 자기성ipséité을 죽이고 살아남아, 그 시신을 발로 짓밟고, 집요하게 그 자손들까지 괴롭히며, 미친 듯이 자신의 가장 미약한 발자취마저, 심지어 최후의 기억마저 전부 없애버리려고 하는 것이다." (《미덕론》, III, 〈무구함과 악의〉, 보르다스, 1972, 1148) 증오의 특징은 욕망처럼 끝이 없다는 데 있다. 그러나 증오는 비타민 같은 보조제를 가지고 있어서, 자신의 능력을 증강시키고, 광적인 상태로 치달음으로써 한계선을 뛰어넘을 수도 있다.

그것은 생각으로 끝나는 생각에 의해서는 무력해지고, 이성에 의해서는 현명하고 효율적으로 변하며, 의지에 의해서는 결연하고 단호하게 변한다. 그러나 그것에 통제 불가능한 에너지를 부여하는 것이 있으니 바로 정념이다. 이러한 정념에 사로잡힌 인간은 설령 자신이 간절히 원하는 것을 하는 경우가 아닌 때에도 무엇이든 전부 해낼 수 있다. 하지 말아야 할 것은 물론, 한 번도 할 수 있다고는 생각해본 적 없는 것까지 전부 말이다. 아마도 여기서 여러분은 그것이 바로 사랑의 정념 아닐까 의심할 것이다. 하지만 여기서 말하는 정념은 바로 증오다. 그리고 더 나아가 인간의 행동에 과대함, 과도함, 전지전능함을 부여하는 분노에서부터 복수심, 시기심, 조소, 잔혹함, 조롱, 경멸 등에 이르기까지 증오가 떠받치고 있는 모든 감정들을 의미한다. 증오는 분노나 복수심에 불타오르는 정의감을 순식간에 압도해버린다. 분노나 정의감은 끝내 증오의 고통을 잠재우지 못한다. 증오는 언제나 뜨거운 정념으로 불타오르며 인간 영혼의 가장 깊은 자리에 뿌리를 내리고 내면에서부터 영혼을 갉아먹는다.

물론 이처럼 정념의 특징을 지니고 있음에도 증오는 어떤 탄탄한 구조물을 토대로 형성된다. 모든 적에 대해 온갖 이미지와 논리 시스템을 동원해 증오의 폭발을 정당화한다. 증오하는 자는 언제나 문화, '역사적 사실', 수사학, 이미지, 담론 등을 바탕으로 증오라는 격정적인 감정이 일어날 만한 타당한 근거를 요구한다. 이를테면 전쟁은 증오의 폭발이 가장 자신 있게 생각하는 전공 분야임이 틀림없다. 증오를 동원하기 위해서는 누군가를 '증오하게 만들기'부터 해야 한다. 전쟁의 담론, 흑색선전, 이데올로기는 혐오스러운 적의 이미지를 만들어낼 수 있다. 우리는 적에게 야만적이거나 동물(쥐, 돼지, 쥐며느리, 벌레 등)적인 존재라는 이미지를 덧씌워 법, 문명, '자연', 인간적인 것의 영역에서 몰아낸다. 하지만 그렇게 하는 것만으로 충분할까? 적을 향한 집단적 증오를 형성하는 것만으로 정말 군인들이 자신 앞에 서 있는 타인을 죽일 수 있을 만큼 충분히 증오를 품게 만들 수 있을까? 전시에는 살인이 '의무'가 된다. 그러나 이러한 의무는 적이 나와 멀리 떨어져 육안으로 확인이 잘 안 되는 얼굴 없는 모습을 가질 때 비로소 더 '쉽게' 완수할 수 있다. 히

로시마에 원자 폭탄을 투하한 폴 티베츠도 자신이 히로시마 주민에게 증오를 느껴서가 아니라, 그저 자신의 의무를 다한 것뿐이라고, 자신이 해야 할 임무를 완수한 것뿐이라고 수없이 선언하지 않았던가.

사랑의 정념처럼 증오도 상대의 얼굴이나 개체성은 무시한 채 오로지 외적인 존재에 대해 맹목적 —그리하여 자신이 정확히 무엇을 파괴하고 있는지를 잘 인식하지 못한다— 이 되게 한다. 증오는 악순환이다. 증오는 증오의 분출에 반대하는 모든 것을 마비시킬 수 있는 '독가스'를 뿜어낸다. 우리가 더 많은 증오를 품을수록 우리의 마음속에는 증오를 견제하거나, 증오를 가라앉히거나, 증오를 잠재울 수 있는 억제력을 가진 감정들이 점점 더 줄어든다. 증오를 품을수록 증오는 더욱 더 커진다. 내가 적을 증오하면, 나는 적의 친구들을 증오하게 되고, 나의 적을 적으로 생각하지 않는 나의 친구들 역시 증오하게 된다. 그리고 급기야는 나의 적과 적의 아버지, 가족, 조카, 조상, 조상의 조상 등을 충분히 증오하지 못하는 나 자신마저 증오하게 된다.

증오가 이성을 잃어버리면서까지 추구하는 것은 대체 무엇일까? 먼저 폭력성에서 우리는 그 해답을 찾아볼 수 있다. "증오는 폭력성을 추구한다. 증오는 어느 정도 분명하고 확실하게 폭력을 요구하고, 욕망한다. 증오는 다른 것은 원하지 않으며, 좀처럼 이 집요한 강박에서 벗어날 줄을 모른다."(마르크 크레퐁, 《증오의 시련》, 오딜 쟈콥, 2016, 94) 인간에게 증오는 시련으로밖에는 간주될 수가 없다. 왜냐하면 일단 마음속에 한 번 증오가 똬리를 틀면, 어떤 식으로도 과도한 증오를 멀리 떼어놓거나, 언어나 이성의 중재를 통해 그것을 사라지게 만들 수가 없기 때문이다. 마르크 크레퐁은 이것을 다음과 같이 설명했다. "증오는 언어나 말에게는 자신을 치유하거나, 사라지게 하거나, 혹은 완화시킬 수 있는 가능성을 전혀 허용하지 않는다. 증오는 완화란 것을 알지 못한다. 그러한 의미에서 증오는 일종의 시련과도 같다."《증오의 시련》

우리는 증오의 갑작스러운 분출을 거론하지 않고는 증오에 대해 논할 수가 없다. 아무리 증오를 일으킬 만한 객관적인 동기가 존재할지라도, 언제나 증오의 동기는 이성의 차원을 넘어 영혼의 깊은 곳, 인간의 무의식 속에서만 찾아낼 수 있기 때문이다.

우리가 느끼는 적대적인 감정들이 항상 특정한 사람이나 상황을 겨냥하는 것은 아니다. 때로는 주체의 아주 내밀한 곳에서 일어나는 갈등을 반영할 때도 있다. 대개 우리는 그 갈등의 정체를 제대로 알아보지 못한다. 왜냐하면 그런 식의 증오는 가슴 속 깊이 파묻힌 것, 금기시되는 것, 억압된 것에서 유래하거나 혹은 어떤 민족이나 가문, 집단의 역사 속에 자리 잡고 있기 때문이다. 이를테면 한 집단의 내면에 자리한 고통의 아궁이가 다시금 불타오르며 깊은 공포에 불을 붙이고, 그렇게 불붙은 공포들을 켜켜이 하나둘 쌓아 집단의 역사를 형성하는 데서 기인하기 때문이다. 인간의 삶은 관계의 조직망 속에, 역사 속에, 감정의 흐름 속에 자리하고 있다. 그러나 어느 날 별안간 신뢰감을 무너뜨리는 단절이 일어나면, 세계는 돌연 활짝 열렸던 문을 닫고 불안과 실망, 배신 속에 틀어박힌다. 자신의 미래나 인간관계에 신뢰감을 부여해주던 삶, 모든 가능성이 열려 있던 삶이 느닷없이 공포와 위협의 막다른 길에 부딪혀 옴짝달싹할 수 없게 된다. 그리하여 공포와 위협은 우리의 불행에 책임이 있는 위험한 대상을 파괴하고 싶다는 증오의 악순환을 더욱 자극한다.

증오가 왜 이토록 우리를 집요하게 만드는지, 어찌하여 인류의 역사에는 어디를 가나 증오가 존재하는지를 연구하다보면, 우리는 이웃을 자기 몸처럼 사랑하라는 성경 구절이 실제로는 얼마나 지키기 힘든 계율인지를 여실히 깨닫게 된다. 프로이트는 이러한 계명을 따르는 것은 사실상 불가능하다고 간주했다. "낯선 자는 사랑을 받을 자격이 있기는커녕, 오히려 솔직히 말하자면 나의 적대감과 증오의 대상이 될 여지가 더 많다는 점을 인정할 수밖에 없다. 낯선 자는 내게 눈곱만큼의 애정도 없을뿐더러 나에게 조금의 존경심도 보이지 않는다. 물론 이 숭고한 계명이 차라리 '네 이웃이 너를 사랑하는 것처럼 너도 네 이웃을 사랑하라'라고 주문했다면, 나로서도 전혀 할 말이 없었을 것이다."

우리는 타자가 출현하는 순간부터 증오에 부딪힌다. 그러나 원초적인 증오는 자기애와 떼려야 뗄 수 없는 관계를 맺고 있다. 원초적 증오가 주체의 부정적인 부분을 외부로 몰아내어 주체가 붕괴하는 것을 막아준다는 의미에서 말이다. 말하자면 주체의 정신적 삶의 일부분을 이루고 있다고 볼 수 있다. 그럼에도 원초적 증오는 먼저 자기 자신을 향해 작용하며, '자기 보존'의 성격을 띠기도 한다. 발자크도 자기 증오란 일종의 '강장제'와 같다고 말했다. 자기 증오가 상실, 유기, 모욕, 훼손, 애정 상실 등으로 인한 자기 붕괴를 막아주는 제동 장치처럼 삶을 지속할 수 있게 도와주고 —물론 어디까지나 '사악한 기쁨' 속에서— 인격의 파괴나 정신 붕괴의 위험을 막아줄 수 있다고 보았기 때문이다. 그러나 그렇다고 우리가 증오를 마냥 찬양할 수만은 없다. 물론 때로는 증오가 '긴요한 필요성'을 지니거나 붕괴의 낭떠러지로부터 자아를 '붙들어주는' 역할을 하기도 한다. 그러나 증오는 증오의 대상이 되는 상대, 혹은 세상의 모든 타인이 무너질 날이 반드시 올 것이라는 희망을 자양분 삼아 살아간다. 이와 같이 '상대를 장악하려는 광적인 욕망'은 우리를 가장 철저한 고독 속에 가두면서도 파괴, 살인, 자살 등의 태도를 자극한다.

증오는 때로 동시에 작용하는 두 가지 정념의 원리를 토대로 일반적인 감정의 작용에 대해 매우 중요한 역할을 한다. 이에 관해서는 올리비에 르 쿠르 그랑메종(《증오(들)》, 퓌프, 2002)이 스피노자를 충실히 뒤따르며 자세히 설명한 바 있다. 그에 따르면, 먼저 첫 번째 원리는 결코 완전히 사악한 본성이나 혹은 '특이하고 간교한 기질'로 돌릴 수 없는, 누구에게서나 찾아볼 수 있는 '공통된' 현상이다. 이를테면 자아가 자신의 불행이나 고통의 원인을 타자의 탓으로 돌리는 경우가 이에 해당한다. 이 경우 증오는 "어느 정도 욕망이 자유롭고 완전하게 전개될 수 있도록 활짝 길을 터주는" 정념으로 기능한다. 이러한 정념은 자신을 방해하는 증오의 대상이 사라지는 순간 희열로 바뀌지만, 행여 증오하는 대상이 조금이라도 기쁨을 느끼면 일종의 증오 섞인 슬픔이 되어 오래도록 지속된다.

두 번째 원리는 그와는 다른 방식으로 자아를 속박한다. 자아가 자기 불행 혹은 '온전하게 존재하거나 행동할 수 없는 어려움'을 가져온 실제 혹은 가상의 원인을 스스로에게서 찾는 경우가 이에 해당한다. 이때 생겨나는 정념은 겸허, 뉘우침, 자기 비하, 혹은 자기 증오다. 그것은 모두 '부정적이고 슬픈 정념'이다. 자기를 경멸하는 자는 자신을 높여줄 무엇인가를 이룰 능력을 순식간에 잃어버리고, 자기는 죄가 많고 음탕하고 교만하고 사악하다며 자기를 증오하는 자는 결국 죄악을 증오하고, 그러한 죄악을 저지른 동포나 형제들을 증오하고, 급기야는 세상의 모든 사람을 증오하게 된다. 증오는 물론 강장제와도 비슷하다. 그러나 동시에 증오는 독약이기도 하다(사실상 그러한 증오가 모든 인간관계의 근원에 그리고 모든 인간의 영혼에 똬리를 틀고 있다).

그렇다면 증오와 증오의 뒤를 붙어 다니는 파괴와 폭력으로부터 벗어날 길은 무엇인가? 증오는 우리를 서로 단단히 묶어주던 관계가 끊어질 때, 연대의식·연민·공감 등 우리를 함께하게 '붙들어주던 것들'이 부서질 때 생겨난다. 만일 그것이 개인이나 집단을 향한 증오라면 언제나 개별성 약화의 문제가 등장한다. 증오의 정념은 분명 그것이 일으킬 파괴적인 여파에 대해 잠시 뒤로 물러나 냉철하게 판단하지 못하게 가로막는다. 이러한 증오의 힘에 저항하기 위해서는 '진실'까지는 아닐지라도 증오를 하나의 사실로 인정해야 하고, 또한 끊어진 관계를 다시 이어줄 능력을 지닌 언어의 힘에 기대어 무너진 신뢰를 회복해야 한다. 어쩌면 정신분석학이 치료 과정을 통해 이러한 일을 해낼 수 있을지 모른다. 정신분석 치료는 전이를 통해 각종 화해의 수단을 제공하고 있다. 이러한 수단을 통해 증오의 감정을 있는 그대로 받아들이고, '인정하는' 동시에, 다른 한편으로는 증오를 떼어내고 밖으로 배출할 수 있다. 증오는 궁극적으로 사랑의 뒷면이 아니다. 왜냐하면 증오는 죽음의 충동을 토대로 한 고유의 운동을 보이는 반면, 사랑은 언제나 관계를 통해 통합을 추구하기 때문이다. 따라서 중요한 것은 우리가 증오하는 사람을 비로소 사랑하게 되는 것이 아니라, 스스로 파괴적 정념의 포로가 되지 않는 것이다. 그러나 개인이나 집단이 공격적인 충동에서 벗어나는 것이, 개인과 집단과 사회를 훼손하는 증오의 위력에서 벗어나는 것이 과연 그렇게 간단한 일일까?

우리도 잘 알다시피 프로이트는 끝내 살해에까지 이르는 아버지에 대한 증오와 그에 따른 죄책감이 문명의 기원에 깊이 자리 잡고 있다고 지적했다. 말하자면 인간의 문명이 금기와 가치관, 법의 힘을 빌려 인간의 '악행'이 반복되거나 그것이 또 다른 증오나 폭력으로 이어지는 것을 막아왔다고 본 것이다. 문화가 충동의 절제에 기여해온 것만은 의심할 수 없는 사실일 것이다. 그러나 문화는 과거에서부터 오늘날에 이르기까지 인간에게서 모든 파괴적인 성향을 없애주거나 혹은 파괴적인 성향을 다른 선한 성향으로 바꿔줄 수 있을 만큼 충분히 위력적인 모습을 보여주진 않았다. 더 심각한 사실은 프로이트가 걱정했던 것처럼, 공동체의 통합과 결속에 기여한다고 여겨지는 문화적 프로세스가 오히려 개인에게 너무나도 큰 희생만 요구하고 충분한 보상은 해주지 않는다는 것이다. 기껏해야 상징적인 방식으로 각종 제도(파티, 음악회, 운동 경기 등)들을 통해 폭력성을 '배출'하는 정도만 허용하고 있을 뿐이다. 그리고 그로 인해 오히려 문화적인 증오를 더 조장하는 역효과를 불러오기도 한다.

문화가 탄생하는 데 일조한 증오는 지금도 여전히 증오를 조장한다. 그러면서 아주 사악하게도 인간 집단의 '통합'과 '평화'에 기여한다고 자처한다. 르네 지라르의 표현대로 증오는 속죄의 희생양(타지에서 온 사람, 피부색이 다른 사람, 언어가 다른 사람, 다른 이상을 수호하는 사람 등)을 지목해 그에게 모든 악행을 짊어지게 한다. 그리고 공동체의 단일한 '정체성'을 회복하겠다는 미명 아래 자신들이 재물로 삼은 희생자를 몰아내고 무너뜨리자고 주장한다. 증오를 무한한 형태로 증식시키는 것은 바로 이러한 종류의 프로세스, 이른바 '사소한 차이의 나르시시즘'이다. 이러한 현상이 증오가 친족, 혈연, 지리적·정치적·종교적 인접성, 같은 곳에서 살아가는 사람들, 서로 이웃한 사람들, '거의 나와 흡사한' 동류의 사람들 속에서 조금이라도 다르거나 이질적인 것을 이 잡듯 샅샅이 뒤져서 어떻게든 철저히 박멸하는 데 혈안이 되도록 만드는 것이다.

아마도 증오의 가장 뛰어난 묘기는 우리가 증오를 증오할 수 없게 만드는 것이 아닐까 싶다. 증오가 이토록 무한히 증식하며 눈부신 번영을 누리고 있는 것을 보면 말이다.

*
**

마르크 크레퐁Marc Crépon, 《증오의 시련. 폭력의 거부에 관한 에세이L'Épreuve de la haine. Essai sur le refus de la violence》, 오딜 자콥, 2016.
올리비에 르 쿠르 그랑메종Olivier Le Cour Grandmaison, 《증오(들). 철학과 정치 Haine(s). Philosophie et politique》, 퓌프, 2002.
엘렌 뢰이예Hélène L'heuillet, 《너 자신처럼 네 이웃을 증오하라Tu haïras ton prochain comme toi-même》, 알뱅 미셸, 2017.

그
마음의
정체

닫는 글

/

열광 혹은 도주

불길이 마치 질문처럼 솟아오른다. 제 뜨거운 열기 속에
해답을 품은 질문이라도 되는 듯이. 이중 질문에 대한
단 하나의 해답. 그것이 불안의 아궁이로부터 태어난다. 불안은
때로는 아무 말이나 마구 주워섬긴다. 또 때로는 말더듬이 소리로
인해 둔해지거나, 혹은 흐느낌 속에 희석되어 조심스럽게 그친다.
모든 불길은 자기를 태어나게 해준 물질을 애도하며 눈물을 흘린다.
그러다 불길이 점차 형상을 갖추어나가면 불길의 흐느낌도
잦아든다. 시끄러운 소리는 가벼운 심장 박동으로 변하고,
생명을 얻는 순간 비로소 조용히 침묵한다.
마침내 안정적인 열기를 내뿜는 불빛이 되었기에.

마리아 삼브라노.
《여명》.

드디어 책이 완성되었다. 그러나 벌써부터 두려움이 몰려든다. 책이 완성됐다고 말은 했지만 정말 책이 완성된 것일까. 여기저기 부족한 부분도 수두룩하고, 미처 생각해내지 못한 부분도 부지기수다. 어떤 부분은 지나치게 가볍고, 또 어떤 부분은 지나치게 무거운 것 같다. 쓰라림, 정숙함, 관대함, 시기심 등에 대해서도 다뤄야 했던 게 아닌지 아쉬움이 남는다. 그러나 이제 와 모든 공백을 메울 수는 없다. 마지막 페이지를 넘기며 우리는 궁금해졌다. 삶을 고동치게 하는 감정, 기분, 정신의 상태, 감각, 충동을 '이해'해보려는 시도로부터 우리는 과연 무엇을 배웠는가? 먼저 그런 것들 속에서 어떤 '논리'를 찾아낸다는 것이 얼마나 어려운지를 깨달았다. 또한 하나의 정서가 또 다른 정서와 미세하게 통합되거나 혹은 반대로 두 정서가 서로 분리되고, 하나에서 둘로 분화되는 감각적 삶의 '교류'가 이뤄지는, 거의 육안으로는 확인할 수 없는 것들을 그려본다는 것이 무척이나 까다로운 일이라는 사실도 깨달았다.

"그 문장 기억나세요? 르네 샤르가 그랬죠. 그대도 알다시피 기분은 물질의 자녀다. 기분은 감탄스러우리만치 미묘한 물질의 시선이다."

"당연히 기억합니다. 그 문장이 단초가 되서 포근함, 권태, 피로에 대해 이야기하게 된 거니까요. 그것들은 어떤 폐쇄적인 '내적 상태'와는 조금도 닮은 점이 없어요. 그것들을 '정신적인 것'으로 간주하기란 불가능한 일이죠. 그것들이 '농도'를 지니지 않은 모습은 상상할 수가 없거든요."

"르네 샤르의 문장 덕분에 우리는 감정이 어떤 물질로 구현되는 순간에 포착될 수 있다는 사실을 깨달을 수 있었죠. 감정은 물질에 생기를 불어넣는 동시에 물질 속에 육적 존재에 대한 흔적을 남기기도 하잖아요. 그

육적 존재가 바로 우리가 세계 내에 존재하는 방식에 영향을 주고, 변형시키고, 시험하고, 또 다채로운 빛깔로 미화하는 것이고요. 분노, 기쁨, 슬픔, 질투, 증오, 굴욕은 얼굴을 통해서 혹은 우리가 제어하지 못하는 육체의 언어를 통해서 드러나잖아요. 그것들은 고유의 운동을 통해, 이른바 '자기의 밖으로 나오는' 물리적 분출을 통해 우리에게 강제돼요. 이 운동을 통해 감정이 솟아나죠. 우리는 그러한 감정의 근원을 정확히는 알지 못해요. 그것들은 근육, 내장, 신경, 땀, 피 등과 뒤섞여 있으니까요. 그러면서도 우리 내면 속에 무엇인가 포착할 수 없는 은밀한 부분을 형성하고 있죠."

"그래서 처음에 우리가 '미로'라는 표현을 떠올리지 않았나요?"

"네, 그랬어요. 그 다음에는 '군도'라는 표현을 생각해냈고요. 우리에게는 정서적 삶의 공간을 아우르기 위해서는 무엇인가 '액체 사회'와 비슷한 개념이 필요했으니까요."

"하지만 내 기억이 맞는다면, 당시 우리는 정말 그런지는 굳게 확신하지 못했어요."

"맞아요. 하지만 시간이 지나면서 인간의 감정, 기분, 정서가 정말로 '군도'를 형성하고 있다고 확신하게 되었어요. 우리의 감정, 기분, 정서가 크고 작은 섬들의 집합을 이룬다고 말이죠. 말하자면 전부 동일한 지질학적 지층, 동일한 물질에서 솟아나 탄생한 것이라고요. 각 섬을 둘러싼 동일한 바닷물의 영향을 받아 형성된 것이라고요. 또한 각 섬들이 서로 '단단히 결속'되어 있고요. 이를테면 포착하기 힘든 욕망의 자류가 각 섬을 보이지 않는 사슬, 혹은 운하로 연결하고 있다고 말이에요."

그
마음의
정체

436

"그런 아이디어를 조금 더 깊이 파고들어봤다면 좋았을 텐데⋯⋯."

"어, 그렇게 못한 게 누구 탓인데요! 사실 생애 초기의 중요성에 대해서 조금만 더 강조했더라면 얼마나 좋았을까 싶어요. 생애 초기는 인간의 모든 감정과 감각의 자국이 처음 형성되는 시기잖아요. 결코 정지한 시간 속에 붙들어둘 수 없고 항상 변천을 거듭하는 정서적 메커니즘의 상당수가 생애 초기에서 유래하죠. 욕망에 뿌리 내린 이 원초적 감각을 이해하지 못하는 것이 대개 고통의 원인이 되고요. 그 이면에는 사랑받고, 인정받고, 보호받고 싶은 은밀한 요구가 감춰져 있는지도 몰라요. 사랑과 인정, 보호받고 싶다는 욕망이 과도한 행동을 만들어내어 거의 저주에 가까운 투사를 낳는 거죠. 욕망의 운동 속에 숨겨진 차마 고백하기 힘든 부분을 있는 그대로 보여주기란 상당히 어려운 일이니까. 말로 표현하기 어려운 부분을 위해 열심히 작동되는 은밀한 메커니즘을 폭로하는 것은 정말이지 어렵죠. 그러한 메커니즘에 따라 우리의 행동과 생각이 왜곡되고 양가감정, 역설, 의미의 전도가 일어나요. 만일 순수 상태의 정서가 문제가 되는 경우라면 이런 현상은 더욱 심하게 나타날 거에요. 불안이 대표적이죠. 불안이 심장 박동을 높이고 우리 가슴을 옥죄어올 때, 불안의 다급함은 생명력의 원천인 동시에 폭력성의 근원이 되기도 해요. 동일한 에너지가 때로는 우리를 열광으로, 또 때로는 도피로 이끌겠다고 위협하는 두 얼굴을 가지고 있는 셈이죠. 그런 의미에서 차마 무력한 기분을 마주할 수 없을 때 어떤 영혼의 상태는 '자신도 모르게' 자기 속에 존재하는 지나치게 폭력적인 부분을 감추려고 할 수도 있어요. 불안은 우리가 차마 시인하거나 당장 있는 그대로 표현하거나 감

내하기 어려운 것들을 억압하거나 마비시켜버리잖아요. 이 경우 우리
는 장악 전술을 사용해요. 언제든 우리를 사로잡아 통제력을 빼앗고 우
리가 우리에게 고통을 가하는 것 앞에 무력하고 나약한 존재가 되도록
만들겠다고 항시 우리를 위협하는 욕망의 힘을 다른 방향으로 유도하는
전술을 쓰죠."

"다음에는 전부 정신분석학적 용어를 활용해서 설명해보는 것도 퍽이
나 재미있을 것 같⋯⋯."

"맙소사! 이제는 미완성된 책이 아니라 영원히 끝나지 않는 책을 만드
실 작정이군요? 흡사 평생토록 끝이란 있을 수 없는 정신분석 치료처럼
요!"

"어쨌거나 인간의 정서적 삶은 온갖 가면 놀이로 이뤄진 게 사실이니까
요. 때로는 일종의 방어시스템처럼 어떤 감정은 다른 감정을 감추기 위
해 일어나기도 합니다. 우리는 종종 자신의 감정의 본질에 대해 스스로
에게 거짓을 고하기도 하고요. 또 때로는 감정의 원인에 대해 타인을 속
이기도 하고⋯⋯."

"맞아요. 우리는 분명 타인을 속이며 살아가요. 진실과 거짓의 문제는 감
정의 문제와도 깊이 관련되어 있죠. 왜냐하면 감정이란 때로 우리를 드
러내는 동시에, 고의적으로 타인을 속이거나 호도하기도 하니까요. 우리
는 연민이나 보호 본능을 자극하기 위해 공포에 떠는 척 가장하거나 거
짓 눈물을 흘리기도 하잖아요. 진실과 거짓의 문제는 사실상 인간의 감
정을 우리에게 실제 일어난 감정과, 그리고 우리가 어떤 효과를 노리고
인위적으로 흉내 내는 교활하고 이중적인 감정으로 구분 지어주죠."

"하지만 진실성이 없다고 해서 정말 정서적 태도에서 도덕성이 사라지고, 말과 생각, 말과 행동의 일치에도 문제가 생기는 것일까요?"

"사실 자신의 경험이 진짜 자신이 경험한 그대로인지를 아는 것은 오로지 주체 자신뿐일 거예요. 상대는 그것의 진정성 여부를 파악할 수 없죠. 게다가 만일 사랑, 동정, 슬픔, 기쁨 등을 알아볼 확고부동한 표현법이나 객관적인 기준이 존재한다면, 영화라는 것도 세상에 존재할 수 없지 않을까요. 배우가 눈물을 연기하는 순간 관중은 실소를 터뜨릴 테니까요. 감정 표현을 있는 그대로 믿으며 감동을 만끽하기 위해서는 어느 정도 어린아이와도 같은 순진한 믿음이 필요한 법이죠."

"더욱이 감정의 경우, 도대체 어디쯤에 '가치'를 두어야 하는 것인지도 알 수가 없어요. 어떤 정서적 태도가 다른 것들보다 도덕적으로 더 우월한 가치를 지닌다고 말할 수 있을까요? 상당 부분이 애매합니다. 먼저 질투, 좀스러움, 심술, 우울 등은 사랑, 기쁨, 연민, 우정보다 우리를 증오나 폐쇄적 태도로 더 많이 이끄는 경향이 있어요. 그러나 사랑의 기쁨도 근본적으로는 우리를 인간의 나약함과 마주하게 합니다. 또한 상대를 향유하는 기쁨을 잃을 수 있다는 두려움 앞에서 불안은 우리를 질투, 잔혹함, 소유욕으로 이끌기도 하고요. 사실상 정념이란 언제든 반전을 일으켜 불신은 신뢰, 욕망은 혐오, 고립과 회피는 융합과 열광의 에너지를 충분히 불러올 수 있어요. 그런 점에서 우리는 감정과 그 감정이 보이는 운동을 결부시키지 않고는, 다시 말해 그 감정이 일으키는 정념의 색깔을 이해하지 않고는 절대로 어떤 감정을 '긍정적'이라거나 혹은 '부정적'이라고는 판단할 수 없는 셈이죠. 우리의 정념이 어떤 대상에 집중되고, 그 대상이 우리를 장악하는 순간, 우리는 끝이 보이지 않는 낭떠러지 앞으로 끌려갑니다. 그리고 각자는 그곳에서 두려움, 좌절, 결핍, 고독의 지옥 —혹은 경이, 열광, 환희, 정신과 육체를 뒤흔드는 생동감에 충만한 열의의 천국— 이 자신을 빨아들이는 듯한 근원적인 힘을 경험하게 되죠."

"여기서 말하는 열의가 오늘날 현대 사회가 요구하는 열의와 같은 의미라고 생각하시나요?"

"아니요, 샬롯. 아주 똑같지는 않다고 생각합니다. 개인주의가 지배하는 현대 사회는 우리에게 끊임없이 유동성 상태로 살아갈 것을 요구하잖아요? 따라서 유능한 사람이 되기 위해서는 무엇보다 먼저 유연한 인격을 갖추어야 합니다. 언제든 신속하게 이동이 가능해야 하고, 효율성과 수익성을 고려한 생산과 소통을 할 수 있어야만 하죠. 그러니 이런 사회에서는 상당히 피상적인 관계와 태도에 기초한 기계적인 태도를 널리 요구할 수밖에 없을 거예요. 열정적인 삶을 살되 이러한 열정을 통제할 수도 있어야 합니다. 널리 교류를 확대하되 사람들에게서 초연할 줄도 알아야 하죠. 그러니 좌절감을 피하고, 오로지 쉽게 소비할 수 있는 치유책만을 추구하는 식으로 온갖 '부정적인 것'을 모두 뿌리 뽑을 때 어쩌면 우리는 더욱 행복해질 수 있을지 몰라요. 이런 수많은 강박들이 오늘날 우리의 통제 시스템을 지배하고 있죠. 그런데 문제는 이런 것들이 깊은 감정이나 애착 등의 가치를 도외시한다는 겁니다. 파편화된 자아는 온갖 감정들이 연속해서 흘러가는, 아무런 부표도 존재하지 않는, 무한한 흐름 속을 흘러가도록 요구받는 바람에 결국 내면세계가 오로지 포착하기 힘든 모호한 불안 하나로만 환원되고 말았죠. 열의에 찬 삶을 살지만 개인의 인격은 존재하지 않는 삶을 살게 된 셈이에요. 강렬한 에너지들이 결국 정념의 결핍으로 덧없는 공회전만 거듭하는 삶을 살게 된 셈이라고요."

"정말 정념이 우리를 한편으로는 사회적으로 겪고 있는 이 공허한 열의와 또 다른 한편으로는 은밀하게 겪고 있는 이 불안감에서 동시에 벗어나게 해줄 수 있다고 생각하시나요?"

"정념은 우리를 자신의 나약함과 온전히 마주하는 저 현기증 나는 대면 속으로 인도합니다. 정념은 우리를 뜨겁게 불사르며 태워버리는 제 불길 속에서 우리가 어떤 위험을 겪을 수 있는지를 그대로 알려주죠. 하지만 동시에 환한 빛으로 '생생한 활기가 넘치는' 우리 자신의 모습을 드러내주기도 합니다. 흔히 우리는 정념이 우리를 감내하게 하고, 감수하게 하고, 고통스럽게 한다고 말하곤 해요. 정념은 지배와 소유의 욕망을 자극하며 우리를 망상이나 거짓, 혹은 그와는 정반대인 완전한 노예 상태로 이끌려고 할 때 악순환을 되풀이할 위험이 있지요. 우리는 정념을 외부 대상에 고착시키기를 바랍니다. 하지만 정념은 우리의 가장 심원한 곳에서 일어나는 현상이죠. 또한 우리는 시기심이나 변덕스러운 마음을 가지듯이, 정념도 역시 우리가 가질 수 있는 것, '소유'할 수 있는 것인 양 말해요. 하지만 그것은 오만입니다. 오히려 우리를 소유하는 쪽은 정념이니까요. 정념은 생명 그 자체죠."

"그렇기 때문에 진정한 정념은 오로지 사랑과 증오뿐이라고 하지 않던가요. 두 정념의 경우 우리 심장 한가운데를 찌르는 것은 '외적 요인들'

이 아니잖아요. 이를테면 생명 자체가 또 다른 체제, 또 다른 제국에 '배속'되는 거잖아요. 말하자면 자아의 변질과 같은 것이죠. 우리는 자신이 아주 내밀한 곳에 '지니고' 있다고 여기면서도 정작 통제가 불가능한 감정들이 파도처럼 침범할 때 그러한 사실을 비로소 깨닫게 돼요."

"하지만 정념은 우리가 너무 자기 자신에게만 매몰되도록 만들지는 않나요?"

"폐쇄된 정념의 세계 속에서 살아간다는 것은 우리의 모든 기대를 응축해 모든 것을 자기 —모든 것을 감내하는 '비극적' 성격을 지닌 자기— 에게로 귀결시키고, 우리가 각각의 감정들이 지닌 특별하고 광포한 성질을 온전히 느끼며 자아의 한계선 안에 속박되는 것을 의미할 거예요. 이때 우리는 외부 세계와 철저히 차단되어, 이러한 탐색을 위태롭게 만드는 모든 것들을 악마시하겠죠. 그러한 탐색이 죽음을 불러올 수 있다는 사실을 잘 알면서도 말이에요. 그리고 우리는 *오프 리미츠*라는 극단적인 가치를 품은 이상화된 대상을 예찬할 거예요. 우리는 소유하지 못해서, 스스로 무능력한 상태가 되어서 격노하겠죠. 자신이 무능력한데도 헛되이 소유하기를 바라는 상태가 되어서 격노할 거예요. 따라서 정념은 아마도 '존재의 과잉'인 동시에 '존재의 결핍'을 의미할 거고요. 우리는 그런 상태를 도무지 벗어날 수 없어요. 모든 도피와 억압 전술이 불가능해지죠. 하지만 자기의 바깥에 이끌려, 전체성과 무한을 향한 자신의 갈망을 응축해놓은 저 외적 대상에게로 향하는 순간, 주체는 어쩌면 역설적이게도 대상에게서 '스스로를 소외'시킴으로써 고유의 주체성을 다시 제 것으로 되찾을 수 있을지 몰라요."

그 마음의 정체

"꽤나 모순적이거나 혹은 최소한 역설적인 소리로 들리는군요."

"네 맞아요. 역설적인 이야기죠. 하지만 이런 절대성, 영원성을 추구하는 행위는 인간 조건이 지닌 비극성을 의미하기도 해요. 인간은 그 자체로 자신에게 만족하는 완벽한 존재는 아니잖아요. 인간은 언제나 완전성을 추구하는 균열된 존재예요. 완전성이 완전히 '닫힌 상태'가 될 수는 없으니 그것은 환상처럼 보이기도 하죠. 정념으로 불타오르는 주체는 자기 자신에게 알맞게 적응하는 대신, 주체성을 표현하려고 해요. 그러나 여기서 주체성을 표현한다는 것은 자기와 '일치'하는 것이 아니라, 언제나 '잠재적인 상태', 유일하게 중요성을 띠지만 자신이 아직 '소유'하지 못한 것을 향해 바깥으로 옮겨지고, 길을 이탈해 옮겨지는 것을 의미하죠. 정념은 '수동적'인 것은 넘어서지만, '능동적'인 것에는 미치지 못해요. 왜냐하면 정념의 활동은 능동적인 것이 아니라 '촉발'되는 것이기 때문이죠. 정념은 언제나 '현재 진행 중'인 '점진적인' 상태에 있기 때문이에요. 따라서 정념이란 어떤 '상태'라기 보다는 오히려 역학에 더 가깝다고 할 수 있죠."

물론 여기서 말하는 역학이란 존재 역량과 밀접하게 관련되어 있다. 존재 역량은 '회복'이라는 구조에 기초하는 것처럼 보인다. 정념이 다른 모든 관계를 파괴하고, 모든 종류의 '열의'를 대체하며, 모든 다른 기분들을 희미하게 만들거나 혹은 멀리 떨어뜨림으로써 이러한 '포식 행위'를 통해 훨씬 더 큰 풍요로움에 이른 뒤 그 모든 것을 오로지 자기 자신에게만 '집중'할 때 비로소 존재 역량이 회복된다는 의미에서 말이다. 흡사 운동선수가 전력 질주를 하거나 높이뛰기를 하는 순간, 소음이나 박수 등 주위의 모든 것들을 '지워버리고', 주변 상황을 전부 소멸시킨 채, 오로지 '자기 자신'에게 집중해 에너지를 폭발시키는 것과 비슷한 이치다.

정념이 지닌 힘은 먼저 모든 완벽한 성질로 장식해 대상의 모습을 새롭게 변신시키는 데 있다. 이런 이상화 과정 —스탕달에 따르면 '결정화 작용'— 이 한낱 망상인 것만은 아니다. 그것은 창조적 행위이기도 하다. 내가 어느 정도 의식적으로 '허용한' 에너지를 촉발한다는 의미에서 말이다. 어디 위치하는지도, 어떤 이름으로 불리는지도 모르는 나라로 나를 데려간다는 의미에서 말이다. 과도한 감정을 대상에게 전이하는 것은 자기를 표현하는 능력이 '현재 발휘되고' 있다는 표현이다. 자기의 표현이 오로지 주체 속에서만 이뤄지기는 힘들다는 표현이다. 자기 표현은 육화를 필요로 한다. 그것은 우리가 얼마나 종속 상태 혹은 '자발적 노예' 상태에 있는지를 여실히 보여준다. 인간은 스스로 '미완성된' 존재임을 경험하고 혹은 꾸준히 완벽성을 추구하기 위해 언제나 삶의 이유를 외부에다, 이타성에다 두어야 할 필요가 있다는 의미에서 말이다. 인간은 자기 삶의 한계 내에서 만족하지 못한다. 그랬다가는 삶이 권태로 변해버릴 수도 있다. 정념은 우리를 '무력하게' 내버려두지 않는다. 정념은 인간이 의지와 자유, 욕망을 지닌 존재임을 증명한다. 언제나 인간이 존재해야 함을, 인간은 자신과 결코 일치하지 않는 '탈아적' 존재임을 보여주곤 한다. 정념은 여러 가지 점에서 수동성을 보인다. 예를 들어 정념은 우리가 우연히 사랑에 '빠지듯이' 우리에게 일어난다. 그러나 정념은 우리를 데려간다. 인간 속에 들어와 인간으로부터 —창작자나 예술가처럼— '스스로를 뛰어넘어' 행동할 수 있는 모든 능력을 끌어내기 때문이다. 정념은 감정 현상으로부터 일어나는 의지로, 그것이 일으키는 주체의 감정 현상만을 유일한 동기로 삼는다. 그런 의미에서 정념은 우리에게 오롯한 존재감을 느끼게 해준다. 왜냐하면 그 순간 삶이 '결코 멈추지 않는 것'으로서 경험되기 때문이다.

"그렇다면 정념이란 일종의 힘을 의미하는 것 아닌가요."

"맞아요. 하나의 에너지로 폭발하고, 솟아오르고, 분출하는 감정 현상이 바로 정념의 본질이죠. 모든 종류의 '자기 창조'에는 그와 같은 에너지가 필요해요. 정념의 체험은 이와 같은 주체와 대상의 투쟁 속에 존재하는 '이질성에 이끌린' 파괴와 무화의 체험이 아니에요. 정념은 주체성을 위한 창조적인 역학으로 기능할 수 있죠. 정념이 대상을 소유하는 것에서 벗어나, 이 에너지가 뿜어내는 눈부신 광채를 신의 은총처럼 예찬할 수 있게 된다면 말이에요. 모든 생명의 필연성을 뛰어넘는 존재의 순수한 분출로서 정념은 오로지 현재에만 한정된 채 우리를 현기증에 빠뜨리는 저 존재의 유적으로부터 우리를 끌어내줄 거예요. 이런 초월성과 절대성을 향한 욕구는 인간이 자신의 존재 자체를 추구하는 것과 별반 다르지 않아요. 정념의 순수한 불길은 이처럼 우리를 자기의 '울혈'로부터 자유롭게 풀어주고, 우리를 높다란 장벽으로 둘러싸인 내밀하고 메마른 자기의 정원으로부터 꺼내주는 생명 에너지라고도 할 수 있어요. 그 속에서 때로는 위험성까지 띠는 대담한 힘이 분출해 우리를 매혹적인 미지의 세계인 자기의 바깥으로 향하도록 이끌어줄 거예요. 그러나 그것은 대상 속에서 완전히 소멸되기 위해서가 아니라, 자신과의 만남을 통해 드러난 존재 역량으로 타자를 더욱 풍요롭게 만들어주기 위해서죠. 비록 정도를 넘어선 격정적인 감정이라고 해도, 정념은 우리가 비로소 생명 그 자체를 의미하는 강렬한 힘의 소용돌이 속으로 아무런 안전장치도 없이 뛰어들 수 있는 용기를 가져다줘요.

자기 자신으로 인해 고통받는 자아 속에, 오로지 자기 자신일 수밖에 없어 힘겨워하며 평온의 안식처에 외로이 홀로 거주하는 유일한 거주민인 자아 속에, 정념의 불길은 모든 성벽을 불살라줄 거예요. 그리하여 오로지 자기를 안전하게 보호해야 한다는 걱정과 두려움 때문에 성벽 속에 갇혀 있던 자아는 비로소 타자에 대한 염려를 향해 활짝 문을 열 수 있을 거예요. 왜냐하면 정념은 관대함처럼 자신에게서 탈피해 감수성을 예리하게 벼리고, 나약함에 대해 훨씬 더 깊은 관심을 기울이는 존재 양식을 만들어낼 수 있기 때문이죠. 그리하여 역설적이게도 연민을 향해 열릴 수 있는 거예요."

"정념의 군도에는 오로지 그 정념밖에는 존재하지 않는 것 같군요. 어쩌면 그것에 대해서도 조금 더 길게 설명해야 하지 않을까요? 이를테면 증오가 어떻게……."

"앗, 제발! 이제 그만이요! 제발 그만!

마침표 없는 정념의 군도를 여행하다

그 마음의 정체

초판 1쇄 발행일 2019년 3월 13일

지은이 샬롯 카시라기, 로베르 마조리

옮긴이 허보미

펴낸곳 든

출판등록 406-2019-000010호

주소 (10881) 경기도 파주시 문발로 119, 202호

메일 deunbooks@naver.com

블로그 blog.naver.com/deunbooks

인스타그램 www.instagram.com/deunbooks

ISBN 979-11-966247-0-5 03100

값 17,000원